पथ के दावेदार

पथ के दावेदार

शरतचंद्र चट्टोपाध्याय

प्रभात
पेपरबैक्स
www.prabhatbooks.com

प्रकाशक
प्रभात पेपरबैक्स
प्रभात प्रकाशन प्रा. लि. का उपक्रम
4/19 आसफ अली रोड, नई दिल्ली–110002
फोन : 23289777 • हेल्पलाइन नं. : 7827007777
इ–मेल : prabhatbooks@gmail.com ❖ वेब ठिकाना : www.prabhatbooks.com

संस्करण
2022

PATH KE DAVEDAR
novel by Sarat Chandra Chattopadhyay

Published by **PRABHAT PAPERBACKS**
An imprint of Prabhat Prakashan Pvt. Ltd.
4/19 Asaf Ali Road, New Delhi-110002

ISBN 978-93-5266-258-6

प्रकाशक की ओर से

'पथेर दावी' उपन्यास सम्राट् स्व. श्री शरतचंद्र चट्टोपाध्याय की सर्वश्रेष्ठ रचना है। शरतबाबू के उच्चकोटि के, मौलिक, स्वदेशानुराग और देश सेवा के भावों से ओत-प्रोत होने के कारण इस उपन्यास का बड़ा महत्त्व समझा जाता है। जिस समय इस उपन्यास का प्रथम संस्करण बँगला में प्रकाशित हुआ था, उस समय एक तहलका सा मच गया था और इसे खतरे की चीज समझकर ब्रिटिश सरकार ने इस पुस्तक को जब्त कर लिया था। यह उपन्यास इतना महत्त्वपूर्ण समझा गया कि विश्व-कवि रवींद्रनाथ ठाकुर ने भी शरतबाबू की इस रचना की मुक्त-कंठ से प्रशंसा की।

अब तक इस महत्त्वपूर्ण उपन्यास का हिंदी में कोई अच्छा अनुवाद प्रकाशित नहीं हुआ था। उसी अभाव की पूर्ति के लिए हमने सरल, सुंदर अनुवाद—'पथ के दावेदार' के नाम से प्रकाशित किया है। इसमें पाठकों को पढ़ने से वही आनंद मिलेगा, जो शरतबाबू की मूल पुस्तक पढ़ने से मिलता है।

एक

अपूर्व के मित्र परिहास करते, 'तुमने एम.एस-सी. पास कर लिया; लेकिन फिर भी लंबी चोटी रखते हो। क्या चोटी द्वारा मस्तिष्क में विद्युत् संचार होता है?'

अपूर्व जवाब देता, 'एम.एस-सी. की पुस्तकों में चोटी के विरुद्ध तो कुछ लिखा नहीं मिलता। फिर विद्युत् संचार के इतिहास का तो अभी तक आविष्कार ही नहीं हुआ। विश्वास न हो तो एम. एस-सी. पढ़नेवालों से पूछकर देख लो।'

मित्र कहते, 'तुम्हारे साथ तर्क करना व्यर्थ है!'

अपूर्व हँसकर कहता—'यह बात सच है, फिर भी तुम्हें अकल नहीं आती।'

अपूर्व सिर पर चोटी रखे हुए, कॉलेज में छात्रवृत्ति तथा मेडल प्राप्त करके परीक्षाएँ भी पास करता। घर में एकादशी आदि व्रत और संध्या-पूजा आदि नित्य कर्म भी किया करता था। खेल के मैदानों में फुटबॉल, क्रिकेट, हॉकी आदि खेलने में उसका जितना उत्साह था, प्रात:काल माँ के साथ गंगा-स्नान करने में भी उससे कुछ कम नहीं था। उसकी संध्या-पूजा देखकर भौजाइयाँ परिहास में कहतीं, 'बबुआजी, पढ़ाई-लिखाई तो समाप्त हुई, अब चिमटा-कमंडल लेकर संन्यासी हो जाओ। तुम तो विधवा ब्राह्मणी से भी आगे बढ़े जा रहे हो!'

अपूर्व हँसकर कहता, 'आगे बढ़ जाना आसान नहीं है, भाभी! माताजी से कोई कन्या नहीं है, आयु भी उनकी काफी है, अगर किसी दिन बीमार पड़ जाएँगी, तो पवित्र भोजन बनाकर दे सकूँगा। रही चिमटा-कमंडल की बात, सो वह तो कहीं गया नहीं?'

अपूर्व माँ से जाकर कहता, 'माँ, यह तुम्हारा अन्याय है! भाई जो चाहें करें, लेकिन भौजाइयाँ तो मुरगा नहीं खातीं। क्या तुम सदा अपने हाथ से ही भोजन बनाकर खाओगी?'

माँ कहती, 'एक समय एक मुट्ठी चावल उबाल लेने में मुझे कोई कष्ट नहीं होता! और जब लाचार हो जाऊँगी, तब तक तेरी बहू घर में आ ही जाएगी।'

अपूर्व कहता, 'तो फिर एक ब्राह्मण पंडित के घर से बहू मँगवा क्यों नहीं लेती माँ, उसे खिलाने का तो मुझमें बल है नहीं; लेकिन तुम्हारा कष्ट देख सोचता हूँ कि चलो, भाइयों के सिर बोझा बनकर ही रह लूँगा।'

माँ कहती, 'ऐसी बात न कह रे अपूर्व! एक बहू क्या, तू चाहे तो घर भर को बैठाकर खिला सकता है।'

'कहती क्या हो माँ? तुम सोचती हो कि संभवत: भारत में तुम्हारे पुत्र जैसा और कोई है ही नहीं?' कहकर वह शीघ्रता से चला जाता।

अपूर्व के विवाह के लिए लोग आकर, बड़े भाई विनोद को परेशान किया करते। विनोद आकर माँ से कहता, 'माँ, कहाँ कौन सी निष्ठा-शिष्टाचार और जप-तपवाली लड़की है, उससे अपने लड़के का विवाह करके किस्सा खत्म करो। नहीं तो मुझे घर छोड़कर भाग जाना पड़ेगा। बड़ा होने के कारण बाहर के लोग समझते हैं कि मैं ही संभवत: घर का पुरखा हूँ।'

पुत्र के इन वाक्यों से करुणामयी अधीर हो उठीं; पर उस समय उसने अपने को विचलित तनिक भी न किया। मधुर स्वर में बोलीं, 'लोग उचित ही समझते हैं, बेटा! उनके बाद तुम ही तो घर के मालिक हो; लेकिन अपूर्व के संबंध में किसी को वचन न देना। मैं रूप नहीं चाहती, धन नहीं चाहती, बात मैं स्वयं देख-सुनकर ठीक करूँगी।'

'अच्छी बात है माँ! लेकिन जो कुछ करो, वह दया करके जल्दी कर डालो।' कहकर विनोद रुष्ट होकर चला जाता।

नहाने के घाट पर, एक अत्यंत सुलक्षणा कन्या पर करुणामयी की दृष्टि कई दिनों से पड़ रही थी। लड़की अपनी माँ के साथ गंगा-स्नान को आती थी। वह उनकी ही जाति की है, यह पता वे गुप्त रूप से लगा चुकी थीं। उनकी इच्छा थी कि यदि निश्चित हो जाए, तो आगामी वैशाख में ही विवाह कर डालें।

अपूर्व हँसकर बोला, 'जिसको आवश्यकता थी।' यह कहकर उसने सारी घटना विस्तारपूर्वक बताई कि उसके प्रिंसिपल साहब ने ही उसके लिए यह नौकरी ठीक की है। बोथा कंपनी ने बर्मा के रंगून शहर में एक नया कार्यालय खोला है, वह किसी विद्वान् तथा सच्चरित्र बंगाली युवक को, समस्त उत्तरदायित्व देकर भेजना चाहती है।

इसी समय अपूर्व ने आकर, एक अच्छी नौकरी पाने की सूचना दी।

माँ प्रसन्न होती हुई बोलीं, 'अभी उस दिन तो पास हुआ है; इसी बीच तुझे नौकरी किसने दे डाली?'

अपूर्व हँसकर बोला, 'जिसको आवश्यकता थी।' यह कहकर उसने सारी घटना विस्तारपूर्वक बताई कि उसके प्रिंसिपल साहब ने ही उसके लिए यह नौकरी ठीक की है। बोथा कंपनी ने बर्मा के रंगून शहर में एक नया कार्यालय खोला है, वह किसी विद्वान् तथा सच्चरित्र बंगाली युवक को, समस्त उत्तरदायित्व देकर भेजना चाहती है। रहने के लिए मकान तथा चार सौ रुपया वेतन मिलेगा और छह महीने बाद दो सौ रुपए की वृद्धि होगी।

बर्मा नाम सुनकर माँ का मुँह सूख गया, वे बोलीं, 'पागल तो नहीं हो गया है; वहाँ मैं तुझे भेज सकूँगी? ऐसे रुपए की मुझे कोई आवश्यकता नहीं।'

अपूर्व भयभीत होकर बोला, 'तुम्हें आवश्यकता नहीं; पर मुझे तो है माँ! तुम्हारी आज्ञा से मैं भिखारी बन सकता हूँ; पर जीवन में ऐसा सुयोग फिर न मिलेगा। तुम्हारे लड़के के न जाने से बोथा कंपनी का काम नहीं रुकेगा; पर प्रिंसिपल साहब मेरी ओर से वचन दे चुके हैं, उनकी लज्जा का ठिकाना न रहेगा। फिर घर की दशा तो तुम जानती ही हो माँ!'

'लेकिन सुनती हूँ कि वह म्लेच्छों का देश है।'

अपूर्व ने कहा, 'किसी ने झूठ-मूठ ही कह दिया है। तुम्हारा देश तो म्लेच्छों का देश नहीं है, फिर भी जो मनमानी करना चाहते हैं, उन्हें कोई नहीं रोक सकता है।'

'फिर इसी वैशाख में मैंने तेरा विवाह करने का निश्चय किया है।'

अपूर्व बोला, 'एकदम निश्चय? अच्छी बात है। एक-दो महीने के बाद जिस दिन तुम बुला भेजोगी, उसी दिन आकर तुम्हारी आज्ञा का पालन करूँगा।'

करुणामयी बाहर से देखने में पुराने विचारों की अवश्य थीं; लेकिन बड़ी बुद्धिमती थीं। कुछ देर मौन रहकर धीरे-धीरे बोलीं, 'जब जाना ही है, तो अपने भाइयों की सम्मति भी ले लेना।'

यह कुल गोकुलदीघी के सुप्रसिद्ध बंद्योपाध्याय घराने में है और वंश-परंपरा से ही वे लोग अत्यंत आचार-परायण कहलाते हैं। शैशव से जो संस्कार उनके हृदय में जम गया था, वह पति तथा पुत्रों द्वारा जहाँ तक आहत और लांछित होने को था, हुआ।

यह कुल गोकुलदीघी के सुप्रसिद्ध बंद्योपाध्याय घराने में है और वंश-परंपरा से ही वे लोग अत्यंत आचार-परायण कहलाते हैं। शैशव से जो संस्कार उनके हृदय में जम गया था, वह पति तथा पुत्रों द्वारा जहाँ तक आहत और लांछित होने को था, हुआ। केवल इस अपूर्व के ही कारण वे किसी प्रकार सबकुछ सहन करती हुई, अब भी घर में रह रही थीं। आज वह भी उनकी दृष्टि की ओट, अनजान देश को चला जा रहा है। इस बात को सोच-सोचकर, उनके भय की सीमा न रही। बोलीं, 'अपूर्व, मैं जितने दिनों जीवित रहूँ, तू मुझे दुःख न देना बेटा!' यह कहते ही उनके नेत्रों से दो बूँद आँसू ढलक पड़े।

अपूर्व के नेत्र भी सजल हो उठे; वह बोला, 'माँ, आज तुम इस लोक में हो; लेकिन एक दिन तुम्हारे स्वर्गवास की पुकार आ पहुँचेगी; उस दिन अपने 'अपूर्व' को छोड़कर तुमको वहाँ जाना होगा, लेकिन एक दिन के लिए भी यदि तुमको पहचान सका हूँ माँ, तो फिर वहाँ बैठकर भी, इस पुत्र के लिए कहीं तुम आँसू न बहाती रहना।' इतना कहकर वह दूसरी ओर चला गया।

उस दिन संध्या समय, करुणामयी अपने नियमित संध्या-पूजन तथा माला जपना आदि कार्य मनोयोगपूर्वक न कर सकी। अपने बड़े लड़के के कमरे के द्वार पर चुपचाप जा पहुँची। विनोद कचहरी से लौटकर, जलपान के पश्चात् क्लब जाने की तैयारी कर रहा था; माँ को देखकर एकाएक चौंक उठा।

करुणामयी ने कहा, 'एक बात पूछने आई हूँ बिनू!'

'कौन सी बात माँ?'

माँ अपने नेत्रों के आँसू, यहाँ आने से पूर्व भली प्रकार पोंछकर आई थीं; लेकिन उनका गीला कंठ-स्वर छिपा न रहा। बड़े बेटे से क्रमानुसार संपूर्ण घटना का वर्णन करके, अंत में अपूर्व के मासिक वेतन का उल्लेख करके भी, जब उन्होंने म्लान मुख से कहा, 'यही सोच रही हूँ बेटा कि इन कुछ रुपयों के लोभ में उसको भेजूँ या नहीं।' तब विनोद का धैर्य जाता रहा। उसने शुष्क स्वर में कहा, 'माँ, तुम्हारे अपूर्व जैसा लड़का भारतवर्ष भर में और दूसरा नहीं है, इस बात को हम सभी लोग मानते हैं; लेकिन पृथ्वी पर रहकर, इस बात को भी बिना माने नहीं रह सकते कि पहले चार सौ, फिर छह महीने में दो सौ रुपया बढ़ोत्तरी और यह उस लड़के से बहुत बड़ा है।'

उस दिन संध्या समय, करुणामयी अपने नियमित संध्या-पूजन तथा माला जपना आदि कार्य मनोयोगपूर्वक न कर सकी। अपने बड़े लड़के के कमरे के द्वार पर चुपचाप जा पहुँची। विनोद कचहरी से लौटकर, जलपान के पश्चात् क्लब जाने की तैयारी कर रहा था; माँ को देखकर एकाएक चौंक उठा।

माँ दु:खी होकर बोलीं, 'लेकिन सुनती हूँ कि वह तो एकदम म्लेच्छों का देश है।'

विनोद ने कहा, 'माँ, संसार में तुम्हारा जानना-सुनना ही तो अंतिम सत्य नहीं हो सकता।'

पुत्र के अंतिम वाक्य से माँ अत्यंत पीड़ित होकर बोलीं, 'बेटा, जबसे तुम लोग समझदार हुए, इसी एक ही बात को सुन-सुनकर भी जब मुझे चेत न हुआ, तो अब इस अवस्था में वह शिक्षा और न दो। मैं यह जानने नहीं आई हूँ कि अपूर्व का मूल्य कितने रुपए है, मैं केवल यह जानने आई थी कि उसको इतनी दूर भेजना उचित होगा या नहीं?'

विनोद ने झुककर दाहिने हाथ से माँ के दोनों पैर छूकर कहा, 'माँ, तुमको दुखी करने के लिए मैंने यह बात नहीं कही। यह सच है कि पिताजी के साथ ही हम लोगों का मेल बैठता था, और हम लोगों ने उनसे सीखा है कि घर-गृहस्थी में रुपया एक आवश्यक वस्तु है। बिनू इस हैट-कोट को पहनकर, संभवत: अभी इतना बड़ा साहब नहीं हो गया कि छोटे भाई को खिलाने के भय से उचित-अनुचित का विचार नहीं कर

सके, लेकिन फिर भी कहता हूँ कि उसको जाने दो। देश में जैसी हवा बह रही है माँ, इससे वह कुछ दिनों के लिए देश छोड़कर, कहीं दूसरी जगह ही काम में लग जाए, तो इसमें उसका भी हित होगा और हम लोग भी संभवत: सपरिवार बच जाएँगे! तुम तो जानती हो माँ, उस स्वदेशी-आंदोलन के समय वह कितना छोटा था; फिर भी उसके प्रताप से, पिताजी की नौकरी जाने की नौबत आ गई थी।'

करुणामयी बोलीं, 'नहीं-नहीं, अब अपूर्व यह सब नहीं कर सकता।'

विनोद बोला, 'सभी देशों में कुछ ऐसे लोग रहते हैं माँ, जिनकी जाति ही अलग होती है—अपूर्व उसी जाति का है! देश की मिट्टी ही इनके शरीर का मांस है, देश का जल ही इनकी धमनियों का रक्त है। देश के विषय में इनका कभी भी विश्वास मत करना माँ, नहीं तो धोखा खाओगी, बल्कि अपने इस म्लेच्छ बिनू को, अपने उस चोटीधारी, गीता पढ़े एम.एस-सी. पास अपूर्व से अधिक ही अपना समझना।'

विनोद बोला, 'सभी देशों में कुछ ऐसे लोग रहते हैं माँ, जिनकी जाति ही अलग होती है—अपूर्व उसी जाति का है! देश की मिट्टी ही इनके शरीर का मांस है, देश का जल ही इनकी धमनियों का रक्त है। देश के विषय में इनका कभी भी विश्वास मत करना माँ, नहीं तो धोखा खाओगी, बल्कि अपने इस म्लेच्छ बिनू को, अपने उस चोटीधारी, गीता पढ़े एम.एस-सी. पास अपूर्व से अधिक ही अपना समझना।'

पुत्र की इन बातों पर माँ ने विश्वास तो नहीं किया; पर एक समय इसी को लेकर उनको अनेक कष्ट भोगने पड़े थे। इसलिए मन-ही-मन शंकित हो उठीं। देश के पश्चिम क्षितिज पर जो एक भयानक मेघ का लक्षण प्रकट हुआ है, इसे वे जानती थीं। उनको पहले याद पड़ा कि उस समय अपूर्व के पिता जीवित थे; लेकिन इस समय वे भी नहीं हैं।

विनोद ने माँ का मनोभाव जान लिया; पर क्लब जाने की शीघ्रता में बोला, 'अच्छा माँ, वह कल ही तो जा नहीं रहा है। सब लोग बैठकर, जो स्थिर करेंगे, हो जाएगा।' कहकर वह शीघ्रतापूर्वक बाहर निकल गया।

दो

अपने ब्राह्मणत्व की अत्यंत सावधानी से रक्षा करता हुआ, अपूर्व एक जलयान द्वारा रंगून के घाट पर जा पहुँचा। बोथा कंपनी के दरबान तथा एक मद्रासी कर्मचारी ने अपने इस नए मैनेजर का स्वागत किया। तीस रुपए का एक कमरा ऑफिस के खर्चे से यथासंभव सजा हुआ तैयार है, यह समाचार देने में भी उन लोगों ने विलंब नहीं किया।

समुद्र–यात्रा के झंझटों के पश्चात् वह घर में खूब हाथ–पैर फैलाकर सोना चाहता था। ब्राह्मण साथ था। घर में अत्यंत असुविधा होते हुए भी, इस विश्वस्त व्यक्ति को इसके साथ भेजकर माँ को बहुत–कुछ सांत्वना मिली थी। केवल रसोइया ब्राह्मण ही नहीं; बल्कि भोजन बनाने योग्य कुछ चावल, दाल, घी, तेल, पिसा हुआ मसाला, यहाँ तक कि आलू–परवल भी साथ देना वे नहीं भूली थीं। गाड़ी आने पर कर्मचारी विदा हो गए; पर ऑफिस के दरबानजी मार्ग दिखलाते हुए साथ थे। दस मिनट में ही गाड़ी जब मकान के सम्मुख आकर खड़ी हो गई तो अपने तीस रुपए भाड़े के मकान को देखकर, अपूर्व हतबुद्धि सा खड़ा रह गया। मकान अत्यंत भद्दा है, छत नहीं है, सदर नहीं है, आँगन समझो या जो कुछ, इस आने–जाने के मार्ग के अतिरिक्त और कहीं तनिक भी स्थान नहीं है। एक सँकरी काठ की सीढ़ी, मार्ग से आरंभ होकर सीधे तिमंजिले पर चली गई है, इस पर चढ़ने–उतरने में कहीं एकाएक पैर फिसल जाए, तो पहले पत्थर का बना राजपथ, उसके बाद उसके ही अस्पताल में और फिर तीसरी अवस्था न सोचना ही अच्छा है! नया आदमी है, इसलिए वह प्रत्येक पग अत्यंत सावधानी से रखते हुए, दरबान के पीछे–पीछे चढ़ने लगा। दरबान ने ऊपर चढ़ने के बाद दाहिनी ओर, दो मंजिले के एक दरवाजे को खोलकर बताया कि साहब, आपके रहने का यही कमरा है।

एक सँकरी काठ की सीढ़ी, मार्ग से आरंभ होकर सीधे तिमंजिले पर चली गई है, इस पर चढ़ने-उतरने में कहीं एकाएक पैर फिसल जाए, तो पहले पत्थर का बना राजपथ, उसके बाद उसके ही अस्पताल में और फिर तीसरी अवस्था न सोचना ही अच्छा है! नया आदमी है, इसलिए वह प्रत्येक पग अत्यंत सावधानी से रखते हुए, दरबान के पीछे–पीछे चढ़ने लगा।

बाईं ओर संकेत करके अपूर्व ने पूछा, 'इसमें कौन रहता है ?'

दरबान बोला, 'एक चीनी साहब हैं।'

अपूर्व ने पूछा, 'ऊपर तिमंजिले पर कौन रहता है ?'

दरबान ने कहा, 'एक काले–काले साहब हैं।'

अपने कमरे में प्रवेश करते ही अपूर्व का मन अत्यंत खिन्न हो उठा। लकड़ी के तख्ते लगाकर, एक–दूसरे की बगल में, छोटी–बड़ी मिलाकर तीन कोठरियाँ बनी हुई हैं। इस मकान की सभी वस्तुएँ लकड़ी की हैं, दीवाल, फर्श, छत और सीढ़ी; सभी लकड़ी की हैं। आग का स्मरण आते ही संदेह होता है कि इतना बड़ा सर्वांग सुंदर लाक्षागृह, संभवतः दुर्योधन भी अपने पांडव भाइयों के लिए तैयार न करा सके होंगे। इसी मकान में इष्ट–मित्र, आत्मीय–स्वजनों तथा भाभियों और माँ आदि को छोड़कर रहना पड़ेगा! अपने को सँभालकर, वह थोड़ी देर इधर–उधर टहलकर एक वस्तु को देखकर कुछ

स्वस्थ हुआ कि नल में अब भी पानी है; स्नान और भोजन दोनों ही हो सकते हैं। अपूर्व ने रसोइए से कहा—'महराज, माँ ने तो सभी वस्तुएँ साथ में दी हैं। तुम नहाकर कुछ बनाने का प्रयत्न करो; तब तक मैं दरबान को लेकर सामान ठीक कर लूँ।'

रसोई में कोयला मौजूद था; लेकिन चूल्हे में कालिख लगी थी। पता नहीं यहाँ पहले कौन रहता था और क्या पकाता था, सोचकर उसे अत्यंत घृणा हुई। महराज से कहा कि एक उठानेवाला दमचूल्हा होता तो बाहरवाले कमरे में बैठकर कुछ दाल-चावल बना लिया जाता, लेकिन कौन जाने, इस देश में वह मिलेगा या नहीं?

दरबान बोला, 'दाम मिलने पर दस मिनट में लाया जा सकता है।' रुपया लेकर वह चला गया। तिवारी रसोई बनाने का उपक्रम करने लगा और अपूर्व कमरा सजाने में लग गया। काठ के आले पर कपड़े सजाकर रख दिए, बिस्तर को खोलकर चारपाई के ऊपर बिछाया, एक नया टेबल-क्लॉथ मेज पर बिछाकर कुछ पुस्तकें और लिखने का सामान उस पर रखा और उत्तर की ओर खुली हुई खिड़की के दोनों पल्लों को अच्छी तरह खोलकर, उनके दोनों कोनों में कागज ठूँसकर, सोनेवाले कमरे को नयनाभिराम बनाकर शय्या पर लेटकर उसने सुख की साँस ली। दरबान ने लोहे का चूल्हा ला दिया। इसी समय याद पड़ा कि माँ ने अपने सिर की शपथ देकर पहुँचते ही तार करने को कहा था। इसलिए चटपट दरबान को साथ लेकर वह तारघर के लिए बाहर निकला और महराज से कहता गया कि एक घंटे के पहले ही लौट आऊँगा।

आज किसी ईसाई-पर्व के उपलक्ष्य में छुट्टी थी। अपूर्व ने देखा कि यह गली देशी तथा विदेशी साहबों और मेमों का मुहल्ला है। यहाँ के प्रत्येक घर में विलायती उत्सव का कुछ-न-कुछ चिह्न अवश्य दिखाई पड़ता है। अपूर्व ने पूछा, 'अच्छा दरबानजी! सुना है कि यहाँ पर बंगाली लोग भी तो बहुत हैं। वे अब किस मुहल्ले में रहते हैं?'

आज किसी ईसाई-पर्व के उपलक्ष्य में छुट्टी थी। अपूर्व ने देखा कि यह गली देशी तथा विदेशी साहबों और मेमों का मुहल्ला है। यहाँ के प्रत्येक घर में विलायती उत्सव का कुछ-न-कुछ चिह्न अवश्य दिखाई पड़ता है। अपूर्व ने पूछा, 'अच्छा दरबानजी! सुना है कि यहाँ पर बंगाली लोग भी तो बहुत हैं। वे अब किस मुहल्ले में रहते हैं?'

उसने बतलाया कि यहाँ पर मुहल्ला जैसी कोई व्यवस्था नहीं है, जिसकी जहाँ इच्छा होती है, वहीं रहता है; लेकिन अफसर लोग इस गली को भी पसंद करते हैं। अपूर्व स्वयं एक अफसर था, स्वयं कट्टर हिंदू होते हुए भी, किसी धर्म के विरुद्ध उसका विद्वेष नहीं था। फिर भी, अपने को इस प्रकार ऊपर-नीचे, दाहिने-बाएँ, भीतर-बाहर;

चारों ओर से ही ईसाई पड़ोसियों के बीच देखकर, अत्यंत घृणा अनुभव कर उसने पूछा, 'और दूसरी जगह कहीं क्या डेरा नहीं मिलेगा दरबान?'

दरबान बोला, 'खोजने से मिल सकता है; लेकिन इतने भाड़े में, ऐसा मकान मिलना मुश्किल है।'

अपूर्व जब तारघर पहुँचा, तो तार-बाबू खाना खाने चले गए थे। एक घंटा प्रतीक्षा करने के बाद जब आए, तो घड़ी देखकर बोले, 'आज छुट्टी है; दो बजे ऑफिस बंद हो गया।'

दरबान ने विनय के स्वर में कहा, 'साहब, हमको भी बहुत दूर जाना है।'
अपूर्व ने उसको छुट्टी देने में कोई आपत्ति नहीं की। दरबान के जाने पर, वह भी घूमते-घूमते, गलियों का हिसाब करते-करते, अंत में मकान के सामने आ पहुँचा।
उसने देखा कि तिवारी महराज एक मोटी लाठी पटक रहे हैं और न जाने क्या अनर्गल बकते-झकते जा रहे हैं।

अपूर्व ऊँचे स्वर में बोला, 'यह अपराध आपका है। मैं एक घंटे से बैठा हूँ।'

बाबू बोला, 'लेकिन मैं तो, केवल दस मिनट हुआ, यहाँ से गया हूँ।' अपूर्व ने उसके साथ झगड़ा किया, झूठा कहा, रिपोर्ट करने की धमकी दी; लेकिन सब व्यर्थ समझकर चुप हो गया। वह भूख-प्यास तथा क्रोध से जलते हुए बड़े तारघर पहुँचा। यहाँ से अपने निर्विघ्न पहुँचने का समाचार जब माँ को भेज सका, तब कहीं उसे संतोष हुआ।

दरबान ने विनय के स्वर में कहा, 'साहब, हमको भी बहुत दूर जाना है।'

अपूर्व ने उसको छुट्टी देने में कोई आपत्ति नहीं की। दरबान के जाने पर, वह भी घूमते-घूमते, गलियों का हिसाब करते-करते, अंत में मकान के सामने आ पहुँचा।

उसने देखा कि तिवारी महराज एक मोटी लाठी पटक रहे हैं और न जाने क्या अनर्गल बकते-झकते जा रहे हैं।

साथ ही एक दूसरा व्यक्ति, तिमंजिले से, हिंदी और अंग्रेजी में इसका उत्तर भी दे रहा है; और एक घोड़े का चाबुक लेकर बीच-बीच में सट्-सट् शब्द भी कर रहा है। तिवारी उसे नीचे उतरने को कह रहे हैं और वह उनको ऊपर बुला रहा है और इस शिष्टाचार के आदान-प्रदान में जिस भाषा का प्रयोग हो रहा है, उसे न कहना ही उचित है।

अपूर्व ने सीढ़ी पर से तेजी से ऊपर चढ़कर, लाठी सहित तिवारी का हाथ जोर से पकड़कर कहा, 'क्या पागल हो गया है?' इतना कहकर, उसे ठेलता हुआ घर के अंदर ले गया। अंदर आकर वह क्रोध, दुःख और क्षोभ से रोते-रोते बोला—'यह देखिए, उस हरामजादे साहब ने क्या किया है!'

वास्तव में कांड देखकर अपूर्व की थकान, नींद, भूख और प्यास एकदम ही हवा हो गई। खिचड़ी की हाँड़ी से इस समय तक भाप तथा मसाले की भीनी-भानी गंध निकल रही है; लेकिन उसके ऊपर, नीचे, आस-पास, चारों ओर पानी फैला हुआ है। इस कमरे में आकर देखा कि उसका साफ-सुथरा बिछौना, मैले-काले पानी से सन गया है। कुरसी पर पानी, टेबल पर पानी, यहाँ तक कि पुस्तकें भी पानी में सन गई हैं!

अपूर्व ने पूछा, 'यह सब क्या हुआ?'

तिवारी ने दुर्घटना का विस्तारपूर्वक वर्णन करते हुए बताया—

अपूर्व के जाने के कुछ देर बाद ही साहब घर में आए। आज ईसाइयों का कोई पर्व है। पहले गाना-बजाना और फिर उसक बाद नृत्य आरंभ हुआ और शीघ्र ही दोनों के संयोग से यह शास्त्रीय संगीत इतना असह्य हो उठा कि तिवारी को आशंका होने लगी कि लकड़ी की छत, साहब का इतना बड़ा आनंद संभवत: वहन न कर पाएगी। इसी समय रसोई के पास ही ऊपर से पानी गिरने लगा, भोजन नष्ट हो जाने के भय से तिवारी ने बाहर आकर इसका विरोध किया। लेकिन साहब, चाहे वह काला हो या गोरा, देशी आदमी की ऐसी अशिष्टता नहीं सह सकते। वे उत्तेजित हो उठे और देखते-देखते, उन्होंने घर में जाकर बालटी की बालटी पानी ढरकाना आरंभ कर दिया। इसके बाद जो कुछ हुआ, वह अपूर्व ने स्वयं अपनी आँखों से देख लिया।

वास्तव में कांड देखकर अपूर्व की थकान, नींद, भूख और प्यास एकदम ही हवा हो गई। खिचड़ी की हाँडी से इस समय तक भाप तथा मसाले की भीनी-भानी गंध निकल रही है; लेकिन उसके ऊपर, नीचे, आस-पास, चारों ओर पानी फैला हुआ है। इस कमरे में आकर देखा कि उसका साफ-सुथरा बिछौना, मैले-काले पानी से सन गया है। कुरसी पर पानी, टेबल पर पानी, यहाँ तक कि पुस्तकें भी पानी में सन गई हैं!

अपूर्व कुछ देर मौन रहकर बोला, 'साहब के कमरे में, क्या और कोई नहीं है?'

'संभवत: कोई हो। कोई उस पियक्कड़ साले के साथ बाता-किटकिट कर तो रहा था।' अपूर्व समझ गया कि किसी ने जी-जान से बाधा देने में कोई कसर नहीं छोड़ी है; लेकिन हम लोगों के दुर्भाग्य को वह तिल मात्र भी कम न कर सका।

अपूर्व मौन रहा। जो कुछ होना था हुआ; लेकिन कोई नया उपद्रव अब और नहीं था।

अपूर्व ने हँसने का प्रयास करके कहा, 'तिवारी, ईश्वर की इच्छा न रहने पर, इसी प्रकार मुँह का ग्रास निकल जाता है! आओ, हम लोग समझ लें कि आज भी जलयान में ही हैं। चिउड़ा-मिठाई अब भी तो कुछ बची है, रात बीत ही जाएगी।'

तिवारी ने सिर हिलाकर हूँकी भरी और उस हांडी की ओर फिर एक बार सतृष्ण

दृष्टि से देखकर, चिउड़ा-मिठाई लेने के लिए उठ खड़ा हुआ। सौभाग्य से खाने-पीने का संदूक, रसोईघर के कोने में ही रखा हुआ था। इधर-उधर हटाया नहीं गया था, ईसाई का पानी इसे पवित्र न कर सका था।

फलाहार जुटाते हुए तिवारी ने रसोईघर से कहा, 'बाबू, यहाँ तो रहना न हो सकेगा।'

अपूर्व अन्यमनस्क भाव से बोला, 'हाँ, जान तो ऐसा ही पड़ता है।'

तिवारी उसके परिवार का पुराना नौकर है। आते समय, माँ ने उसका हाथ पकड़कर, जो बातें समझाकर बता दी थीं, उन्हीं सबको स्मरणकर, उसने उद्विग्न कंठ से कहा, 'नहीं बाबू, इस घर में अब एक दिन भी नहीं। क्रोध में आकर अच्छा काम नहीं हुआ, मैंने साहब को गालियाँ दी हैं।'

अपूर्व ने कहा, 'हाँ, गाली न देकर उसको मारना ही ठीक था।' तिवारी के अंदर अब क्रोध के बदले सद्‌बुद्धि उत्पन्न हो रही थी। उसने प्रतिवाद करके कहा, 'वे लोग जो भी हों; लेकिन साहब ठहरे! हम लोग बंगाली हैं।'

अपूर्व मौन ही रहा। साहस पाकर तिवारी ने पूछा, 'ऑफिस के दरबानजी से कहकर, कल सवेरे ही इस घर को छोड़ा नहीं जा सकता? मेरा तो विचार है कि जाना ही ठीक होगा।'

फलाहार जुटाते हुए तिवारी ने रसोईघर से कहा, 'बाबू, यहाँ तो रहना न हो सकेगा।'
अपूर्व अन्यमनस्क भाव से बोला, 'हाँ, जान तो ऐसा ही पड़ता है।'
तिवारी उसके परिवार का पुराना नौकर है। आते समय, माँ ने उसका हाथ पकड़कर, जो बातें समझाकर बता दी थीं, उन्हीं सबको स्मरणकर, उसने उद्विग्न कंठ से कहा, 'नहीं बाबू, इस घर में अब एक दिन भी नहीं। क्रोध में आकर अच्छा काम नहीं हुआ, मैंने साहब को गालियाँ दी हैं।'

अपूर्व ने कहा, 'अच्छी बात है, देखा जाएगा।' दुर्जनों के प्रति उसकी कोई शिकायत नहीं है; बल्कि समय नष्ट न करके, चुपचाप स्थान त्याग देना ही उसने उचित समझ लिया है। बोला, 'अच्छी बात है, वही होगा। तुम भोजन इत्यादि का प्रबंध करो।'

'अभी करता हूँ बाबू!'—कहकर वह कुछ निश्‍चिंत मन से अपने कार्य में लग गया; लेकिन उसी की बातों का सूत्र पकड़कर, उस ऊपरवाले फिरंगी का दुर्व्यवहार स्मरण कर, एकाएक अपूर्व का सारा शरीर क्रोध से जलने लगा। उसके मन में यह विचार आया कि हम लोगों ने चुपचाप, बिना कुछ सोचे-समझे इसे सहन कर लेना ही केवल अपना कर्तव्य समझ लिया है, इसीलिए तो दूसरों को आघात करने का अधिकार, इस प्रकार अपने-आप दृढ तथा उग्र हो उठा है, इसीलिए तो आज मेरा ही नौकर तक भी मुझको अविलंब भागकर आत्मरक्षा करने का उपदेश देने का साहस कर

रहा है। तिवारी बेचारा रसोईघर में फलाहार ठीक कर रहा था, वह जान भी न सका कि उसकी बाँस की लाठी हाथ में लेकर अपूर्व निःशब्द धीरे-धीरे बाहर निकला और सीढ़ियों के ऊपर चढ़ गया।

दूसरी मंजिल पर, साहब के बंद द्वार पर उसने बार-बार आघात करना आरंभ किया। कुछ क्षण बाद, एक भयभीत नारी-कंठ ने अंग्रेजी में कहा, 'कौन है?'

'मैं नीचे रहता हूँ और उस आदमी को देखना चाहता हूँ।'

'क्यों?'

'उसको दिखलाना है कि उसने मेरी कितनी हानि की है।'

'वे सो गए हैं।'

अपूर्व कर्कश स्वर में बोला, 'जगा दीजिए, यह सोने का समय नहीं है। रात को सोते समय मैं तंग करने न आऊँगा; लेकिन इस समय उसके मुँह से उत्तर सुने बिना, मैं एक कदम भी न हिलूँगा।'

लेकिन न तो द्वार ही खुला और न कोई उत्तर ही आया। दो-एक मिनट तक प्रतीक्षा करके, अपूर्व फिर चिल्ला उठा, 'मुझे जाना है; उसे बाहर भेजिए।'

इस बार वह नारी स्वर द्वार के समीप आकर नम्र तथा अत्यंत मृदु कंठ से बोला, 'मैं उनकी लड़की हूँ। पिताजी की ओर से मैं आपसे क्षमा माँग रही हूँ। उन्होंने जो कुछ किया है, सचेत अवस्था में नहीं; विश्वास रखिए, आपकी जो हानि हुई है, कल हम उसे यथाशक्ति पूरी कर देंगे।'

लड़की के स्वर से अपूर्व कुछ नरम पड़ा; लेकिन उसका क्रोध कम नहीं हुआ; बोला, 'उन्होंने बर्बर की भाँति, मेरी काफी हानि की, उससे भी अधिक उत्पात किया है। मैं एक विदेशी आदमी हूँ, लेकिन आशा करता हूँ कि कल सवेरे मुझसे स्वयं मिलकर, इस झगड़े को तय कर लेने का प्रयत्न करेंगे।'

लड़की के स्वर से अपूर्व कुछ नरम पड़ा; लेकिन उसका क्रोध कम नहीं हुआ; बोला, 'उन्होंने बर्बर की भाँति, मेरी काफी हानि की, उससे भी अधिक उत्पात किया है। मैं एक विदेशी आदमी हूँ, लेकिन आशा करता हूँ कि कल सवेरे मुझसे स्वयं मिलकर, इस झगड़े को तय कर लेने का प्रयत्न करेंगे।'

लड़की ने कहा, 'अच्छी बात है!' कुछ देर तक मौन रहकर वह बोली, 'आपकी तरह हम लोग भी यहाँ पर बिल्कुल नए हैं! कल ही संध्या को मौलमीन से आए हैं।'

अपूर्व कुछ न कहकर धीरे-धीरे उतर गया। जाकर देखा कि तब तक तिवारी भोजन के उद्योग में ही लगा था।

थोड़ा सा खा-पीकर, अपूर्व सोने के कमरे में आकर, भीगे ही तकिए को रखकर सो रहा। प्रवास के लिए घर से बाहर पैर रखने के समय से अब तक, विपत्ति की सीमा

नहीं थी। सुख-शांतिहीन और चिंताओं में मगन होकर, एक और ही बात उसके हृदय में उदित हो रही थी—वह थी उस ईसाई लड़की की बात! वह नहीं जानता कि देखने में वह कैसी है, क्या उम्र है, कैसा स्वभाव है, कुछ भी अनुमान न लगा सका, केवल इतना ही जान सका कि उसका उच्चारण अंग्रेजों जैसा नहीं है और जो भी हो, वह ईसाई होने के नाते अपने को राजा की जाति की समझकर, पिता की भाँति घमंड नहीं करती है। उसने अपने पिता के अन्याय तथा उत्पात के लिए लज्जा का अनुभव किया है, उसकी यह भीतविनीत कंठ की क्षमा-भिक्षा, उसे अपने कर्कश तथा तीव्र अभियोग की तुलना में बेमेल सी ज्ञात हुई। स्वभाव से वह उग्र प्रकृति की नहीं है, किसी को भी कड़ी बात कहने में उसे हिचक होती है।

इतने में तिवारी का मोटा कंठ-स्वर उसके कानों तक पहुँचा। वह बोल रहा था, 'नहीं मेम साहब, यह आप ले जाइए। बाबू भोजन कर चुके। हम लोग यह सब छूते नहीं।'

अपूर्व उठ बैठा और कान लगाकर उस ईसाई लड़की के कंठ-स्वर से, वह क्या कह रही है, यह अनुमान करने लगा। तिवारी बोला, 'कौन कहता है कि हमने भोजन नहीं किया? यह आप ले जाइए। बाबू सुनेंगे, तो रुष्ट होंगे।'

इतने में तिवारी का मोटा कंठ-स्वर उसके कानों तक पहुँचा। वह बोल रहा था, 'नहीं मेम साहब, यह आप ले जाइए। बाबू भोजन कर चुके। हम लोग यह सब छूते नहीं।' अपूर्व उठ बैठा और कान लगाकर उस ईसाई लड़की के कंठ-स्वर से, वह क्या कह रही है, यह अनुमान करने लगा। तिवारी बोला, 'कौन कहता है कि हमने भोजन नहीं किया? यह आप ले जाइए। बाबू सुनेंगे, तो रुष्ट होंगे।'

अपूर्व धीरे-धीरे बाहर आकर बोला, 'क्या बात है तिवारी?'

लड़की तुरंत पीछे हट गई। संध्या हो चली थी; लेकिन कहीं रोशनी नहीं जली थी। लड़की का रंग अंग्रेजों जैसा सफेद नहीं है; पर खूब साफ है। आयु उन्नीस-बीस या कुछ अधिक होगी और कुछ लंबी होने से ही संभवत: कुछ दुबली जान पड़ती है। ऊपर के होंठों के नीचे, सामने के दोनों दाँतों को कुछ ऊँचा न समझा जाए, तो मुखाकृति संभवत: अच्छी है। पैरों में चप्पल और शरीर पर एक भड़कीली सी साड़ी पहने हुए है, चाल-ढाल कुछ बंगाली और कुछ-कुछ पारसी जान पड़ती है। एक डाली में कुछ नारंगी, नासपाती, दो-चार अनार और एक गुच्छा अंगूर सामने भूमि पर रखे हुए हैं।

अपूर्व ने कहा, 'यह सब क्या है?'

लड़की ने अंग्रेजी में धीरे से उत्तर दिया, 'आज हमारा पर्व है। माँ ने भेजा है कि आज तो आपका खाना भी नहीं हुआ।'

अपूर्व ने कहा, 'अपनी माँ को हम लोगों की ओर से धन्यवाद देना और कहना कि हमारा खाना हो गया है।'

लड़की चुप थी। अपूर्व ने पूछा, 'हमारा खाना नहीं हुआ, यह आपको कैसे पता लगा?'

लड़की ने लज्जित स्वर में कहा, 'इसीलिए तो झगड़ा हुआ था।'

अपूर्व बोला, 'नहीं, वास्तव में हमारा खाना हो चुका।'

लड़की बोली, 'हो सकता है; लेकिन यह सब तो बाजार के फल हैं, इसमें कोई दोष नहीं है।'

अपूर्व समझ गया कि उसको किसी प्रकार शांत करने के लिए दोनों अपरिचित स्त्रियों के उद्वेग का अंत नहीं है। कुछ देर पूर्व, अपने स्वभाव का जो परिचय वह दे आया है, उससे न जाने क्या होगा, यह सोचकर ही उसको प्रसन्न करने के लिए ही वह भेंट आई है। इसलिए मधुर कंठ से बोला, 'नहीं, कोई दोष नहीं है।' फिर तिवारी से बोला, 'ले लो, उसमें कोई दोष नहीं है महराज!'

अपूर्व समझ गया कि उसको किसी प्रकार शांत करने के लिए दोनों अपरिचित स्त्रियों के उद्वेग का अंत नहीं है। कुछ देर पूर्व, अपने स्वभाव का जो परिचय वह दे आया है, उससे न जाने क्या होगा, यह सोचकर ही उसको प्रसन्न करने के लिए ही वह भेंट आई है। इसलिए मधुर कंठ से बोला, 'नहीं, कोई दोष नहीं है।' फिर तिवारी से बोला, 'ले लो, उसमें कोई दोष नहीं है महराज!'

इससे तिवारी प्रसन्न नहीं हुआ, बोला, 'रात में हम लोगों को आवश्यकता नहीं है और माँ ने मुझे, यह सब करने के लिए बार-बार मना किया है। मेमसाहब यह सब आप ले जाइए, हमें आवश्यकता नहीं है।'

माँ ने मना किया है या कर सकती हैं, इसमें असंभव कुछ भी नहीं है और बहुत दिनों के पुराने तथा विश्वासी तिवारी को इन सब बातों का झंझट सौंप, विदेश में उसका अभिभावक भी वे नियुक्त कर सकती हैं, यह भी संभव है! अभी उस दिन वह माँ को क्या वचन दे आया है, उसको स्मरण कर मन-ही-मन बोला, 'केवल माँ का आदेश ही नहीं है; मैं भी वचन दे आया हूँ; लेकिन फिर भी संकुचित, लज्जित तथा अपरिचित लड़की, जो उसको प्रसन्न करने के लिए ही उसके द्वार पर आई है, उसके उपहार की सामान्य वस्तुओं को अस्पृश्य कहकर अपमानित करने को भी वह उचित न मान सका। तिवारी ने कहा, 'यह सब हम लोग स्पर्श नहीं करेंगे, मेमसाहब! आप उठा ले जाइए; मैं उस स्थान को धो डालूँ।'

लड़की कुछ देर चुपचाप खड़ी रही; फिर डाली उठाकर धीरे-धीरे चली गई।

अपूर्व ने धीमे और रूखे स्वर से कहा, 'न खाते, लेकर चुपके से फेंक भी तो सकते थे।'

तिवारी बोला, 'फेंक दूँगा? नष्ट करने से क्या लाभ होगा बाबू?'

'मूर्ख, गँवार कहीं का।', इतना कहकर अपूर्व सोने चला गया। बिस्तर पर लेटकर पहले तिवारी के प्रति क्रोध से उसका संपूर्ण शरीर जलने लगा; लेकिन जितना ही वह इस विषय की बार-बार आलोचना करता, उतना ही मन में विचार होने लगता कि संभवतः यह अच्छा ही हुआ कि उसने स्पष्ट रूप से लौटा दिया है। उसको अपने बड़े मामा का स्मरण आ गया। उस निष्ठावान ब्राह्मण ने, इन लोगों के घर एक दिन भोजन करना अस्वीकार कर दिया था। करुणामयी ने पति से भाई का मनोमालिन्य बचाने के लिए एक कौशल का अवलंबन लेना चाहा; पर दरिद्र ब्राह्मण ने हँसकर कहा, 'नहीं बहन, यह नहीं हो सकता। जीजाजी क्रोधी मनुष्य हैं, इस अपमान को वे सह न सकेंगे। हो सकता है कि तुमको भी इसमें कुछ भाग लेना पड़े; लेकिन मेरे स्वर्गीय गुरुदेव कहते थे—मुरारी, सत्य पालन करने में दुःख है। वंचना और प्रताड़णा के मीठे पथ से वह किसी दिन भी नहीं आया। मैं बिना भोजन किए ही चला जाऊँगा, यही उचित है बहन!'

'मूर्ख, गँवार कहीं का।', इतना कहकर अपूर्व सोने चला गया। बिस्तर पर लेटकर पहले तिवारी के प्रति क्रोध से उसका संपूर्ण शरीर जलने लगा; लेकिन जितना ही वह इस विषय की बार-बार आलोचना करता, उतना ही मन में विचार होने लगता कि संभवतः यह अच्छा ही हुआ कि उसने स्पष्ट रूप से लौटा दिया है।

इसी घटना को लेकर करुणामयी ने अनेक दुःख सहे; पर कभी भी भाई को दोषी नहीं बनाया। उसी बात को स्मरण कर, अपूर्व के मन में बार-बार यह बात उठने लगी, 'उचित ही हुआ, तिवारी ने ठीक ही किया है।'

तीन

सवेरे बाजार घूम आने की अपूर्व की इच्छा थी, लेकिन वह बाहर न जा सका। क्योंकि ऊपरवाला साहब कब क्षमा-प्रार्थना करने आएगा, इसका कुछ ठीक नहीं। साहब आएगा अवश्य। इसमें कोई संदेह नहीं था! आज जब उसका नशा टूटेगा, तब उसकी स्त्री और कन्या, किसी दशा में भी उसे नहीं छोड़ेंगी; क्योंकि उनके द्वारा ऐसा संकेत वह कल ही पा चुका है। नींद टूटने के बाद से वह लड़की कई बार याद पड़ी है। नींद में भी मानो उसकी भद्रता, सौजन्यता, उसका विनम्र कंठ-स्वर कानों में एक

परिचित सुर की भाँति आते-जाते रहे हैं। अपने मद्यप पिता के दुराचार से, उस लड़की की लज्जा की सीमा नहीं थी! मूर्ख तिवारी के रूखे व्यवहार से, अपूर्व भी लज्जा का अनुभव कर रहा था। एकाएक सिर के ऊपर पड़ोसियों के जाग उठने की आहट आई और प्रत्येक आहट से वह आशा करने लगा कि साहब उसके द्वार पर आकर खड़ा है। क्षमा तो वह करेगा ही, यह निश्चित है; लेकिन विगत दिन की वीभत्सता, क्या करने से सरल और सामान्य होकर विवाद का चिह्न मिटा देगी, यही उसकी चिंता का विषय था, पर क्षमा-याचना का समय बीतने लगा। आशा और उद्वेग के साथ, प्रतीक्षा करते-करते जब नौ बजा, तब सुना कि साहब नीचे उतर रहे हैं। उनके पीछे और भी दो पैरों का शब्द अपूर्व ने सुना। थोड़ी देर के बाद ही उसके द्वार का लोहे का कड़ा जोर से बज उठा। तिवारी ने आकर बताया, 'बाबू, ऊपरवाला साहब आकर कड़ा हिला रहा है।'

अपूर्व ने कहा, 'दरवाजा खोलकर, उनको आने दो।'

तिवारी के दरवाजा खोलते ही, अपूर्व ने अत्यंत गंभीर आवाज सुनी, 'तुम्हारा साहब कहाँ है?'

प्रत्युत्तर में तिवारी ने क्या कहा, भली प्रकार सुनाई नहीं पड़ा।

स्वर से अपूर्व चौंक उठा, बाप रे! यह क्या सामान्य कंठ-स्वर है? एक बार उसके मन में विचार आया कि साहब ने सवेरे उठते ही मदिरा पी ली है; अतएव इस समय जाना उचित है या नहीं, सोचने के पूर्व ही फिर उधर आज्ञा मिली, 'बुलाओ, जल्दी!'

स्वर से अपूर्व चौंक उठा, बाप रे! यह क्या सामान्य कंठ-स्वर है? एक बार उसके मन में विचार आया कि साहब ने सवेरे उठते ही मदिरा पी ली है; अतएव इस समय जाना उचित है या नहीं, सोचने के पूर्व ही फिर उधर आज्ञा मिली, 'बुलाओ, जल्दी!' अपूर्व धीरे-धीरे पास जाकर खड़ा हो गया। साहब ने एक क्षण उसको ऊपर से नीचे तक देखकर अंग्रेजी में पूछा, 'अंग्रेजी जानते हो?'

'जानता हूँ।'

अपूर्व धीरे-धीरे पास जाकर खड़ा हो गया। साहब ने एक क्षण उसको ऊपर से नीचे तक देखकर अंग्रेजी में पूछा, 'अंग्रेजी जानते हो?'

'जानता हूँ।'

'मेरे सो जाने के बाद, कल तुम ऊपर गए थे?'

'जी हाँ।'

साहब ने कहा, 'ठीक! लाठी ठोकी थी? अनाधिकार प्रवेश करने के लिए दरवाजा तोड़ने की चेष्टा की थी?'

अपूर्व विस्मय के मारे स्तब्ध हो गया। साहब ने कहा, 'संयोग से दरवाजा खुला

होता तो तुम कमरे में घुसकर, मेरी स्त्री या मेरी लड़की पर आक्रमण कर बैठते, इसीलिए मेरे जागते रहने पर नहीं गए?'

अपूर्व ने धीरे से कहा, 'आप तो सो रहे थे, यह कैसे ज्ञात हुआ?'

साहब ने कहा—'अपनी लड़की से मैंने सबकुछ सुना है। उसको तुम गाली भी दे आए हो?' इतना कहकर, उसने बगल में खड़ी हुई लड़की की ओर उँगली से संकेत किए। वह वही लड़की है, लेकिन कल भी इसको भली प्रकार से अपूर्व देख न सका था। आज भी साहब के विशाल शरीर की आड़ में उसकी साड़ी की किनारी को छोड़ और कुछ भी न देख पाया। सिर हिलाकर उसने अपने पिता की हाँ में हाँ मिलाई या नहीं, यह भी समझ में नहीं आया; लेकिन इतना अवश्य समझ में आया कि ये लोग सरल प्रकृति के मनुष्य नहीं हैं। सारे मामले को जान-बूझकर विकृत तथा उलटा करके सिद्ध करने का प्रयत्न कर रहे हैं। इसलिए अत्यंत सतर्क रहने की आवश्यकता है।

साहब ने कहा, 'मैं जागता रहता तो तुमको लात मारकर ढकेल देता; तुम्हारे मुँह में एक भी दाँत साबूत न रहने देता; लेकिन वह अवसर जब खो चुका हूँ, तब पुलिस के हाथ से जो कुछ न्याय मिल जाए, उतना ही लेकर संतुष्ट होना पड़ेगा। हम लोग तो जा रहे हैं; तुम इसके लिए तैयार रहना।'

अपूर्व ने सिर हिलाकर कहा, 'अच्छी बात है।' लेकिन उसका मुँह उतर सा गया।

साहब ने लड़की का हाथ पकड़कर कहा, 'चलो!' और सीढ़ी से उतरते-उतरते कहा, 'कावर्ड! अरक्षित स्त्रियों के ऊपर हाथ उठाने की चेष्टा? मैं तुमको ऐसी शिक्षा दूँगा कि जीवन भर कभी न भूल सकोगे।'

साहब ने कहा, 'मैं जागता रहता तो तुमको लात मारकर ढकेल देता; तुम्हारे मुँह में एक भी दाँत साबूत न रहने देता; लेकिन वह अवसर जब खो चुका हूँ, तब पुलिस के हाथ से जो कुछ न्याय मिल जाए, उतना ही लेकर संतुष्ट होना पड़ेगा। हम लोग तो जा रहे हैं; तुम इसके लिए तैयार रहना।'

तिवारी बगल में खड़ा सब सुन रहा था; वहीं से रोने का सा भाव दिखाते हुए बोला, 'क्या होगा, छोटे बाबू?'

अपूर्व ने उपेक्षा से कहा, 'होगा क्या!'

तिवारी बोला, 'मैंने तो पहले ही कहा था बाबू, कि जो होना था, वह हो गया। अब और उन्हें छेड़ने की आवश्कता नहीं। वे साहब और मेम ठहरे।'

अपूर्व ने कहा, 'साहब-मेम ठहरे तो इससे क्या होता है?'

तिवारी ने कहा, 'वे लोग पुलिस में जो गए हैं!'

अपूर्व ने कहा, 'जाने से क्या होता है?'

तिवारी ने व्याकुल होकर कहा, 'बड़े बाबू को तार कर दूँ? छोटे बाबू, उनको न हो, तो बुला ही लिया जाए।'

'तू क्या पागल हो गया है तिवारी? जा उधर देख, संभवत: सब खाना जल गया होगा। साढ़े दस बजे मुझे ऑफिस जाना है।' इतना कहकर वह अपने कमरे में चला गया। तिवारी भी रसोईघर में चला गया; लेकिन रसोई बनाने से लेकर बाबू के ऑफिस जाने तक का सभी कुछ, उसके लिए अत्यंत अर्थहीन हो गया।

वह करुणामयी के हाथ का बना हुआ आदमी है, इसलिए उसका मन चाहे जितना दुश्चिंताग्रस्त क्यों न हो, हाथ के काम में कहीं भूल-चूक नहीं होती। यथासमय भोजन करने बैठकर, अपूर्व ने उसको उत्साहित करने के अभिप्राय से भोजन की कुछ बढ़ा-चढ़ाकर प्रशंसा की। दो-एक ग्रास मुँह में डालकर बोला, 'तिवारी, आज का भोजन तो मानो अमृत ही बनाया है! कई दिनों से अच्छी तरह भोजन नहीं किया। कैसा डरपोक आदमी है तू! माँ ने भी अच्छे आदमी को साथ भेजा है।'

वह करुणामयी के हाथ का बना हुआ आदमी है, इसलिए उसका मन चाहे जितना दुश्चिंताग्रस्त क्यों न हो, हाथ के काम में कहीं भूल-चूक नहीं होती। यथासमय भोजन करने बैठकर, अपूर्व ने उसको उत्साहित करने के अभिप्राय से भोजन की कुछ बढ़ा-चढ़ाकर प्रशंसा की। दो-एक ग्रास मुँह में डालकर बोला, 'तिवारी, आज का भोजन तो मानो अमृत ही बनाया है! कई दिनों से अच्छी तरह भोजन नहीं किया। कैसा डरपोक आदमी है तू! माँ ने भी अच्छे आदमी को साथ भेजा है।'

तिवारी ने कहा, 'हूँ!'

अपूर्व ने उसकी ओर देखकर हँसते हुए कहा, 'मुँह को एकदम हाँड़ी जैसा क्यों बना रखा है? उस हरामजादे फिरंगी के धमकाने को देख, न? पुलिस में जा रहे हैं। अरे जाता क्यों नहीं? जाकर क्या करेगा, सुनें तो? तेरा कोई गवाह है?'

तिवारी ने कहा, मेम साहब को भी क्या गवाही की जरूरत है?'

अपूर्व ने कहा, 'उनके लिए क्या कोई दूसरे नियम-कानून हैं? फिर वे मेमसाहब कैसे? रंग तो मेरे पॉलिश किए हुए जूते की ही तरह है।'

तिवारी मौन रहा।

अपूर्व ने कुछ देर तक चुपचाप भोजन करने के बाद, मुँह ऊपर उठाकर कहा, 'और यह लड़की भी कितनी दुष्ट है, तिवारी, कल इस तरह आई जैसे बिलैया-भगत और ऊपर जाते ही इतनी सब झूठ-झूठ बातें जोड़ दीं। इनको पहचानना है।'

तिवारी बोला, 'ईसाई हैं न।'

'जानते हो तिवारी! जो असली साहब हैं, वे इनसे घृणा करते हैं! एक मेज पर बैठाकर कभी नहीं खिलाते, चाहे कितना ही हैट-कोट पहनें और गिरजे में जाएँ।'

तिवारी ने ऐसा कभी नहीं सोचा था। छोटे बाबू का ऑफिस जाने का समय हो रहा है, अब अकेले घर में उसका समय कैसे कटेगा? साहब थाने गया है; हो सकता है कि लौटकर दरवाजा तोड़ डाले! हो सकता है, पुलिस साथ लेकर आए। हो सकता है, उसको बाँधकर ले जाए, क्या होगा, कौन जाने? अपूर्व भोजन आदि करके कपड़े पहन रहा था। तिवारी ने कमरे का परदा हटाकर कहा, 'देखकर जाते तो अच्छा होता।'

'क्या देखकर जाता?'

'उनके लौटने की राह…।'

अपूर्व ने कहा, 'यह कैसे हो सकता है? आज मेरी नौकरी का पहला दिन है; बताओ तो वे लोग क्या सोचेंगे!'

तिवारी चुप रह गया। अपूर्व ने कहा, 'तू दरवाजा बंद करके निश्चिंत बैठा रह। मैं शीघ्र ही लौटूँगा। दरवाजा कोई तोड़ नहीं सकता।'

तिवारी ने कहा, 'अच्छा!' लेकिन उसने एक लंबी साँस दबा रखने का जो प्रयत्न किया, उसे अपूर्व ने स्पष्ट देख लिया। बाहर जाते समय, तिवारी ने भारी कंठ से कहा, 'आज पैदल न जाना छोटे बाबू! कोई किराए की गाड़ी कर लेना।'

'अच्छा।'—कहकर अपूर्व नीचे उतर गया। उसके चलने का ढंग ऐसा जान पड़ता था, मानो मन में नई नौकरी का आनंद तनिक भी नहीं!

बोथा कंपनी के भागीदार, पूर्वीय के मैनेजर रोजेन साहब उस समय बर्मा में ही थे। रंगून का कार्यालय उन्होंने ही स्थापित किया था। उन्होंने अपूर्व को यथेष्ट आदर के साथ ग्रहण किया और उसके स्वरूप; बातचीत तथा यूनिवर्सिटी की डिग्री आदि देखकर बहुत प्रसन्न हुए। सभी कर्मचारियों को बुलाकर परिचय कराया और दो-तीन महीने का जो समय यहाँ पर बिताना है, उस अवधि में व्यवसाय का संपूर्ण रहस्य सिखा देने का आश्वासन दिया। बातचीत, परिचय तथा नए उत्साह से उसके भीतर की ग्लानि थोड़ी देर के लिए मिट गई। एक व्यक्ति ने उसे विशेष रूप से आकृष्ट किया, वह था ऑफिस

बोथा कंपनी के भागीदार, पूर्वीय के मैनेजर रोजेन साहब उस समय बर्मा में ही थे। रंगून का कार्यालय उन्होंने ही स्थापित किया था। उन्होंने अपूर्व को यथेष्ट आदर के साथ ग्रहण किया और उसके स्वरूप; बातचीत तथा यूनिवर्सिटी की डिग्री आदि देखकर बहुत प्रसन्न हुए। सभी कर्मचारियों को बुलाकर परिचय कराया और दो-तीन महीने का जो समय यहाँ पर बिताना है, उस अवधि में व्यवसाय का संपूर्ण रहस्य सिखा देने का आश्वासन दिया।

का एकाउंटेंट। ब्राह्मण है, नाम रामदास तलवलकर है। आयु संभवतः उसकी ही जितनी होगी या शायद अधिक भी हो! दीर्घ आकृति, बलिष्ठ, गौरवर्ण है। पहनावे में पैजामा, लंबा कोट, सिर पर पगड़ी, मस्तक पर लाल चंदन का टीका। बड़ी अच्छी अंग्रेजी में बातचीत करते हैं; लेकिन अपूर्व के साथ उन्होंने पहले से ही हिंदी में वार्त्तालाप करना आरंभ किया। अपूर्व हिंदी अच्छी तरह नहीं जानता; लेकिन जब देखा कि वह हिंदी को छोड़कर और किसी में उत्तर नहीं देता, तब उसने भी हिंदी बोलना आरंभ किया। अपूर्व ने कहा, 'यह भाषा मैं नहीं जानता; बोलने में बहुत गलतियाँ होती हैं।'

रामदास बोला, 'गलतियाँ तो मुझसे भी होती हैं; क्योंकि मेरी भी यह मातृभाषा नहीं है।'

अपूर्व बोला—'यदि पराई भाषा में ही वार्त्तालाप करना है, तो अंग्रेजी में क्या दोष है ?'

रामदास बोला, 'अंग्रेजी में तो हम लोग और भी अधिक गलती करते हैं। आप अंग्रेजी में बोला करें; पर यदि मैं हिंदी में उत्तर दूँ, तो क्षमा करना।'

अपूर्व बोला, 'मैं भी हिंदी में ही बोलने की चेष्टा करूँगा; पर गलती होने पर आप भी मुझे क्षमा करेंगे।'

इस वार्त्तालाप के बीच, रोजेन साहब स्वयं मैनेजर के कमरे में आकर उपस्थित हुए। आयु पचास के लगभग होगी, हॉलैंड के निवासी हैं, पहनावा साधारण ढंग का है, मुँह पर घनी मूँछ-दाढ़ी है, टूटी-फूटी अंग्रेजी का उच्चारण करते हैं, पक्के व्यवसायी हैं। अब तक बर्मा के अनेक स्थानों में घूमकर, तरह-तरह के लोगों से मिलकर, तथ्य संग्रह करके, काम-काज के कार्यक्रम का एक खाका उन्होंने तैयार कर लिया है। उस कार्यक्रम के कागज अपूर्व की टेबल पर रखते हुए वे बोले, 'इसके विषय में आपकी क्या राय है ?' उन्होंने तलवलकर से भी कहा, 'आपके कमरे में भी इसकी एक प्रति भेज दी है; लेकिन उसे अभी रहने दिया जाए; क्योंकि आज मैनेजर के सम्मान में ऑफिस बंद हो जाएगा। देखिए, मैं शीघ्र ही चला जाऊँगा, तब आप दोनों के ही ऊपर सारा काम-काज रहेगा। मैं इंग्लिशमैन नहीं हूँ, यद्यपि यह राज्य एक दिन हम लोगों का ही हो सकता है, फिर

इस वार्त्तालाप के बीच, रोजेन साहब स्वयं मैनेजर के कमरे में आकर उपस्थित हुए। आयु पचास के लगभग होगी, हॉलैंड के निवासी हैं, पहनावा साधारण ढंग का है, मुँह पर घनी मूँछ-दाढ़ी है, टूटी-फूटी अंग्रेजी का उच्चारण करते हैं, पक्के व्यवसायी हैं। अब तक बर्मा के अनेक स्थानों में घूमकर, तरह-तरह के लोगों से मिलकर, तथ्य संग्रह करके, काम-काज के कार्यक्रम का एक खाका उन्होंने तैयार कर लिया है।

भी उन लोगों की भाँति, हम लोग भारतीयों को नीच नहीं समझते, अपने समान ही समझते हैं, केवल फर्म की ही नहीं, आप लोगों की अपनी उन्नति भी, आप लोगों के अपने कर्तव्य-ज्ञान पर ही निर्भर है। अच्छा, गुड-डे, ऑफिस दो बजे तक बंद हो जाना चाहिए।' कहते हुए वे जिस तरह आए थे, उसी तरह चले गए।

ठीक दो बजे, दोनों साथ-ही-साथ ऑफिस से बाहर निकले। तलवलकर शहर में नहीं रहता, लगभग दस मील पश्चिम की ओर, इनसिन नामक स्थान में उसका डेरा है। डेरे में उसकी स्त्री तथा एक छोटी सी लड़की रहती है। यहाँ शहर का हो-हल्ला नहीं है; ट्रेनों के यातायात से कोई असुविधा नहीं होती। 'हालदार बाबू, कल ऑफिस के बाद, मेरे यहाँ चाय का निमंत्रण रहा।' तलवलकर ने कहा।

अपूर्व ने कहा, 'मैं चाय नहीं पीता बाबूजी!'

'नहीं पीते! मैं भी पहले नहीं पीता था, मगर मेरी स्त्री अब रुष्ट होती है, अच्छा, न हो तो फल-फूल, शरबत...हम लोग भी तो ब्राह्मण हैं।'

अपूर्व ने हँसते हुए कहा, 'ब्राह्मण तो अवश्य हैं; लेकिन आप लोग मेरे हाथ का खाएँ, तभी तो मैं भी आपकी स्त्री के हाथ का खा सकता हूँ।'

ठीक दो बजे, दोनों साथ-ही-साथ ऑफिस से बाहर निकले। तलवलकर शहर में नहीं रहता, लगभग दस मील पश्चिम की ओर, इनसिन नामक स्थान में उसका डेरा है। डेरे में उसकी स्त्री तथा एक छोटी सी लड़की रहती है। यहाँ शहर का हो-हल्ला नहीं है; ट्रेनों के यातायात से कोई असुविधा नहीं होती। 'हालदार बाबू, कल ऑफिस के बाद, मेरे यहाँ चाय का निमंत्रण रहा।' तलवलकर ने कहा। अपूर्व ने कहा, 'मैं चाय नहीं पीता बाबूजी!'

रामदास ने कहा, 'मैं तो खा सकता हूँ; लेकिन मेरी स्त्री की बात...अच्छा आपका डेरा तो समीप ही है, चलिए न, आपको पहुँचा आऊँ। मेरी ट्रेन तो पाँच बजे छूटेगी।'

अपूर्व घबरा गया। इतनी देर तक वह सबकुछ भूल गया था। डेरे का नाम लेते ही, निमिषमात्र में उसका सारा उपद्रव और सारा बखेड़ा, बिजली की चमक की भाँति झलककर उसके मुँह को श्रीहीन कर गया। अब तक वहाँ क्या हुआ है, वह कुछ भी नहीं जानता। हो सकता है कि बहुत कुछ हुआ हो। अकेले उसको ही बीच में जाकर खड़ा होना होगा। ऐसे एक परिचित व्यक्ति के साथ रहने से कितनी सुविधा, कितना साहस होता है, लेकिन नए परिचय के प्रारंभ में ही, वह एकाएक क्या सोच बैठेगा, यह सोचकर अपूर्व अत्यंत संकुचित हो उठा। बोला, 'देखिए...।' अभी मुँह की बात वह पूरी भी न कर सका। उसके संकोच और लज्जा का अनुभव कर, रामदास ने हँसते

हुए कहा, ‘एक ही रात में पूरी सुव्यवस्था की आशा मैं नहीं करता, बाबूजी! मुझको भी एक दिन नया डेरा ठीक करना पड़ा था। फिर मेरी स्त्री भी थी; आपके साथ तो वह भी नहीं है! आज आप लज्जा का अनुभव कर रहे हैं; लेकिन उन्हें न लाने पर एक वर्ष बाद भी यह लज्जा आपकी दूर न होगी, यह मैं कहे देता हूँ! चलिए, देखूँ क्या कर सकता हूँ। विश्रृंखलता के बीच में ही तो मित्र की आवश्यकता होती है।'

इस मित्रहीन देश में, आज उसको एक मित्र की अत्यंत आवश्यकता है। दोनों टहलते-टहलते जब डेरे के सामने आ उपस्थित हुए, तो तलवलकरजी को घर में आमंत्रित किए बिना वह रह न सका। ऊपर चढ़ते समय देखा कि वही ईसाई लड़की भी ठीक इसी समय नीचे उतर नही है। उसका पिता उसके साथ नहीं था, वह अकेली थी। दोनों एक ओर हटकर खड़े हो गए। लड़की धीरे-धीरे उतरकर कुछ दूर रास्ते पर पहुँची, तब रामदास ने पूछा, ‘ये लोग तीसरी मंजिल पर रहते हैं क्या?'

इस मित्रहीन देश में, आज उसको एक मित्र की अत्यंत आवश्यकता है। दोनों टहलते-टहलते जब डेरे के सामने आ उपस्थित हुए, तो तलवलकरजी को घर में आमंत्रित किए बिना वह रह न सका। ऊपर चढ़ते समय देखा कि वही ईसाई लड़की भी ठीक इसी समय नीचे उतर नही है। उसका पिता उसके साथ नहीं था, वह अकेली थी। दोनों एक ओर हटकर खड़े हो गए। लड़की धीरे-धीरे उतरकर कुछ दूर रास्ते पर पहुँची, तब रामदास ने पूछा, ‘ये लोग तीसरी मंजिल पर रहते हैं क्या?'

अपूर्व ने कहा, ‘हाँ!'

‘ये लोग भी बंगाली हैं?'

अपूर्व ने सिर हिलाकर कहा, ‘नहीं, देशी ईसाई हैं। संभव है मद्रासी या गोआनीज या और कुछ होंगे, लेकिन बंगाली नहीं।'

रामदास ने कहा, ‘लेकिन साड़ी पहनने का ढंग तो ठीक आप लोगों जैसा ही है।'

अपूर्व विस्मित हुआ, ‘पूछा, ‘हम लोगों का ढंग आपको कैसे मालूम?'

रामदास ने कहा, ‘मैंने बंबई, पूना, शिमला में बहुत सी बंगाली महिलाओं को देखा है। इतना सुंदर साड़ी पहनने का ढंग, भारतवर्ष की और किसी जाति में नहीं है!'

‘हो सकता है।' कहकर अपूर्व अन्यमनस्क भाव से अपने डेरे के बंद द्वार पर बार-बार खटखटाने लगा। थोड़ी देर के बाद भीतर से सतर्क कंठ का उत्तर आया, कौन?'

‘मैं हूँ, मैं! दरवाजा खोलो, कोई भय की बात नहीं है।' कहकर अपूर्व हँसने लगा। कारण, इस बीच कोई भयानक घटना नहीं हुई। तिवारी निरापद कमरे में ही है, यह अनुभव कर, उसके ऊपर से जैसे एक बहुत बोझ हट गया।

रामदास कमरा देखकर बोला, ‘आपका नौकर अच्छा है; सभी कुछ सजाकर रखा

है। यह सब सामान मैंने ही खरीदा था। आपको और जिस वस्तु की आवश्यकता हो, कहिए, भेज दूँगा। रोजेन साहब की आज्ञा है।'

तिवारी ने मधुर स्वर में कहा, 'और सामान की आवश्यकता नहीं है बाबूजी! यहाँ से सकुशल हट जाएँ तो प्राण बच जाएँगे।'

ट्रेन का समय हो जाने पर रामदास ने विदा माँगी। पता नहीं, तिवारी के अभियोग से अथवा उसके मालिक की मुखाकृति से उसने कुछ अनुमान लगाया या नहीं; लेकिन जाते समय एकाएक प्रश्न कर बैठा, 'बाबूजी, क्या आपको इस डेरे में असुविधा है?'

अपूर्व ने तनिक हँसकर कहा, 'नहीं।' और फिर रामदास को जिज्ञासु भाव से निहारते हुए देखकर बोला, 'ऊपर जो साहब रहते हैं, वे मेरे प्रति अच्छा व्यवहार नहीं कर रहे हैं।'

रामदास ने विस्मित होकर कहा, 'वही लड़की तो नहीं?'

उसकी बात पर किसी ने ध्यान नहीं दिया; लेकिन अपूर्व ने सुना। उसने एक बार आड़ में जाकर पूछा, 'और कुछ हुआ था क्या?'

'नहीं।'

'तब फिर ऐसी बातें क्यों कहता है?'

तिवारी बोला, 'शौक से थोड़े ही कहता हूँ। दोपहर भर साहब जैसी घुड़दौड़ करता रहा है, वैसी क्या कोई मनुष्य कर सकता है?'

अपूर्व मुसकराकर बोला, 'तो तू चाहता है कि वह अपने कमरे में चलने-फिरने भी न पाए? कोठे की छत पर अधिक आवाज होती ही है।'

तिवारी ने रुष्ट होकर कहा, 'एक स्थान पर खड़े होकर, घोड़े की तरह पैर पटकने को चलना कहा जाता है?'

अपूर्व बोला, 'इससे पता चलता है कि वह शराबी है। तब जरूर उसने शराब पी रखी होगी।'

तिवारी बोला, 'हो सकता है! मैं उसका मुँह सूँघकर देखने नहीं गया था।' इतना कहकर वह अप्रसन्न भाव से रसोईघर में यह कहकर चला गया, 'चाहे जो भी हो, इस घर में रहना नहीं होगा।'

ट्रेन का समय हो जाने पर रामदास ने विदा माँगी। पता नहीं, तिवारी के अभियोग से अथवा उसके मालिक की मुखाकृति से उसने कुछ अनुमान लगाया या नहीं; लेकिन जाते समय एकाएक प्रश्न कर बैठा, 'बाबूजी, क्या आपको इस डेरे में असुविधा है?'

अपूर्व ने तनिक हँसकर कहा, 'नहीं।' और फिर रामदास को जिज्ञासु भाव से निहारते हुए देखकर बोला, 'ऊपर जो साहब रहते हैं, वे मेरे प्रति अच्छा व्यवहार नहीं कर रहे हैं।'

रामदास ने विस्मित होकर कहा, 'वही लड़की तो नहीं?'

'जी हाँ, उसी के पिता।' इतना कहकर अपूर्व ने कल संध्या और आज सवेरे की

घटनाओं का वर्णन किया। रामदास कुछ मौन रहने के बाद बोला, 'मैं होता तो इसका इतिहास ही दूसरा होता। बिना क्षमा माँगे, वह इस दरवाजे से एक कदम भी नीचे न उतर सकता।'

अपूर्व ने कहा, 'यदि वह क्षमा न माँगते, तो आप क्या करते?'

रामदास ने कहा, 'तो उतरने न देता।'

अपूर्व ने उसकी बातों पर विश्वास कर लिया हो, यह बात नहीं; फिर भी साहसिक बातों से उसे कुछ साहस अवश्य मिला। हँसते हुए बोला, 'लेकिन इस समय तो हम लोग नीचे उतरें, आपकी ट्रेन का समय भी हो आया है।' इतना कहकर वह मित्र का हाथ पकड़कर नीचे उतरने लगा; लेकिन उसे यह देखकर आश्चर्य हुआ कि जिस प्रकार आते समय, ठीक उसी प्रकार जाते समय भी सीढ़ी के द्वार पर ही उस लड़की से भेंट हुई। उसके हाथ में कागज का एक मुड़ा हुआ बंडल था। शायद वह कुछ खरीदकर लौट रही थी। उसे रास्ता देने के लिए अपूर्व एक ओर हटकर खड़ा हो गया; लेकिन एकाएक घबराकर देखा कि रामदास रास्ता न देकर, एकदम उसे रोककर खड़ा है। वह अंग्रेजी में बोला, 'मुझे एक मिनट के लिए क्षमा करना, मैं बाबूजी का मित्र हूँ। इनके प्रति अकारण दुर्व्यवहार के लिए, आप लोगों को लज्जित होना चाहिए!'

लड़की आँख उठाकर क्रुद्ध स्वर में बोली, 'इच्छा हो, तो ये सब बातें आप मेरे पिताजी से कह सकते हैं।'

'आपके पिताजी घर पर हैं?'

'नहीं।'

'तो फिर प्रतीक्षा करने के लिए मेरे पास समय नहीं है। मेरी ओर से उनसे कहिएगा कि उनके उपद्रव से इनका रहना दूभर हो गया है।'

रामदास थोड़ा हँसकर फिर बोला, 'भारतीय ईसाइयों को मैं पहचानता हूँ। उनके मुँह से इससे बड़े उत्तर की आशा मैं नहीं करता। लेकिन इससे उनको सुविधा न होगी; क्योंकि इनके स्थान पर मैं आऊँगा। मेरा नाम रामदास तलवलकर है, मैं मरहठा ब्राह्मण हूँ। तलवार शब्द का क्या अर्थ होता है, अपने पिताजी को यह जान लेने के लिए कहिएगा। गुड इवनिंग। चलिए बाबूजी!' इतना कहकर वह अपूर्व का हाथ पकड़कर एकदम रास्ते में आ गया।

लड़की ने उसी प्रकार तिक्त कंठ से कहा, 'उनकी ओर से मैं ही उत्तर देती हूँ कि आप यदि चाहें तो किसी दूसरी जगह जा सकते हैं।'

रामदास थोड़ा हँसकर फिर बोला, 'भारतीय ईसाइयों को मैं पहचानता हूँ। उनके मुँह से इससे बड़े उत्तर की आशा मैं नहीं करता। लेकिन इससे उनको सुविधा न होगी;

क्योंकि इनके स्थान पर मैं आऊँगा। मेरा नाम रामदास तलवलकर है, मैं मरहठा ब्राह्मण हूँ। तलवार शब्द का क्या अर्थ होता है, अपने पिताजी को यह जान लेने के लिए कहिएगा। गुड इवनिंग। चलिए बाबूजी!' इतना कहकर वह अपूर्व का हाथ पकड़कर एकदम रास्ते में आ गया।

लड़की की मुखाकृति को अपूर्व ने छिपी निगाह से देख लिया था। घटना के अंत में वह किस प्रकार कठोर हो उठी थी यह सोचकर कुछ क्षण तक वह कोई बात ही न कर सका। उसके बाद धीरे-धीरे बोला, 'यह क्या हुआ तलवलकर?'

तलवलकर ने उत्तर दिया, 'यही हुआ कि आपके चले जाते ही मुझको यहाँ आना पड़ेगा। केवल खबर मिल जानी चाहिए।'

संध्या होने में अभी देर थी। एक घंटे तक किसी ट्रेन का भी समय नहीं था, इसलिए स्टेशन से इधरवाले प्लेटफार्म पर यात्रियों की वैसी भीड़ नहीं थी। यहीं पर अपूर्व टहलते हुए घूमने लगा। एकाएक उसके मन में यह विचार आया कि कल से आज तक, इस एक दिन के व्यवधान से, जीवन मानो न जाने किस प्रकार एकदम बहुत साल का पुराना हो गया है। खेलकूद तथा इसी प्रकार के तुच्छ कामों में वह मानो थक्कर सो गया था।

अपूर्व ने कहा, 'अर्थात् दोपहर को आपकी पत्नी अकेली रहेंगी?'

रामदास ने कहा, 'अकेली नहीं, मेरी दो साल की लड़की भी है।'

'अर्थात् आप परिहास कर रहे हैं।'

'नहीं, मैं सच कह रहा हूँ। हँसी करने की मेरी आदत ही नहीं।'

अपूर्व ने एक बार अपने साथी के मुँह की ओर देखा, उसके बाद धीरे-धीरे कहा, 'तो फिर यह डेरा मैं न छोड़ सकूँगा''।' उसके मुँह की बात पूरी भी न हो पाई थी कि रामदास ने एकाएक उसके दोनों हाथों को अपने बलिष्ठ हाथों से पकड़कर जोर से झकझोरते हुए कहा, 'यही मैं चाहता हूँ बाबूजी, यही तो मैं चाहता हूँ। उत्पात के भय से हम लोग बहुत भाग चुके हैं; लेकिन अब नहीं।'

संध्या होने में अभी देर थी। एक घंटे तक किसी ट्रेन का भी समय नहीं था, इसलिए स्टेशन से इधरवाले प्लेटफार्म पर यात्रियों की वैसी भीड़ नहीं थी। यहीं पर अपूर्व टहलते हुए घूमने लगा। एकाएक उसके मन में यह विचार आया कि कल से आज तक, इस एक दिन के व्यवधान से, जीवन मानो न जाने किस प्रकार एकदम बहुत साल का पुराना हो गया है। खेलकूद तथा इसी प्रकार के तुच्छ कामों में वह मानो थक्कर सो गया था। एकाएक जहाँ पर उसकी नींद टूटी, वहाँ पर संसार भर का कर्म-स्रोत, एक कार्य के वेग से ही मानो पागल हो उठा है। विश्राम नहीं है, विरक्ति नहीं है, आनंद नहीं है, अवसर

नहीं है, मनुष्य के साथ मनुष्य के संघर्ष का मध्याह्न–सूर्य, दोनों हाथों से केवल मुट्ठी–मुट्ठी भर अग्नि बिखेरता चला जा रहा है। यहाँ पर माँ नहीं है, भाई नहीं हैं, भौजाइयाँ नहीं हैं, स्नेह की छाया कहीं कुछ भी नहीं है, कर्मशाला के असंख्य चक्र दाहिने–बाएँ, सिर के ऊपर, पैरों के नीचे, सर्वत्र अंध वेग से घूमते हुए चल रहे हैं। तनिक भी असतर्क होने पर रक्षा पाने का कहीं कोई उपाय नहीं है।

उसके नेत्र के दोनों कोने अश्रु से भर गए। कुछ दूरी पर काठ की एक बेंच थी; वह उसी के ऊपर बैठकर अपने नेत्र पोंछ रहा था कि एकाएक पीछे से एक जोर का धक्का खाकर, पेट के बल एकदम भूमि पर गिर पड़ा। किसी प्रकार उठकर खड़ा होते ही देखा कि पाँच या छह फिरंगी बदमाश लड़के हैं, किसी के मुँह में सिगरेट है तो किसी के मुँह में पाइप है और वे दाँत निकालकर हँसकर रहे थे। संभवत: वही लड़का, जिसने धक्का मारा था, बेंच के ऊपर एक लिखावट दिखलाकर बोला, 'साले, यह साहब लोगों के वास्ते है, तुम्हारे लिए नहीं।'

उसके नेत्र के दोनों कोने अश्रु से भर गए। कुछ दूरी पर काठ की एक बेंच थी; वह उसी के ऊपर बैठकर अपने नेत्र पोंछ रहा था कि एकाएक पीछे से एक जोर का धक्का खाकर, पेट के बल एकदम भूमि पर गिर पड़ा। किसी प्रकार उठकर खड़ा होते ही देखा कि पाँच या छह फिरंगी बदमाश लड़के हैं, किसी के मुँह में सिगरेट है तो किसी के मुँह में पाइप है और वे दाँत निकालकर हँसकर रहे थे। संभवत: वही लड़का, जिसने धक्का मारा था, बेंच के ऊपर एक लिखावट दिखलाकर बोला, 'साले, यह साहब लोगों के वास्ते है, तुम्हारे लिए नहीं।'

लज्जा, क्रोध तथा अपमान से अपूर्व के सजल नयन लाल हो उठे, होंठ काँपने लगे। उसने प्रत्युत्तर में क्या कहा, 'साला दूधवाला, आँख दिखाता है।' सब एक साथ ऊँचे स्वर से हँस पड़े। एक ने उसके मुँह के सामने आकर अत्यंत अश्लील ढंग से सीटी बजाई।

अपूर्व क्षण भर बाद ही संभवत: इन सबके ऊपर झपट पड़ता; लेकिन कुछ हिंदुस्तानी कर्मचारियों ने, जो कुछ दूरी पर बैठे चिमनी साफ कर रहे थे, बीच में पड़कर उसको प्लेटफार्म के बाहर कर दिया। एक फिरंगी लड़का भागता हुआ आकर, भीड़ में पैर बढ़ाकर, अपूर्व के सफेद सिल्क के कपड़े के ऊपर जूते का दाग लगा गया। हिंदुस्तानियों के इस दल से वह अपने को मुक्त करने के लिए खींचातानी कर रहा था; इस पर एक ने उसे झकझोरते हुए कहा, 'अरे बंगाली बाबू, अगर साहब लोगों का शरीर छुएगा, तो यहाँ एक साल की जेल हो जाएगी। जाओ भागो!' एक ने कहा, 'अरे बाबू है, धक्का मत दो।' जो लोग कुछ नहीं जानते थे, वे कारण पूछने लगे। जो लोग जानते थे, वे तरह–तरह के मंतव्य देने लगे। अपूर्व

ऑफिस का पहनावा छोड़कर, साधारण बंगाली के पहनावे में स्टेशन गया था, इसलिए फिरंगियों ने उसे दूधवाला समझकर मारा है, ऑफिस के बाबू के रूप में पहचान नहीं सके। अपूर्व सीधे स्टेशन मास्टर के कमरे में गया। स्टेशन मास्टर अंग्रेज थे, मुँह उठाकर उन्होंने देखा। अपूर्व ने जूते का दाग दिखाकर घटना का वर्णन किया। वे आज्ञापूर्वक बोले, 'यूरोपियन की बेंच पर तुम क्यों बैठे ?'

अपूर्व ने कहा, 'मुझे ज्ञात नहीं था।'

'तुमको मालूम कर लेना चाहिए था।'

'क्या इसीलिए उन्होंने एक भले आदमी के ऊपर हाथ उठाया ?'

साहब ने दरवाजे की ओर हाथ बढ़ाकर कहा, 'गो-गो-गो। चपरासी, इसको बाहर कर दो!' कहकर वे फिर अपने काम में लग गए।

अपूर्व घर पर न जाने कैसे लौटकर आया। दो घंटे पूर्व, रामदास के साथ इस मार्ग से जाते समय, उसके हृदय में जो दुर्भावना सबसे अधिक खटक रही थी, वह उसकी अकारण मध्यस्थता थी। एक तो उत्पात और अशांति की मात्रा उससे घटेगी नहीं; बल्कि बढ़ेगी ही। इसके अतिरिक्त उस ईसाई लड़की का जितना भी अपराध क्यों न हो; पर वह स्त्री है, इसलिए पुरुष जाति के मुँह से ऐसे कठोर वचन निकालना ठीक नहीं हुआ। इसके अतिरिक्त, वह उस समय एकदम अकेली थी। उसका शिक्षित अंत:करण रामदास की बातों से व्यथित हो गया; लेकिन इस समय लौटते हुए, उसका वह क्षोभ कहाँ लुप्त हो गया था, इसका कुछ पता न था। उस लड़की की बात जब उसे याद पड़ी, तब वह उसे अब साधारण स्त्री जाति की नहीं ज्ञात हुई, वह उसे ईसाई की लड़की, साहब की लड़की जान पड़ी। जिन फिरंगी लड़कों ने कुछ क्षण पूर्व अकारण ही उसका अपमान कर दिया, जिनकी कुशिक्षा, नीचता और बर्बरता की सीमा नहीं थी, उनकी ही बहन जान पड़ी; जिस साहब ने अत्यंत अविचार के साथ उसे कमरे से बाहर निकाल दिया था, मनुष्य का सामान्य अधिकार भी नहीं दिया, उसकी परम आत्मीय ही ज्ञात हुई।

अपूर्व घर पर न जाने कैसे लौटकर आया। दो घंटे पूर्व, रामदास के साथ इस मार्ग से जाते समय, उसके हृदय में जो दुर्भावना सबसे अधिक खटक रही थी, वह उसकी अकारण मध्यस्थता थी। एक तो उत्पात और अशांति की मात्रा उससे घटेगी नहीं; बल्कि बढ़ेगी ही। इसके अतिरिक्त उस ईसाई लड़की का जितना भी अपराध क्यों न हो; पर वह स्त्री है, इसलिए पुरुष जाति के मुँह से ऐसे कठोर वचन निकालना ठीक नहीं हुआ।

तिवारी ने आकर कहा, 'छोटे बाबू, भोजन तैयार है।'

अपूर्व ने कहा, 'चलो, आता हूँ।'

दस-पंद्रह मिनट बाद उसने फिर कहा, 'भोजन ठंडा हो रहा है।'

अपूर्व ने क्रोधित होकर कहा, 'क्यों व्यर्थ तंग करता है तिवारी? मैं नहीं खाऊँगा, मुझे भूख नहीं है।'

उसकी आँखों में नींद नहीं आई। रात जितनी ही बढ़ने लगी, सारा बिछौना मानो उसके लिए काँटे की सेज हो उठा। एक मर्मांतक वेदना उसके संपूर्ण अंग में चुभने लगी और उसी के बीच-बीच में स्टेशन के उन हिंदुस्तानियों का स्मरण आने लगा, जिन्होंने दल-बल के साथ उपस्थित रहकर भी उसकी लांछना को कम करने में कुछ भी भाग नहीं लिया; बल्कि उसके अपमान की मात्रा बढ़ाने में ही सहायता की। देशवासियों के विरुद्ध, देशवासियों की इतनी लज्जा, इतनी ग्लानि संसार के और किसी देश में है? ऐसा क्यों हुआ? कैसे हुआ? इन्हीं सब बातों पर वह विचार करता रहा।

चार

दो-तीन दिन शांतिपूर्वक बीत गए। ऊपर की मंजिल से साहब का अत्याचार जब किसी नए रूपों में प्रकट नहीं हुआ, तब अपूर्व ने समझ लिया कि उस ईसाई लड़की ने उस दिन की बातें अपने पिता को नहीं बताईं। लड़की से भी सीढ़ी के मार्ग में दो-एक बार भेंट हुई। वह मुँह मोड़कर उतर जाती है। उस दिन प्रात:काल छोटे बाबू को भात परोसकर, तिवारी ने प्रसन्न मुख से कहा, 'जान पड़ता है कि साहब ने कोई नालिश-वालिश नहीं की?'

अपूर्व ने कहा, 'जो गरजता है, वह बरसता नहीं।'

तिवारी बोला, 'हम लोगों का भी अब अधिक दिन इस डेरे में रहना न हो सकेगा। साले, सबकुछ खाते-पीते हैं; स्मरण आते ही⋯।'

'तू चुप रह तिवारी!' वह स्वयं उस समय भोजन कर रहा था, बोला, 'इसी महीने बाद इसे छोड़ देंगे; लेकिन अच्छा मकान मिले भी तो।'

इस समय उन सब बातों का उल्लेख करना उचित नहीं हुआ, तिवारी यह सोचकर लज्जित होकर चुप हो गया।

उसी दिन संध्या को ऑफिस से लौटकर, तिवारी की ओर देखकर अपूर्व स्तब्ध रह गया। वह इतने ही समय में सूखकर मानो आधा हो गया है। बोला, 'क्या हुआ तिवारी?'

प्रत्युत्तर में उसने बादामी रंग के कुछ कागज अपूर्व के हाथ में पकड़ा दिए। फौजदारी अदालत का सम्मन था। वादी जे.डी. जोसेफ थे और प्रतिवादी-तीन नंबर कमरे का अपूर्व नामक बंगाली और उसका नौकर था। दोपहर को कचहरी का चपरासी यह दे गया था।

चपरासी के साथ वही साहब आया था। परसों हाजिर होने की तारीख है। अपूर्व ने कागज पढ़कर कहा, 'कोर्ट में देखा जाएगा।'

यह कहकर वह कमरे में कपड़े बदलने चला गया। दूसरे दिन उसका भी सम्मन आ गया। तारीखवाले दिन तिवारी को साथ लेकर अपूर्व अदालत में हाजिर हुआ। इस विषय में रामदास से कोई सहायता लेने में उसे लज्जा अनुभव हुई। केवल जरूरी काम का बहाना करके उसने एक दिन की छुट्टी ले ली थी।

डिप्टी-कमिश्नर की अदालत में मुकदमा था। वादी जोसेफ, सच-झूठ जो मन में आया, कह गया। अपूर्व ने कोई भी बात नहीं छिपाई थी और न कोई बात बढ़ाकर ही कही। वादी की साक्षी, उसकी लड़की थी। अदालत के सम्मुख इस लड़की का नाम तथा बयान सुनकर अपूर्व सन्न रह गया। आप किसी स्वर्गीय राजकुमार भट्टाचार्य महाशय की सुपुत्री हैं, ये लोग पहले बारीसाल में थे; लेकिन अब बंगलौर में हैं। आपका नाम मेरी भारती है। इनकी माँ किसी मिश्नरी के साथ चली आई। वहीं जोसेफ साहब के रूप पर मोहित होकर उसने विवाह कर लिया। भारती ने पैतृक 'भट्टाचार्य' नाम को निरर्थक समझकर उसका परित्याग कर दिया और जोसेफ नाम को ग्रहण कर लिया है; तभी से वे मिस मेरी जोसेफ नाम से परिचित हैं। न्यायाधीश के प्रश्न करने पर वह फल-फूल उपहार देने की बात से इनकार कर गई; लेकिन उसके कंठ-स्वर में असत्य बोलने की घबराहट इतनी स्पष्ट हो आई कि केवल न्यायाधीश ही नहीं, उनके चपरासी तक को वह धोखा नहीं दे सकी। फैसला उसी दिन हो गया, तिवारी छूट गया; लेकिन अपूर्व पर बीस रुपए जुरमाना हो गया। बिना अपराध दंडित होकर, उसका मुँह सूख गया। रुपए देकर, घर आकर देखा कि दरवाजे के सामने रामदास खड़ा है। अपूर्व के मुँह से निकल पड़ा, 'बीस रुपए जुरमाना हुआ रामदास! अपील की जाए?'

यह कहकर वह कमरे में कपड़े बदलने चला गया। दूसरे दिन उसका भी सम्मन आ गया। तारीखवाले दिन तिवारी को साथ लेकर अपूर्व अदालत में हाजिर हुआ। इस विषय में रामदास से कोई सहायता लेने में उसे लज्जा अनुभव हुई। केवल जरूरी काम का बहाना करके उसने एक दिन की छुट्टी ले ली थी।

उत्तेजना से उसका स्वर काँप उठा। रामदास ने उसके दाहिने हाथ को अपने हाथ में लेकर हँसते हुए कहा, 'बीस रुपए जुरमाने के बदले, दो हजार की हानि उठाना चाहते हैं?'

'होने दो, लेकिन यह तो जुरमाना है! दंड है! राजदंड है!'

रामदास हँसते हुए बोला, 'किसका दंड? जिसने झूठी गवाही दिलाई; लेकिन उसके

भी ऊपर एक न्यायालय है, जिसका विचारक अन्याय नहीं करता, वहाँ आप निर्दोष हैं।'

अपूर्व बोला, 'लेकिन लोग तो ऐसा नहीं समझेंगे रामदास! उनके सामने तो यह बदनामी हमेशा के लिए बनी रहेगी।'

रामदास ने कहा, 'चलो, हम लोग नदी के किनारे टहल आएँ।' चलते हुए, रास्ते में वह बोला, 'अपूर्व बाबू, विद्या में आपसे छोटा होते हुए भी, उम्र में मैं ही बड़ा हूँ। यदि कुछ कहूँ, तो कुछ खयाल न करना।' अपूर्व मौन था। रामदास कह गया कि वह इस मामले को जानता था। लोग समझते हैं कि किसी 'हालदार' के साथ 'जोसेफ' का मुकदमा चलने पर अंग्रेजी-न्यायालय में क्या होता है और बीस रुपए जुरमाने की बदनामी··· ।'

रामदास ने कहा, 'चलो, हम लोग नदी के किनारे टहल आएँ।' चलते हुए, रास्ते में वह बोला, 'अपूर्व बाबू, विद्या में आपसे छोटा होते हुए भी, उम्र में मैं ही बड़ा हूँ। यदि कुछ कहूँ, तो कुछ खयाल न करना।' अपूर्व मौन था। रामदास कह गया कि वह इस मामले को जानता था। लोग समझते हैं कि किसी 'हालदार' के साथ 'जोसेफ' का मुकदमा चलने पर अंग्रेजी-न्यायालय में क्या होता है और बीस रुपए जुरमाने की बदनामी··· ।'

'लेकिन यह तो बिना अपराध का दंड हुआ रामदास?'

'हाँ, बिना अपराध ही मैं भी दो वर्ष जेल में रह आया हूँ।'

'जेल में, दो वर्ष!'

'हाँ, दो वर्ष' और फिर हँसकर बोला, 'अपने कुरते को यदि मैं उतार दूँ, तो देखोगे कि बेंतों के दाग से कोई स्थान बचा नहीं है।'

'बेंत भी लग चुके हैं रामदास?'

रामदास हँसकर बोला, 'हाँ, ऐसा ही। बिना अपराध के तो भी मैं इतना निर्लज्ज हूँ कि लोगों के सम्मुख मुँह दिखाता हूँ और आप बीस रुपए जुरमाने की बदनामी नहीं सह सकते!'

अपूर्व उसका मुँह देखकर चुप हो गया। रामदास बोला, 'अच्छा चलिए, आपको पहुँचाकर, मैं भी घर जाऊँ।'

'अभी ही चले जाओगे? अभी तो बहुत सी बातें जाननी हैं।'

रामदास ने हँसकर कहा, 'सब आज ही जान लोगे? यह नहीं होगा। मुझको संभवत: बहुत दिनों तक बताना पड़ेगा।' बहुत दिनों पर उसने इस प्रकार जोर दिया कि अपूर्व उसे विस्मय से देखता रह गया, मगर कुछ समझ न पाया। रामदास गली के अंदर नहीं गया, बाहर ही से विदा लेकर स्टेशन चला गया।

अपूर्व ने द्वार पर धक्का दिया। तिवारी ने आकर किवाड़ खोल दिया। वह दोपहर के पहले घर के कामों में लगा हुआ था, उसका मुख उतर गया था। वह बोला, 'उस

समय जल्दबाजी में दो नोट फेंक गए थे आप?'

अपूर्व ने आश्चर्य से पूछा, 'कहाँ फेंक गया था जी?'

'यहीं तो…' कहते हुए उसने दरवाजे के पास रखी मेज की ओर इशारा किया और बोला, 'आपके तकिए के नीचे रख दिए हैं। बाहर कहीं नहीं गिरे, यही सौभाग्य है।'

ये नोट क्योंकर गिर पड़े, यही सोचते हुए अपूर्व अपने कमरे में चला गया।

पाँच

तिवारी ने रात को रोते हुए हाथ जोड़कर कहा, 'इस बूढ़े की बात मानिए, बाबू! चलिए, कल सवेरे ही हम लोग, जहाँ भी हो भाग चलें।'

अपूर्व ने कहा, 'कल ही। कहाँ, सुनूँ तो? क्या धर्मशाला में चले चलें?'

तिवारी बोला, 'इससे तो वही अच्छा है! साहब मुकदमे में जीत गया है, अब किसी दिन हम दोनों को पीटा भी जाएगा।'

अपूर्व सहन न कर सका; क्रोधित होकर बोला, 'माँ ने क्या तुझे मेरे घाव पर नमक छिड़कने के लिए भेजा था? मुझे तेरी जरूरत नहीं। कल ही तू घर चला जा। मेरे भाग्य में जो बदा है, वही होगा।'

तिवारी फिर कुछ नहीं बोला, चुपचाप सोने चला गया। उसकी बात अपूर्व को अपमानजनक जान पड़ीं, इसीलिए उसने ऐसा उत्तर दे दिया था। अगले दिन नए मकान की खोज होने लगी और केवल तलवलकर को छोड़कर, ऑफिस के लगभग सभी लोगों से उसने कह दिया था। इसके बाद तिवारी ने इस विषय में कोई शिकायत नहीं की और अपूर्व ने भी फिर अपने मन की बात नहीं कही। मुकदमा फतह हुआ। जोसेफ परिवार के तरह-तरह के विचित्र उपद्रव नए-नए रूपों में प्रतिदिन प्रकट होंगे, यही स्वाभाविक बात थी, लेकिन उपद्रव की बात कौन कहे, ऊपर कोई रहता है या नहीं, कभी-कभी यही संदेह होने लगा था। उपद्रवरहित एक सप्ताह बाद, एक दिन ऑफिस से उसके लौटने पर तिवारी ने प्रसन्न होकर कहा, 'आपने सुना छोटे बाबू!'

तिवारी फिर कुछ नहीं बोला, चुपचाप सोने चला गया। उसकी बात अपूर्व को अपमानजनक जान पड़ीं, इसीलिए उसने ऐसा उत्तर दे दिया था। अगले दिन नए मकान की खोज होने लगी और केवल तलवलकर को छोड़कर, ऑफिस के लगभग सभी लोगों से उसने कह दिया था। इसके बाद तिवारी ने इस विषय में कोई शिकायत नहीं की और अपूर्व ने भी फिर अपने मन की बात नहीं कही। मुकदमा फतह हुआ।

अपूर्व ने पूछा, 'क्या?'

'साहब का पैर टूट गया, अस्पताल में है। देखें, बचता है या नहीं!'

अपूर्व ने पूछा, 'तुझे कैसे पता लगा?'

तिवारी बोला, 'मकान-मालिक का मुनीम हमारे जिले का है। वह किराया लेने आया था। उसी ने बताया है।'

'हो सकता है।' कहकर अपूर्व कपड़े बदलने के लिए अपने कमरे में चला गया। तिवारी को पूर्ण विश्वास था कि म्लेच्छ होकर, ब्राह्मण के मस्तक पर, जिसने घोड़े की तरह पैर पटका है, उसका पैर न टूटेगा तो क्या होगा? अगले दिन अपूर्व ने तिवारी को बुलाकर कहा, 'एक मकान मिला है, जाकर देख आओ।'

तिवारी ने हँसकर कहा, 'अब दूसरे मकान की आवश्यकता नहीं पड़ेगी बाबू, मैंने सब ठीक कर लिया है। अगली पहली तारीख को, जानेवाले चले जाएँगे।' मकान बदलने में कम झंझट नहीं है, यह अपूर्व अच्छी तरह जानता था; लेकिन साहब की अनुपस्थिति में जो उपद्रव बंद हो गया है, वह उनके लौट आने पर भी बंद ही रहेगा, ऐसी आशा उसे नहीं थी, लेकिन ऑफिस जाने के पूर्व तिवारी ने जब छुट्टी माँगकर सूचित किया कि आज दोपहर को वह बर्मियों के मंदिर में तमाशा देखने जाएगा, तब अपूर्व ने हँसकर पूछा, 'तुझे कब से तमाशा देखने का शौक हुआ रे तिवारी?'

'विदेश का सबकुछ देख लेना चाहिए बाबू!'

'हो सकता है।' कहकर अपूर्व कपड़े बदलने के लिए अपने कमरे में चला गया। तिवारी को पूर्ण विश्वास था कि म्लेच्छ होकर, ब्राह्मण के मस्तक पर, जिसने घोड़े की तरह पैर पटका है, उसका पैर न टूटेगा तो क्या होगा? अगले दिन अपूर्व ने तिवारी को बुलाकर कहा, 'एक मकान मिला है, जाकर देख आओ।'

अपूर्व बोला, 'अवश्य-अवश्य, लँगड़ा साहब अस्पताल में है। इस समय बाहर निकलने में कोई डर नहीं है। अच्छा, चले जाना; लेकिन जल्दी ही लौट आना।'

साहब की दुर्घटना के समाचार से वह बेचारा इतना प्रसन्न था कि अपने यहाँ के जिस व्यक्ति से कल उसका परिचय हुआ था, आज उसके प्रस्ताव को स्वीकार करते ही बना। नहीं न कर सका।

उसे बाहर जाने की अनुमति देकर अपूर्व ऑफिस चला गया और इसके एक घंटे बाद ही तिवारी, तिवारी के गाँव का वही व्यक्ति आकर, उसे बर्मियों का तमाशा दिखलाने के लिए लिवा ले गए।

तीसरे पहर घर लौटकर अपूर्व ने देखा कि दरवाजे में ताला बंद है और कोई दूसरा ताला लगा है। तिवारी ने वह पुराना ताला बदलकर यह नया ताला क्यों लगाया? दो मिनट

तक वह बाहर ही खड़ा रहा। इतने में ऊपर से वही ईसाई लड़की बोली, 'मैं खोलती हूँ।' कहकर नीचे आई और बोली, 'माँ कह रही थीं कि अपना ताला लगाकर मैंने अच्छा नहीं किया। ऐसा न हो कि विपत्ति में पड़ जाऊँ।' फिर द्वार खोलते हुए बोली, 'माँ बड़ी डरपोक हैं! वे बिगड़ रही थीं कि यदि आप विश्वास न करेंगे, तो मुझको ही चोरी के अपराध में जेल जाना पड़ेगा, लेकिन मुझको तनिक भी डर नहीं लगा।'

अपूर्व बोला, 'लेकिन हुआ क्या?'

'कमरे में आकर देखिए, क्या हुआ।'

अपूर्व ने कमरे में घुसकर देखा। दोनों ट्रंकों के ताले टूटे पड़े हैं; पुस्तक, कागज, बिछौना, कपड़े आदि सभी फर्श पर पड़े हैं। उसके मुँह से केवल यही निकला, 'यह सब कैसे हुआ? किसने किया?'

भारती बोली, 'और चाहे जिसने भी किया हो; पर मैंने नहीं किया।' फिर उसने संपूर्ण घटना का वर्णन किया—दोपहर को तिवारी जब तमाशा देखने चला तो भारती की माँ ने उसे देखा। थोड़ी देर बाद, नीचे के कमरे में कुछ खटखुट सुनकर, भारती को देखने के लिए कहा। उनकी छत के एक किनारे एक छेद है, उस छेद द्वारा देखते ही वह चिल्ला उठी। जो लोग बक्स तोड़ रहे थे, वे जल्दी से भाग गए। तब वह नीचे आकर दरवाजे में ताला बंद कर पहरा देने लगी कि कहीं वे लोग फिर न लौट आएँ। अपूर्व को देखकर वह कमरा खोलने आई है।'

भारती बोली, 'और चाहे जिसने भी किया हो; पर मैंने नहीं किया।' फिर उसने संपूर्ण घटना का वर्णन किया—दोपहर को तिवारी जब तमाशा देखने चला तो भारती की माँ ने उसे देखा। थोड़ी देर बाद, नीचे के कमरे में कुछ खटखुट सुनकर, भारती को देखने के लिए कहा। उनकी छत के एक किनारे एक छेद है, उस छेद द्वारा देखते ही वह चिल्ला उठी। जो लोग बक्स तोड़ रहे थे, वे जल्दी से भाग गए। तब वह नीचे आकर दरवाजे में ताला बंद कर पहरा देने लगी कि कहीं वे लोग फिर न लौट आएँ। अपूर्व को देखकर वह कमरा खोलने आई है।'

अपूर्व पलंग पर बैठ गया। भारती ने कहा, 'इस कमरे में आपका कोई भोजन का सामान तो नहीं है? क्या मैं कमरे में आ सकती हूँ?'

अपूर्व ने सिर हिलाकर कहा, 'आइए!' फिर विमूढ़ की भाँति उससे प्रश्न किया—'अब मुझे क्या करना चाहिए?'

भारती ने कहा, 'सबसे पहले देखना चाहिए कि क्या-क्या चीजें चोरी गई हैं।'

अपूर्व ने कहा, 'अच्छा, देखिए न क्या-क्या चोरी गया है?'

भारती ने हँसकर कहा, 'न तो मैंने आपके ट्रंक की चीजों को पहले कभी देखा ही था और न चोरी ही की, इसलिए क्या था और क्या नहीं था, मैं कैसे जान सकती हूँ?'

अपूर्व लज्जित होकर बोला, 'आप ठीक कहती हैं। अच्छा तो फिर तिवारी को आ जाने दीजिए, संभवतः वही सब जानता है।' कहकर वह इधर-उधर अस्त-व्यस्त पड़ी वस्तुओं की ओर करुण दृष्टि से देखने लगा।

उसका निरुपाय मुख देखकर भारती हँसती हुई बोली, 'वह जानता है और आप नहीं जानते! अच्छा, मैं आपको सिखला देती हूँ कि किस प्रकार जाना जाता है।' इतना कहकर वह उसी समय फर्श पर बैठकर, सामने के ट्रंक को हाथ के पास खींचती हुई बोली, 'अच्छा, पहले कपड़े-लत्ते सँभाल लूँ। यह क्या है? संभवतः मुर्शिदाबादी सिल्क का सूट है? ऐसे कितने जोड़े हैं?'

उसका निरुपाय मुख देखकर भारती हँसती हुई बोली, 'वह जानता है और आप नहीं जानते! अच्छा, मैं आपको सिखला देती हूँ कि किस प्रकार जाना जाता है।' इतना कहकर वह उसी समय फर्श पर बैठकर, सामने के ट्रंक को हाथ के पास खींचती हुई बोली, 'अच्छा, पहले कपड़े-लत्ते सँभाल लूँ। यह क्या है? संभवतः मुर्शिदाबादी सिल्क का सूट है? ऐसे कितने जोड़े हैं?'

'दो जोड़े।'

'मिल गए। यह एक और जोड़ा है। अच्छा, धोती एक, दो, तीन, चादर एक, दो, तीन, ठीक मिल गया। संभवतः तीन ही जोड़ी थीं?'

अपूर्व बोला, 'हाँ, तीन ही जोड़ी थीं।'

'यह फ्लालेन का सूट है, आप वहाँ संभवतः टेनिस खेलते थे। हाँ तो एक, दो, तीन, उस आलमारी में एक है और एक आप पहने हैं, तो फिर सूट पाँच ही जोड़े हैं न?'

अपूर्व प्रसन्न होकर बोला, 'हाँ ठीक है। पाँच ही जोड़े हैं।'

इतने में एक चमकीली वस्तु दिखाई पड़ी, उसे बाहर निकालकर बोलीं, 'यह सोने की चेन है, घड़ी कहाँ गई?'

अपूर्व प्रसन्न होकर बोला, 'खैर है कि बच गई; चेन वे लोग शायद देख नहीं सके। यह मेरे पिताजी की निशानी है।'

'लेकिन घड़ी?'

'यहाँ है', कहकर अपूर्व ने घड़ी दिखा दी।

भारती बोली, 'चेन और घड़ी मिल गई। अब अँगूठियाँ बताइए?'

अपूर्व बोला, 'मेरे पास एक भी नहीं है।'

'चलो यह भी अच्छा हुआ; लेकिन सोने के बटन?'

अपूर्व बोला, 'टसर के पंजाबी कुरते में लगे थे।'

भारती आलमारी की ओर देखकर, हँसकर बोली, 'लगता है; कुरते के साथ वे बटन भी चले गए।'

फिर पूछा, 'ट्रंक में रुपया था न?'

अपूर्व के 'था' कहने पर भारती बोली, 'तो फिर वह भी चला गया।'

'कितना था, वह मालूम नहीं है।' 'यह तो मैं पहले ही समझ गई हूँ। आपके पास मनीबैग है न? लाइए, मुझे दीजिए, देखूँ।'

अपूर्व ने मनीबैग भारती को दे दिया। वह हिसाब लगाकर बोली, 'दो सौ पचास रुपए आठ आने हैं। घर से कितने लेकर चले थे?'

अपूर्व बोला, 'छह सौ रुपए।'

भारती लिखने लगी, जहाज का किराया, ताँगे का किराया, कुली का किराया, पहुँचकर घर के लिए तार भेजा था न? अच्छा, उसका भी रुपया उसके बाद इधर दस दिनों का खर्च··· ।'

अपूर्व बोला, 'वह तिवारी से बिना पूछे मैं कैसे बता सकता हूँ?'

भारती बोली, 'सब मालूम हो जाएगा। दो–एक रुपए का अंतर पड़ सकता है, अधिक नहीं।' कागज पर अपने–आप हिसाब लिखकर बोली, 'इसके अतिरिक्त और कोई खर्चे तो नहीं हैं न?'

'नहीं।'

अपूर्व बोला, 'मेरे पास एक भी नहीं है।'
'चलो यह भी अच्छा हुआ; लेकिन सोने के बटन?'
अपूर्व बोला, 'टसर के पंजाबी कुरते में लगे थे।'
भारती आलमारी की ओर देखकर, हँसकर बोली, 'लगता है; कुरते के साथ वे बटन भी चले गए।'
फिर पूछा, 'ट्रंक में रुपया था न?'
अपूर्व के 'था' कहने पर भारती बोली, 'तो फिर वह भी चला गया।'

'तो फिर दो सौ अस्सी रुपए चोरी गए हैं।'

अपूर्व चकित होकर बोला, 'इतने रुपए? रुकिए, बीस रुपए और कम कीजिए, जुरमाने का रुपया नहीं लिखा।'

'नहीं, वह अन्याय था, झूठमूठ का जुरमाना। यह मैं कम नहीं करूँगी।'

अपूर्व चकित होकर बोला, 'जुरमाने का रुपया झूठमूठ हो सकता है; लेकिन मेरा रुपया देना तो सत्य है।'

भारती बोली, 'आपने दिया क्यों? उस रुपए को मैं कम न करूँगी। पूरे–पूरे दो सौ अस्सी रुपए चोरी गए हैं।'

अपूर्व ने कहा, 'नहीं, दो सौ साठ रुपए।'

'नहीं, दो सौ अस्सी रुपए।'

अपूर्व ने फिर विवाद नहीं किया। इस लड़की की प्रखर बुद्धि तथा अद्‌भुत तीक्ष्ण दृष्टि देखकर वह विस्मित हो गया।

अपूर्व ने पूछा, 'पुलिस में खबर देना क्या ठीक होगा?' भारती बोली, 'क्यों नहीं? ठीक केवल इसलिए होगा कि उससे मेरी काफी खींचातानी हो। वे आकर आपके रुपए दे जाएँगे, ऐसी आशा तो है नहीं।'

अपूर्व मौन रहा। भारती बोली, 'चोरी तो हो गई; अब यदि वे लोग जाएँगे, तो अपमान भी प्रारंभ हो जाएगा।'

'लेकिन कानून तो है।'

'कानून है तो, मगर मैं आपको किसी दशा में भी यह न करने दूँगी। कानून उस दिन भी था, जिस दिन आप व्यर्थ में जुरमाना दे आए थे।'

अपूर्व बोला, 'लोग यदि झूठ बोलें और झूठे मामले को सिद्ध करें, तो इसमें कानून का क्या दोष?'

भारती लज्जित सी हो गई, बोली, 'लोग झूठ न बोलेंगे, झूठे मामले न चलाएँगे, तभी जाकर कानून निर्दोष होगा, क्या यही आपका मत है? ऐसा यदि हो, तो ठीक ही है; लेकिन संसार में ऐसा होता नहीं।' इतना कहकर वह हँस पड़ी; लेकिन अपूर्व मौन रहा। भारती का यह चोरी छिपाने का आग्रह, इस समय उसे अच्छा नहीं लगा और किसी छिपे षड्‌यंत्र की आशंका से, उसका संपूर्ण अंत:करण देखते-ही-देखते कलुषित हो उठा। उस दिन का उसका डरते हुए, संकोचपूर्ण तथा धीरे-धीरे फल-फूल देने के लिए आना; उसके बाद ही फिर कमरे में जाकर, समस्त घटनाओं को विकृत तथा मिथ्या बनाकर कहना, उसके बाद न्यायालय में गवाही देना, एक क्षण में सारा इतिहास, उसके मन में विद्युत् की भाँति चमक उठा। उसका मुँह गंभीर तथा कंठ-स्वर भारी हो उठा। यह अभिनय है, छलना है! उसके मुख के इस आकस्मिक परिवर्तन को भारती ने लक्ष्य किया; लेकिन कारण न समझ सकीं, बोली, 'मेरी बातों का उत्तर आपने नहीं दिया?'

अपूर्व ने फिर विवाद नहीं किया। इस लड़की की प्रखर बुद्धि तथा अद्‌भुत तीक्ष्ण दृष्टि देखकर वह विस्मित हो गया। अपूर्व ने पूछा, 'पुलिस में खबर देना क्या ठीक होगा?' भारती बोली, 'क्यों नहीं? ठीक केवल इसलिए होगा कि उससे मेरी काफी खींचातानी हो। वे आकर आपके रुपए दे जाएँगे, ऐसी आशा तो है नहीं।' अपूर्व मौन रहा। भारती बोली, 'चोरी तो हो गई; अब यदि वे लोग जाएँगे, तो अपमान भी प्रारंभ हो जाएगा।'

अपूर्व ने कहा, 'इसका उत्तर और क्या दूँ? चोर को बढ़ावा नहीं देना चाहिए। पुलिस में खबर देना ही ठीक होगा।'

भारती भयभीत होकर बोली, 'यह कैसी बात? न तो चोर ही पकड़ा जाएगा और न रुपए ही मिलेंगे। बीच में मुझे लेकर खींचातानी होगी। मैंने देखा है, ताला बंद किया है, सभी सजाकर रखा है, मैं तो विपत्ति में पड़ जाऊँगी।'

अपूर्व ने कहा, 'जो कुछ हुआ है, वही आप कह दीजिएगा।'

भारती ने व्याकुल होकर कहा, 'कहने से क्या होगा? अभी उस दिन आपके साथ इतना बड़ा अन्याय हो गया, एक-दूसरे का मुँह देखा-देखी नहीं, बातचीत नहीं; इसी बीच एकदम आपके लिए मेरे दिल में इतना दर्द क्यों है, पुलिस कैसे विश्वास करेगी?'

अपूर्व का मन संदेह से और अधिक भर उठा, बोला, 'आपकी आरंभ से अंत तक झूठी बातों पर तो पुलिस ने विश्वास कर लिया और सत्य बातों को विश्वास न करेगी? रुपया तो थोड़ा ही गया है; लेकिन चोर को मैं बिना दंड दिलाए न छोड़ूँगा।'

भारती उसके मुँह की ओर बुद्धिहीन की भाँति निहारती रही। उसके बाद बोली, 'आप क्या कहते हैं अपूर्व बाबू? पिताजी अच्छे व्यक्ति नहीं हैं। उन्होंने आपके प्रति व्यर्थ ही बड़ा अन्याय किया है। मैंने उसमें जो कुछ सहायता की है, उसे भी मैं जानती हूँ; लेकिन इसका यह अर्थ नहीं कि मैं आपके कमरे में घुसकर, ताला तोड़कर रुपया चुराऊँगी! ऐसी बातें आप सोच सकते हैं; लेकिन मैं नहीं सोच सकती। ऐसी बदनामी होने पर मैं बचूँगी कैसे?' कहते-कहते उसके होंठ फूलकर काँपने लगे तथा जोर से उसे दबाते-दबाते, तूफान की भाँति, वह कमरे से बाहर चली गई।

भारती उसके मुँह की ओर बुद्धिहीन की भाँति निहारती रही। उसके बाद बोली, 'आप क्या कहते हैं अपूर्व बाबू? पिताजी अच्छे व्यक्ति नहीं हैं। उन्होंने आपके प्रति व्यर्थ ही बड़ा अन्याय किया है। मैंने उसमें जो कुछ सहायता की है, उसे भी मैं जानती हूँ; लेकिन इसका यह अर्थ नहीं कि मैं आपके कमरे में घुसकर, ताला तोड़कर रुपया चुराऊँगी! ऐसी बातें आप सोच सकते हैं; लेकिन मैं नहीं सोच सकती। ऐसी बदनामी होने पर मैं बचूँगी कैसे?' कहते-कहते उसके होंठ फूलकर काँपने लगे तथा जोर से उसे दबाते-दबाते, तूफान की भाँति, वह कमरे से बाहर चली गई।

छह

अगले प्रात:काल, न जाने क्या सोचकर, अपूर्व थाने की ओर चल पड़ा। पुलिस में खबर करना व्यर्थ है, यह उसे पता था। रुपए न मिलेंगे, यही नहीं; हो सकता है कि चोर भी न पकड़ा जाए, लेकिन उस क्रिस्तान लड़की पर उसके क्रोध तथा विद्वेष की सीमा न थी। भारती ने स्वयं चोरी की है या चोरी करने में सहायता की है, इस विषय में तिवारी की भाँति वह अब तक भी निश्चिंत नहीं हो सका था; लेकिन उसकी दुष्टता तथा छल ने, उसे एकदम विचलित कर दिया था। इस लड़की की गतिविधि का रहस्य खोजने पर भी अपूर्व को नहीं मिला। हानि उसने जो कुछ की है, उसके लिए उतना नहीं; लेकिन आरंभ से उसका विचित्र आचरण, मानो लगातार अपूर्व की बुद्धि का ही सर्वदा उपहास करता रहा है। थाने में प्रवेश भी नहीं किया था कि पीछे से पुकार आई, 'अरे अपूर्व! तुम! यहाँ कहाँ?'

अपूर्व ने घूमकर देखा; निमाई बाबू खड़े हैं। आप बंगाल के एक उच्च पुलिस कर्मचारी हैं। अपूर्व के पिता ने इनकी नौकरी लगाई थी। निमाई बाबू उनको दादा कहकर पुकारते थे और उसी संबंध को लेकर, अपूर्व के घर के सभी लोग इनको निमाई चाचा कहते थे। स्वदेशी आंदोलन के समय गिरफ्तार होकर, अपूर्व को जो किसी प्रकार का कष्ट नहीं सहना पड़ा था, उसका बहुत कुछ श्रेय इन्हीं को था। अपूर्व ने प्रणाम करके, अपनी नौकरी की बात बताकर पूछा, 'लेकिन आप इस देश में कैसे?'

निमाई बाबू ने आशीर्वाद देते हुए कहा, 'बेटा, तुम तो अभी कल के हो। तुमको जब इतनी दूर, घर-द्वार छोड़कर आना पड़ा है, तो क्या मैं नहीं आ सकता? लेकिन मुझे समय नहीं है। तुम्हें तो ऑफिस जाने में अभी देर है। आओ, चलते-चलते ही दो बात करूँगा। माँ अच्छी हैं न? और भाई भी?'

'सब ठीक हैं।' कहकर अपूर्व ने पूछा, 'आप कहाँ जाएँगे?'

'जहाज' घाट पर। चलो न मेरे साथ।'

निमाई बाबू ने आशीर्वाद देते हुए कहा, 'बेटा, तुम तो अभी कल के हो। तुमको जब इतनी दूर, घर-द्वार छोड़कर आना पड़ा है, तो क्या मैं नहीं आ सकता? लेकिन मुझे समय नहीं है। तुम्हें तो ऑफिस जाने में अभी देर है। आओ, चलते-चलते ही दो बात करूँगा। माँ अच्छी हैं न? और भाई भी?'
'सब ठीक हैं।' कहकर अपूर्व ने पूछा, 'आप कहाँ जाएँगे?'
'जहाज' घाट पर। चलो न मेरे साथ।'
'चलिए, आपको क्या और भी कहीं जाना है?'

'चलिए, आपको क्या और भी कहीं जाना है ?'

निमाई बाबू हँसकर बोले, 'जाना हो भी सकता है। जिस महापुरुष को ले जाने के लिए घर छोड़कर इतनी दूर आना पड़ा है, उनकी इच्छा पर अब सब काम निर्भर है। उनका फोटोग्राफ है, विवरण लिखा हुआ है; लेकिन यहाँ के पुलिसवालों में इतनी सामर्थ्य नहीं कि उनके हाथ पकड़ सकें। क्या मैं पकड़ सकूँगा ? यही सोच रहा हूँ।'

अपूर्व ने उत्सुक होकर पूछा, 'यह महापुरुष कौन हैं चाचा! जब आप आए हैं, तब तो अवश्य ही कोई खूनी आसामी है ?'

निमाई बाबू बोले, 'यह तो न बताऊँगा बेटा! क्या है और क्या नहीं है ? यह बात ठीक-ठीक कोई भी नहीं जानता। इनके विरुद्ध कोई निश्चित अभियोग भी नहीं है, फिर भी इनकी निरंतर निगरानी करते रहने में, इतनी बड़ी सरकार मानो बेदम हो गई है।'

अपूर्व ने पूछा, 'कोई आसामी है ?'

निमाई बाबू बोले, 'भैया, पोलिटिकल तो किसी समय तुम लोगों को भी कहते थे; पर वह हैं राजद्रोही! राजा के शत्रु। हाँ, शत्रु कहलाने योग्य मनुष्य तो अवश्य हैं। बलिहारी है उनकी प्रतीक्षा की, जिन्होंने इस लड़के का नाम सव्यसाची रखा था। बंदूक-पिस्तौल चलाने में इनका लक्ष्य अचूक होता है, तैरकर पद्मा नदी को पार कर जाते हैं, कोई बाधा नहीं पड़ती। इस समय यह अनुमान किया गया है कि चटगाँव के मार्ग से पहाड़ पार करके इन्होंने बर्मा में पदार्पण किया है। अब मांडले से नौका द्वारा जहाज पर रंगून आनेवाले हैं या रेल द्वारा उनका शुभागमन हो चुका, कोई पक्की खबर नहीं है; लेकिन वे रवाना हो चुके हैं, यह बात निश्चित है। उनके उद्देश्य के संबंध में कोई संदेह या तर्क नहीं है। शत्रु-मित्र सभी के मन में उनका सम्मान स्थिर सिद्धांत बना हुआ है। इस देश में आकर किस मार्ग से वे अपना कदम बढ़ाएँगे, यह बात हम नहीं जानते, लेकिन देखो बेटा, ये सब बातें कहीं किसी प्रकार प्रकट न कर देना; नहीं तो इस बुढ़ापे में सत्ताईस साल की पेंशन रह जाएगी।'

निमाई बाबू बोले, 'यह तो न बताऊँगा बेटा! क्या है और क्या नहीं है ? यह बात ठीक-ठीक कोई भी नहीं जानता। इनके विरुद्ध कोई निश्चित अभियोग भी नहीं है, फिर भी इनकी निरंतर निगरानी करते रहने में, इतनी बड़ी सरकार मानो बेदम हो गई है।'
अपूर्व ने पूछा, 'कोई आसामी है ?'

अपूर्व उत्साहित होकर बोला, 'इतने दिनों ये कहाँ-क्या कर रहे थे ? सव्यसाची नाम तो मैंने कभी पहले सुना नहीं।'

निमाई बाबू ने हँसते हुए कहा, 'अरे भैया, इतने बड़े आदमियों का काम क्या केवल एक नाम से चलता है ? संभवत: अर्जुन की भाँति, इनके भी कितने ही नाम प्रचलित हैं।

उन दिनों संभवतः सुना भी होगा, अब पहचान नहीं रहे हो और इसी बीच में कौन सा कार्य कर रहे थे, इसकी पूरी जानकारी नहीं है। राजशत्रु लोग तो अपने सब काम ढोल पीटकर करना पसंद नहीं करते। फिर भी इतना तो मैं जानता हूँ कि वे पूना में एक बार तीन महीने की सजा और दूसरी बार सिंगापुर में तीन साल की सजा भुगत चुके हैं। यह लड़का दस-बारह भाषाओं में इस प्रकार वार्त्तालाप कर सकता है कि किसी विदेशी के लिए यह जान लेना कठिन है कि ये कहाँ के रहनेवाले हैं? सुना जाता है कि जर्मनी के किसी नगर में इन्होंने डॉक्टरी पढ़ी है, फ्रांस में इंजीनियरिंग पास किया है। इंग्लैंड की नहीं जानता; लेकिन जब वहाँ रह चुका, तब अवश्य कुछ पास किया होगा। इन लोगों को न तो दया-माया है, न धर्म-कर्म है, न कहीं पर कोई घर-द्वार है। बाप रे, बाप! हम लोग भी तो इसी देश के मनुष्य हैं; लेकिन इस लड़के ने कहाँ से आकर बंगदेश में जन्म ले लिया है, यह तो सोचने पर भी नहीं जान पड़ता।'

अपूर्व कुछ न बोला, कुछ देर मौन रहकर फिर धीरे से बोला, 'इनको क्या आप आज ही गिरफ्तार करेंगे?'

निमाई बाबू ने हँसकर कहा, 'पहले पाऊँ तो।'

अपूर्व ने कहा—'मान लीजिए, पा गए।'

निमाई बाबू ने हँसते हुए कहा, 'अरे भैया, इतने बड़े आदमियों का काम क्या केवल एक नाम से चलता है? संभवतः अर्जुन की भाँति, इनके भी कितने ही नाम प्रचलित हैं। उन दिनों संभवतः सुना भी होगा, अब पहचान नहीं रहे हो और इसी बीच में कौन सा कार्य कर रहे थे, इसकी पूरी जानकारी नहीं है। राजशत्रु लोग तो अपने सब काम ढोल पीटकर करना पसंद नहीं करते। फिर भी इतना तो मैं जानता हूँ कि वे पूना में एक बार तीन महीने की सजा और दूसरी बार सिंगापुर में तीन साल की सजा भुगत चुके हैं।'"

'नहीं बेटा, इतना सरल काम नहीं है। मुझे पूरा विश्वास है कि वह अंतिम क्षण में किसी और राह से खिसक गया है।'

'और यदि वे आ जाएँ तो?'

निमाई बाबू ने कुछ सोचकर कहा, 'उसको बराबर दृष्टि में रखने का ही आदेश मिला है। दो दिन देखता हूँ। पकड़ने की अपेक्षा जाँच करना अधिक जरूरी है। सरकार की यही धारणा है।'

इस पर अपूर्व विश्वास न कर सका; क्योंकि वे उसके लिए जो कुछ भी हों, फिर भी हैं तो पुलिस के आदमी। उसने पूछा, 'इनकी उम्र क्या है?'

'संभवतः तीस-बत्तीस की होगी।'

'देखने में कैसे हैं?'

'यही तो आश्चर्य है बेटा! अत्यंत साधारण मनुष्य हैं! इसीलिए तो पहचानना कठिन है, पकड़ना भी कठिन है। हम लोगों की रिपोर्ट में यही बात विशेष रूप से लिखी हुई है।'

अपूर्व बोला, 'लेकिन पकड़े जाने के भय से ही तो वह पैदल वन-पर्वत लाँघकर आए हैं।'

निमाई बाबू बोले, 'हो सकता है, कोई विशेष उद्‌देश्य हो; हो सकता है, वह मार्ग भी जान लेना चाहता हो। कुछ भी नहीं कहा जा सकता अपूर्व! ये लोग जिस पथ के पथिक हैं, उसमें साधारण मनुष्य के विचार के साथ इनके विचार का मेल नहीं खाता। आज इसकी भूल है या हम लोगों की ही भूल है, इसकी एक परीक्षा होनेवाली है। ऐसा भी संभव है कि हम लोगों की सब दौड़-धूप व्यर्थ जाए।' अपूर्व बोला, 'ऐसा ही हो तो अच्छा है। मैं अंतःकरण से ही प्रार्थना करता हूँ चाचाजी!'

निमाई बाबू बोले, 'हो सकता है, कोई विशेष उद्‌देश्य हो; हो सकता है, वह मार्ग भी जान लेना चाहता हो। कुछ भी नहीं कहा जा सकता अपूर्व! ये लोग जिस पथ के पथिक हैं, उसमें साधारण मनुष्य के विचार के साथ इनके विचार का मेल नहीं खाता। आज इसकी भूल है या हम लोगों की ही भूल है, इसकी एक परीक्षा होनेवाली है। ऐसा भी संभव है कि हम लोगों की सब दौड़-धूप व्यर्थ जाए।'

अपूर्व बोला, 'ऐसा ही हो तो अच्छा है। मैं अंतःकरण से ही प्रार्थना करता हूँ चाचाजी!'

निमाई बाबू हँस पड़े। बोले, 'मूर्ख लड़का! कहीं पुलिस से ऐसी बात कही जाती है? तुमने अपने घर का नंबर कितना बताया? तीस? हो सका तो कल एक बार जाकर देख आऊँगा। सामने की जेटी पर ही संभवतः यहाँ का स्टीमर खड़ा होता है। अच्छा, अब तुम्हारे ऑफिस का समय हो चुका; नई नौकरी है, देर करना ठीक नहीं।' यह कहकर वह दूसरी ओर घूम गए। अपूर्व ने कहा, 'केवल देर ही क्यों, आज ऑफिस में अनुपस्थित हो जाने पर भी आपको मैं न छोड़ूँगा! मैं नहीं चाहता था कि वे आज आपके हाथ में पड़ जाएँ, लेकिन वह दुर्घटना यदि हो भी जाए तो मैं एक बार उन्हें नेत्रों से देख तो लूँगा। चलिए।'

इच्छा न रहने पर भी निमाई बाबू ने विशेष आपत्ति नहीं की; केवल थोड़ा सा सावधान करते हुए कहा, 'देखने का लोभ होता है, यह बात मैं अस्वीकार नहीं करता; लेकिन ऐसे लोगों से किसी प्रकार परिचय बढ़ाना भी भयानक है, यह जान लो अपूर्व! अब तुम लड़के नहीं हो, पिता जीवित नहीं हैं। भविष्य को भी सोचना चाहिए।'

अपूर्व हँसकर बोला, 'परिचय का अवसर आप लोग किसी को देते कहाँ हैं चाचाजी! कोई अपराध नहीं, कोई अभियोग नहीं; फिर भी उनको जाल में फँसाने आप इतनी दूर चले आए हैं।'

निमाई बाबू तनिक सा मुसकरा पड़े। बोले, 'यह तो कर्तव्य है।'

जिस समय दोनों जेटी पर पहुँचे, उस समय इरावादी नदी का प्रचंड स्टीमर किनारे लगने ही वाला था। पाँच-सात पुलिस अधिकारी, सादी पोशाक में, पहले से ही खड़े थे; निमाई बाबू के प्रति उन लोगों के नेत्रों का एक प्रकार का संकेत लक्ष्य कर, अपूर्व उन्हें पहचान गया। ये सभी भारतीय थे, भारत के कल्याण के लिए, सुदूर बर्मा में एक विद्रोही का शिकार करने आए हैं। शिकार की वस्तु लगभग हाथ आ चुकी है। सफलता का आनंद तथा उत्तेजना की प्रच्छन्न दीप्ति, उनके चेहरों पर प्रकट हो रही है, यह अपूर्व को दिखाई पड़ गया। जहाज के खलासी उस समय जेटी पर रस्सी फेंक रहे थे। कितने ही लोग रेलिंग पकड़कर देख रहे थे, डेक पर व्यग्रता, कलरव तथा दौड़-धूप की सीमा नहीं है। संभव है कि इन्हीं लोगों के बीच खड़ा होकर, एक मनुष्य इसी प्रकार उत्सुक दृष्टि से किनारे की प्रतीक्षा कर रहा है, लेकिन अपूर्व की दृष्टि में संपूर्ण दृश्य, नेत्रों के जल से एकदम ही धुँधला तथा अस्पष्ट हो उठा। ऊपर-नीचे, जल में, स्थल में, इतने नर-नारी खड़े हैं, किसी को कोई शंका, किसी का कोई अपराध नहीं है। केवल जिस मनुष्य ने अपने तरुण हृदय के सब सुख, सब स्वार्थ तथा सभी आशाओं का स्वेच्छापूर्वक विसर्जन कर दिया, कारागार तथा मृत्यु का पथ क्या केवल उसी के लिए मुँह बाए खड़ा है? जहाज जेटी पर आकर लग गया, काठ की सीढ़ी नीचे लगा दी गई; लेकिन अपूर्व नहीं हटा। वह वहीं, निश्चल पत्थर की मूर्ति की भाँति खड़ा होकर आप-ही-आप कहने लगा, 'क्षण भर बाद तुम्हारे हाथों में हथकड़ी पड़ेगी, कौतूहली नर-नारी तुम्हारी लांछना तथा तुम्हारा अपमान आँखें खोलकर देखेंगे; वे जान भी न पाएँगे कि उन लोगों के लिए ही तुमने सर्वस्व त्याग कर दिया है, जिसके कारण उन लोगों के बीच तुम्हारा रहना न हो सकेगा।' उसके नेत्रों से आँसू की बूँदें झरझर गिरने लगीं और जिसको उसने कभी भी देखा नहीं है, उसी को संबोधन करके मन-ही-मन कहने लगा, 'तुम तो हम लोगों की भाँति सीधे-सादे मनुष्य नहीं हो। तुमने देश के लिए अपना सर्वस्व त्याग दिया है, इसीलिए देश की नावें तुमको पार नहीं करा सकतीं; तैरकर तुम्हें पद्मा

जहाज के खलासी उस समय जेटी पर रस्सी फेंक रहे थे। कितने ही लोग रेलिंग पकड़कर देख रहे थे, डेक पर व्यग्रता, कलरव तथा दौड़-धूप की सीमा नहीं है। संभव है कि इन्हीं लोगों के बीच खड़ा होकर, एक मनुष्य इसी प्रकार उत्सुक दृष्टि से किनारे की प्रतीक्षा कर रहा है, लेकिन अपूर्व की दृष्टि में संपूर्ण दृश्य, नेत्रों के जल से एकदम ही धुँधला तथा अस्पष्ट हो उठा। ऊपर-नीचे, जल में, स्थल में, इतने नर-नारी खड़े हैं, किसी को कोई शंका, किसी का कोई अपराध नहीं है।

नदी को पार करना पड़ता है। इसीलिए देश का राजपथ तुम्हारे लिए अवरुद्ध है, दुर्गम वन-पर्वत लाँघने की तुम्हें आवश्यकता पड़ती है। हे मुक्तिपथ के अग्रदूत! हे पराधीन देश के राज-विद्रोही! तुमको शतकोटि नमस्कार है।' इतने मनुष्यों की भीड़, इतने लोगों का आना-जाना, इतने लोगों की दृष्टि, किसी पर भी उसका ध्यान नहीं था। कितना समय बीत गया, इसकी उसे खबर ही नहीं थी। एकाएक निमाई बाबू के कंठ-स्वर से चकित होकर, झटपट आँखों के आँसू पोंछकर उसने हँसने की चेष्टा की। उसका करुण-विह्वल भाव देखकर वे आश्चर्य में पड़ गए; लेकिन कोई प्रश्न नहीं किया। बोले, 'जिस बात का भय था, वही हुआ! निकल गया।'

अपूर्व की छाती में धड़कन हो उठी, बोला, 'यदि आप उसको मारना-पीटना चाहते हों, तो मैं नहीं जाना चाहता।'
निमाई बाबू ने हँसकर कहा, 'इतने आदमियों को तो हमने चुपचाप छोड़ दिया और ये बेचारी बंगाली हैं। खुद बंगाली होते हुए भी, क्या मैं इन लोगों पर अत्याचार करूँगा? अरे भैया, पुलिस में सभी बुरे ही नहीं होते। मुँह बंद करके जितना दुःख हमें सहना पड़ता है, वह यदि तुम जानते, तो अपने इस दरोगा चाचा से इतनी घृणा न कर सकते अपूर्व!'

'कैसे निकल गया?'

निमाई बाबू बोले, 'यदि यही जानता तो वह निकल ही कैसे जाता? प्रातः तीन सौ यात्री, बीच-पच्चीस साहब फिरंगी, उड़िया, मद्रासी, पंजाबी सौ-डेढ़ सौ के लगभग रहे होंगे, शेष बर्मी, वह पता नहीं, किसका पहनावा तथा किसकी भाषा बोलते-बोलते बाहर निकल गया। समझ गए न भैया, हम तो पुलिसवाले हैं। पहचानने का उपाय नहीं है कि वे विलायत के हैं या बंगाल के। केवल जगदीश बाबू, संदेह में, लगभग छह बंगालियों को पकड़कर थाने में ले गए हैं। एक आदमी के साथ उसके चेहरे का मेल भी खा रहा है, ऐसा जान पड़ता है; लेकिन जान पड़ने से ही क्या होता है, वह नहीं है। क्या तुम भी चलोगे भैया, एक बार उस आदमी को देखोगे?'

अपूर्व की छाती में धड़कन हो उठी, बोला, 'यदि आप उसको मारना-पीटना चाहते हों, तो मैं नहीं जाना चाहता।'

निमाई बाबू ने हँसकर कहा, 'इतने आदमियों को तो हमने चुपचाप छोड़ दिया और ये बेचारी बंगाली हैं। खुद बंगाली होते हुए भी, क्या मैं इन लोगों पर अत्याचार करूँगा? अरे भैया, पुलिस में सभी बुरे ही नहीं होते। मुँह बंद करके जितना दुःख हमें सहना पड़ता है, वह यदि तुम जानते, तो अपने इस दरोगा चाचा से इतनी घृणा न कर सकते अपूर्व!'

अपूर्व बोला, 'आप अपना कर्तव्य-पालन करने आए हैं; फिर आपसे घृणा क्यों करूँगा चाचाजी!' कहकर उसने उनके चरण छू लिये। निमाई बाबू ने प्रसन्न होकर

आशीर्वाद दिया। और बोले, 'चलो, जरा जल्दी चलें। वे लोग भूख-प्यास से दुःखी हो रहे होंगे; थोड़ी-बहुत जाँच करके छोड़ दिया जाए।'

थाने के सामनेवाले बड़े कमरे में छह बंगाली बैठे थे। जगदीश बाबू ने इसी बीच, उनके टीन के बक्स और गठरी आदि खोलकर, जाँच आरंभ कर दी थी। जिस व्यक्ति पर उन्हें विशेष संदेह था, उसको एक अलग कमरे में नजरबंद कर रखा था। ये लोग नौकरी खोजने के लिए रंगून आए थे। इनके नाम-धाम और विवरण आदि लिखकर और साथ के सामान आदि की जाँच हो चुकने पर, पॉलिटिकल-सस्पेक्ट सव्यसाची को निमाई बाबू के सामने उपस्थित किया गया। वह खाँसते-खाँसते सामने आया। उम्र तीस-बत्तीस से अधिक न रही होगी; लेकिन अंदर के न जाने किस असाध्य रोग से, उसका संपूर्ण शरीर मानो बहुत तेजी से क्षय-रोग की ओर दौड़ रहा है। आश्चर्यमय है, तो केवल उस रुग्ण चेहरे में दो अद्‌भुत आँखों की दृष्टि। वे आँखें छोटी हैं या बड़ी, लंबी हैं या गोल, दीप्त हैं या प्रभावहीन, यह सब विवरण देने की चेष्टा करना ही व्यर्थ है। अत्यंत गहरे जलाशय की भाँति उसमें न जाने क्या है? भय लगता है! अपूर्व तो मुग्ध होकर उस ओर देख रहा था। एकएक निमाई बाबू ने, उसकी वेशभूषा की बहार और ठाठबाट पर अपूर्व की दृष्टि आकर्षिक करके, हँसते हुए कहा, 'बाबूजी का स्वास्थ्य तो चला गया है; लेकिन शौक में अभी कोई कमी नहीं आई, यह तो मानना ही पड़ेगा! क्या कहते हो अपूर्व?'

वे आँखें छोटी हैं या बड़ी, लंबी हैं या गोल, दीप्त हैं या प्रभावहीन, यह सब विवरण देने की चेष्टा करना ही व्यर्थ है। अत्यंत गहरे जलाशय की भाँति उसमें न जाने क्या है? भय लगता है! अपूर्व तो मुग्ध होकर उस ओर देख रहा था। एकएक निमाई बाबू ने, उसकी वेशभूषा की बहार और ठाठबाट पर अपूर्व की दृष्टि आकर्षिक करके, हँसते हुए कहा, 'बाबूजी का स्वास्थ्य तो चला गया है; लेकिन शौक में अभी कोई कमी नहीं आई, यह तो मानना ही पड़ेगा! क्या कहते हो अपूर्व?'

इतनी देर बाद उसके पहनावे पर दृष्टि करके, मुँह फेरकर अपूर्व ने हँसी छिपा ली। उसके माथे के चारों ओर बड़े बाल हैं; लेकिन गरदन और कानों के निकट बिल्कुल ही नहीं हैं। माथे में माँग काढ़ी हुई है, केश के किसी नींबू के तेल की गंध से कमरा भर उठा है। शरीर पर सिल्क का एक कुरता है। छाती की जेब में एक रूमाल का थोड़ा सा भाग दिखाई पड़ रहा है, चादर नहीं है। पहनावे में विलायती मिल की, काली-मखमली बारीक धोती है। पैरों में हरे रंग का पूरा मोजा है, जो घुटनों पर लाल फीते से बँधा हुआ है। पॉलिश किया हुआ पंप-शू है, जिसके तले को मजबूत और टिकाऊ बनाने के लिए

लोहे के नाल जड़े गए हैं। हाथ में एक हरिण की सींग की मूठवाली बेंत की छड़ी है। इन कई दिनों तक जहाज की भीड़भाड़ में सभी कपड़े गंदे हो गए हैं, इनका सिर से पैर तक बार–बार निरीक्षण करके अपूर्व ने कहा, 'चाचाजी, इस आदमी को आप कोई भी बात पूछे बिना ही छोड़ दीजिए, जिसको आप खोज रहे हैं, वह आदमी यह नहीं है; इसकी जमानत मैं देने को तैयार हूँ।'

निमाई बाबू ने हँसकर पूछा, 'तुम्हारा नाम क्या है जी?'

'मेरा नाम गिरीश महापात्र है।'

'एकदम महापात्र, तुम तो तेल की खान में काम करते थे न? अब रंगून में ही रहोगे? तुम्हारे बक्स और बिस्तर की तलाशी तो हो चुकी है। देखूँ, तुम्हारे ट्रंक और जेब में क्या है?'

उसके ट्रंक से एक रुपया और छह आने पैसे निकले, जेब से एक लोहे का कंपास, नापने के लिए एक लकड़ी का फुटरूल, कुछ बीड़ियाँ, एक दियासलाई और एक गाँजे की चिलम निकल पड़ी।

निमाई बाबू ने कहा, 'तुम गाँजा पीते हो?'

उसने संकोच से उत्तर दिया, 'जी नहीं।'

'तब यह वस्तु जेब में क्यों है?'

'रास्ते में पड़ी थी, उठा ली कि किसी के काम आ जाएगी।'

निमाई बाबू ने हँसकर पूछा, 'तुम्हारा नाम क्या है जी?' 'मेरा नाम गिरीश महापात्र है।' 'एकदम महापात्र, तुम तो तेल की खान में काम करते थे न? अब रंगून में ही रहोगे? तुम्हारे बक्स और बिस्तर की तलाशी तो हो चुकी है। देखूँ, तुम्हारे ट्रंक और जेब में क्या है?' उसके ट्रंक से एक रुपया और छह आने पैसे निकले, जेब से एक लोहे का कंपास, नापने के लिए एक लकड़ी का फुटरूल, कुछ बीड़ियाँ, एक दियासलाई और एक गाँजे की चिलम निकल पड़ी।

इसी समय जगदीश बाबू कमरे में आए तो निमाई बाबू ने हँसकर कहा, 'देखो जगदीश, यह कैसे परोपकारी व्यक्ति हैं! किसी के काम में आ जाए, इस विचार से इन्होंने गाँजे की चिलम रास्ते से उठाकर रख ली है।' यह कहकर उन्होंने उसके दाएँ हाथ के अँगूठे को देखकर, हँसते हुए कहा, 'गाँजा पीने का चिह्न यहाँ है भैया! 'पीता हूँ' कह देने से ही काम चल जाता। कितने दिन और जीना है, यही तो है तुम्हारा शरीर! बूढ़े की बात मानो, अब मत पीना!'

'जी नहीं, मैं तो पीता ही नहीं! यार लोग कभी बनाने को कहते हैं, तो बना देता हूँ।'

जगदीश चिढ़कर बोला, 'दया के सिंधु हैं न! दूसरों को बना देते हैं, स्वयं नहीं पीते। झूठा कहीं का!'

अपूर्व ने कहा, 'समय हो गया, अब जा रहा हूँ चाचाजी!'

निमाई बाबू ने उठकर कहा, 'अच्छा, तुम जा सकते हो महापात्र! क्यों जगदीश, जा सकता है न?' जगदीश सम्मति देकर बोला, 'लेकिन मेरा विचार है कि इस नगर में और कुछ दिनों तक निगरानी की आवश्यकता है। रात को मेल-ट्रेन पर दृष्टि रखना। वह बर्मा में आ गया है, यह खबर सच है।'

अपूर्व थाने के बाहर आया और उसके साथ ही महापात्र भी अपने टूटे हुए टीन के बक्स को और चटाई में लपेटे, गंदे बिछौने के बंडल को बगल में दबाकर, उत्तर का मार्ग पकड़कर धीरे-धीरे चला गया।

सात

कैसी आश्चर्यजनक बात है कि सव्यसाची नहीं पकड़ा गया। डेरे पर लौटकर, दाढ़ी-मूँछ बनाने से लेकर संध्या-पूजा, स्नान, भोजन, कपड़े पहनने, ऑफिस जाने आदि नित्य के कार्यों में कोई बाधा नहीं हुई, लेकिन उसका मन किस बात पर सोच-विचार करने लगा था, उसका कोई पता नहीं। उसके नेत्र, कान और बुद्धि, अपने सभी सांसारिक विषयों से एकाएक विछिन्न होकर, किसी एक अनजान, अदृष्ट राजद्रोही की चिंता में ही निमग्न हो गए। अपूर्व की ऐसी अन्यमनस्कता देखकर, तलवलकर ने पूछा, 'आज घर की कोई चिट्ठी आई है क्या?'

अपूर्व ने कहा, 'नहीं तो।'

'घर में सब कुशल तो है न?'

अपूर्व बोला, 'जितना जानता हूँ, सब कुशल ही है।'

रामदास ने फिर कोई प्रश्न न किया। टिफिन के समय, दोनों एक ही साथ जलपान करते थे। रामदास की स्त्री ने एक दिन अपूर्व से अत्यंत आग्रहपूर्वक अनुरोध किया था कि जितने दिनों तक आपकी माँ अथवा घर की और कोई आत्मीय नारी, इस देश में आकर डेरे की उपयुक्त व्यवस्था नहीं करती, उतने दिनों तक इस छोटी बहन के हाथ की बनाई हुई थोड़ी सी मिठाई प्रतिदिन आपको लेनी ही पड़ेगी। अपूर्व सहमत हो गया था। ऑफिस का

रामदास ने फिर कोई प्रश्न न किया। टिफिन के समय, दोनों एक ही साथ जलपान करते थे। रामदास की स्त्री ने एक दिन अपूर्व से अत्यंत आग्रहपूर्वक अनुरोध किया था कि जितने दिनों तक आपकी माँ अथवा घर की और कोई आत्मीय नारी, इस देश में आकर डेरे की उपयुक्त व्यवस्था नहीं करती, उतने दिनों तक इस छोटी बहन के हाथ की बनाई हुई थोड़ी सी मिठाई प्रतिदिन आपको लेनी ही पड़ेगी। अपूर्व सहमत हो गया था।

एक ब्राह्मण चपरासी वह सब ला देता था। आज भी जब वह पास के एकांत कमरे में भोजन सामग्री सजाकर रख गया, तब भोजन करने बैठकर अपूर्व ने स्वयं ही प्रसंग छेड़ दिया, 'कल मेरे डेरे पर चोरी हो गई, सबकुछ चला जा सकता था; मगर केवल ऊपर की मंजिल पर रहनेवाली उस क्रिस्तान लड़की की कृपा से रुपए-पैसे के अतिरिक्त और सबकुछ बच गया।' फिर सविस्तार सब कह सुनाया, 'वास्तव में, वह ऐसी कार्य-कुशल लड़की है, ऐसा तो मुझे नहीं मालूम होता था।'

रामदास ने पूछा, 'इसके बाद?'

अपूर्व ने कहा, 'तिवारी घर में था नहीं, बर्मी नाच देखने चला गया था, इसी बीच यह घटना हो गई। उसका विश्वास है कि यह काम उस लड़की के अतिरिक्त और किसी ने नहीं किया है। मेरा भी कुछ-कुछ ऐसा ही अनुमान है। चोरी भले ही न करे, मगर सहायता उसने अवश्य की है।'

अपूर्व ने कहा, 'तिवारी घर में था नहीं, बर्मी नाच देखने चला गया था, इसी बीच यह घटना हो गई। उसका विश्वास है कि यह काम उस लड़की के अतिरिक्त और किसी ने नहीं किया है। मेरा भी कुछ-कुछ ऐसा ही अनुमान है। चोरी भले ही न करे, मगर सहायता उसने अवश्य की है।'

'इसके बाद?'

'फिर सवेरे पुलिस में खबर देने गया; लेकिन पुलिस में जाकर ऐसा तमाशा देखा कि फिर उस बात का स्मरण ही न रहा। आज सोच रहा हूँ कि पुलिस से चोर-डाकुओं को पकड़वाना व्यर्थ है। यही अच्छा है कि वे लोग विद्रोहियों को ही गिरफ्तार करते रहें।' यह कहते ही उसको गिरीश महापात्र की बात याद पड़ गई। हँसी रुकने पर उसने विज्ञान और चिकित्सा शास्त्र के असाधारण ज्ञाता, विलायत के डॉक्टर उपाधिकारी, राजशत्रु महापात्र के स्वास्थ्य, उसकी शिक्षा और रुचि, उसका बल वीर्य, इंद्रधनुषी रंग का कुरता, हरे रंग का मोजा, लोहे का नाल लगा पंप-शू, नींबू के तेल से सुवासित केश और सर्वोपरि परहिताय गाँजे की चिलम का आविष्कार करने की कथा विस्तारपूर्वक वर्णन करते-करते अपनी उत्कट हँसी का वेग किसी प्रकार और एक बार रोककर, अंत में कहा, 'तलवलकर, महाचतुर पुलिस दल को आज की तरह नासमझ और मूर्ख बनते, संभवतः किसी ने कभी नहीं देखा!'

रामदास ने पूछा, 'क्या ये लोग आपके बंगाल की पुलिस के हैं?'

अपूर्व ने कहा, 'हाँ! इसके अतिरिक्त लज्जाजनक बात यह है कि इनके जो अध्यक्ष हैं, वे मेरे पिताजी के मित्र हैं। बाबूजी ने ही एक दिन इनकी नौकरी लगाई थी।'

'तब तो आपको किसी दिन इसका प्रायश्चित करना पड़ेगा।' यह बात कहकर रामदास एकाएक अप्रतिभ-सा हो गया, अपूर्व उसका मुँह देखकर उसका तात्पर्य समझ

गया। बोला, 'मैं उनको चाचा कहता हूँ। वे हमारे आत्मीय हैं, शुभाकांक्षी हैं; लेकिन क्या इसी से वे मेरे लिए देश से बढ़कर हैं?' नहीं! वरन् जिनको वे देश के रुपए खर्च करके, देश के ही आदमियों द्वारा, शिकार की भाँति पकड़ने के लिए घूम रहे हैं, वे ही मेरे परम आत्मीय हैं।'

रामदास बोला, 'बाबूजी, यह कहने में भी विपत्ति है।'

अपूर्व बोला, 'भले ही हो। तलवलकर, केवल अपने ही देश में नहीं, संसार के जिस किसी देश में, जिस किसी युग में, जिस किसी ने अपनी जन्मभूमि को स्वतंत्र करने की चेष्टा की है, उनको अपना कहने की सामर्थ्य और किसी में चाहे न हो, मुझमें है!' यह कहते-कहते उसका कंठ-स्वर तीक्ष्ण और नेत्रों की दृष्टि प्रखर हो उठी, 'बिना अपराध के ही फिरंगी लड़कों ने जब मुझे लात मारकर प्लेटफार्म से बाहर निकाल दिया और जब मैं इसका प्रतिवाद करने के लिए गया, तब अंग्रेज स्टेशन-मास्टर ने मुझे केवल देशी आदमी समझकर ही दफ्तर से कुत्ते की तरह निकाल दिया। उसकी लांछना, इस काले चमड़े के नीचे कम जलन नहीं पैदा करती तलवलकर! जो लोग इन जघन्य अत्याचारों से हमारी बहनों, माताओं और भाइयों का उद्धार करना चाहते हैं, उनको अपना कहकर पुकारने में जो भी कष्ट झेलने पड़े, मैं सहर्ष झेलने को प्रस्तुत हूँ।'

अपूर्व बोला, 'कहना सरल नहीं रामदास! वहाँ हिंदुस्तान के कम आदमी नहीं थे; लेकिन मेरा अपमान किसी के भी शरीर पर न लग सका। लात की चोट से मेरी हड्डी-पसली नहीं टूटी, इसी कुशल-समाचार से वे लोग प्रसन्न हो गए। तुमको मैं क्या बताऊँ, स्मरण पड़ने पर दुःख, लज्जा तथा घृणा से अपने ही आप मानो मैं मिट्टी में गड़ जाता हूँ!'

रामदास का सुंदर, गौर मुख, क्षणभर के लिए लाल हो उठा, बोले, 'यह दुर्घटना तो मुझसे आपने कभी नहीं बताई।'

अपूर्व बोला, 'कहना सरल नहीं रामदास! वहाँ हिंदुस्तान के कम आदमी नहीं थे; लेकिन मेरा अपमान किसी के भी शरीर पर न लग सका। लात की चोट से मेरी हड्डी-पसली नहीं टूटी, इसी कुशल-समाचार से वे लोग प्रसन्न हो गए। तुमको मैं क्या बताऊँ, स्मरण पड़ने पर दुःख, लज्जा तथा घृणा से अपने ही आप मानो मैं मिट्टी में गड़ जाता हूँ!'

रामदास मौन ही रहा; लेकिन उसकी दोनों आँखें डबडबा आईं। तीन बज गए थे, वह उठकर खड़ा हो गया।

उस दिन छुट्टी होने के पहले, बड़े साहब ने कहा, 'हम लोगों के भामो के दफ्तरों में अव्यवस्था हो रही है। मांडले, शोएबो, मिक्थिला और इधर प्रोम, सभी दफ्तरों में गड़बड़ी है। मेरी इच्छा है कि तुम एक बार उन सबको देख आओ। मेरे न रहने पर, सब

काम तुम्हीं को करना होगा। एक परिचय रहना चाहिए, इसलिए यदि कल-परसों…'

अपूर्व बोला, 'मैं कल ही बाहर जा सकता हूँ।' जाने का निश्चय हो गया और दूसरे ही दिन भामो जाने के लिए वह रेलगाड़ी पर जा बैठा। साथ में एक अर्दली और ऑफिस का एक हिंदुस्तानी ब्राह्मण भी था। तिवारी डेरे पर ही रहा। लंगड़ा साहब अस्पताल में पड़ा है, इसलिए अब उतना भय नहीं है। तलवलकर ने तिवारी की पीठ ठोंककर कहा, 'चिंता करने की कोई आवश्यकता नहीं। कभी कोई घटना हो तो आकर मुझे खबर देना।'

गाड़ी छूटने में संभवतः पाँच मिनट की देर रही होगी कि अपूर्व एकाएक चौंककर बोल उठा, 'वही तो!'

तलवलकर गरदन फेरते ही समझ गया कि वही गिरीश महापात्र है। वही ठाटबाट बाला बहारदार कुरता, हरे रंग का मोजा, वही पंप-शू और छड़ी। अंतर केवल इतना ही है कि इस बार केवल वह बाघ-अंकित रूमाल, छाती के जेब के बजाय उसके गले में लिपटा हुआ है। महापात्र इसी ओर आ रहा था। निकट आते ही अपूर्व ने पुकारकर कहा—'क्यों गिरीश, मुझे पहचान सकते हो? कहाँ जा रहे हो?'

'जी हाँ, पहचान रहा हूँ। कहाँ के लिए प्रस्थान हो रहा है?'

'इस समय तो भामो जा रहा हूँ। तुम कहाँ चल रहे हो?'

गिरीश ने कहा, 'जी, एनाज से दो मित्रों के आने की बात थी, लेकिन बाबूजी, मुझे लोग झूठ-मूठ तंग करते हैं। हाँ, यह अवश्य है कि लोग अफीम और गांजा छिपाकर ले आते हैं; लेकिन मैं तो बाबू, बहुत ही धर्मभीरु आदमी हूँ। मैं तो कहता हूँ कि इस ठगी का मतलब क्या है? कहावत है, 'ललाट की लिखावट मेटी नहीं जा सकती।'

> ***'अब जा रहा हूँ बाबू, अच्छा राम-राम।' इतना कहकर वह आगे बढ़ गया। अपूर्व ने कहा, 'इसी सव्यसाची के पीछे-पीछे चाचाजी अपने दलबल के साथ इस देश से उस देश में घूम रहे हैं तलवलकर!' यह कहकर वह हँस पड़ा; लेकिन इस हँसी में तलवलकर ने साथ नहीं दिया।***

अपूर्व ने हँसते हुए कहा, 'मुझको भी ऐसा विश्वास है; लेकिन भाई, तुम गलत समझ रहे हो, मैं पुलिस का आदमी नहीं हूँ। अफीम-गाँजे से मेरा कोई मतलब नहीं रहता। उस दिन तो मैं केवल तमाशा देखने के लिए गया था।'

तलवलकर बोला, 'बाबू, मैंने आपको तो अवश्य कहीं देखा है।'

गिरीश ने कहा, 'इसमें कोई आश्चर्य नहीं है बाबू, नौकरी के वास्ते कितनी ही जगहों में घूमता-फिरता रहता हूँ।'

'अब जा रहा हूँ बाबू, अच्छा राम-राम।' इतना कहकर वह आगे बढ़ गया।

अपूर्व ने कहा, 'इसी सव्यसाची के पीछे-पीछे चाचाजी अपने दलबल के साथ इस देश से उस देश में घूम रहे हैं तलवलकर!' यह कहकर वह हँस पड़ा; लेकिन इस हँसी में तलवलकर ने साथ नहीं दिया। दूसरे ही क्षण सीटी बजाकर गाड़ी छूट गई तो उसने हाथ बढ़ाकर मित्र से हाथ मिलाया; लेकिन उस समय तक भी उसके मुँह से कोई बात नहीं निकली।

अपूर्व पहले दर्जे का यात्री था; उसके कमरे में और कोई भी आदमी नहीं था। संध्या हो चली तो उसने संध्या-पूजा के बाद भोजन किया। जलपान उसका ब्राह्मण अर्दली सवेरे ही रख गया था और बिछौना भी बिछा गया था। इसलिए उस रात को अपूर्व ने भोजन आदि करके, हाथ-मुँह धोकर तृप्त हो, स्वस्थ चित्त से शैया पर आसन ग्रहण किया; लेकिन उसी रात को तीन बार, उसे जगाकर पुलिसवालों ने उसका नाम, काम और पता-ठिकाना लिखा।

एक बार अपूर्व बोला, 'मैं फर्स्ट क्लास का यात्री हूँ, तुम रात के समय तो मेरी नींद खराब नहीं कर सकते।'

इस प्रसंग में एक दिन उसने कहा था, 'बाबूजी, केवल मात्र शोभा-सौंदर्य ही नहीं, प्रकृति माता की दी हुई इतनी बड़ी संपदा भी कम देशों में है। इसके वन और अरण्य अपरिमेय हैं, इसकी भूमि में कभी शेष न होनेवाली तेल की खानें हैं। इसकी महामूल्यवान रत्न की खानों का मूल्य आँका नहीं जा सकता और जो गगनचुंबी विशाल वृक्षों की पाँतें हैं, इनकी तुलना संसार में कहाँ है?

'यह नियम रेलवे-कर्मचारियों के लिए है, मैं पुलिस-कर्मचारी हूँ; इच्छा होने पर, तुमको खींचकर नीचे भी उतार सकता हूँ।'

इस पर अपूर्व चुप हो गया।

'रामशरण, एक बत्ती लाओ। कल सवेरे ही गाड़ी से मिक्थिला जाएँगे। मैनेजर के पास सूचना भेज दो।' अपूर्व ने अर्दली से कहा।

इसी प्रकार जब उसका भावुक चित्त अंदर और बाहर से आच्छन्न और अभिभूत होता चला आ रहा था, तब एकाएक मानो जोर का धक्का लगने से चौंककर उसने देखा। रामदास की बातें याद पड़ीं। यहाँ आने के बाद से, इस बर्मा देश की बहुत सी गुप्त तथा व्यक्त कहानियों का उसने संग्रह कर रखा था। इस प्रसंग में एक दिन उसने कहा था, 'बाबूजी, केवल मात्र शोभा-सौंदर्य ही नहीं, प्रकृति माता की दी हुई इतनी बड़ी संपदा भी कम देशों में है। इसके वन और अरण्य अपरिमेय हैं, इसकी भूमि में कभी शेष न होनेवाली तेल की खानें हैं। इसकी महामूल्यवान रत्न की खानों का मूल्य आँका नहीं जा सकता और जो गगनचुंबी विशाल वृक्षों की पाँतें हैं, इनकी तुलना संसार में कहाँ है? यह बहुत दिनों की बात नहीं है। यहाँ के बारे में जानकर एक दिन अंग्रेज बनिए

की लालची दृष्टि, इसके ही प्रति, एकाएक आसक्त हो उठी। बंदूक-तोपें आईं, लड़ाई छिड़ गई। युद्ध में हारकर, दुर्बल-अशक्त राजा निर्वासित हुए और उनकी रानियों के शरीर के जेवर बेचकर लड़ाई का हर्जाना वसूल किया गया। इसके बाद देश और देश के कल्याण के लिए, मानवता के कल्याण, सभ्यता और न्यायधर्म के कल्याण के लिए, अंग्रेज राजशक्ति इस विजित देश का शासन-भार ग्रहण करके, उसका अनेक प्रकार से कल्याण करने के लिए शरीर-मन से लग गई।'

इसी प्रकार न जाने कितनी बातें उसके हृदय को आलोड़ित करती रहीं, इसका उसको पता नहीं! एकाएक ट्रेन की गति धीमी पड़ जाने पर उसको चेत हुआ। जल्दी से आँखें पोंछकर उसने देखा—स्टेशन आ गया था।

आठ

लड़कपन से ही स्त्रियों के प्रति अपूर्व में श्रद्धा की अपेक्षा घृणा की ही भावना अधिक थी। भौजाइयाँ परिहास करतीं, तो वह मन-ही-मन दुःखी होता। घनिष्ठता बढ़ाने के लिए आतीं, तो दूर हट जाता। माँ के अतिरिक्त और किसी की सेवा या देखभाल, उसे अच्छी नहीं लगती थी। कोई लड़की परीक्षा में पास हुई, यह सुनकर वह प्रसन्न नहीं होता था। विलायत में स्त्रियाँ कमर कसकर राजनीतिक अधिकार पाने के लिए लड़ रही थीं, उसका विवरण अखबारों में पढ़कर उसका शरीर जलने लगता था, लेकिन उसका हृदय स्वभावतः ही भद्र तथा कोमल था। वैसे वह नर-नारी का भेद न रखकर, प्राणिमात्र को अत्यंत प्यार करता था। किसी को किसी भी कारण से कष्ट देने में उसे हिचक मालूम होती थी। इसीलिए भारती को अपराधिनी जानते हुए भी उसने दंडित नहीं होने दिया, लेकिन पुरुषों में जो स्त्री-विषयक कमजोरियाँ होती हैं, वह उसे छू तक भी नहीं गई थीं। इस क्रिस्तान लड़की को दंड देना उसके स्वभाव के विरुद्ध था। नारी-जाति के प्रति अनुराग न रखते हुए भी उसका मन भारती को आसानी से, चिरकाल तक दूर हटाकर रख सकेगा, यह भी सच नहीं था। फिर भी आज उस निष्ठुर, मिथ्याभाषिणी रमणी के प्रति उसके मन में राग-द्वेष की सीमा न थी।

उसे भामो आए पंद्रह दिन हो गए हैं। यहाँ से कल-परसों तक मिक्थिला जाने की बात है। ऑफिस से लौटकर, वह अपने बरामदे में बैठकर मन-ही-मन सोचने लगा। नारी-स्वाधीनता के संबंध में उसका मन अपनी सम्मति देना नहीं चाहता था। इसमें मंगल नहीं है, वह बात उसकी रुचि तथा संस्कार पर आधारित थी। शास्त्रीय अनुशासनों में भी इनके प्रति गंभीर अन्याय है, इस सत्य को भी उसका न्यायपरायण चित्त किसी प्रकार स्वीकार नहीं करता था, लेकिन अचानक उसकी यह धारणा आज

जिस कारण मिट गई, उसका विवरण इस प्रकार है—

जिस दोमंजिले मकान में उसने किराए के कमरे लिए हैं, उसकी निचली मंजिल में एक बर्मी भद्र पुरुष तथा उनका परिवार रहता था। सवेरे, ऑफिस जाने के पहले उनके परिवार में एक अनर्थकारी दुर्घटना हो गई। उनकी चार कन्याएँ हैं; सभी विवाहिता हैं। किसी उत्सव के उपलक्ष में आज सभी उपस्थित हुए थे। भोज के समय संभ्रम और इज्जत के विषय में, पहले तो लड़कियों में और बाद को दामादों में लाठी चलने लगी और खून-खराबी आरंभ हो गई। अपूर्व ने खबर लेने के लिए जाकर, हतबुद्धि सा होकर सुना कि इनमें से एक तो मद्रास का चुलिया मुसलमान, एक चटगाँव का (बंगाली) पुर्तगीज, एक एंग्लो-इंडियन साहब तथा सबसे छोटा दामाद एक चीनी है। ये सब कई पुश्तों से इस शहर में रहकर, चमड़े का रोजगार कर रहे हैं। इस प्रकार पृथ्वीव्यापी सब जातियों का श्वसुर बनने का गौरव, अन्य स्थानों में दुर्लभ होने पर भी यहाँ सुलभ है। इन संबंधों का उसने विरोध किया था; लेकिन लड़कियों की स्वतंत्रता ने उस पर ध्यान तक नहीं दिया। एक-एक दिन एक-एक कन्या का घर पर पता नहीं रहा; फिर एक-एक करके वे लौट आईं और उनके साथ वह विचित्र दामादों का दल भी आया। उनकी भाषा पृथक्, भाव-विचार पृथक्, धर्म पृथक्, स्वभाव पृथक्, शिक्षा, संस्कार, किसी के साथ किसी का भी नहीं मिलता। यह तो हमारे देश की हिंदू-मुसलमान समस्या की भाँति, धीरे-धीरे एक अति कठिन समस्या का उद्भव हो रहा है। इसकी मीमांसा किस प्रकार होगी? क्षोभ, दुःख और विरक्ति से अपूर्व मन-ही-मन दुःखी होने लगा और लड़कियों की इस सामाजिक स्वतंत्रता को बार-बार कोसने लगा, बर्मा नष्ट हो रहा है। यूरोप नष्टप्राय हो चुका है। वही आधार की सभ्यता हमारे देश में लाने से, हम लोग भी समूल नष्ट हो जाएँगे। इस दुर्दिन में, यदि हम संशय छोड़कर अपने पुराने सिद्धांतों का पालन न कर सके तो कोई भी हमको विनाश से नहीं बचा सकेगा! इसी प्रकार की अनेक विचारधाराओं में डूबा हुआ, अँधेरे में वह अकेला बैठा रहा, पर हाय रे! यह सीधी सी बात उसके मन में एक बार भी नहीं आई कि जिस मुक्तिमंत्र को वह जीवन का एक मात्र व्रत मानकर शरीर

जिस दोमंजिले मकान में उसने किराए के कमरे लिए हैं, उसकी निचली मंजिल में एक बर्मी भद्र पुरुष तथा उनका परिवार रहता था। सवेरे, ऑफिस जाने के पहले उनके परिवार में एक अनर्थकारी दुर्घटना हो गई। उनकी चार कन्याएँ हैं; सभी विवाहिता हैं। किसी उत्सव के उपलक्ष में आज सभी उपस्थित हुए थे। भोज के समय संभ्रम और इज्जत के विषय में, पहले तो लड़कियों में और बाद को दामादों में लाठी चलने लगी और खून-खराबी आरंभ हो गई।

और मन से ग्रहण करना चाहता है, उसकी ही दूसरी मूर्ति को यह दोनों हाथों में ठेलकर, मुक्ति के सच्चे देवता को ही, सम्मान के साथ दूर हटा रहा है। मुक्ति क्या तुम्हारी ऐसी ही कोई छोटी सी वस्तु है?

अर्दली बोला, 'आपके जाने की बात तो परसों के लिए थी न?'

'नहीं, परसों नहीं, कल ही, एक बत्ती दे जा।' समाज में महिलाओं की स्वाधीनता का एक नया रूप देखकर, उसका मन उद्विग्न हो उठा था।

दूसरे दिन, ठीक समय पर वह मिक्थिला के लिए चल पड़ा, मगर वहाँ पहुँचने पर उसका मन जमा नहीं। देशी और विलायती पलटनों की छावनी है, अनेक बंगाली सपरिवार रहते हैं, अच्छा शहर है, नए लोगों के लिए घूमकर देखने की बहुत सी वस्तुएँ हैं; लेकिन यह सब उसे अच्छा ही नहीं लगा। मन केवल रंगून पहुँचने के लिए छटपटाने लगा। भामो में रहते समय, रिडाइरेक्ट किया हुआ माँ का एक पत्र उसको मिला था। रामदास की दो चिट्ठियाँ उसके बाद आई थीं, लेकिन वह भी प्राय: दस-बारह दिन पहले। रामदास ने लिखा था कि जब तक तुम लौट नहीं आते, तब तक डेरा बदलने की कोई आवश्यकता नहीं है और वह स्वयं ही जाकर देख-सुन आया है कि तिवारी अच्छी तरह से रह रहे हैं।

दूसरे दिन, ठीक समय पर वह मिक्थिला के लिए चल पड़ा, मगर वहाँ पहुँचने पर उसका मन जमा नहीं। देशी और विलायती पलटनों की छावनी है, अनेक बंगाली सपरिवार रहते हैं, अच्छा शहर है, नए लोगों के लिए घूमकर देखने की बहुत सी वस्तुएँ हैं; लेकिन यह सब उसे अच्छा ही नहीं लगा। मन केवल रंगून पहुँचने के लिए छटपटाने लगा। भामो में रहते समय, रिडाइरेक्ट किया हुआ माँ का एक पत्र उसको मिला था।

स्टेशन पर एक लड़के को, रेल के कर्मचारियों ने ट्रेन से उतार दिया था। वह मैले और फटे-पुराने हैट-कोट आदि अंग्रेजी पोशाक पहने था। साथ में केवल एक टूटा ट्रंक था। टिकट खरीदने के पैसे से उसने शराब पी ली थी, इतना ही उसका अपराध था। लड़के को पुलिस ले जा रही है, यह देखकर अपूर्व ने उसका किराया चुका दिया तथा और भी चार-पाँच रुपए उसको देकर झटपट हटाया जा रहा था, कि एकाएक उसने हाथ जोड़कर कहा, 'महाशय, मेरा यह ट्रंक लेते जाइए। इसको बेचकर जो दाम मिले, उसमें से अपना रुपया काट लीजिएगा और बाकी रुपया मुझे लौटा दीजिएगा।' उसके कंठ-स्वर से यह बात समझ में आ गई कि उसने चैतन्यावस्था में ही यह बात कही।

अपूर्व ने पूछा, 'कहाँ लौटा दूँगा?'

वह बोला, 'अपना पता दे दीजिए; मैं आपको चिट्ठी लिख दूँगा।'

अपूर्व बोला, 'अपना ट्रंक अपने पास रहने दो; उसे मैं बेच न सकूँगा। मेरा नाम अपूर्व हालदार है, रंगून की बोथा कंपनी में नौकरी करता हूँ। यदि कभी भेज सको, तो रुपया भेज देना।'

उसने कहा, 'अच्छा, नमस्कार। मैं अवश्य भेज दूँगा। यह दया मैं जीवनभर न भूलूँगा।' यह कहकर एक बार फिर नमस्कार करके, बक्स बगल में दबाकर वह चला गया। इस बार उसके चेहरे को अपूर्व ने ध्यानपूर्वक देखा। उम्र अधिक नहीं है; लेकिन ठीक कितनी है, यह बताना कठिन है। संभवत: सब तरह के नशे के कारण, लगभग दस वर्ष का अंतर पड़ गया है। शरीर का रंग गोरा है; लेकिन धूप में जलकर ताँबे के रंग सा हो गया है। सिर पर के रूखे-सूखे बाल, ललाट के नीचे तक झूल रहे हैं। नेत्रों की दृष्टि उछलती सी है। नाक खंजर की तरह सीधी है। शरीर दुबला है, हाथ की उँगलियाँ लंबी और पतली हैं, समूचे शरीर में उपवास और अत्याचार के चिह्न अंकित हैं। अपूर्व टिकट खरीदकर गाड़ी पर सवार हो गया और दूसरे दिन बारह बजे रंगून पहुँचा। जब ताँगा डेरे पर आया, तो देखा कि तिवारी को मानो किसी प्रकार की उत्कंठा नहीं है, बरामदे का किवाड़ तक नहीं खुला; गाड़ी की आवाज सुनकर वह नीचे भी नहीं आया। स्वयं दरवाजे पर जाकर उसने पुकारा, 'तिवारी! ऐ तिवारी!' थोड़ी देर बाद धीरे से अत्यंत सतर्कता से किवाड़ खुला। क्रोधोन्मत्त अपूर्व कमरे में घुसकर अवाक् और हतबुद्धि हो गया। सामने भारती खड़ी थी। उसकी यह कैसी मूर्ति है? पैरों में जूते नहीं हैं, काले रंग की साड़ी पहने है, बाल रूखे-सूखे बिखरे हुए हैं; पर शांत-गंभीर विषाद की छाया है, इसके ऊपर कोई किसी दिन क्रोध कर सकेगा, यह खयाल अपूर्व मन में ला भी न सका। भारती बोली, 'आ गए; अब तिवारी बच जाएगा।'

अच्छा, नमस्कार। मैं अवश्य भेज दूँगा। यह दया मैं जीवनभर न भूलूँगा।' यह कहकर एक बार फिर नमस्कार करके, बक्स बगल में दबाकर वह चला गया। इस बार उसके चेहरे को अपूर्व ने ध्यानपूर्वक देखा। उम्र अधिक नहीं है; लेकिन ठीक कितनी है, यह बताना कठिन है। संभवतः सब तरह के नशे के कारण, लगभग दस वर्ष का अंतर पड़ गया है।

अपूर्व ने कहा, 'उसको क्या हुआ है?'

भारती ने कहा, 'इधर बहुतों को चेचक की बीमारी हुई है; उसको भी हो गई; लेकिन आप ऊपर चलिए, स्नान करके कुछ आराम करने के बाद नीचे उतरें। तिवारी अभी सो रहा है। जागने पर बता दूँगी।'

अपूर्व आश्चर्य से बोला, 'ऊपर के कमरे में!'

भारती बोली, 'हाँ, कमरा अभी हमारे ही अधिकार में है; लेकिन माँ अभी चली

गई हैं। खूब साफ है, आपको कष्ट न होगा। चलिए।'

कमरे के फर्श पर, सजावट के साथ अपने ही हाथ से बिछौना बिछाकर वह बोली, 'अब आप स्नान कर लीजिए।'

अपूर्व ने कहा, 'पहले सब बातें मुझसे कहिए।'

भारती बोली, 'स्नान करके, संध्या-पूजा समाप्त कर लें।'

अपूर्व ने जिद नहीं की। कुछ देर बाद जब वह स्नान आदि समाप्त करके आया, तो भारती ने हँसकर कहा, 'अपना यह गिलास लीजिए। खिड़की पर, कागज में लपेटकर चीनी रखी हुई है, उसे लेकर, मेरे साथ नल के पास आइए। किस तरह शरबत बनाया जाता है, मैं सिखा देती हूँ।'

अपूर्व ने कहा, 'पहले सब बातें मुझसे कहिए।'
भारती बोली, 'स्नान करके, संध्या-पूजा समाप्त कर लें।'
अपूर्व ने जिद नहीं की। कुछ देर बाद जब वह स्नान आदि समाप्त करके आया, तो भारती ने हँसकर कहा, 'अपना यह गिलास लीजिए। खिड़की पर, कागज में लपेटकर चीनी रखी हुई है, उसे लेकर, मेरे साथ नल के पास आइए। किस तरह शरबत बनाया जाता है, मैं सिखा देती हूँ।'

अधिक कहने की आवश्यकता नहीं थी। प्यास से उसकी छाती फट रही थी; शरबत तैयार करके उसने पी लिया।

भारती बोली—'आपको मैं अभी एक बार और कष्ट दूँगी।'

अपूर्व बोला, 'कैसा कष्ट?'

भारती बोली, 'नीचे से मैंने कोयला लाकर रख दिया है। उड़िया लड़के को बुलाकर आपके उस लोहे के चूल्हे को मँजवा दिया है। चावल है, दाल है; परवल, घी, तेल, नमक सब है। पीतल की बटलोई ला देती हूँ; आप केवल थोड़ा सा जल लेकर धो लें और चढ़ा दें। कठिन काम नहीं है। मैं सब बता दूँगी, आप केवल चढ़ाएँगे और उतारेंगे। आज आप यह कष्ट उठाइए, कल दूसरी व्यवस्था होगी।'

अपूर्व ने क्षण भर मौन रहकर पूछा, 'लेकिन आपके भोजन की व्यवस्था क्या होती है? कब अपने डेरे पर जाती हैं?' भारती ने कहा, 'डेरे पर भले ही न जाएँ; लेकिन हम लोगों को भोजन के लिए चिंतित नहीं होना पड़ता।'

एक घंटे में अपूर्व रसोई तैयार करके बैठा, तो वह कमरे की चौखट के बाहर खड़ी रहकर बोली, 'यहाँ खड़े रहने से कुछ दोष तो नहीं होता आपके खाने में?'

अपूर्व बोला, 'होता तो आप खड़ी न रहतीं।' जीवन में यह प्रथम बार रसोई बनाई है। हजारों त्रुटियाँ देखकर बीच-बीच में भारती का धीरज टूटने लगा; लेकिन दाल कटोरे में डालते समय जब इधर-उधर बिखर पड़ी, तब वह सहन न कर सकी। क्रोध में बोल

उठी, 'आप जैसे निकम्मे आदमियों को, भगवान् जाने क्यों जन्म देते हैं? केवल हम लोगों को परेशान करने के लिए।'

खाने के पश्चात् अपूर्व बोला, 'अच्छा, अब क्या मामला है, मुझे साफ तौर से बता दीजिए। इधर और भी दस आदमियों के चेचक की बीमारी हुई है और तिवारी को भी हुई है, यहाँ तक तो खूब सीधा है; पर जब इस मकान को छोड़कर आप सभी लोग चले गए, तो इस बंधुहीन देश में और इससे अधिक इस बंधुहीन पुरी में, आप किस तरह उसके लिए प्राण देने के लिए ठहर गईं, यह बात मैं किसी तरह भी सोच-समझ नहीं पाता। क्या जोसेफ साहब ने भी कोई आपत्ति नहीं की?'

खाने के पश्चात् अपूर्व बोला, 'अच्छा, अब क्या मामला है, मुझे साफ तौर से बता दीजिए। इधर और भी दस आदमियों के चेचक की बीमारी हुई है और तिवारी को भी हुई है, यहाँ तक तो खूब सीधा है; पर जब इस मकान को छोड़कर आप सभी लोग चले गए, तो इस बंधुहीन देश में और इससे अधिक इस बंधुहीन पुरी में, आप किस तरह उसके लिए प्राण देने के लिए ठहर गईं, यह बात मैं किसी तरह भी सोच-समझ नहीं पाता। क्या जोसेफ साहब ने भी कोई आपत्ति नहीं की?'

भारती बोली, 'बाबूजी तो अस्पताल में ही मर गए!'

'मर गए!' अपूर्व बड़ी देर स्थिर रहकर बोला, 'आपके शरीर का काला वस्त्र देखकर, इसी तरह की किसी भयंकर दुर्घटना का मुझे अनुमान कर लेना चाहिए था।'

भारती बोली, 'इससे भी बड़ी दुर्घटना उस समय हुई, जब अचानक माँ स्वर्ग सिधार गईं⋯।'

'माँ मर गईं!' अपूर्व स्तब्ध रह गया। अपनी माँ की बात याद करके उसकी छाती में न जाने कैसी कँपकँपी होने लगी। भारती ने किसी तरह आँसू रोक रखे। मुँह फेरने पर उसने देखा कि अपूर्व सजल दृष्टि से उसकी ओर देख रहा है। दो-तीन मिनट बीतने पर, उसने धीरे-धीरे कहा, 'तिवारी बहुत ही अच्छा आदमी है! मेरी माँ बहुत दिनों से बीमार थीं; हम सभी जानते थे कि किसी क्षण उनकी मृत्यु हो सकती है। तिवारी ने हम लोगों की बहुत सेवा की है। मेरे यहाँ से चले जाते समय वह रोने लगा था; पर इतना भाड़ा मैं कहाँ से दे सकती थी?'

अपूर्व चुपचाप सुनने लगा। भारती फिर बोल उठी, 'आपकी वह चोरी पकड़ी गई है; रुपया-बटन पुलिस में जमा है। आपको इसकी खबर मिली है?'

'कहाँ? नहीं तो।'

'हाँ, पकड़ी गई है। उसको जो लोग उस दिन तमाशा दिखाने ले गए थे, उनके ही

दल का यह काम है और भी न मालूम कितने आदमियों के घर चोरी करने के बाद, शायद चोरी का धन बाँटने में न पटने के कारण, उसमें से एक ने सब बात खोलकर बता दी है। मैं भी पुलिस के गवाहों में एक हूँ, यह पता लगाकर, वे लोग एक दिन मेरे पास आए। वही खबर सुनाने के लिए आकर ही तो मैंने यह कांड देखा। मुकदमे की तारीख कब है, यह तो मैं ठीक नहीं जानती; लेकिन सबकुछ वापस मिल जाएगा, यह सुन चुकी हूँ।'

यह अंतिम बात यदि वह न भी कहती तो अच्छा होता; क्योंकि लज्जा के मारे अपूर्व का मुँह केवल लाल ही नहीं हो उठा, इस मामले में अपने उन प्रकट और अप्रकट इशारों को याद करके, उसके शरीर में काँटे से चुभ उठे, पर भारती फिर कहने लगी, 'दरवाजा बंद था; हजारों बार पुकारने और चिल्लाने से भी किसी ने कोई जवाब नहीं दिया। ऊपर मंजिल के दरवाजे की ताली मेरे पास थी, खोलकर अंदर गई। मेरे फर्श में एक छेद हो गया है।' यह कहकर उसने कुछ लज्जा से हँसी को छिपाकर कहा, 'उसके बीच से नीचे, आपके कमरे का सबकुछ दिखाई पड़ता है। देखा कि सभी दरवाजे बंद हैं, अंधकार में कोई एक आदमी, सिर से पैर तक ढका हुआ, सोया पड़ा है। तिवारी की ही तरह मालूम हुआ। उसी छेद पर मुँह रखकर चिल्ला-चिल्लाकर सौ बार पुकारती रही। तिवारी, मैं भारती हूँ। तुमको क्या हुआ? दरवाजा खोल दो। नीचे आकर फिर उसी तरह चिल्लाहट और पुकार मचाने लगी। बीस मिनट के बाद, किसी तरह घिसटकर तिवारी आया और किसी तरह दरवाजा खोल दिया। उसका चेहरा देखकर, मुझे फिर कुछ बोलने का अवसर नहीं मिला। इसके तीन-चार दिन पहले, सामनेवाले मकान के नीचे के कमरे से, चेचकग्रस्त दो तेलगू कुलियों को पुलिसवाले पकड़कर अस्पताल में ले गए थे। उनकी रुलाई और उनके अनुनय-विनय का दृश्य तिवारी ने अपनी आँखों से देखा है, मेरे दोनों पैर दोनों हाथों से पकड़कर वह एकदम भों-भों करके रोता हुआ बोला, 'माईजी! मुझको प्लेग-अस्पताल में मत भेजना; भेजने से फिर मेरा प्राण न बचेगा।' यह बात बिल्कुल झूठी भी नहीं है; वहाँ से किसी के लौट आने की बात बहुत ही कम सुनाई पड़ती है। इसी डर से वह दिन-रात, दरवाजा-खिड़की सब बंद करके पड़ा हुआ है, मुहल्ले के किसी को

यह अंतिम बात यदि वह न भी कहती तो अच्छा होता; क्योंकि लज्जा के मारे अपूर्व का मुँह केवल लाल ही नहीं हो उठा, इस मामले में अपने उन प्रकट और अप्रकट इशारों को याद करके, उसके शरीर में काँटे से चुभ उठे, पर भारती फिर कहने लगी, 'दरवाजा बंद था; हजारों बार पुकारने और चिल्लाने से भी किसी ने कोई जवाब नहीं दिया। ऊपर मंजिल के दरवाजे की ताली मेरे पास थी, खोलकर अंदर गई। मेरे फर्श में एक छेद हो गया है।'

भी यह बात जरा भी मालूम हो जाएगी, तो फिर रक्षा नहीं है।'

अपूर्व बोला, 'और तभी से आप दिन-रात अकेली पड़ी हैं, इसकी सूचना क्यों न भेजी? हमारे ऑफिस के तलवलकर बाबू को तो आप जानती हैं, उनको क्यों नहीं बुलाया?'

भारती ने कहा, 'कौन जाता? आदमी कहाँ है? सोचा था, शायद समाचार मालूम करने के लिए उसी दिन आएँगे; पर नहीं आए। इसके अलावा, बात फैल जाने की भी आशंका थी।'

'यह तो अवश्य है।' कहकर अपूर्व एक लंबी साँस लेकर निस्तब्ध रह गया। बड़ी देर के बाद बोला, 'आपका चेहरा कैसा हो गया है?'

भारती हँसकर बोली, 'अर्थात् पहले इससे सुंदर था?'

अपूर्व के मुँह से इस कथन का कोई उत्तर न निकला। उसकी दोनों आँखों की मुग्ध दृष्टि, श्रद्धा और कृतज्ञता से इस तरुणी पर टिक गई। बोला, 'मनुष्य जो काम नहीं करता, उसे आपने किया है, पर अब आपको छुट्टी है। तिवारी मेरा केवल नौकर नहीं है, वह मेरा मित्र है। उसकी गोद और पीठ पर चढ़-चढ़कर मैं इतना बड़ा हुआ हूँ। अब भोजन के लिए घर जाइए, वह क्या यहाँ से बहुत दूर है?'

भारती बोली, 'हम लोग तेल के कारखाने के पास, नदी के किनारे रहते हैं। मैं कल फिर आऊँगी।' दोनों उतरकर नीचे आए। ताला खोलकर दोनों कमरे में घुसे। तिवारी जग जाने पर भी विमूढ़ की भाँति लेटा रहता है। अपूर्व उसके बिछौने के निकट आकर बैठ गया और जो बरतन आदि बिना माँजे-धोए पड़े हुए थे, उसको हाथ में लेकर भारती स्नानघर की ओर चली गई। उसकी इच्छा थी कि जाने के पूर्व, रोगी के संबंध में दो-चार आवश्यक बातें बताकर, इस भयानक रोग के बीच अपने को सुरक्षित रखने की आवश्यकता की बात याद दिलाकर जाए। हाथ का काम समाप्त करके, इन्हीं बातों को मन-ही-मन रटती हुई कमरे में लौटकर उसने देखा कि चेतना-शून्य तिवारी के विकृत मुँह की ओर टकटकी लगाए देखता हुआ, अपूर्व पत्थर की मूर्ति की भाँति बैठा हुआ है। उसका अपना मुँह एकदम सफेद हो गया है। चेचक की बीमारी, उसने अपने जीवन में कभी नहीं देखी।

भारती बोली, 'हम लोग तेल के कारखाने के पास, नदी के किनारे रहते हैं। मैं कल फिर आऊँगी।' दोनों उतरकर नीचे आए। ताला खोलकर दोनों कमरे में घुसे। तिवारी जग जाने पर भी विमूढ़ की भाँति लेटा रहता है। अपूर्व उसके बिछौने के निकट आकर बैठ गया और जो बरतन आदि बिना माँजे-धोए पड़े हुए थे, उसको हाथ में लेकर भारती स्नानघर की ओर चली गई।

भारती जब निकट आ गई तो उसकी दोनों आँखें छलछला उठीं और ठीक बच्चों की भाँति व्याकुल कंठ से वह बोल उठा, 'मैं कुछ न कर सकूँगा भारती!'

'तब तो खबर देकर इसको अस्पताल में भेज ही देना पड़ेगा।' भारती की इस बात में न तो श्लेष था, न कोई व्यंग्य ही था; लेकिन लज्जा से अपूर्व का सिर झुक गया।

भारती बोली, 'दिन रहते ही कुछ कर देना ठीक होगा! आप कहें तो घर जाते समय, कहीं से मैं अस्पताल में एक टेलीफोन करती आऊँ। वे लोग गाड़ी लेकर, इसको यहाँ से उठा ले जाएँगे।'

अपूर्व ने कहा, 'लेकिन आपने तो कहा है कि वहाँ जाने पर कोई भी नहीं बचता?'

'कोई भी नहीं बचता, यह मैंने कब कहा?'

अपूर्व ने कहा, 'लेकिन आपने तो कहा है कि वहाँ जाने पर कोई भी नहीं बचता?'
'कोई भी नहीं बचता, यह मैंने कब कहा?'
'फिर भी आपने कहा था, अधिकतर रोगी मर ही जाते हैं।'
भारती बोली, 'मरते हैं! इसीलिए होश रहते, कोई वहाँ नहीं जाना चाहता।'
अपूर्व ने पूछा, 'अच्छा, तो तिवारी को क्या कुछ होश नहीं?'

'फिर भी आपने कहा था, अधिकतर रोगी मर ही जाते हैं।'

भारती बोली, 'मरते हैं! इसीलिए होश रहते, कोई वहाँ नहीं जाना चाहता।'

अपूर्व ने पूछा, 'अच्छा, तो तिवारी को क्या कुछ होश नहीं?'

भारती बोली, 'कुछ तो अवश्य है।'

इसी समय तिवारी के कराह उठने पर अपूर्व चौंक पड़ा। भारती ने पास आकर स्नेहपूर्वक पूछा, 'क्या चाहते हो तिवारी?'

तिवारी ने कुछ कहा, अपूर्व उसे नहीं समझ सका; पर भारती ने सावधानी से उसकी करवट बदलवाकर, लोटे से थोड़ा जल उसके मुँह में डालकर कहा, 'तुम्हारे बाबूजी तो आ गए हैं तिवारी!'

प्रत्युत्तर में तिवारी ने जाने क्या कहा और फिर उसके मुँदे हुए नेत्रों के कोने से आँसू लुढ़कर बहने लगे। कुछ देर तक किसी ने कोई बात नहीं कहीं। समूचा कमरा मानो दुःख तथा शोक से आच्छादित हो गया। सबसे पहले भारती बोली, 'अब इसे आप अस्पताल ही भेज दीजिए।'

अपूर्व सिर हिलाकर बोला, 'नहीं!'

'अच्छा, अब मैं जा रही हूँ। यदि हो सका, तो कल आऊँगी।'

जाने के पहले भारती बोली, 'सबकुछ है, केवल मोमबत्ती चुक गई है। मैं नीचे से एक बंडल खरीदकर दे जाती हूँ।' यह कहकर बाहर चली गई। कुछ क्षण बाद जब

वह मोमबत्ती लेकर आई, तब तक अपूर्व ने अपने को स्थिर कर लिया था। बत्ती का बंडल देकर, संभवतः भारती ने कुछ कहना चाहा। मगर अपूर्व के मुँह फेर लेने पर, उसने भी और कुछ प्रश्न न करके, क्षण भर मौन रहकर, जाने के लिए ज्यों ही दरवाजा खोला, त्यों ही अपूर्व एकाएक बोल उठा, 'यदि तिवारी पानी चाहे?' भारती ने कहा, 'पानी दे दीजिएगा', 'और यदि करवट बदलकर सोना चाहे?'—'करवट बदलवाकर सुला दीजिएगा।' 'और मैं कहाँ सोऊँगा?' उसके कंठ-स्वर का क्रोध छिपा नहीं रहा; बोला, 'बिछौना तो ऊपर के कमरे में पड़ा है!'

क्षणभर मौन रहकर वह बोली, 'वह बिछौना, जो आपकी चारपाई पर है, उस पर आप सो सकते हैं।'

'और मेरे भोजन का क्या होगा?'

भारती मौन हो रही; लेकिन इस असंगत प्रश्न से, छिपी हँसी के आवेग से उसके नेत्रों की दोनों पलकें मानो काँपने लगीं। कुछ देर बाद अत्यंत गंभीरता से बोली, 'आपके सोने और खाने-पीने का भार क्या मेरे ऊपर है?'

'मैं क्या यही कह रहा हूँ?'

'इस समय तो आपने यही कहा और वह भी क्रोधपूर्वक।'

भारती मौन हो रही; लेकिन इस असंगत प्रश्न से, छिपी हँसी के आवेग से उसके नेत्रों की दोनों पलकें मानो काँपने लगीं। कुछ देर बाद अत्यंत गंभीरता से बोली, 'आपके सोने और खाने-पीने का भार क्या मेरे ऊपर है?'
'मैं क्या यही कह रहा हूँ?'
'इस समय तो आपने यही कहा और वह भी क्रोधपूर्वक।'

अपूर्व इसका उत्तर न दे सका। उसके मलिन मुख की ओर देखकर भारती ने कहा, 'आपको इस प्रकार कहना चाहिए था, कृपा करके आप इन सबका ठीक प्रबंध कर दीजिए।'

अपूर्व बोला, 'यह कहने में कोई कठिनाई तो है नहीं?'

'अच्छी बात है, यही कहिए न!'

'वही तो कह रहा हूँ' कहकर, अपूर्व मुँह फुलाकर दूसरी ओर निहारने लगा। भारती बोली, 'आपने क्या कभी किसी रोगी की सेवा नहीं की?'

'नहीं।'

'और विदेश में कभी नहीं आए हो?'

'नहीं, माँ मुझे कभी नहीं जाने देती थीं।'

'तब उन्होंने इस बार कैसे भेज दिया?'

अपूर्व चुप था। किस तरह और किस कारण से, उसके विदेश जाने में माँ सहमत हुई थी, यह बात किसी दूसरे को बताने की उसकी इच्छा नहीं थी। भारती बोली, 'इतनी

बड़ी नौकरी, आपको न आने देने से भी भला काम कैसे चलेगा! लेकिन वे साथ क्यों नहीं आईं?'

अपूर्व क्षुब्ध होकर बोला, 'मेरी माँ को आपने नहीं देखा है, नहीं तो यह बात न कहतीं। मुझे छोड़ने में, उनकी आत्मा को हार्दिक पीड़ा हुई है; लेकिन वे विधवा हैं; इस म्लेच्छ देश में कैसे आ सकती थीं?'

'म्लेच्छों पर आप लोगों के मन में इतनी घृणा है? लेकिन रोग तो केवल गरीबों के लिए नहीं बना है! आपको भी तो हो सकता था। माँ क्या ऐसी दशा में भी नहीं आतीं?'

अपूर्व का मुँह फीका पड़ गया, बोला, 'इस प्रकार यदि भय दिलाओगी तो मैं रात में अकेला कैसे रहूँगा?'

'न डराने पर भी आप अकेले न रह सकेंगे! आप डरपोक व्यक्ति हैं?'

अपूर्व मौन होकर बैठा सुनता रहा।

अपूर्व क्षुब्ध होकर बोला, 'मेरी माँ को आपने नहीं देखा है, नहीं तो यह बात न कहतीं। मुझे छोड़ने में, उनकी आत्मा को हार्दिक पीड़ा हुई है; लेकिन वे विधवा हैं; इस म्लेच्छ देश में कैसे आ सकती थीं?' 'म्लेच्छों पर आप लोगों के मन में इतनी घृणा है? लेकिन रोग तो केवल गरीबों के लिए नहीं बना है! आपको भी तो हो सकता था। माँ क्या ऐसी दशा में भी नहीं आतीं?'

भारती बोली, 'अच्छा, बताइए, मेरे हाथ का पानी पीकर तिवारी की जात नष्ट हो गई; रोग अच्छा हो जाने पर वह क्या करेगा?'

अपूर्व कुछ सोचकर बोला, 'उसने सचेत अवस्था में नहीं पिया, मरणासन्न बीमारी की दशा में पिया है, न पीता तो संभवतः मर जाता। ऐसी परिस्थिति में भी प्रायश्चित्त तो करना ही पड़ता है।'

भारती बोली, 'हूँ! उसका खर्च संभवतः आपको ही देना पड़ेगा, नहीं तो फिर आप उसके हाथ का भोजन कैसे करेंगे।'

अपूर्व बोला, 'मैं ही दूँगा। भगवान् करे, वह अच्छा हो।'

भारती बोली, 'और मैं ही सेवा करके, उसे अच्छा कर दूँ?'

अपूर्व कृतज्ञता से गद्‌गद होकर बोला, 'यह आपकी दया होगी। तिवारी बच जाए, आपने ही तो उसे प्राणदान दिया।'

भारती हँस पड़ी। बोली, 'यदि म्लेच्छ प्राणदान करे, तो उसमें कोई दोष नहीं; लेकिन मुँह में जल देते ही उसका प्रायश्चित्त होना चाहिए न?' यह कहकर, उसने फिर जरा हँसकर कहा, 'अच्छा, मैं जा रही हूँ। यदि कल समय मिला, तो एक बार देख जाऊँगी।'

यह कहकर वह जाते-जाते एकाएक घूमकर बोली, 'और न आ सकूँ, तो तिवारी के अच्छे हो जाने पर उससे कह दीजिएगा कि आप यदि न आ जाते, तो मैं न जाती, लेकिन म्लेच्छों का भी एक समाज तो है ही। आपके साथ ही एक कमरे में रात बिताने में, वे लोग भी अच्छा नहीं मानते। कल सवेरे आपका चपरासी आएगा, तलवलकर बाबू को खबर दे दीजिएगा। वे पक्के आदमी हैं। सब व्यवस्था कर देंगे। अच्छा, नमस्कार!'

अपूर्व ने कहा, 'करवट बदलवा देने से उसको कष्ट न होगा?'

'नहीं।'

रात को यदि बिछौना बदलने की आवश्यकता पड़े, तो कैसे बदलूँगा?'

भारती ने कहा, 'सावधान होकर बदलिए। मैं स्त्री होकर यदि कर सकती हूँ, तो आप क्यों नहीं कर सकते?'

अपूर्व चुप हो रहा। जाने के लिए भारती ने ज्यों ही दरवाजा खोला, त्यों ही अपूर्व ने भयाकुल होकर कहा, 'और यदि वह बैठ जाए, यदि रोने लगे?'

इन प्रश्नों का और उत्तर न देकर, भारती दरवाजा बंद करके चली गई। उसके पैरों की आवाज जब तक सुनाई पड़ी, तब तक अपूर्व शांत रहा; लेकिन खामोशी होते ही वह अपने को सँभाल न सका। भय से दौड़ता हुआ बाहर आया और देखा; भारती द्रुत गति से चली जा रही है। मिस भारती न कहकर उसने ऊँचे कंठ से पुकारा, 'भारती!'

अपूर्व चुप हो रहा। जाने के लिए भारती ने ज्यों ही दरवाजा खोला, त्यों ही अपूर्व ने भयाकुल होकर कहा, 'और यदि वह बैठ जाए, यदि रोने लगे?' इन प्रश्नों का और उत्तर न देकर, भारती दरवाजा बंद करके चली गई। उसके पैरों की आवाज जब तक सुनाई पड़ी, तब तक अपूर्व शांत रहा; लेकिन खामोशी होते ही वह अपने को सँभाल न सका। भय से दौड़ता हुआ बाहर आया और देखा; भारती द्रुत गति से चली जा रही है। मिस भारती न कहकर उसने ऊँचे कंठ से पुकारा, 'भारती!'

भारती के देखते ही अपूर्व दोनों हाथ जोड़कर बोला, 'जरा इधर आइए।' बस फिर उसके मुख से कोई शब्द न निकला। भारती लौट पड़ी। वहाँ आकर देखा कि अपूर्व नहीं है, तिवारी अकेला पड़ा हुआ है। वह बरामदे में भी नहीं है, कहीं भी नहीं है। चारों ओर निहारकर देखा कि स्नान करने का कमरा खुला है। दरवाजे के अंदर गरदन बढ़ाकर जो देखा, तो उसके भय की सीमा न रही। अपूर्व फर्श पर गिरा हुआ है और दोपहर को जो कुछ खाया था, उसने सब कै कर दिया है। नेत्र बंद हैं और शरीर पसीना-पसीना हो रहा है। पास जाकर बाली, 'अपूर्व बाबू!'

अपूर्व ने आँखें खोलकर देखा; लेकिन तुरंत ही फिर आँखें बंद करके स्थिर हो

रहा। एक क्षण दुविधा के बाद, भारती ने अपूर्व के निकट बैठकर माथे पर हाथ रखकर धीरे-धीरे कहा, 'उठकर बैठना होगा। माथे पर और मुँह में जल न देने से तबीयत न ठीक होगी अपूर्व बाबू!'

अपूर्व उठ बैठा। भारती हाथ पकड़कर उसे नल के पास ले गई और नल खोल दिया, तो उसने हाथ-मुँह धो डाला। तब धीरे-धीरे उसे कमरे में लाई और चारपाई पर लिटाकर, अपने आँचल से उसके हाथों और पैरों का जल पोंछ डाला, और एक पंखे से हवा झलकर बोली, 'जरा सोने की चेष्टा करो। आपके स्वस्थ न होने तक मैं यहीं रहूँगी।'

अपूर्व गरदन हिलाकर बोला, 'नहीं, यह नहीं हो सकता, या तो मेरी माँ या आप, आप दोनों में से एक को न देखने पर मैं न बचूँगा। यदि कल मुझे चेचक हो जाए तो यह बात आप भूल न जाना।' उसके अनुरोध का अंतिम भाग किस तरह सुनाई पड़ा, उसे एकाएक मानो भारती एकदम ही भूल गई। बिछौने के एक छोर पर बैठकर, वह अपूर्व के शरीर पर एक हाथ रखकर रुँधे स्वर से बोली, 'नहीं, नहीं भूलूँगी, नहीं भूलूँगी। यह क्या कभी मैं भूल सकती हूँ?'

अपूर्व लज्जित होकर बोला, 'लेकिन आपका खाना?'

भारती बोली, 'आपने खाने का अवसर ही कहाँ दिया?'

क्षण भर मौन रहकर अपूर्व ने पूछा, 'अच्छा, आपको मिस भारती कहकर पुकारने से क्या आप रुष्ट होंगी?'

'अवश्य, लेकिन केवल भारती कहकर पुकारने से न होऊँगी।'

'लेकिन और लोगों के सामने?'

भारती ने हँसकर कहा, 'और लोगों के सामने भी, लेकिन अब चुप होकर जरा सो रहिए, मुझे काफी काम करने हैं।'

अपूर्व बोला, 'सोने में डर लगता है, कहीं पीछे तुम चली न जाओ।'

'लेकिन जागते रहने पर भी यदि चली जाऊँ, तो आप क्या कर लेंगे?'

अपूर्व मौन रहा। भारती बोली, 'हमारे म्लेच्छ-समाज में क्या नेकनामी और बदनामी के कारण डरकर नहीं चलना पड़ता?'

अपूर्व की बुद्धि ठिकाने नहीं थी। प्रत्युत्तर में उसने एक विचित्र प्रश्न कर दिया। बोला, 'मेरी माँ यहाँ नहीं है; मेरे बीमार पड़ जाने पर आप क्या करेंगी? तब तो आपको ही रहना होगा।'

'मुझे रहना होगा? आपके मित्र तलवरकर बाबू को खबर देने से काम न चलेगा?'

अपूर्व गरदन हिलाकर बोला, 'नहीं, यह नहीं हो सकता, या तो मेरी माँ या आप, आप दोनों में से एक को न देखने पर मैं न बचूँगा। यदि कल मुझे चेचक हो जाए तो यह

बात आप भूल न जाना।' उसके अनुरोध का अंतिम भाग किस तरह सुनाई पड़ा, उसे एकाएक मानो भारती एकदम ही भूल गई। बिछौने के एक छोर पर बैठकर, वह अपूर्व के शरीर पर एक हाथ रखकर रुँधे स्वर से बोली, 'नहीं, नहीं भूलूँगी, नहीं भूलूँगी। यह क्या कभी मैं भूल सकती हूँ?' लेकिन इस बात को मुँह से उच्चारण करते ही, वह अपनी भूल समझकर, पलक गिरने के साथ ही उठ खड़ी हुई। जोर लगाकर जरा हँसकर बोली, 'लेकिन अच्छा हो जाने पर भी तो कम विपत्ति न आएगी अपूर्व बाबू! फिर धूमधाम से प्रायश्चित्त करना पड़ेगा। अच्छा, अब सो रहिए; मुझे बहुत काम करने हैं।'

'कौन काम?'

भारती बोली, 'खाने की बात तो दूर रही, अभी स्नान भी नहीं किया।'

'लेकिन संध्या समय स्नान करके बीमार न पड़ जाओगी?'

भारती बोली, असंभव नहीं है; लेकिन स्नान के कमरे में जो गंदगी आपने फैला रखी है, उसे साफ करने पर, स्नान किए बिना क्या रहा जा सकता है?'

अपूर्व लज्जित होकर बोला, 'पर वह सब मैं साफ कर डालूँगा, आप मत जाइए।' यह कहकर वह उठकर जाने लगा। भारती रुष्ट होकर बोली, 'अब बहादुरी दिखाने की आवश्यकता नहीं है। थोड़ा सो रहने की चेष्टा करो, लेकिन ऐसे कोमल व्यक्ति को माँ ने कैसे विदेश भेजा, यही बात मैं सोच रही हूँ। उठिए मत! वे नहीं हैं, लेकिन यहाँ मेरी बात न सुनने पर भारी अन्याय होगा, कहे देती हूँ।' बनावटी क्रोध और शासन के स्वर में आज्ञा देकर वह बाहर चली गई।

अपूर्व लज्जित होकर बोला, 'पर वह सब मैं साफ कर डालूँगा, आप मत जाइए।' यह कहकर वह उठकर जाने लगा। भारती रुष्ट होकर बोली, 'अब बहादुरी दिखाने की आवश्यकता नहीं है। थोड़ा सो रहने की चेष्टा करो, लेकिन ऐसे कोमल व्यक्ति को माँ ने कैसे विदेश भेजा, यही बात मैं सोच रही हूँ। उठिए मत! वे नहीं हैं, लेकिन यहाँ मेरी बात न सुनने पर भारी अन्याय होगा, कहे देती हूँ।'

निर्जीव की तरह अपूर्व किस समय सो गया था, वह जान भी न सका। उसकी नींद टूटी, भारती के पुकारने से। आँखें मलकर उठ बैठने पर देखा—रात के बारह बज गए हैं। भारती सामने खड़ी है। अपूर्व की प्रथम दृष्टि पड़ी, उसके बालों की लंबाई पर। सुगंधित साबुन की गंध से कमरे की समस्त वायु मानो हठात् पुलकित हो उठी है। काली पाढ़ की सूती साड़ी वह पहने है; शरीर में अंगिया न रहने के कारण, बाहु का अधिक भाग दिखाई पड़ रहा है, भारती की यह मानो कोई दूसरी ही नूतन मूर्ति है, जिसे अपूर्व ने इसके पूर्व कभी नहीं देखा था। उसके मुँह से एकाएक निकल पड़ा, 'इतने

भीगे बाल, सूखेंगे कैसे?'

'सूखेंगे नहीं, लेकिन इसके लिए आपको सोचना न पड़ेगा। मेरे साथ आइए।'

'तिवारी कैसा है?'

'ठीक है, कम से कम आज रातभर के लिए तो आपको सोचना न पड़ेगा।'

उसके साथ-साथ स्नानघर में आकर उसने देखा कि एक छोटी सी टोकरी में कुछ फल-फूल, एक थाली, एक गिलास रखा है। भारती ने दिखाकर कहा, 'इससे अधिक तो कुछ किया नहीं जा सकता। पानी से सब धो डालिए—थाली, गिलास, सब! गिलास में जल लेकर उस कमरे में आइए, मैंने आसन लगा दिया है।'

'ठीक है, कम से कम आज रातभर के लिए तो आपको सोचना न पड़ेगा।' उसके साथ-साथ स्नानघर में आकर उसने देखा कि एक छोटी सी टोकरी में कुछ फल-फूल, एक थाली, एक गिलास रखा है। भारती ने दिखाकर कहा, 'इससे अधिक तो कुछ किया नहीं जा सकता। पानी से सब धो डालिए—थाली, गिलास, सब! गिलास में जल लेकर उस कमरे में आइए, मैंने आसन लगा दिया है।'

अपूर्व बोला, 'यह सब आप कब ले आईं?'

भारती बोली, 'आप सो रहे थे। पास ही एक फल की दुकान है, दूर जाना नहीं पड़ा। टोकरी तो आप ही लोगों की है।' कहकर वह कहीं चली गई, केवल सावधान करके कहती गई, 'चाकू धोते समय, कहीं हाथ न काट डालें!'

आसन पर बैठकर अपूर्व फल काट रहा था और पास ही बैठकर भारती हँस रही थी। अपूर्व ने कहा, 'आप हँसिए, कोई हर्ज नहीं है, लेकिन आपने मेरे भोजन के लिए जो प्रबंध किया है, उसके लिए आपको सहस्रों धन्यवाद। माँ के अतिरिक्त और कोई ऐसा नहीं करता।'

उसकी बात को अनसुनी करके भारती ने कहा, हँसती हूँ क्या अपनी इच्छा से। अपूर्व बाबू! तिवारी के स्वस्थ हो जाने पर, मैं अवश्य ही माँ को चिट्ठी लिख दूँगी, या तो वे आ जाएँ, नहीं तो अपने लड़के को लौटाकर लिवा जाएँ, ऐसे मनुष्य को बाहर नहीं छोड़ना चाहिए।'

अपूर्व बोला, 'माँ अपने लड़के को खूब पहचानती है, लेकिन देखिए, यदि इस जगह मेरे बजाय मेरे भाइयों में से कोई रहता, तो आपकी इतनी बातें न चलतीं। आपसे ही वे लोग सब काम करा लेते।'

भारती नहीं समझी; अपूर्व बोला, 'भाई लोग सबकुछ खाते-पीते हैं। मुर्गी और डिनर न मिलने पर उनका पेट ही नहीं भरता।'

भारती आश्चर्य से बोली, 'यह क्या कह रहे हैं आप!'

अपूर्व बोला, 'ठीक यही बात है! पिताजी भी तो आधे क्रिस्तान थे। माँ को क्या इस हालत में कम कष्ट भोगना पड़ा है!'

भारती उत्सुक होकर बोली, 'क्या सच है? पर माँ जी शायद भयानक हिंदू हैं?'

अपूर्व बोला, 'भयानक क्यों? हिंदू घर की लड़की को जैसा होना चाहिए, वही हैं।' माँ की बात कहते-कहते उसका कंठ-स्वर करुण और स्निग्ध हो उठा; बोला, 'घर में दो बहुएँ हैं, फिर भी मेरी माँ को आप ही रसोई पकाकर खाना पड़ता है। पर माँ का स्वभाव ही ऐसा है कि वे कभी किसी पर दबाव नहीं डालतीं, कभी किसी से इसके लिए कोई शिकायत नहीं करतीं। कहती है, मैं भी तो अपने आचार-विचार त्यागकर, अपने पति के मत को नहीं मान सकती; अब ये लोग भी यदि मेरे मत से सहमत न हो सकें, तो इसके लिए शिकायत करना ठीक नहीं है। मेरी बुद्धि और मेरा संस्कार मानकर ही बहुओं को चलना पड़ेगा, इसका कोई अर्थ भी है?'

भारती उत्सुक होकर बोली, 'क्या सच है? पर माँ जी शायद भयानक हिंदू हैं?' अपूर्व बोला, 'भयानक क्यों? हिंदू घर की लड़की को जैसा होना चाहिए, वही हैं।' माँ की बात कहते-कहते उसका कंठ-स्वर करुण और स्निग्ध हो उठा; बोला, 'घर में दो बहुएँ हैं, फिर भी मेरी माँ को आप ही रसोई पकाकर खाना पड़ता है। पर माँ का स्वभाव ही ऐसा है कि वे कभी किसी पर दबाव नहीं डालतीं, कभी किसी से इसके लिए कोई शिकायत नहीं करतीं।

भारती ने भक्ति और श्रद्धा से अवनत होकर कहा, 'माँ पुराने जमाने की महिला हैं; पर उनमें धीरज तो बहुत अधिक है।'

अपूर्व ने उत्साहित होकर कहा, 'धीरज? माँ के धीरज की भी क्या कोई हद है? आपने उनको देखा नहीं है; लेकिन देखने पर एकदम ही आश्चर्य में पड़ जाएँगी।'

भारती प्रसन्न, मौन मुख से टकटकी लगाए ताकती रही। अपूर्व बोला, 'यह मान लेना पड़ेगा कि समूचे जीवन में, मेरी माँ सदा दुःख भोगती आई हैं और उनका सारा जीवन पति-पुत्रों का म्लेच्छाचार चुपचाप घर में रहकर, सहन करने में बीता है। उनका एकमात्र भरोसा मैं हूँ। बीमारी की हालत में केवल मेरे ही हाथ का पकाया भोजन वे मुँह में डालती हैं।'

भारती ने कहा, 'अब तो उनको कष्ट हो सकता है।'

अपूर्व ने कहा, 'हो ही सकता है! शायद हो भी रहा है; इसीलिए तो उन्होंने मुझे पहले छोड़ना नहीं चाहा; लेकिन मैं तो हमेशा घर पर बैठा नहीं रह सकता। उन्हें एकमात्र आशा है कि मेरी स्त्री उनको रसोई बनाकर खिला सकेगी।'

भारती हँसकर बोली, 'उनकी उस आशा को आप पूरा करके ही क्यों नहीं आए?'

अपूर्व बोला, 'लड़की पसंद करके जब माँ ने सब ठीक-ठाक कर लिया, तभी मुझे झटपट यहाँ चला आना पड़ा। मैं कह आया, 'माँ, जब चिट्‌ठी लिखोगी, तभी आकर आज्ञा-पालन करूँगा।

भारती बोली, 'यही ठीक है।'

अपूर्व बोला, 'ठीक नहीं है। वह माँ को कभी दुःख न दे, यही तो मैं चाहता हूँ। मुझे क्या जरूरत है, गान-वाद्य जाननेवाली, कॉलेज में पढ़ी हुई विदुषी लड़की की?'

भारती बोली, 'जरूरत ही क्या है?'

अपूर्व खुद भी तो किसी दिन इसका विरोधी था और भौजाई का पक्ष लेकर झगड़ा करके, माँ पर कुपित होकर कहा था कि किसी ब्राह्मण पंडित के घर से, जैसे हो, वैसे एक लड़की पकड़ लाकर झमेला खत्म कर दें। इस बात को वह आज बिल्कुल ही भूल गया। बोला, 'आप जो बात समझती हैं, मेरे भाई और भौजाइयाँ वह बात समझना नहीं चाहते! अपना धर्म मानकर चलना चाहिए। पूरा घर आदमियों से भरा रहने पर भी मेरी माँ अकेली हैं, इससे बढ़कर दुर्भाग्य क्या हो सकता है? इसीलिए भगवान् से मैं प्रार्थना करता हूँ कि मेरे किसी आचरण से माँ को कोई व्यथा न हो।' यह कहते-कहते उसका गला भारी हो गया और आँसू से दोनों आँखें छलछला आईं।

इसी समय तिवारी कुछ बड़बड़ा उठा, तो भारती उठकर चली गई। आज अपूर्व का शरीर और मन, भय और चिंता से अत्यंत विकल हो उठा था। माँ को अपने पास देखने की एक अंध आकुलता से, उसके भीतर-ही-भीतर कुहरे की सृष्टि हो रही थी, यह खबर अंतर्यामी से छिपी नहीं रही; लेकिन भारती का हृदय अपमान की वेदना से एकदम टन-टन करने लगा।

इसी समय तिवारी कुछ बड़बड़ा उठा, तो भारती उठकर चली गई। आज अपूर्व का शरीर और मन, भय और चिंता से अत्यंत विकल हो उठा था। माँ को अपने पास देखने की एक अंध आकुलता से, उसके भीतर-ही-भीतर कुहरे की सृष्टि हो रही थी, यह खबर अंतर्यामी से छिपी नहीं रही; लेकिन भारती का हृदय अपमान की वेदना से एकदम टन-टन करने लगा।

थोड़ी देर के बाद लौटकर उसने देखा कि अपूर्व किसी तरह फल काटने का काम पूरा करके चुपचाप बैठा हुआ है। बोली, 'बैठे हैं? खाया नहीं?'

अपूर्व ने कहा, 'नहीं, आपके लिए बैठा हूँ।'

'किसलिए?'

'आप नहीं खाएँगी?'

'नहीं। इच्छा होगी, तो मेरे लिए अलग रखे हैं।'

अपूर्व ने फल का थाल हाथ से कुछ आगे ठेलकर कहा, 'क्या ऐसा कभी हो सकता

है ? आपने सारा दिन नहीं खाया और''' ।'

बात तब तक पूरी भी नहीं हुई थी कि एक अत्यंत सूखे-दबे कंठ-स्वर से जवाब आया, 'ओह ! आप तो बहुत ही परेशान करते हैं। भूखे हों तो खाइए, नहीं तो खिड़की के बाहर फेंक दीजिए।' यह कहकर वह कमरे में चली गई। उसके चेहरे को अपूर्व ने देख लिया और इस मुख को वह फिर भूल न सका। उस आने के दिन से लेकर अब तक अनेक बार मुलाकात हुई है, झगड़े में, मेल-जोल में, शत्रुता में, मित्रता में, संपत्ति और विपत्ति में, कितनी ही बार तो इस लड़की को उसने देखा है; पर उस देखने और इस देखने में कोई समता नहीं है !

भारती चली गई। फल का बरतन उसी तरह पड़ा रहा और उसी तरह अवाक् निस्पंद काठ की भाँति अपूर्व बैठा रहा।

एकाध घंटे के बाद उसने कमरे में आकर देखा; तिवारी के सिरहाने के पास चटाई बिछाकर, भारती अपनी भुजाओं पर माथा टेककर सो रही है। वह जैसे आया था, उसी तरह लौट गया और जाकर सो गया।

नींद जब टूटी, तो प्रातःकाल हो चुका था।'

भारती आकर बोली, 'मैं अब जा रही हूँ।'

अपूर्व हड़बड़ाकर उठ बैठा, मगर अभी वह अच्छी तरह होश में भी न आया था कि वह कमरे से निकलकर बाहर चल दी।

नौ

तिवारी रोगमुक्त हो चुका है; लेकिन अभी कमजोर है। जो आदमी अपूर्व के साथ भामो गया था, वही रसोई बना रहा है। तिवारी को बचाने के लिए अपूर्व के ऑफिस के कर्मचारियों ने अथक परिश्रम किया था और रामदास तो कई दिन घर भी नहीं जा सका। शहर के एक बड़े डॉक्टर की दवा की गई है। यह निश्चय हुआ है कि कुछ और अच्छा हो जाने पर वह घर चला जाएगा। अगले सप्ताह में शायद यह संभव होगा। भारती जो उस दिन चली गई, फिर कोई समाचार जानने के लिए नहीं आई। तिवारी कभी सोचता; भारती चालाक लड़की है, अपूर्व के आने का समाचार पाकर भाग गई। कभी सोचता; अपूर्व ने यहाँ आकर, शायद उसका अपमान किया हो ! अपूर्व स्वयं कुछ न बताता। उससे पूछने में तिवारी को भय होता था कि उसकी पूछताछ से सब बातें खुल जाएँगी। उसके हाथ का छुआ जल उसने पी लिया है, उसका पकाया हुआ साबू-बार्ली खाया है, शायद जात इतनी भयंकर रूप से नष्ट हो गई है कि उसका कोई प्रायश्चित्त नहीं है ! तिवारी ने निश्चय कर रखा था कि कलकत्ता पहुँचकर वह

अपने गाँव चला जाएगा। वहाँ गंगास्नान करके, किसी बहाने ब्राह्मणादि को भोजन कराके, शरीर को काम-काज चलाने योग्य शुद्ध कर लेगा। लेकिन इधर-उधर की बातों में अपूर्व की माँ के कानों तक यहाँ की बातें पहुँचा देने पर क्या होगा, इसके विषय में कुछ नहीं कहा जा सकता। हालदार परिवार की नौकरी जाएगी और समाज में भी बदनामी हो जाएगी!

लेकिन इस स्वार्थ और भय के सिवा तिवारी के हृदय में एक और बात थी; वह जैसी मधुर थी, वैसी ही वेदना से भरी हुई थी। अपूर्व के भामो चले जाने पर, इस लड़की के साथ उसका घनिष्ठ परिचय हुआ। जिस दिन अकस्मात् उसकी माँ मर गई, उस समय एक तिवारी का खाना-पीना भी नहीं हुआ था। लड़की ने रोते हुए आकर उसका दरवाजा खटखटाया। दो दिन पहले ही जोसेफ मरा था। किवाड़ खोलते ही भारती कमरे में आकर, उसके दोनों हाथ पकड़कर ऐसी रोई कि क्या कहें। तिवारी का पकाया हुआ भात हाँडी में ही रह गया; सारा दिन चिट्ठी लेकर उसको न मालूम कहाँ-कहाँ दौड़ना पड़ा। दूसरे दिन अर्थात् जाते समय, उसकी आँखों का पानी रुकना ही नहीं चाहता था। इसी समय में उसने भारती को कभी बहनजी, कभी दीदीजी कहकर पुकारना शुरू किया था, और चार-पाँच दिनों तक खुद ही रसोई बनाकर खिलाई थी। फिर उसकी बीमारी की दशा में भारती ने कितनी सेवा की थी, यह बात वह अच्छी तरह जानता था, कभी सोचता भी था। याद पड़ते ही जात नष्ट होने की बात याद पड़ जाती। प्रातःकाल स्नान करके, भीगे बालों की विशाल राशि पीठ पर लटकाकर, वह रोज एक बार तिवारी का समाचार जानने के लिए आती थी। रसोईघर में भी प्रवेश नहीं करती थी, कोई चीज छूती भी नहीं थी; चौखट के बाहर, फर्श पर बैठकर कहती, 'आज क्या-क्या पकाया, तिवारी? देखूँ तो।'

अपूर्व के भामो चले जाने पर, इस लड़की के साथ उसका घनिष्ठ परिचय हुआ। जिस दिन अकस्मात् उसकी माँ मर गई, उस समय एक तिवारी का खाना-पीना भी नहीं हुआ था। लड़की ने रोते हुए आकर उसका दरवाजा खटखटाया। दो दिन पहले ही जोसेफ मरा था। किवाड़ खोलते ही भारती कमरे में आकर, उसके दोनों हाथ पकड़कर ऐसी रोई कि क्या कहें।

'दीदी, आसन बिछा दूँ?'

'नहीं, फिर धोना पड़ेगा।'

तिवारी कहता, 'क्या आसन भी छूने से बिगड़ता है?'

भारती कहती, 'बिगड़ा तो है। तुम्हारे बाबू तो सोचते हैं कि मेरे रहने से समूचे

मकान को छूत लग गई है। अपना मकान रहता, तो शायद जल छिड़ककर पवित्र कर लेते। यही बात है न तिवारी?'

तिवारी हँसकर कहा, 'तुम नहीं जान सकीं, इसलिए सभी को वैसा ही सोचती हो, लेकिन बाबू को यदि एक बार अच्छी तरह जान जाती, तो तुम भी कहतीं कि ऐसा मनुष्य दुनिया में दूसरा नहीं है!'

भारती कहती, 'नहीं है, यह तो मैं भी कहती हूँ। तभी तो जिसने चोरी होने में रुकावट डाली, उसी को चोर कहकर पकड़ने गए।'

इस विषय में अपना अपराध याद करके, तिवारी दु:खित हो जाता। बात दबाकर कहता, 'लेकिन तुमने भी तो कम नहीं किया। जान-बूझकर बाबू पर बीस रुपया जुरमाना कराया।'

भारती कहती, 'लेकिन उस दंड को तो मैंने स्वयं ही झेला तिवारी, तुम्हारे बाबू को तो देने की आवश्यकता नहीं पड़ी।'

'कैसे नहीं पड़ी? मैंने आँखों से देखा था कि दो नोट देकर वह अदालत से बाहर आए।'

'और मैंने भी तो अपनी आँखों से देखा था तिवारी कि तुमने कमरे में घुसते ही दो नोट नीचे से उठाकर अपने बाबू को दिए।'

तिवारी के हाथ की कलछुल हाथ में ही रह गई, 'ओह! यह सच है दीदी!' वह कहकर रह गया।

'लेकिन साग-सब्जी तो जली जा रही है तिवारी!'

तिवारी कहता, 'बाबू से मैं यह बात जरूर कहूँगा दीदी!'

भारती हँसकर बोली, 'तो क्या होगा? मैं तुम्हारे बाबू से डरती थोड़े हूँ!' लेकिन यह आश्चर्यपूर्ण बात छोटे बाबू से कहने का अवसर तिवारी को नहीं मिला। कब और किस तरह मिलेगा, यह भी वह न जान सका। एक दिन बासी हलदी से वह तरकारी बना रहा था कि भारती की झिड़क सुननी पड़ी और एक दिन बिना स्नान किए ही उसने रसोई तैयार की, इसलिए उसके हाथ का भोजन नहीं खाया।

भारती हँसकर बोली, 'तो क्या होगा? मैं तुम्हारे बाबू से डरती थोड़े हूँ!'

लेकिन यह आश्चर्यपूर्ण बात छोटे बाबू से कहने का अवसर तिवारी को नहीं मिला। कब और किस तरह मिलेगा, यह भी वह न जान सका। एक दिन बासी हलदी से वह तरकारी बना रहा था कि भारती की झिड़क सुननी पड़ी और एक दिन बिना स्नान किए ही उसने रसोई तैयार की, इसलिए उसके हाथ का भोजन नहीं खाया। तिवारी गुस्से में बोला, 'तुम लोगों में इतना विचार है? मैं तो देखता हूँ कि तुम माताजी को भी पार करके आगे बढ़ रही हो!'

भारती हँसती हुई चली गई, कोई उत्तर नहीं दिया। बर्मा में वह फिर कभी न लौटेगा। जाने के पहले, भारती से मुलाकात होने की आशा भी नहीं है। दिन-प्रतिदिन एक ही प्रतीक्षा में अकेले चुप बैठे रहने से, उसकी छाती में मानो कसक उठती रहती।

उस दिन ऑफिस से लौटकर अपूर्व ने अचानक पूछा, 'भारती का घर किस जगह है तिवारी?'

तिवारी बोला, 'जाकर क्या मैंने देखा है बाबू?'

'जाते समय तुम्हें बतलाया हो शायद।'

'मुझे बताने की भला क्या आवश्यकता?'

अपूर्व बोला, 'मुझे तो बताया था; लेकिन मुझे ठीक से याद नहीं रहा। कल एक बार पता लगाना।'

'अपने रोग-शोक में!' अपूर्व चौंक उठा। उसके संबंध में कई दिन बहुत सी बातें याद पड़ी हैं; लेकिन कोई ऐसी आशंका, मन में उत्पन्न भी नहीं हुई। अपूर्व को एकदम ध्यान आया कि उनके नए डेरे पर तो देखने-सुननेवाला भी कोई नहीं है। हो सकता है कि अस्पतालवाले ले गए हों, हो सकता है कि अब तक जीवित भी नहीं हो। यह सब सोचकर, वह मन-ही-मन एक बार व्याकुल हो उठा।

तिवारी के मन में तूफान आ गया। अपूर्व बोला, 'उस चोरी का माल पुलिस देना चाहती है, लेकिन भारती के हस्ताक्षर आवश्यक हैं।'

तिवारी कुछ देर चुप रहकर बोला, 'उस दिन यही सूचना देने के लिए यहाँ आकर, मेरी अवस्था देखकर, फिर वे लौटकर न जा सकीं।'

'वे देखभाल न करतीं, तो तू कब का खत्म हो गया होता तिवारी, मुझसे भी मुलाकात न होती।'

तिवारी नहीं बोला। अपूर्व फिर बोला, 'आकर मैंने देखा कि अँधेरी कोठरी में तू और वे हैं, दूसरा कोई नहीं। कहाँ जाना होगा, कहाँ सोना होगा, इसका कुछ निश्चय नहीं। दो दिन पहले ही उसके माँ-बाप की मृत्यु हुई थी, बड़े कड़े दिल की लड़की है तिवारी!'

तिवारी चुप न रह सका; बोला, 'वे कब चली गईं?'

अपूर्व बोला, 'मेरे आने पर, उसके दूसरे ही दिन। सबेरा होते-न-होते ही—'अब जा रही हूँ', कहकर एकदम चली गईं।'

'नाराज होकर चली गईं क्या?'

'नाराज होकर?' अपूर्व ने जरा सोचकर कहा, 'नहीं जानता, शायद हो सकता है। उसको समझाया भी तो नहीं जा सकता, नहीं तो तेरे ऊपर इतना अधिक खयाल रहता था; लेकिन एक बार समाचार जानने के लिए भी तो नहीं आई कि तू अच्छा हो गया या नहीं?'

यह बात तिवारी को अच्छी नहीं लगी। बोला,'हो सकता है, खुद अपने ही कुछ रोग-शोक के झमेले में पड़ गई हो।'

'अपने रोग-शोक में!' अपूर्व चौंक उठा। उसके संबंध में कई दिन बहुत सी बातें याद पड़ी हैं; लेकिन कोई ऐसी आशंका, मन में उत्पन्न भी नहीं हुई। अपूर्व को एकदम ध्यान आया कि उनके नए डेरे पर तो देखने-सुननेवाला भी कोई नहीं है। हो सकता है कि अस्पतालवाले ले गए हों, हो सकता है कि अब तक जीवित भी नहीं हो। यह सब सोचकर, वह मन-ही-मन एक बार व्याकुल हो उठा। एक कुरसी पर बैठकर, ऑफिस के पहनावे के नेकटाई-वेस्टकोट खोलते-खोलते, उन लोगों में बातचीत शुरू हुई थी; उसके हाथ का काम उसी स्थान पर रुका रह गया। उसके मुँह में एक भी शब्द नहीं रहा। कुरसी पर काठ की पुतली की तरह बैठा रहा।

कुछ देर बाद, तिवारी धीरे-धीरे बोला, 'छोटे बाबू! मकानवाले का आदमी आया था। यदि तीसरी मंजिल का कमरा लेना हो, तो इसी महीने के अंदर बदल लेना चाहिए, यह कह गया है। मुझे चिंता हो रही है कि पीछे कोई फिर आ जाए!'

अपूर्व ने कहा, 'और कौन आनेवाला है?'

तिवारी बोला, 'आज माँजी का एक पोस्टकार्ड मुझे मिला है। दरबान से उन्हीं ने लिखवा भेजा है।''मैं अच्छा हो गया, इसके लिए बहुत हर्ष प्रकट किया है। दरबान का भाई अपने गाँव छुट्टी लेकर जा रहा है, उसके हाथ उन्होंने पाँच रुपए विश्वेश्वर की पूजा के लिए भेजे हैं!'

अपूर्व ने कहा, 'और कौन आनेवाला है?' तिवारी बोला, 'आज माँजी का एक पोस्टकार्ड मुझे मिला है। दरबान से उन्हीं ने लिखवा भेजा है।''मैं अच्छा हो गया, इसके लिए बहुत हर्ष प्रकट किया है। दरबान का भाई अपने गाँव छुट्टी लेकर जा रहा है, उसके हाथ उन्होंने पाँच रुपए विश्वेश्वर की पूजा के लिए भेजे हैं!'

अपूर्व बोला, 'ठीक तो है! माँ तुझे लड़के जैसा प्यार करती हैं। तिवारी!'

तिवारी बोला, 'लड़के से भी अधिक! मैं तो चला ही जाऊँगा, माँ तो चाहती हैं कि छुट्टी लेकर हम दोनों ही चलें, चारों ओर और रोग-शोक''।'

अपूर्व बोला, 'रोग-शोक-मरण कहाँ नहीं है? कलकत्ते में नहीं है? तूने शायद भय दिखाकर बहुत सी बातें लिख दी थीं।'

'जी नहीं' कहकर तिवारी बोला, 'काली बाबू पीछे पड़ गए हैं। संभवत: सभी की यह इच्छा है कि वैशाख के प्रारंभ में ही यह शुभ कार्य संपन्न हो जाए।'

काली बाबू की छोटी लड़की को माताजी ने पसंद किया है, इस बात का आभास

उनके कई पत्रों में भी था। तिवारी की बात अपूर्व को अच्छी नहीं लगी। बोला, 'इतनी जल्दी किसलिए? यदि काली बाबू को बहुत अधिक जल्दी हो, तो वे और कहीं प्रबंध कर सकते हैं।'

तिवारी जरा हँसकर बोला, 'जल्दी माताजी को है! शायद लोग उनको यह कहकर डरवा रहे हैं कि बर्मा में लड़के बिगड़ जाते हैं।'

अपूर्व को क्रोध आ गया, बोला, देख तिवारी, मुझ पर पंडिताई दिखाने की जरूरत नहीं है। माँ को रोज-रोज इतनी चिट्ठियाँ क्यों लिखते रहते हो? मैं बच्चा नहीं हूँ।'

अकारण क्रोध से तिवारी पहले विस्मित हुआ, मगर बीमारी के बाद से ही उसका भी मिजाज अच्छा नहीं था। वह रोषपूर्वक बोला, 'आते समय माँ को यह बात कहकर न आ सके? ऐसा होने से मैं बच जाता, जात, धर्म नष्ट करने के लिए, जहाज पर चढ़ना ही नहीं पड़ता।'

अपूर्व उसके प्रश्न का उत्तर न देकर, खूँटी से कोट-नेकटाई लेकर पहनता हुआ झटपट कमरे से बाहर चला गया।

तिवारी नाराज होकर बोला, 'कल रविवार को चटगाँव को जहाज जाता है, मैं उसी से घर चला जाऊँगा, कहे दे रहा हूँ।' अपूर्व जाता हुआ बोला, 'न जाओ, तो हजारों कसमें रहीं!'

दस

अपूर्व के कहीं जाने का एकमात्र स्थान था तलवलकर का मकान; लेकिन रास्ते में उसे याद पड़ी कि आज शनिवार है, सपत्नीक थिएटर जाने का उसका कार्यक्रम है। इसी समय अचानक भारती की बात याद आ गई। उसका आहत, अपराधी मन, अपने ही प्रति बार-बार कहने लगा, वह अच्छी तरह ही है, उसे कुछ भी नहीं हुआ; नहीं तो इतनी बड़ी जीवन-मरण की समस्या में, एक खबर भी नहीं देती? तेल के कारखाने के आसपास ही कहीं उसका नया मकान है, यह बात उसे भूली नहीं थी। उसे खोजकर ढूँढ़ निकालने की कल्पना से उसका मन नाच उठा।

किंतु उसे महसूस करके, अपने मन का चोर पकड़े जाने की लज्जा से भी वह बच न सका, शायद 'वह' मुझे नहीं चाहती, शायद वह मुझे देखकर उपेक्षा करे, यही सोचकर वह खुद अपने को ही सैकड़ों तरह से समझाने लगा। पुलिसवाले उसका हस्ताक्षर लेना चाहते हैं; इसी 'काम' से वह आया है, वह कैसी है, कहाँ है, ये सब अकारण कौतूहल उसे नहीं है, इस तरह इतने दिनों बाद जाने का कोई उलाहना भी वह नहीं दे पाएगी।

इस हलके में अपूर्व पहले कभी नहीं आया था। बहुत दूर तक चलने पर दाईं तरफ

नदी के किनारे रास्ता नजर आया। एक आदमी ने पूछा—'इधर साहब मेम लोग कहाँ रहते हैं?' प्रत्युत्तर में, उस आदमी ने आसपास के छोटे-बड़े बंगले दिखा दिए। उनकी सजावट देखकर अपूर्व समझ गया कि उसका प्रश्न गलत था। संशोधन करके पूछा, 'अनेक बंगाली भी तो यहाँ रहते हैं। कोई कारीगर, कोई मिस्त्री है।'

वह आदमी बोला, 'बहुत हैं! मैं भी एक मिस्त्री हूँ। तुम किसको ढूँढ़ रहे हो?'

अपूर्व ने कहा, 'देखो, मैं जिसे ढूँढ़ रहा हूँ···अच्छा जो लोग बंगाली क्रिस्तान अथवा···।'

वह आदमी आश्चर्य से बोला, 'क्या कह रहे हैं? बंगाली, फिर क्रिस्तान कैसे? क्रिस्तान हो जाने पर, फिर कोई बंगाली रह जाता है क्या? क्रिस्तान-क्रिस्तान है! मुसलमान, मुसलमान है! यही तो।'

अपूर्व बोला, 'अरे भाई, बंगाल का आदमी तो है! बँगाल भाषा तो बोलता है।'

वह गरम होकर बोला, 'भाषा बोलने से ही हो गया? जो जात देकर क्रिस्तान बन गया, उसमें और क्या पदार्थ रह गया, महाशय! कोई तो बंगाली उसके साथ आहार-व्यवहार करे, तो एक बार देख लूँ! न मालूम कहाँ से, मास्टरी करने कुछ लड़कियाँ आई हैं, बच्चों को पढ़ाती हैं, बस! इसीलिए कोई भी क्या उनके साथ खा रहा है या बैठ रहा है?'

अपूर्व बोला, 'अरे भाई, बंगाल का आदमी तो है! बँगाल भाषा तो बोलता है।' वह गरम होकर बोला, 'भाषा बोलने से ही हो गया? जो जात देकर क्रिस्तान बन गया, उसमें और क्या पदार्थ रह गया, महाशय! कोई तो बंगाली उसके साथ आहार-व्यवहार करे, तो एक बार देख लूँ! न मालूम कहाँ से, मास्टरी करने कुछ लड़कियाँ आई हैं, बच्चों को पढ़ाती हैं, बस! इसीलिए कोई भी क्या उनके साथ खा रहा है या बैठ रहा है?'

अपूर्व ने पूछा, 'वे कहाँ रहती हैं, आप जानते हैं?'

वह बोला, 'जानता क्यों नहीं! इस रास्ते से सीधे, नदी के किनारे आकर पूछिएगा कि नया स्कूल कहाँ है, छोटे बच्चे भी बता देंगे।' यह कहकर वह अपने काम पर चला गया। उसी रास्ते चलकर, अपूर्व को एक लाल रंग का, काठ का मकान दिखाई पड़ा। रात हो चुकी थी। निर्जन था। ऊपर की खुली खिड़की से बत्ती का प्रकाश आ रहा था। किसी के पूछने के लिए, वह उसी स्थान पर चुपचाप खड़ा हो गया; पर उसे निश्चय हो गया कि यहीं पर भारती रहती है।

पंद्रह मिनट बाद दो-तीन आदमी बाहर निकले और उसको देखकर एक ने पूछा, 'कौन है? किसे चाहते हैं?'

अपूर्व ने लज्जित होकर कहा, 'मिस जोसेफ नाम की कोई महिला यहाँ रहती हैं?'

वह बोला, 'अवश्य रहती हैं; आइए।'

अपूर्व को जाने की इच्छा न थी; पर उसे दुविधा में देख, वह आदमी बोला, 'आप कब से खड़े थे? आइए न, हम आपको पहुँचा दें!' यह कहकर वह आगे हो लिया।

'चलिए' कहकर उसका अनुसरण करता हुआ वह उस मकान के निचले कमरे में जा पहुँचा। कमरा काफी बड़ा था। ऊपर छत से एक बहुत बड़ी बत्ती लटक रही थी; कुछ टेबल-कुरसियाँ, एक काला बोर्ड और दीवारों पर सर्वत्र तरह-तरह के आकार और रंगवाले नक्शे टँगे हुए थे। यही नया स्कूल है—देखते ही अपूर्व पहचान गया। वहाँ चार-पाँच स्त्रियों-पुरुषों में किसी विषय पर बहस हो रही थी। सहसा एक अपरिचित पुरुष को प्रवेश करते देखकर सब चुप हो गए। अपूर्व ने एक बार उन लोगों की तरफ देखा, फिर जिसके साथ आया था, उसी के पीछे-पीछे ऊपर चढ़ गया। भारती कमरे में ही थी। अपूर्व को देखकर उसका मुँह उज्ज्वल हो उठा। कुरसी पर बैठाकर बोली, 'इतने दिनों तक मेरी खोज-खबर तो आपने खूब ली।'

अपूर्व बोला, 'आपने भी तो हम लोगों की कुछ खोज-खबर नहीं ली।' लेकिन यह उत्तर ठीक नहीं था, यह वह कहते ही समझ गया। भारती जरा हँस दी, बोली, 'तिवारी घर जाना चाहता है तो चला जाए। न जाने पर वह अच्छा भी न होगा।'

अपूर्व बोला, 'अर्थात् हम लोगों की खोज-खबर नहीं रखतीं, मेरा यह अभियोग गलत है?'

भारती फिर हँसकर बोली, 'परसों बारह बजने से पहले ही कोर्ट जाकर रुपया और चीजें वापस ले आइएगा। भूल न जाना!'

अपूर्व बोला, 'आपने भी तो हम लोगों की कुछ खोज-खबर नहीं ली।' लेकिन यह उत्तर ठीक नहीं था, यह वह कहते ही समझ गया। भारती जरा हँस दी, बोली, 'तिवारी घर जाना चाहता है तो चला जाए। न जाने पर वह अच्छा भी न होगा।'
अपूर्व बोला, 'अर्थात् हम लोगों की खोज-खबर नहीं रखतीं, मेरा यह अभियोग गलत है?' भारती फिर हँसकर बोली, 'परसों बारह बजने से पहले ही कोर्ट जाकर रुपया और चीजें वापस ले आइएगा। भूल न जाना!'

'लेकिन उस पर तो आपका हस्ताक्षर होना है।'

'मैं जानती हूँ' भारती बोली।

'आपके साथ तिवारी की मुलाकात नहीं हुई?'

भारती बोली, 'नहीं! लेकिन आप जाकर, व्यर्थ उस पर क्रोध न कीजिएगा।'

अपूर्व बोला, 'झूठ नहीं, सच्चा क्रोध करना उचित है।' अपने प्राण बचानेवाले के

प्रति, उसके मन में कुछ कृतज्ञता रहना उचित था।'

भारती बोली, 'वह तो है ही। नहीं तो वह मुझे जेल में भेजने की भी कम से कम चेष्टा करके देखता।'

अपूर्व इस संकेत को समझ गया। मुँह नीचा करके बोला, 'आप मेरे ऊपर भयंकर रूप से कुपित हैं।'

भारती बोली, 'कभी नहीं! सारा दिन स्कूल में बच्चों को पढ़ाकर, घर लौटाकर फिर समिति की सेक्रेटरी की हैसियत से असंख्य चिट्ठी-पत्रियाँ लिखकर, बिस्तर पर लेटते ही तो सो जाती हूँ; कुपित होने का समय मेरे पास नहीं है।'

अपूर्व बोला, 'ओह! कुपित होने तक का समय नहीं है?'

भारती ने कहा, 'कहाँ है? आप किसी दिन सबेरे से देखिए कि सच कहती हूँ या झूठ।'

अपूर्व के मुँह से, अलक्षित भाव से एक लंबी साँस निकल पड़ी। बोला, 'मुझे देखने की क्या आवश्यकता है?' फिर जरा रुककर बोला, 'स्कूल से आपको क्या वेतन मिलता है?'

भारती हँसी दबाकर बोली, 'आप भी खूब निकले! क्या वेतन की बात किसी से पूछने से उसका अपमान नहीं होता?'

अपूर्व क्षुब्ध कंठ से बोला, 'अपमान करने के लिए तो मैंने कहा नहीं! जब नौकरी ही कर रही हैं…'

भारती ने कहा, 'न करके, क्या सूखकर मर जाने को कहते हैं?'

भारती बोली, 'नहीं, मैं न करूँगी! आप उसके मालिक हैं; कभी काम में भूल हुई, तो लाठी लेकर द्वार पर आ खड़े होंगे।' अपूर्व ने उत्तर नहीं दिया। मन-ही-मन समझ लिया कि भारती ने केवल परिहास किया है। फिर बोला, 'मालूम हो रहा है कि आप लोगों का स्कूल शुरू हो गया। बच्चों ने पढ़ना शुरू कर दिया है।'

ऐसी नौकरी से तो सूखकर मरना ही अच्छा होता। हम लोगों के ऑफिस में एक जगह खाली है, वेतन एक सौ रुपया मिलेगा। शायद दो घंटे से अधिक काम न करना पड़ेगा!'

भारती बोली, 'आप मुझे वह काम करने को कहते हैं।'

अपूर्व बोला, 'क्या हर्ज है?'

भारती बोली, 'नहीं, मैं न करूँगी! आप उसके मालिक हैं; कभी काम में भूल हुई, तो लाठी लेकर द्वार पर आ खड़े होंगे।'

अपूर्व ने उत्तर नहीं दिया। मन-ही-मन समझ लिया कि भारती ने केवल परिहास

किया है। फिर बोला, 'मालूम हो रहा है कि आप लोगों का स्कूल शुरू हो गया। बच्चों ने पढ़ना शुरू कर दिया है।'

भारती बोली, 'ऐसा होता, तो कोलाहल का वेग कुछ कम रहता। जान पड़ता है कि उनके शिक्षकों ने विषय-निर्वाचन में मन लगाया है।'

'आप नहीं जाएँगी ?'

'जाना तो है; पर आपको छोड़कर जाने की इच्छा नहीं।' यह कहकर वह हँस पड़ी, पर अपूर्व के कान तक लाल हो उठे। दीवार पर सजे, कच्चे झाऊ के पत्तों से अंकित कुछ अक्षरों पर दृष्टिपात करके अपूर्व बोला, 'वहाँ पर वह क्या लिखा हुआ है ?'

'आप पढ़ सकते हैं।'

अपूर्व बोला, 'पथ के दावेदार' इसका क्या अर्थ है ?'

'यह हम लोगों की संस्था का नाम है। इस विद्यालय की संचालक भी यही है! आप इसके सदस्य बनेंगे ?'

'इसमें करना क्या होगा ?'

भारती बोली, 'हम सब राही हैं। मनुष्यत्व के मार्ग से मनुष्य के चलने के सब प्रकार के दावे स्वीकार करके, हम सभी बाधाओं को ठेलकर चलेंगे। हमारे बाद जो लोग आएँगे, वे ताकि बाधाओं से बचकर चल सकें, यही हमारी प्रतिज्ञा है! चलिएगा हमारे साथ ?'

भारती बोली, 'हम सब राही हैं। मनुष्यत्व के मार्ग से मनुष्य के चलने के सब प्रकार के दावे स्वीकार करके, हम सभी बाधाओं को ठेलकर चलेंगे। हमारे बाद जो लोग आएँगे, वे ताकि बाधाओं से बचकर चल सकें, यही हमारी प्रतिज्ञा है! चलिएगा हमारे साथ?'

'हम पराधीन राष्ट्र हैं भारती! स्टेशन की एक बेंच पर बैठने तक का हमें अधिकार नहीं है, अपमानित होने पर दावा करने का उपाय नहीं!' कहते-कहते उस दिन की समस्त लांछना, फिरंगी लड़कों के बूटों के आघात से लेकर, स्टेशन-मास्टर द्वारा बाहर निकाले जाने तक की सभी अपमानजनक बातों का स्मरण करके, उसके दोनों नेत्र चमक उठे; बोला, 'हमारे बैठने से बैंच अपवित्र हो जाती है, हमारे रहने से मकान की हवा बिगड़ जाती है, जैसे हम मनुष्य ही नहीं हैं! जैसे हमारे शरीर में मनुष्य के प्राण, मनुष्य का रक्त-मांस ही नहीं है! यदि आप लोगों की यही साधना हो, तो मैं आप लोगों के दल में हूँ।'

'आप क्या मनुष्य की पीड़ा का कुछ पता पा सकते हैं अपूर्व बाबू! क्या वास्तव में मनुष्य के छूने में मनुष्य को आपत्ति करने की कोई बात नहीं है ? उसके शरीर की हवा लगने से, दूसरे के मकान की हवा क्या गंदी नहीं हो जाती ?'

अपूर्व तीव्र कंठ से बोला, 'अवश्य ही नहीं! मनुष्य के चमड़े का वर्ण, उसकी

मनुष्यता का मापदंड नहीं है। किसी विशेष देश में जन्म लेना, उसका कोई अपराध नहीं। क्षमा करना, आपके पिता ईसाई थे, इसलिए न्यायालय ने मेरे ऊपर बीस रुपया जुरमाना किया। यह कहाँ का न्याय है ? आज जान लें कि इसी कारण एक दिन हमारा सर्वनाश होगा। मनुष्य को अकारण छोटा समझना यह घृणा-द्वेष, यह अपराध भगवान् कभी भी सहन न करेंगे!'

भारती चुपचाप बैठी हुई थी। उसकी बातें समाप्त होते ही, उसने मुसकराकर अपना मुँह दूसरी ओर कर लिया। अपूर्व चौंक उठा, उसके मुँह पर मानो किसी ने कसकर थप्पड़ मार दिया हो। भारती के किसी प्रश्न पर अब तक उसने ध्यान नहीं दिया था; लेकिन अब वे अग्निशिखा की भाँति, उसके दिमाग में सनसनाते हुए चक्कर काटकर, उसको एकदम ही वाक्यहीन कर गए।

अपूर्व तीव्र कंठ से बोला, 'अवश्य ही नहीं! मनुष्य के चमड़े का वर्ण, उसकी मनुष्यता का मापदंड नहीं है। किसी विशेष देश में जन्म लेना, उसका कोई अपराध नहीं। क्षमा करना, आपके पिता ईसाई थे, इसलिए न्यायालय ने मेरे ऊपर बीस रुपया जुरमाना किया। यह कहाँ का न्याय है? आज जान लें कि इसी कारण एक दिन हमारा सर्वनाश होगा। मनुष्य को अकारण छोटा समझना यह घृणा-द्वेष, यह अपराध भगवान् कभी भी सहन न करेंगे!'

कुछ क्षण बाद जब भारती ने निहारा, तो उसके अधरों पर हँसी नहीं थी; बोली, 'आज शनिवार को हमारा स्कूल बंद है; लेकिन समिति का काम होगा। चलिए न, नीचे चलकर आपको डॉक्टर साहब से परिचित कराकर 'पथ के दावेदार' का सदस्य बनवा दूँ।'

'क्या वे अध्यक्ष हैं ?'

'अध्यक्ष! नहीं, वे हम लोगों की जड़ हैं, जमीन के भीतर रहते हैं। उनका कार्य नेत्रों से नहीं दिखाई पड़ता।'

'क्या इस सभा के सभी सदस्य ईसाई हैं ?'

'नहीं, मेरे अतिरिक्त और सभी हिंदू हैं।'

'लेकिन महिलाओं की बोली भी तो सुन रहा हूँ।'

'वे सब हिंदू हैं।'

अपूर्व बोला, 'संभवत: वे लोग जाति-भेद अर्थात् खाने-पीने और छूतछात का विचार नहीं करते होंगे ?'

भारती ने कहा, 'नहीं।' इसके बाद हँसती हुई बोली, 'लेकिन यदि कोई यह सब माने, तो उसके मुँह में हम लोग कोई खाद्य-पदार्थ बलपूर्वक ठूँस भी नहीं देते। मनुष्य

की व्यक्तिगत मान्यता का हम सम्मान करते हैं। आपको कोई भय नहीं है।'

'भय किस बात का है ? लेकिन हमारी तरह शिक्षित महिलाएँ भी संभवत: आपके दल में हैं ?'

'मेरी तरह ?' कहकर फिर बोली, 'हमारी जो अध्यक्षा हैं, उनका नाम सुमित्रा है। वे अकेली ही संपूर्ण पृथ्वी का भ्रमण करके आई हैं। डॉक्टर के अतिरिक्त उन जैसी विदुषी संभवत: इस देश में कोई नहीं है!'

'और जिन्हें आप डॉक्टर कह रही हैं, वे ?'

'डॉक्टर ?' श्रद्धा और भक्ति से भारती के दोनों नेत्र मानो आँसू से भर उठे; बोली, 'उसकी बात रहने दें अपूर्व बाबू! परिचय देने लगूँगी, तो उनको छोटा बना डालूँगी!'

'डॉक्टर?' श्रद्धा और भक्ति से भारती के दोनों नेत्र मानो आँसू से भर उठे; बोली, 'उसकी बात रहने दें अपूर्व बाबू! परिचय देने लगूँगी, तो उनको छोटा बना डालूँगी!'
अपूर्व चुप रहा। देश-प्रेम का पागलपन तो उसके रक्त में वर्तमान ही था; पथ के दावेदार का विचित्र नाम, उसको अपनी ओर खींचने लगा।

अपूर्व चुप रहा। देश-प्रेम का पागलपन तो उसके रक्त में वर्तमान ही था; पथ के दावेदार का विचित्र नाम, उसको अपनी ओर खींचने लगा। उसके साथ घनिष्ठ मिलन का लोभ रोक रखना कठिन है; लेकिन फिर भी मानो एक प्रकार की विजातीय, धर्महीन, अस्वास्थ्यकर वाष्प नीचे से उठकर, उसके मन को धीरे-धीरे ग्लानि से भरने लगी।

कलरव बढ़ रहा था; भारती बोली, 'चलिए, नीचे चलें।'

अपूर्व बोला, 'चलिए⋯।'

दोनों नीचे पहुँचे, तो भारती ने उसको बेंत के सोफे पर बैठने को कहकर, स्थानाभाव के कारण स्वयं भी उसके पास ही बैठ गई।

ऐसा अद्‌भुत आचरण भारती ने इसके पहले कभी नहीं किया था। अपूर्व लज्जा अनुभव करने लगा; लेकिन यहाँ इन मामलों में आक्षेप करने का किसी को अवसर ही नहीं था।

अपूर्व के वहाँ पहुँचने पर, एक व्यक्ति उसे एकटक देखता रह गया। वह कुछ लिख रहा था।

अपूर्व ने गिनकर देखा, छह महिलाएँ और आठ पुरुष एक साथ मिलकर इस आयोजना को चला रहे हैं। ये लोग सभी अपरिचित हैं; केवल एक आदमी को अपूर्व देखते ही पहचान गया। वेश-भूषा में कुछ परिवर्तन अवश्य हो गया था; लेकिन इसी व्यक्ति को उसने, कुछ दिन पहले मिक्थिला स्टेशन पर, टिकट न होने के अपराध में

पुलिस के हाथ में पड़ने से बचाया था और जो यथाशीघ्र रुपया वापस करने को वचनबद्ध हुआ था। उस मनुष्य ने दृष्टि दौड़ाकर देखा; लेकिन शराब के नशे में जिसके सामने हाथ पसारकर उपकार ग्रहण किया था, शराब पीते समय उसका स्मरण तक भी उन्हें न हो सका, लेकिन इस बात के लिए नहीं, भारती के संबंध में सोचकर, इसके हृदय में पीड़ा की कसक उठी कि वह ऐसे लोगों के बीच कैसे आ पड़ी?'

सामने खड़ी एक महिला की ओर संकेत करके, भारती ने कहा, 'ये हमारी अध्यक्षा हैं, सुमित्रा देवी।'

कहने की आवश्यकता नहीं थी। अपूर्व ने पहले ही पहचान लिया था। अवस्था तीस के लगभग होगी; लेकिन जान पड़ता है, जैसे कहीं की राज-रानी है। शरीर का रंग तपे हुए सोने की भाँति है, दक्षिणी ढंग से सिर के बाल ढीले बाँधे हुए हैं, कलाई में दो-चार सोने की चूड़ियाँ हैं, गले के पास सोने के हार का कुछ भाग चमक रहा है, कानों में हरे पत्थर के बने झुमके पर प्रकाश पड़ जाने के कारण, मानो साँप की आँख-सी प्रतीत होती है, यही तो चाहिए, ललाट, चिबुक, नाक, आँख, अधर, कहीं भी मानो कोई कमी नहीं है। यह इतना आश्चर्यजनक सौंदर्य! काले बोर्ड पर एक हाथ रखकर वे खड़ी थीं। साहबी पोशाकवाले सज्जन के प्रत्युत्तर में, इस बार वे बोलने लगीं, 'यही तो! इसी को नारी का कंठ-स्वर कहते हैं।' सुमित्रा ने कहा, 'मनोहर बाबू, आप नौसिखिए वकील नहीं हैं; आपका तर्क असंबद्ध हो जाने पर मैं इसकी मीमांसा कर सकूँगी।'

मनोहर बाबू बोले, 'असंबद्ध तर्क करना मेरा व्यवसाय भी नहीं है।' सुमित्रा हँसते हुए बोली, 'यही मुझे भी आशा है! बहुत अच्छा! आपके वक्तव्य को छोटा कर देने पर यह स्वरूप खड़ा होता है कि आप नवतारा के पति के मित्र हैं। वे बलपूर्वक उसे वापस ले जाना चाहते हैं, लेकिन स्त्री, गृहस्थी चलाने की इच्छा न रखकर, देश का काम करना चाहती है, इसमें तो कोई अन्याय नहीं!'

मनोहर बाबू बोले, 'असंबद्ध तर्क करना मेरा व्यवसाय भी नहीं है।'

सुमित्रा हँसते हुए बोली, 'यही मुझे भी आशा है! बहुत अच्छा! आपके वक्तव्य को छोटा कर देने पर यह स्वरूप खड़ा होता है कि आप नवतारा के पति के मित्र हैं। वे बलपूर्वक उसे वापस ले जाना चाहते हैं, लेकिन स्त्री, गृहस्थी चलाने की इच्छा न रखकर, देश का काम करना चाहती है, इसमें तो कोई अन्याय नहीं!'

'लेकिन पति के प्रति भी तो स्त्री का कुछ कर्तव्य है! देश का काम करूँगी, कहने से तो इसका निर्वाह नहीं हो जाता।'

सुमित्रा बोली, 'मनोहर बाबू, नवतारा के पति का अपनी स्त्री के प्रति जो कर्तव्य था, उसको क्या उन्होंने किसी दिन निभाया, वह सब जानते हैं। कर्तव्य का भार तो दोनों ओर समान ही रहता है।'

मनोहर बाबू क्रोधित होकर बोले, 'लेकिन क्या इसीलिए स्त्री को कुलटा हो जाना चाहिए? ऐसी भी कोई युक्ति नहीं। इस दल में सम्मिलित रहकर, वे सतीत्व सुरक्षित रखकर देश की सेवा कर सकेंगी, यह तो किसी प्रकार भी संभव नहीं।'

सुमित्रा का मुख जरा लाल होकर, फिर उसी समय शांत हो गया। बोली, 'जोर देकर कुछ भी नहीं कहना चाहिए! लेकिन हम देख रहे हैं कि नवतारा में हृदय है, प्राण है, साहस है और सबसे बड़ा धर्मज्ञान है। देश-सेवा में, हम इसी को यथेष्ट मानते हैं, लेकिन आप जिसको सतीत्व कहते हैं, उसकी रक्षा करने की उनको सुविधा मिलेगी या नहीं, यह तो वे ही जानती हैं।'

सुमित्रा का मुख जरा लाल होकर, फिर उसी समय शांत हो गया। बोली, 'जोर देकर कुछ भी नहीं कहना चाहिए! लेकिन हम देख रहे हैं कि नवतारा में हृदय है, प्राण है, साहस है और सबसे बड़ा धर्मज्ञान है। देश-सेवा में, हम इसी को यथेष्ट मानते हैं, लेकिन आप जिसको सतीत्व कहते हैं, उसकी रक्षा करने की उनको सुविधा मिलेगी या नहीं, यह तो वे ही जानती हैं।'

नवतारा के मुख की ओर एक बार देखकर, मनोहर व्यंग्य से बोले, 'बहुत अच्छा धर्मज्ञान है! तो देश के काम में, संभवत: वे यही शिक्षा देश की महिलाओं को भी देती फिरेंगी।'

सुमित्रा बोली, 'उसके उत्तरदायित्व पर हमें विश्वास है। व्यक्ति विशेष के चरित्र की आलोचना, हमारे नियमों के विरुद्ध है। जिस पति को वह प्यार न कर सकीं और इस महान् कार्य के लिए जिनको छोड़कर आना उन्होंने अन्याय न समझा, वही शिक्षा यदि वे देश की महिलाओं को दें, तो हमें उसमें आपत्ति नहीं होती।'

'हमारे इस सीता-सावित्री के देश में क्या आप इसी प्रकार की शिक्षा देंगी स्त्रियों को?'

सुमित्रा बोली, 'देना तो उचित है। महिलाओं के सम्मुख केवल अर्थहीन वाक्य उच्चारण न करके, यदि नवतारा कहें कि देश में, एक दिन सीताजी आत्मसम्मान की रक्षा के लिए, पति को छोड़कर पाताल में चली गई थीं और राजकन्या सावित्री ने दरिद्र सत्यवान को विवाह के पूर्व इतना प्यार किया था कि अत्यंत अल्पायु जानते हुए भी, उनको विवाह करने में उन्हें हिचक नहीं हुई और मैं स्वयं भी उस दुष्ट पति को प्यार न कर सकी, उसे छोड़कर आई हूँ; अतएव मेरी तरह की अवस्था में, तुम लोग भी वही

करो, इस शिक्षा से तो देश की महिलाओं की भलाई ही होगी मनोहर बाबू!'

मनोहर बाबू का होंठ क्रोध से काँपने लगा। पहले तो उनके मुख से कोई बात नहीं निकली। उसके बाद बोले, 'ऐसा होने पर देश नष्ट हो जाएगा। आप लोगों की जो इच्छा हो, वही कीजिए; लेकिन दूसरों को ऐसी शिक्षा मत दीजिए। यूरोप की सभ्यता की हवा लगने से यथेष्ट क्षति हुई है; लेकिन महिलाओं में उसका प्रचार करके समूचे भारतवर्ष को अब रसातल में मत भेजिए।'

सुमित्रा के मुँह पर, विरक्ति और क्लांति मानो एक ही साथ फूट उठीं। बोली, 'रसातल से बचाने का यदि कोई मार्ग है, तो यही है, लेकिन यूरोपीय सभ्यता के संबंध में आपको विशेष ज्ञान नहीं है। इसलिए, इस विषय को लेकर तर्क करने से केवल समय ही नष्ट होगा। बहुत समय बीत गया; हम लोगों को और भी बहुत से काम करने हैं!'

मनोहर बाबू का होंठ क्रोध से काँपने लगा। पहले तो उनके मुख से कोई बात नहीं निकली। उसके बाद बोले, 'ऐसा होने पर देश नष्ट हो जाएगा। आप लोगों की जो इच्छा हो, वही कीजिए; लेकिन दूसरों को ऐसी शिक्षा मत दीजिए। यूरोप की सभ्यता की हवा लगने से यथेष्ट क्षति हुई है; लेकिन महिलाओं में उसका प्रचार करके समूचे भारतवर्ष को अब रसातल में मत भेजिए।'

मनोहर बाबू ने यथासंभव अपना क्रोध दबाकर कहा, 'मेरे पास भी समय अधिक नहीं है। तब तो नवतारा न जाएँगी?'

नवतारा सिर झुकाकर बोल, 'नहीं!'

मनोहर ने सुमित्रा से कहा, 'इसका दायित्व तब आप पर ही है।'

नवतारा बोली, 'मेरा दायित्व स्वयं मुझी पर है; आपको चिंता करने की आवश्यकता नहीं!'

मनोहर ने वक्र दृष्टि से उसकी ओर देखकर सुमित्रा से ही पूछा, 'पति-गृह में विवाहिता जीवन से बढ़कर गौरव की वस्तु नारी के लिए और भी कुछ है क्या?'

'दूसरों की बात जो भी हो; लेकिन नवतारा का पति के घर रहकर जीवन बिताना, कोई गौरव का जीवन नहीं।'

इस उत्तर पर, मनोहर फिर अपने को न रोक सके। क्रोध से पूछ बैठे—'लेकिन घर से बाहर रहकर जो यह व्यभिचारपूर्ण जीवन बिताएँगी, उसको संभवत: आप गौरव का जीवन कहेंगी!'

इतने बड़े विद्रूप से भी, किसी के मुँह पर कोई चंचलता प्रकट नहीं हुई। सुमित्रा ने शांत स्वर में कहा, 'हम लोगों की समिति में संक्षेप में बातचीत करने का नियम है। यह आप न भूलें।'

'और यदि यह नियम, मैं न मान सकूँ, तो?'

'तो हमें आपको बाहर निकालना पड़ेगा।'

मनोहर बाबू पागल हो उठे। एकदम सीधे खड़े होकर बोले, 'अच्छा, मैं जाता हूँ। गुडबाई!' यह कहकर, वह दरवाजे के पास आकर क्रोध में पागल होकर बोले, मैं तुम लोगों का सारा हाल जानता हूँ! तुम लोग अंग्रेजी राज्य समाप्त करोगी, मन में यह खयाल भी मत लाना! मैं एडवोकेट हूँ। कहाँ विचार मिलता है, कहाँ तुम लोगों के हाथों में हथकड़ी पहनाई जाती है, यह सब मैं भलीभाँति जानता हूँ! अच्छा··· ।' यह कहकर वे चले गए।

मनोहर बाबू पागल हो उठे। एकदम सीधे खड़े होकर बोले, 'अच्छा, मैं जाता हूँ। गुडबाई!' यह कहकर, वह दरवाजे के पास आकर क्रोध में पागल होकर बोले, मैं तुम लोगों का सारा हाल जानता हूँ! तुम लोग अंग्रेजी राज्य समाप्त करोगी, मन में यह खयाल भी मत लाना! मैं एडवोकेट हूँ। कहाँ विचार मिलता है, कहाँ तुम लोगों के हाथों में हथकड़ी पहनाई जाती है, यह सब मैं भलीभाँति जानता हूँ! अच्छा··· ।' यह कहकर वे चले गए।

एकाएक यह कौन सा कांड हो गया है। यद्यपि किसी ने भी उत्तेजना नहीं दिखाई, तो भी सभी के मुख पर, मानो एक प्रकार की छाया पड़ गई। केवल जो मनुष्य कोने में बैठकर लिख रहा था, उसने एक बार भी नेत्र उठाकर नहीं देखा। अपूर्व ने सोचा कि या तो वह पूरा बहरा है अथवा एकदम पत्थर की भाँति निर्विकार है। मनोहर ने इस समिति के विरुद्ध जो बातें कहीं, वे अत्यंत ही संदेहपूर्ण हैं। इतनी संख्या में आश्चर्यमय नारियों ने कहाँ से आकर यह समिति कायम की; उनका उद्देश्य क्या है? एकाएक भारती को भी कैसे इसका पता लगा? और वह मनुष्य, जो टिकट के बदले में मदिरा खरीदकर पी लेने पर, उसके सामने ही पकड़ा गया था और सबसे बढ़कर यह नवतारा, पति को छोड़कर देश का काम करने आई है, सतीत्व-रक्षा की बात पर सोचने के लिए, जिसके पास समय नहीं है, फिर भी ये सब लोग इतने बड़े अन्याय को केवल समर्थन ही नहीं, वरन् जी-जान से प्रश्रय दे रहे हैं और जो इस दल की अध्यक्षा हैं, उन्होंने स्वयं स्त्री होते हुए भी, खुली सभा में इतने पुरुषों के सामने, सती-धर्म के प्रति अपनी गहरी अवज्ञा, निःसंकोच प्रकट करने में लज्जा न की।

कुछ क्षण तक समूचा कमरा निस्तब्ध हो रहा। बाहर अँधेरा था। राजपथ जगहीन तथा नीरव था। एक प्रकार की उद्विग्न आशंका से अपूर्व का मन मानो भारी हो उठा।

एकाएक सुमित्रा बोल उठी, 'अपूर्व बाबू!'

अपूर्व ने चकित होकर मुँह ऊपर उठाकर देखा।

सुमित्रा ने कहा, 'आप हम लोगों को नहीं पहचानते; पर भारती के द्वारा आपको

हम सभी जानते हैं! सुना है, आप हमारी समिति के सदस्य बनना चाहते हैं। क्या यह सत्य है ?'

अपूर्व ने गरदन हिलाकर सम्मति प्रकट की; नहीं न कर सका। जो मनुष्य एकाग्रचित्त से लिख रहा था, उसको लक्ष्य करके वे बोलीं, 'अपूर्व बाबू का नाम लिख लीजिएगा!' फिर हँसकर अपूर्व से कहा, 'हमारे यहाँ किसी प्रकार का चंदा नहीं लिया जाता, रुपया-पैसा नहीं देना पड़ता, हमारी समिति की यही विशेषता है।'

प्रत्युत्तर में अपूर्व ने स्वयं भी कुछ हँसने की चेष्टा की; पर हँस न सका। एक मोटे जिल्दवाले रजिस्टर में सचमुच ही उसका नाम लिखा गया है, देखकर, वह और चुप न रह सकने के कारण बोल उठा, 'लेकिन उद्देश्य क्या है, मुझे क्या करना पड़ेगा, यह तो मैं कुछ भी नहीं जानता।'

'भारती ने आपको बताया भी नहीं ?'

अपूर्व बोला, 'कुछ तो बताया है; लेकिन एक बात मैं आपसे पूछता हूँ। नवतारा के आचरण को आप क्या वास्तव में अनुचित नहीं समझतीं ?'

सुमित्रा बोली, 'कम से कम मैं नहीं समझती; क्योंकि देश से बढ़कर, मेरे लिए दूसरी कोई वस्तु नहीं।'

अपूर्व श्रद्धा के साथ बोला, 'देश को मैं भी हृदय से प्यार करता हूँ और देश की सेवा करने का अधिकार, स्त्री-पुरुष को समान है; लेकिन इनके कर्मक्षेत्र भी तो एक नहीं हैं। पुरुष बाहर काम करेंगे; लेकिन नारी तो घर में, पति-पुत्र की सेवा करके ही सार्थक होंगी। उनके सत्य-कल्याण से देश का जितना बड़ा काम होगा, बाहर पुरुषों के साथ खड़ी होने से तो उतना काम हो न सकेगा।'

प्रत्युत्तर में अपूर्व ने स्वयं भी कुछ हँसने की चेष्टा की; पर हँस न सका। एक मोटे जिल्दवाले रजिस्टर में सचमुच ही उसका नाम लिखा गया है, देखकर, वह और चुप न रह सकने के कारण बोल उठा, 'लेकिन उद्देश्य क्या है, मुझे क्या करना पड़ेगा, यह तो मैं कुछ भी नहीं जानता।' 'भारती ने आपको बताया भी नहीं ?' अपूर्व बोला, 'कुछ तो बताया है; लेकिन एक बात मैं आपसे पूछता हूँ। नवतारा के आचरण को आप क्या वास्तव में अनुचित नहीं समझतीं ?'

सुमित्रा हँस पड़ी। अपूर्व ने देखा, मानो सभी ने उसकी ओर देखकर मुँह दबाकर हँसी छिपा ली। सुमित्रा बोली, 'अपूर्व बाबू, यह बात बहुत पुरानी और अनेक लोगों के मुँह निकली हुई है; लेकिन कोई बात बहुत दिनों से, बहुत लोगों के कहते रहने से ही सत्य नहीं हो जाती। यह छल की बात है। जिन लोगों ने कभी देश का कार्य नहीं किया है, यह उनकी ही बात है। आप स्वयं जब काम में लग जाएँगे, तभी इस सत्य को समझ

सकेंगे कि जिनको आप नारी का बाहर आना कह रहे हैं, जब वह होगा, तभी देश का काम होगा; नहीं तो पुरुषों की भीड़ में, सूखी बालू की भाँति सब झर पड़ेगा, किसी दिन वह जम नहीं पाएगा।'

अपूर्व लज्जित सा होकर बोला, 'लेकिन इससे क्या चरित्र कलुषित होने का भय न रहेगा?'

सुमित्रा बोली, 'क्या घरों में रहकर भय कम रहता है? वह बाहर आने का दोष नहीं, दोष विधाता का है, जिन्होंने नारी का सृजन किया है, उसमें अनुराग का आकर्षण दिया है। जरा सहानुभूतिपूर्वक पृथ्वी के अन्य देशों की ओर गौर से देखिए तो।'

सुमित्रा उसके मुँह की ओर देखकर मधुर कंठ से बोली, 'अपूर्व बाबू, आप क्रोध में आकर विचार कर रहे हैं। नहीं तो यह भाव मेरा नहीं है; पर आदि से अंत तक आपने गलत ही समझा है, यह बात भी नहीं है। जिस समाज में केवल पुरुष द्वारा ही भार्याग्रहण का विधान है, नारी होकर, मैं उसे श्रद्धा नहीं कर सकती! आप सतीत्व के गौरव की बड़ाई कर रहे थे, पर जिस देश में ऐसी ही विवाह-व्यवस्था है, उस देश में वह वस्तु बहुत बड़ी नहीं होती, छोटी ही होती है। सतीत्व केवल शरीर में ही निहित नहीं, मन में होना आवश्यक है।

यह सुनकर अपूर्व प्रसन्न न हो सका; तीखे स्वर से बोला, 'अन्य देशों की बात अन्य देश ही सोचें; मैं अपने देश की चिंता कर सकूँ, यही काफी है। क्षमा करना, एक बात पर ध्यान दिए बिना मैं नहीं रह सकता—विवाहित जीवन के प्रति संभवतः आप लोगों की आस्था नहीं है; यहाँ तक कि सतीत्व, पतिव्रत-धर्म को भी आप लोग अवहेलना की दृष्टि से देखती हैं। इसी से क्या देश का कल्याण होगा?'

सुमित्रा उसके मुँह की ओर देखकर मधुर कंठ से बोली, 'अपूर्व बाबू, आप क्रोध में आकर विचार कर रहे हैं। नहीं तो यह भाव मेरा नहीं है; पर आदि से अंत तक आपने गलत ही समझा है, यह बात भी नहीं है। जिस समाज में केवल पुरुष द्वारा ही भार्याग्रहण का विधान है, नारी होकर, मैं उसे श्रद्धा नहीं कर सकती! आप सतीत्व के गौरव की बड़ाई कर रहे थे, पर जिस देश में ऐसी ही विवाह-व्यवस्था है, उस देश में वह वस्तु बहुत बड़ी नहीं होती, छोटी ही होती है। सतीत्व केवल शरीर में ही निहित नहीं, मन में होना आवश्यक है। शरीर तथा मन, दोनों से प्यार न कर सकने पर तो उसे ऊँचे स्तर पर नहीं पहुँचाया जा सकता। क्या आप वास्तव में ऐसा ही समझते हैं कि मंत्र पढ़कर ब्याह कर देने से कोई लड़की किसी भी पुरुष को प्यार कर सकती है?'

अपूर्व बोला, 'लेकिन चिरकाल से कार्य चल तो रहा ही है?'

सुमित्रा हँसकर बोली, 'अवश्य चल रहा है। पत्र में प्राणाधिक पति कहकर संबोधित करने में भी तो कोई रुकावट नहीं पड़ती; कर्तव्य-बोध के कारण, श्रद्धा-भक्ति में भी तो कोई बाधा नहीं पड़ती; वास्तव में घर-गृहस्थी के काम में, इससे अधिक की उसे आवश्यकता ही नहीं पड़ती। आपने तो कहानी पढ़ी होगी—किसी मुनि के लड़के के दिन, दूध के स्थान पर चावल का धोवन पीकर ही सुख से बीतते थे; लेकिन सुख जैसा भी क्यों न हो, जो नहीं है, उसको वही कहकर गर्व तो नहीं किया जा सकता!'

यह आलोचना अपूर्व को बड़ी कटु लगी; लेकिन उत्तर न दे पाकर बोला, 'क्या आप यही कहना चाहती हैं कि इससे अधिक किसी के भाग्य में और कुछ मिलता ही नहीं?'

सुमित्रा बोली, 'नहीं; क्योंकि संसार में भाग्य नामक एक शब्द भी तो है!'

अपूर्व बोला, 'भाग्य! लेकिन यदि आपकी बात सच भी हो, तो भी मैं कहता हूँ कि आनेवाली पीढ़ियों के कल्याण के लिए, हम लोगों की यह व्यवस्था उचित है।'

सुमित्रा बोली, 'नहीं, अपूर्व बाबू! किसी का इससे कल्याण न होगा। समाज और वंश के नाम पर, किसी समय व्यक्ति की बलि चढ़ाई जाती थी, लेकिन उसका फल अच्छा नहीं हुआ, आज वह चेतनाहीन है। प्रेम और प्यार का सबसे अधिक प्रयोजन, यदि भावी वंशजों के लिए न रहता, तो ऐसे भयंकर स्नेह की व्यवस्था उसके बीच में स्थान न पाती। इस अर्थहीन विवाहित जीवन का मोह, नारी को त्याग देना ही पड़ेगा। उसको समझना ही होगा कि इसमें उसकी लज्जा ही है, गौरव की बात नहीं!'

सुमित्रा बोली, 'नहीं, अपूर्व बाबू! किसी का इससे कल्याण न होगा। समाज और वंश के नाम पर, किसी समय व्यक्ति की बलि चढ़ाई जाती थी, लेकिन उसका फल अच्छा नहीं हुआ, आज वह चेतनाहीन है। प्रेम और प्यार का सबसे अधिक प्रयोजन, यदि भावी वंशजों के लिए न रहता, तो ऐसे भयंकर स्नेह की व्यवस्था उसके बीच में स्थान न पाती। इस अर्थहीन विवाहित जीवन का मोह, नारी को त्याग देना ही पड़ेगा। उसको समझना ही होगा कि इसमें उसकी लज्जा ही है, गौरव की बात नहीं!'

अपूर्व बोला, 'लेकिन विचारकर देख लीजिए, आप लोगों की इन सब शिक्षाओं से, हम लोगों के सुगठित समाज में अशांति और विप्लव ही बढ़ेगा!'

सुमित्रा बोली, 'भले ही बढ़े। अशांति और विप्लव का अर्थ तो विनाश नहीं होता अपूर्व बाबू! जो रुग्ण, जीर्ण और ग्रस्त है, केवल वही सतर्कता से अपने को अलग रखना चाहता है, जिससे किसी ओर से, उसके शरीर में कहीं धक्का न लगे। यदि समाज की ऐसी ही दशा हो गई हो, तो एक प्रकार से सबकुछ समाप्त हो जाए तो क्या हानि है?'

इस बात का अपूर्व ने फिर कोई उत्तर नहीं दिया। सुमित्रा स्वयं पलभर मौन रहकर बोली, 'ऋषि-पुत्र की उपमा देकर संभवतः मैंने आपके मन में व्यथा पहुँचाई है; लेकिन जो व्यथा आपके लिए आनेवाली थी, उससे मैं आपको बचा भी कैसे सकती थी?'

इसके अंत की बात को समझते हुए अपूर्व बोला, 'जगन्नाथजी के मार्ग में खड़े होकर, क्रितान मिशनरी लोग यात्रियों को बहुत सताते हैं। इस पर भी उस लूले मास्टरजी को छोड़कर, कोई उस हाथवाले ईसा प्रभु को नहीं पूजता। लूले से ही उन लोगों का काम चल जाता है, यही आश्चर्य की बात है!'

इस बात का अपूर्व ने फिर कोई उत्तर नहीं दिया। सुमित्रा स्वयं पलभर मौन रहकर बोली, 'ऋषि-पुत्र की उपमा देकर संभवतः मैंने आपके मन में व्यथा पहुँचाई है; लेकिन जो व्यथा आपके लिए आनेवाली थी, उससे मैं आपको बचा भी कैसे सकती थी?'

'संसार में आश्चर्य है, इसीलिए तो मनुष्य का बचना असंभव नहीं हो जाता अपूर्व बाबू! पेड़ की पत्ती का रंग सभी हरा नहीं देखते, इसे वे सजाते भी नहीं! फिर भी मनुष्य उसे हरा ही कहते हैं। संसार में क्या यह कम आश्चर्य की बात है? सतीत्व का मूल्य जान लेने से क्या''' ?'

जो मनुष्य मौन रहकर इतनी देर तक लिख रहा था, वह उठ खड़ा हुआ। सभी लोग साथ ही उठ खड़े हुए।

अपूर्व ने देखा—गिरीश महापात्र!

भारती ने उसके कान में कहा, 'ये ही हमारे डॉक्टर साहब हैं। उठकर खड़े हो जाइए।'

कल-पुर्जे की पुतली की भाँति अपूर्व उठकर खड़ा हो गया; लेकिन क्रोधित मनोहर की अंतिम बातें पल मात्र में उसे स्मरण पड़ जाने से उसके शरीर का रक्त मानो ठंडा पड़ने लगा।

गिरीश ने उसके निकट आकर कहा, 'मुझको संभवतः आप भूल नहीं गए हैं! मुझे ये सभी लोग डॉक्टर कहते हैं।' यह कहकर वह हँस पड़े।

अपूर्व हँस न सका; लेकिन धीरे-धीरे बोला, 'मेरे चाचाजी के रजिस्टर में, आपका कोई एक भयानक नाम लिखा हुआ है।'

गिरीश ने एकाएक उसके दोनों हाथ अपने हाथ में लेकर, धीरे से कहा, 'सव्यसाची ही न?' फिर हँसते हुए बोले, 'लेकिन अब रात हो गई, अपूर्व बाबू! चलिए, आपको कुछ दूर तक पहुँचा आऊँ! मार्ग कोई बहुत अच्छा नहीं है। पठान मजदूर जब शराब पी लेते हैं, तब मानो उनको कहीं भी सुध-बुध नहीं रहती। चलिए!' यह कहकर, मानो एक प्रकार से बलपूर्वक ही उसको वे कमरे से बाहर निकाल लाए।

उसे सुमित्रा को नमस्कार करने का भी अवसर नहीं मिला, भारती से एक भी बात नहीं कह सका; लेकिन जिस बात से उसके हृदय में धक्का लगा, वह था उसके चाचा का रजिस्टर, जिसमें वह बागी नाम लिखा हुआ था।

ग्यारह

थोड़ी दूर आगे बढ़कर, अपूर्व ने सौजन्यपूर्वक कहा, 'आपका शरीर इतना अस्वस्थ और दुर्बल है कि इस अवस्था में और आगे चलने की आवश्यकता नहीं है। यही मार्ग तो सीधे जाकर बड़े मार्ग में मिल गया है। मैं संभवतः चला जाऊँगा।'

तनिक मुसकराकर डॉक्टर ने कहा, 'संभवतः जाने से ही क्या चला जाया जा सकता है अपूर्व बाबू? संध्या को यह मार्ग सीधा था; लेकिन रात को पठान-हब्शी लोग इसे टेढ़ा बना देते हैं। चले चलिए।'

'ये लोग क्या करते हैं, मारपीट?'

डॉक्टर बोले, 'शराब का अपना व्यय दूसरे के कंधे पर लादने के लिए वे लोग ऐसा करते हैं। जैसे यह सोने की घड़ी आपकी है। दूसरे की जेब में इसके जाते समय आपत्ति उठने की संभावना है। ठीक है न?'

अपूर्व घबराकर बोला, 'लेकिन यह तो मेरे पिताजी की है।'

डॉक्टर बोले, 'लेकिन यह बात तो वे लोग समझना ही नहीं चाहते; लेकिन आज उन्हें समझना ही होगा।'

'यानी?'

'यानी, आज इसके बदले किसी को मदिरा पीने की सुविधा न मिल पाएगी।'

अपूर्व शक्ति स्वर से बोला, 'न हो चलिए, किसी दूसरे मार्ग से घूमकर चला जाए।'

'ये लोग क्या करते हैं, मारपीट?'
डॉक्टर बोले, 'शराब का अपना व्यय दूसरे के कंधे पर लादने के लिए वे लोग ऐसा करते हैं। जैसे यह सोने की घड़ी आपकी है। दूसरे की जेब में इसके जाते समय आपत्ति उठने की संभावना है। ठीक है न?'
अपूर्व घबराकर बोला, 'लेकिन यह तो मेरे पिताजी की है।'
डॉक्टर बोले, 'लेकिन यह बात तो वे लोग समझना ही नहीं चाहते; लेकिन आज उन्हें समझना ही होगा।'

डॉक्टर खिलखिलाकर हँस पड़े। उनकी हँसी स्त्रियों की तरह स्निग्ध तथा कौतुकपूर्ण थी। बोले, 'घूमकर? इस आधी रात को? नहीं, नहीं, इसकी आवश्यकता नहीं। चलिए!' यह कहकर, उस जीर्ण हाथ से अपूर्व का दाहिना हाथ थामकर एक दबाव लगाते ही,

अपूर्व के बहुत दिनों के जिम्नास्टिक और क्रिकेट हॉकी खेल से पुष्ट हाथ के अंदर की हड्डियाँ तक चरमरा उठीं।

अपूर्व बोला, 'चलिए, समझ गया। उस दिन चाचाजी ने आपकी बात चलने पर कहा था कि हम लोगों के गुप्त रजिस्टरों में लिखा है कि कृपा करने पर, वे पाँच-सात-दस पुलिसवालों की जीवन-लीला केवल थप्पड़ मारकर समाप्त कर सकते हैं! उस दिन चाचाजी की मुख-भंगिमा पर हम लोग खूब हँसते रहे; लेकिन अब यह सोच रहा हूँ कि इतना हँसना उचित नहीं था, आप संभवतः ऐसा कर भी सकते हैं!'

डॉक्टर के चेहरे के भाव बदल गए; बोले, 'चाचाजी की वह तो अतिशयोक्ति थी!'

जन-शून्य गली को पार करके वे बड़ी सड़क के निकट पहुँचे, तो अपूर्व बोला, 'अब तो जान पड़ता है कि मैं बेखटके चला जा सकूँगा। धन्यवाद!'

अपूर्व लज्जित होकर बोला, 'अच्छा डॉक्टर साहब, हमारा यह सौभाग्य है कि मार्ग में कोई नहीं मिला, लेकिन मान लीजिए, यदि उनके दल में अधिक संख्या में लोग रहते, तो भी क्या हम लोग संकट-मुक्त थे?'
डॉक्टर बोले, 'उनके दल में दस-पाँच आदमी ही रहते हैं।'
'दस हों या पाँच, हमें भय नहीं था?'
डॉक्टर मुसकराकर बोले, 'नहीं।'

डॉक्टर ने मार्ग पर बहुत दूर तक दृष्टि डालकर धीरे से कहा, 'जा सकेंगे, संभवतः।'

नमस्कार करके विदा होते समय, अपूर्व अपने अंतर का कौतूहल किसी प्रकार भी न रोक सका; बोला, 'अच्छा सव्य…।'

'सव्य नहीं, सव्य नहीं, डॉक्टर कहो!'

अपूर्व लज्जित होकर बोला, 'अच्छा डॉक्टर साहब, हमारा यह सौभाग्य है कि मार्ग में कोई नहीं मिला, लेकिन मान लीजिए, यदि उनके दल में अधिक संख्या में लोग रहते, तो भी क्या हम लोग संकट-मुक्त थे?'

डॉक्टर बोले, 'उनके दल में दस-पाँच आदमी ही रहते हैं।'

'दस हों या पाँच, हमें भय नहीं था?'

डॉक्टर मुसकराकर बोले, 'नहीं।'

मोड़ पर पहुँचकर अपूर्व ने पूछा, 'अच्छा, क्या सचमुच ही आपकी पिस्तौल का लक्ष्य कभी खाली नहीं जाता?'

डॉक्टर हँसते हुए बोले, 'नहीं! लेकिन क्यों, बताइए तो? मेरे पास तो पिस्तौल है नहीं।'

अपूर्व बोला, 'बिना लिए ही निकल पड़े? आश्चर्य है! अच्छा डॉक्टर साहब, मेरा डेरा यहाँ से लगभग एक कोस होगा या नहीं?'

'अवश्य होगा!'

'अच्छा नमस्कार! आपको मैंने बहुत कष्ट दिया।' वह फिर बोला, 'अच्छा, यह भी तो हो सकता है कि वे लोग आज किसी दूसरे मार्ग पर खड़े हों?'

डॉक्टर बोले, 'कोई आश्चर्य तो नहीं है।'

'नहीं भी है! है भी! अच्छा, नमस्कार, लेकिन मजा तो देख रहे हैं, जहाँ वास्तव में आवश्यकता है, वहाँ पुलिस की परछाईं तक नहीं! यही है, उन लोगों का कर्तव्यबोध! और इसीलिए क्या हम लोग टैक्स दे-देकर मरते हैं? सब बंद कर देना चाहिए, क्या कहते हैं आप?'

'इसमें संदेह नहीं।' कहकर डॉक्टर साहब हँस पड़े। बोले, 'चलिए बातचीत करते-करते कुछ दूर और आपको पहुँचा दूँ।'

अपूर्व लज्जायुक्त स्वर से बोला, 'मैं बहुत डरपोक मनुष्य हूँ डॉक्टर साहब! मुझमें तनिक भी साहस नहीं। दूसरा कोई होता तो इतनी रात को आपको कष्ट न देता।

उसकी ऐसी विनम्र, अभिमानरहित, सत्य बात सुनकर डॉक्टर साहब अपनी हँसी के लिए मानो स्वयं ही लज्जित हो गए। स्नेहपूर्वक उसके कंधे पर हाथ रखकर बोले, 'साथ चलने के लिए ही तो मैं आया हूँ अपूर्व बाबू, नहीं तो प्रेसीडेंट मेरे हाथ में इस वस्तु को नहीं सौंपतीं।' यह कहकर उन्होंने बाएँ हाथ की काली, मोटी लाठी दिखा दी।

उसकी ऐसी विनम्र, अभिमानरहित, सत्य बात सुनकर डॉक्टर साहब अपनी हँसी के लिए मानो स्वयं ही लज्जित हो गए। स्नेहपूर्वक उसके कंधे पर हाथ रखकर बोले, 'साथ चलने के लिए ही तो मैं आया हूँ अपूर्व बाबू, नहीं तो प्रेसीडेंट मेरे हाथ में इस वस्तु को नहीं सौंपतीं।' यह कहकर उन्होंने बाएँ हाथ की काली, मोटी लाठी दिखा दी। 'क्या वे आपको भी आदेश दे सकती हैं?' डॉक्टर हँसकर बोले, 'अवश्य दे सकती हैं।'

'क्या वे आपको भी आदेश दे सकती हैं?'

डॉक्टर हँसकर बोले, 'अवश्य दे सकती हैं।'

'लेकिन वे तो किसी अन्य को भी मेरे साथ भेज सकती थीं।'

'इसका अर्थ होता, सबको दल बनाकर भेजना! उससे तो यही व्यवस्था ठीक हुई है अपूर्व बाबू!'

डॉक्टर फिर बोले, 'वह हमारे दल की अध्यक्षा हैं, उनको सबकुछ समझ-बूझकर काम करना पड़ता है। जहाँ छुरेबाजी होती है; वहाँ हर किसी को भेजा नहीं जा सकता। यदि मैं न होता, तो आज रात को रुकना पड़ता, वे आपको आने न देतीं।'

'लेकिन इसी मार्ग से तो आपको, अकेले ही लौटना पड़ेगा।'

डॉक्टर बोले, 'पड़ेगा ही।'

अपूर्व और नहीं बोला। पंद्रह मिनट तक इस प्रकार चलकर, प्रथम पुलिस थाने को दाईं ओर रखकर बस्ती में प्रवेश करके अपूर्व फिर कहने लगा, 'डॉक्टर साहब, मेरा डेरा तो अधिक दूर नहीं है, आज रात को वहीं ठहर जाने से क्या हानि है?'

डॉक्टर हँसते हुए बोले, 'हानि तो बहुत सी बातों में नहीं होती अपूर्व बाबू! लेकिन व्यर्थ तो कोई काम करने की हम लोगों को मनाही है। इसका कुछ भी प्रयोजन नहीं है, इसीलिए मुझे लौट जाना पड़ेगा!'

'क्या आप लोग, बिना प्रयोजन कोई भी काम नहीं करते?'

'करने का निषेध है। अच्छा, अब मैं चलता हूँ अपूर्व बाबू!'

एक बार दृष्टि डालकर, पीछे की ओर के समूचे अंधकारमय मार्ग की ओर देखकर अपूर्व इस मनुष्य के अकेले लौट जाने की कल्पना करके एक बार सिहर उठा। बोला, 'डॉक्टर साहब, लोगों की मर्यादा की रक्षा करने का भी क्या आप लोगों को निषेध है?'

डॉक्टर हँसते हुए बोले, 'हानि तो बहुत सी बातों में नहीं होती अपूर्व बाबू! लेकिन व्यर्थ तो कोई काम करने की हम लोगों को मनाही है। इसका कुछ भी प्रयोजन नहीं है, इसीलिए मुझे लौट जाना पड़ेगा!'
'क्या आप लोग, बिना प्रयोजन कोई भी काम नहीं करते?'
'करने का निषेध है। अच्छा, अब मैं चलता हूँ अपूर्व बाबू!'

डॉक्टर ने आश्चर्य से पूछा, 'अचानक यह प्रश्न क्यों?'

अपूर्व ने क्षुब्ध अभिमान के स्वर में कहा, 'इसके अतिरिक्त और क्या कहें, बताइए? मैं डरपोक मनुष्य हूँ, दलबद्ध गुंडों के बीच से अकेले नहीं जा सकता; लेकिन मुझे निरापद पहुँचाकर, उसी संकट के बीच से यदि आप आज अकेले लौट जाएँगे, तो क्या मैं मुँह दिखा सकूँगा?'

डॉक्टर ने उसके दोनों हाथों को स्नेहपूर्वक पकड़कर कहा, 'अच्छा चलिए, आज रातभर आपके ही डेरे पर चलकर, अतिथि बनकर रहूँ; लेकिन यह सब बखेड़ा क्यों मोल ले रहे हो भाई?'

अपूर्व इस बात का ठीक अर्थ न समझ सका, लेकिन दो-चार पग आगे बढ़ते ही, हाथ में न जाने कैसा एक प्रकार का खिंचाव अनुभव करके, घूमकर देखते ही बोला, 'आपका जूता संभवत: काट रहा है डॉक्टर साहब, आप लंगड़ा रहे हैं!'

डॉक्टर ने हँसते हुए कहा, 'यह कुछ नहीं है। लोगों के घरों के निकट पहुँचते ही मेरे पैर अपने-आप लँगड़ाते हुए चलते हैं। गिरीश महापात्र का चलना क्या स्मरण है?'

अपूर्व बोला, 'आपको चलना न पड़ेगा डॉक्टर साहब!'

डॉक्टर मुसकराकर बोले, 'लेकिन आपकी मर्यादा?'

'आपसे मर्यादा की क्या बात है! मैं तो आपके पैरों की धूलि के बराबर भी नहीं। आपके अतिरिक्त किसमें इतना साहस है!'

इस मार्ग से अकेला चलना इस मनुष्य के लिए क्या है? पुलिसवाले जिसे सव्यसाची के नाम से जानते हैं, उसका मार्ग दस-बारह गुंडे मिलकर भला कैसे रोक सकते हैं?'

डॉक्टर ने हँसी छिपाकर, भले आदमी की तरह कहा, 'अच्छा, इससे तो यही ठीक होगा कि हम दोनों ही फिर एक साथ लौट चलें। मुझे अकेला देखकर यदि कोई आक्रमण करने का साहस करे भी, तो आपके साथ रहने से इस बात की संभावना न रहेगी।'

अपूर्व बोला, 'फिर लौट चलूँ?'

'हर्ज ही क्या है? अकेले जाने में जो शंका मुझे है, वह तो न रहेगी।'

'मैं ठहरूँगा कहाँ?'

'मेरे यहाँ।'

ऑफिस से लौटने पर अपूर्व को, आज भोजन भी नहीं मिला था। वह अत्यंत क्षुधा का अनुभव कर रहा था। कुछ लज्जित होकर बोला, 'देखिए, अभी तक मैंने खाया भी कुछ नहीं है, आज के लिए'''।'

डॉक्टर ने हँसते हुए कहा, 'चलिए न, आज भाग्य की परीक्षा करके देख लिया जाए! लेकिन एक बात है, तिवारी बहुत चिंतित होगा।'

तिवारी की चर्चा से, अपूर्व के मन में एकाएक हिंस्र-प्रतिशोध की भावना प्रबल हो उठी। क्रुद्ध होकर बोला, 'मर जाए सोचते-सोचते। चलिए, लौट चलें।' डॉक्टर उसे जनशून्य मार्ग से ले चले और दोनों फिर लौटकर जाने लगे, लेकिन इस बार भय की बातें उसे याद ही नहीं पड़ीं। पुलिस का थाना पार करके, एकाएक वह पूछ बैठा, 'अच्छा डॉक्टर साहब, आप क्या एनार्किस्ट हैं?'

'मैं ठहरूँगा कहाँ?'
'मेरे यहाँ।'
ऑफिस से लौटने पर अपूर्व को, आज भोजन भी नहीं मिला था। वह अत्यंत क्षुधा का अनुभव कर रहा था। कुछ लज्जित होकर बोला, 'देखिए, अभी तक मैंने खाया भी कुछ नहीं है, आज के लिए'''।'
डॉक्टर ने हँसते हुए कहा, 'चलिए न, आज भाग्य की परीक्षा करके देख लिया जाए! लेकिन एक बात है, तिवारी बहुत चिंतित होगा।'

'आपके चाचाजी क्या कहते हैं?'

'उनका कहना है कि आप एक भयानक एनार्किस्ट हैं।'

'मैं सव्यसाची हूँ, इस संबंध में आपको संदेह नहीं?'

'नहीं।'

'एनार्किस्ट से आप क्या अर्थ लगाते हैं?'

'अर्थात् राजद्रोही, जो राजा के शत्रु हैं।'

डॉक्टर बोले, 'हमारे राजा विलायत में रहते हैं। लोग कहते हैं, बड़े भले आदमी हैं। मैंने कभी उनको अपने नेत्रों से नहीं देखा, उन्होंने भी कभी मेरी हानि नहीं की। फिर उनके प्रति शत्रुता का भाव, मेरे मन में क्यों होगा?'

अपूर्व बोला, 'जिन लोगों के मन में आता है, उनमें भी वह किस प्रकार आता है, बताइए तो? उनका भी तो उन्होंने कोई अनिष्ट नहीं किया?'

डॉक्टर बोले, 'इसीलिए आप जो बात कह रहे हैं, वह असत्य है।'

इसे अस्वीकार करने से अपूर्व चौंक पड़ा। अविश्वास का साहस उसमें नहीं था। कुछ सोचकर बोला, 'राजा भले ही न हो; राज-कर्मचारियों के विरुद्ध जो एक प्रकार का षड्यंत्र था; यह तो असत्य नहीं है डॉक्टर साहब!'

'कर्मचारी लोग राजा के दास हैं, वेतन पाते हैं और आज्ञा मानते हैं। एक जाते हैं, तो दूसरे आते हैं; लेकिन इस सहज को जटिल और मोटे को व्यर्थ ही में सूक्ष्म करके जब मनुष्य देखना चाहता है, तभी वह सबसे बड़ी भूल करता है। इसीलिए उन लोगों पर आघात करने को राज-शक्ति के मूल में आघात करना कहकर कुछ लोग, आत्म-वंचना करते हैं। इतनी बड़ी सांघातिक व्यर्थता दूसरी नहीं है।'

अपूर्व बोला, 'लेकिन यह व्यर्थ काम करनेवाले लोग, क्या भारतवर्ष में नहीं हैं?'

'हो सकते हैं।'

'कर्मचारी लोग राजा के दास हैं, वेतन पाते हैं और आज्ञा मानते हैं। एक जाते हैं, तो दूसरे आते हैं; लेकिन इस सहज को जटिल और मोटे को व्यर्थ ही में सूक्ष्म करके जब मनुष्य देखना चाहता है, तभी वह सबसे बड़ी भूल करता है। इसीलिए उन लोगों पर आघात करने को राज-शक्ति के मूल में आघात करना कहकर कुछ लोग, आत्म-वंचना करते हैं। इतनी बड़ी सांघातिक व्यर्थता दूसरी नहीं है।'
अपूर्व बोला, 'लेकिन यह व्यर्थ काम करनेवाले लोग, क्या भारतवर्ष में नहीं हैं?'
'हो सकते हैं।'

'अच्छा डॉक्टर साहब, ये लोग कहाँ रहते हैं और क्या करते हैं?' उसकी उत्सुकता और व्यग्रता देखकर डॉक्टर केवल मुसकरा दिए।

अपूर्व बोला, 'हँस क्यों दिए?'

डॉक्टर बोले, आपके वे चाचा होते, तो समझ जाते। आपको विश्वास है कि मैं एनार्किस्टों का नेता हूँ। मेरे ही मुँह से क्या इसके उत्तर की आशा करना उचित होगा अपूर्व बाबू?'

अपनी बुद्धिहीनता पर अपूर्व अप्रतिभ होकर बोला, 'आशा करना पूर्ण रूप से अनुचित हो जाता, यदि आज मुझे दल में भरती कर लेते। सदस्यों को इतनी बात जान

लेने का अधिकार है, इससे संभवत: आप इनकार न कर सकेंगे!'

'हाँ, है!' कहकर डॉक्टर हँस पड़े, 'विद्रोही-दल के खाते में जिसका नाम लिखा गया है, उसके प्रश्न का यही उत्तर है? इससे अधिक जान लेने की उसे जरूरत नहीं है।'

अपूर्व तीखे कंठ से बोला, 'दल के खाते में झटपट नाम लिख लेने से ही तो कुछ नहीं होता; उसका फलाफल भी तो समझा देना पड़ता है।'

'लेकिन उन लोगों ने क्या ऐसा नहीं किया है?'

'कुछ भी नहीं! पथ का दावेदार! दावे का इतना ठाठ-बाट है, यह कौन जानता था और आप भी थे, नाम लिखने के पहले आपको भी तो जान लेना उचित था कि मेरा वास्तविक उद्देश्य क्या है।'

डॉक्टर तनिक लज्जित होकर बोले, 'महिलाओं ने ही यह सब आयोजन किया है; वे ही जानती हैं कि किस को सदम्य बनाएँ, किसको न बनाएँ! वास्तव में, मैं इन लोगों की सभा की कोई विशेष बात नहीं जानता अपूर्व बाबू!'

अपूर्व समझ गया कि यह भी परिहास है। उत्कंठा और आशंका से क्रुद्ध होकर बोला, 'छिपा क्यों रहे हैं डॉक्टर साहब! सुमित्रा को ही प्रेसीडेंट बनाइए, और जिसको जो चाहे बना दीजिए; यह दल आपका है और आप ही इसके सबकुछ हैं, इसमें संदेह नहीं! पुलिस की आँखों में आप धूल झोंक सकेंगे; लेकिन मेरी आँखों को धोखा नहीं दे सकते, यह आप समझ लें।'

अपूर्व समझ गया कि यह भी परिहास है। उत्कंठा और आशंका से क्रुद्ध होकर बोला, 'छिपा क्यों रहे हैं डॉक्टर साहब! सुमित्रा को ही प्रेसीडेंट बनाइए, और जिसको जो चाहे बना दीजिए; यह दल आपका है और आप ही इसके सबकुछ हैं, इसमें संदेह नहीं! पुलिस की आँखों में आप धूल झोंक सकेंगे; लेकिन मेरी आँखों को धोखा नहीं दे सकते, यह आप समझ लें।'

दोनों नेत्र फाड़कर डॉक्टर बोले, 'मेरे दल का अर्थ एनार्किस्टों का दल ही तो है? आप झूठमूठ शंकित हो उठे हैं अपूर्व बाबू! आदि से अंत तक आपने गलत समझा है! वे लोग जीवन-मरण के खेल में शामिल हैं, वे लोग आपकी तरह कायर मनुष्य को अपने दल में क्यों सम्मिलित करेंगे? वे क्या पागल हैं?'

अपूर्व लज्जा से लाल हो उठा; लेकिन उसकी छाती पर का भारी बोझ हट गया। डॉक्टर ने कहा, 'पथ के दावेदार' नाम रखकर, सुमित्रा ने इस छोटे से दल को स्थापित किया है। जीवन-यात्रा में, पथ पर चलने का मनुष्य को कितना बड़ा अधिकार है; संस्था के सदस्य, अपना सारा जीवन लगाकर, यही बात मनुष्य को बता देना चाहते हैं। सुमित्रा के अनुरोध पर जितने दिन यहाँ रहूँगा, इस दल को सुसंगठित करने की चेष्टा करूँगा। इसके अतिरिक्त मेरा

कुछ संबंध नहीं! ये हैं समाज-सुधारक; लेकिन समाज-सुधार के लिए घूमने का न तो मेरे पास समय है, और न धैर्य! हो सकता है, कुछ दिन यहाँ रहूँ और संभवतः कल ही चलता बनूँ। फिर जीवनभर भेंट न हो। मेरे जीने या मरने का समाचार भी संभवतः आप तक न पहुँचे।'

ये वचन शांत और धीमे थे, उच्छ्‌वास या आवेग उनमें नहीं था। सव्यसाची का जो विवरण उसने चाचाजी से सुना था, वह अपूर्व को याद आ गया, लेकिन उसी क्षण स्मरण हुआ, वह तो पत्थर है, उसके लिए फिर पीड़ा का अनुभव कैसा? फिर पूछा, 'सुमित्रा कौन हैं? आपको उनका परिचय कैसे मिला?'

ये वचन शांत और धीमे थे, उच्छ्‌वास या आवेग उनमें नहीं था। सव्यसाची का जो विवरण उसने चाचाजी से सुना था, वह अपूर्व को याद आ गया, लेकिन उसी क्षण स्मरण हुआ, वह तो पत्थर है, उसके लिए फिर पीड़ा का अनुभव कैसा? फिर पूछा, 'सुमित्रा कौन हैं? आपको उनका परिचय कैसे मिला?' डॉक्टर केवल थोड़ा हँस दिए। उत्तर न मिलने पर अपूर्व स्वयं समझ गया कि यह पूछना उचित नहीं हुआ।

डॉक्टर केवल थोड़ा हँस दिए। उत्तर न मिलने पर अपूर्व स्वयं समझ गया कि यह पूछना उचित नहीं हुआ।

कुछ क्षण मौन रहकर डॉक्टर बोले, 'आपकी कृपा से आज मार्ग निर्विघ्न है; लेकिन ऐसा प्रायः नहीं होता, लेकिन आप क्या सोच रहे हैं सुनूँ तो?'

अपूर्व बोला, 'सोचता तो बहुत कुछ हूँ; लेकिन उसे छोड़िए। अच्छा, आपने कहा, मनुष्य का निर्विघ्न पथ पर चलने का अधिकार, जिस प्रकार कि आज हम लोग निर्विघ्न पथ पर चले रहे हैं, ऐसा ही न?'

डॉक्टर हँसकर बोले, 'हाँ, ऐसा ही कुछ-न-कुछ।'

अपूर्व ने कहा, 'जो महिला पति को छोड़कर, पथ के दावेदारों की सदस्या बनने आई है, वह भी मैं अच्छी तरह न समझ सका।'

'मैं भी ठीक प्रकार से समझ गया हूँ, यह नहीं कह सकता। उन सब बातों को सुमित्रा ही अच्छी तरह समझती हैं।'

अपूर्व ने कहा, 'उनके पति संभवतः नहीं हैं?'

डॉक्टर चुप हो रहे। अपूर्व को लज्जा से फिर याद पड़ा कि वे कोई उत्तर न देंगे। डॉक्टर के मुँह की ओर देखकर उसे जान पड़ा, मानो इस आश्चर्यमय मनुष्य के अशांत जीवन के एक निभृत भाग को उसने एकाएक देख लिया है, लेकिन अब तक वह जो

कुछ जान सका है, वह उसका अतीत है। मानो उसकी चिंता आसपास कहीं भी नहीं है। अपूर्व ने स्पष्ट ही देख लिया कि इस भयंकर सतर्क मनुष्य के नेत्रों पर एक धुँधला सा जाला छा रहा था।

अपूर्व ने दूसरा प्रश्न नहीं पूछा, चुपचाप चल रहा था कि एकाएक हँसकर डॉक्टर ने पूछा, 'देखिए अपूर्व बाबू, आपसे मैं सच कहता हूँ—महिलाओं की यह सब प्रणयजनित मान-अभिमान की बातें, मैं कुछ भी नहीं समझता। इनमें व्यर्थ ही बहुत समय नष्ट होता है। इतना समय मेरे पास कहाँ?'

अपूर्व के प्रश्न का यह उत्तर नहीं था, वह चुप ही रहा।

डॉक्टर बोले, 'चुप क्यों हो, बातचीत क्यों नहीं करते?'

'क्या कहूँ, बताइए?'

डॉक्टर बोले, देखिए अपूर्व बाबू, यह भारती बड़ी अच्छी लड़की है। जैसे बुद्धिमती है, वैसी ही कर्मठ और शिष्ट भी।'

यह बात भी बेकार थी; लेकिन अपूर्व ने यह भी नहीं पूछा कि आप उससे कितने दिनों से परिचित हैं और किस प्रकार? वह बोला, 'हाँ।' लेकिन डॉक्टर संभवत: अपनी अंतिम बात का ही सूत्र पकड़कर बोले, 'आपके विषय में उन्होंने कहा था कि आप भयंकर हिंदू हैं, एकदम कट्टर! भारती ने कहा था, इतने बड़े भयंकर हिंदू ब्राह्मण की भी जात मैंने बिगाड़ दी।'

डॉक्टर बोले, देखिए अपूर्व बाबू, यह भारती बड़ी अच्छी लड़की है। जैसे बुद्धिमती है, वैसी ही कर्मठ और शिष्ट भी।' यह बात भी बेकार थी; लेकिन अपूर्व ने यह भी नहीं पूछा कि आप उससे कितने दिनों से परिचित हैं और किस प्रकार? वह बोला, 'हाँ।' लेकिन डॉक्टर संभवत: अपनी अंतिम बात का ही सूत्र पकड़कर बोले, 'आपके विषय में उन्होंने कहा था कि आप भयंकर हिंदू हैं, एकदम कट्टर! भारती ने कहा था, इतने बड़े भयंकर हिंदू ब्राह्मण की भी जात मैंने बिगाड़ दी।'

अपूर्व बोला, 'हो सकता है।' तर्क करने की उसकी इच्छा न थी। मार्ग लगभग समाप्त हो चला था। गली के मोड़ पर, डॉक्टर ने अपने सुप्त मन को मानो एकाएक झकझोरकर जगा दिया; बोला—'अपूर्व बाबू!'

उस कंठ स्वर की तीव्रता से अपूर्व सचेत होकर बोला, 'कहिए।'

'यहाँ मेरे रहने तक तो कोई आवश्यकता नहीं; लेकिन चले जाने पर आप संकोच छोड़कर सुमित्रा को सहायता दीजिएगा। ऐसी महिला, आप सारे संसार में भी न पा सकेंगे। इनका 'पथ के दावेदार' कहीं निरादर तथा अवहेलना से मर न जाए!'

'तो फिर आप ही छोड़कर क्यों चले जा रहे हैं?'

डॉक्टर बोले, 'जहाँ से चले जाना ही मंगलमय है, वहाँ बरबस पड़े रहना अमंगलजनक होता है। मेरी सहायता की आप लोगों को आवश्यकता नहीं। सब लोग मिलकर इसको संगठित कीजिए, इसी के द्वारा देश का सबसे बड़ा कल्याण होगा।'

'नवतारा की घटना पर तो मैं विश्वास नहीं कर सकता डॉक्टर साहब!'

'लेकिन सुमित्रा पर तो विश्वास करेंगे। विश्वास के लिए इतना ऊँचा स्थान और कहीं न मिलेगा अपूर्व बाबू! मैंने पहले ही बता दिया है कि स्त्रियों की बातें मैं कुछ भी नहीं समझ सकता; लेकिन जब सुमित्रा कहती है कि विघ्न-बाधाहीन, स्वतंत्र जीवन-यात्रा का मानव को अधिकार है, तब इस दावे को भी किसी भी युक्ति से अवहेलित करके नहीं रख सकता। केवल मनोहर के ही नहीं, बहुत लोगों के निर्दिष्ट मार्ग से चलने से, नवतारा का जीवन निर्विघ्न हो जाता, यह मैं जानता हूँ, और जिस पथ को उसने स्वयं ही चुना, वह भी निरापद नहीं है; लेकिन स्वयं विपत्ति के बीच डूबे रहकर, मैं भी भला उसके विषय में किस बूते से विचार करूँ, बताइए तो? सुमित्रा कहती है, इस जीवन को निर्विघ्न बिता सकना ही क्या मनुष्य का चरम कल्याण है? मनुष्य के विचार और प्रवृत्ति ही उसके कर्तव्य को आमंत्रित करते हैं; लेकिन दूसरों के द्वारा निर्धारित विचारों और प्रवृत्ति के द्वारा, जब वह अपने स्वाधीन विचारों का मुँह बंद कर देता है, तब उससे बढ़कर आत्महत्या तो मनुष्य के लिए और कुछ हो ही नहीं सकती! इस बात का कोई भी उत्तर, मैं ढूँढ़ने पर भी नहीं पाता अपूर्व बाबू!'

अपूर्व अपने प्रश्न की त्रुटि समझकर, उसमें संशोधन करने जा रहा था; लेकिन समय नहीं मिला। डॉक्टर फिर रोककर बोला, 'लेकिन अब कोई तर्क न चलेगा अपूर्व बाबू! हम लोग अब पहुँच गए। फिर किसी दिन इस आलोचना को समाप्त किया जाएगा।'
अपूर्व ने देखा—वही लाल रंग का विद्यालय और उसके दो-तल्ले पर भारती के कमरे से, उस समय तक भी रोशनी दिखाई पड़ रही थी।

'लेकिन सभी यदि अपने ही विचारों के अनुसार···।'

डॉक्टर ने बीच में ही रोककर कहा, 'अर्थात् यदि सभी अपने ही विचारों के अनुसार काम करना चाहें? उस दशा में कैसा कांड होगा, यह बात आप एक बार सुमित्रा से पूछकर देखिएगा।'

अपूर्व अपने प्रश्न की त्रुटि समझकर, उसमें संशोधन करने जा रहा था; लेकिन समय नहीं मिला। डॉक्टर फिर रोककर बोला, 'लेकिन अब कोई तर्क न चलेगा अपूर्व बाबू! हम लोग अब पहुँच गए। फिर किसी दिन इस आलोचना को समाप्त किया जाएगा।'

अपूर्व ने देखा—वही लाल रंग का विद्यालय और उसके दो-तल्ले पर भारती के

कमरे से, उस समय तक भी रोशनी दिखाई पड़ रही थी।

डॉक्टर ने पुकारा, 'भारती!'

खिड़की से झाँककर, भारती ने व्याकुल स्वर में कहा, 'विजय से आपकी भेंट हुई डॉक्टर साहब? आपको वह बुलाने गया है।' डॉक्टर ने हँसकर कहा, 'तुम लोगों के प्रेसीडेंट का आदेश ही तो है; लेकिन कोई भी आज्ञा, इतनी रात को, उस मार्ग से किसी को भेज न सकेगी। किसी को लौटाकर साथ लाया हूँ, देख रही हो?'

भारती ने ध्यान से देखकर, अंधकार में भी पहचान लिया। बोली—'ठीक नहीं किया! लेकिन आप शीघ्र जाइए, नरहरि ने शराब पीकर, अपनी हेम के सिर पर कुल्हाड़ी मार दी है—बचेगी या नहीं, इसमें संदेह है। सुमित्रा दीदी वहीं गई हैं।'

डॉक्टर बोले, 'अच्छा ही तो किया है। मरती हो तो मर जाए; लेकिन मेरे अतिथि···।'

भारती बोली, 'महिलाओं पर आपकी विशेष अनुकंपा रहती है! लेकिन हेम के बजाय यह नरहरि की घटना होती, तो अब तक आप एक साँस से दौड़ जाते।'

'मान लो, एक साँस से दौड़ रहा हूँ; लेकिन मेरे अतिथि?'

भारती दीप लिये नीचे आई और द्वार खोलकर बोली, 'वास्तव में अब विलंब न कीजिए डॉक्टर साहब, शीघ्र जाइए!'

'लेकिन क्या इनको ईसाई का आतिथ्य स्वीकार होगा? इनको छोड़कर मैं किस प्रकार जाऊँ भारती? उसे अस्पताल में भेजने की व्यवस्था तुमने क्यों नहीं की?'

भारती कुपित होकर बोली, 'जो कुछ करना हो, आप कीजिए। आपके पैरों पड़ती हूँ, देर न कीजिए। मुझे अभ्यास है, इनको मैं सँभाल सकूँगी, आप कृपया शीघ्र चले जाइए!'

अपूर्व कुछ कहना ही चाहता था कि इसके पूर्व ही डॉक्टर शीघ्रता से अंधकार में विलीन हो गया।

बारह

सीढ़ी से ऊपर चढ़कर अपूर्व ने भारती के कमरे में प्रवेश किया और अच्छी तरह देखकर एक आरामकुरसी बिछाकर लेट गया।

कुछ देर बाद जब भारती ने ऊपर आकर तिपाई पर दीपक रखा, तब अपूर्व को एकाएक लज्जा का अनुभव हुआ। यह कोई नई बात नहीं थी, इसके पूर्व भी, उन दोनों ने एक कमरे में रात बिताई है; लेकिन आज यह लज्जा क्यों? मन-ही-मन वह इसका कारण खोजने लगा तो एकाएक उसे तिवारी याद आ गया। भारती ने उसे जगाने का प्रयास नहीं किया; लेकिन पुराने मकान के दरवाजे-खिड़कियाँ बंद करने में जो खटपट

की आवाज हुई, वह वास्तविक नींद के लिए अत्यंत विघ्नकारक है, इस बात को स्वयं समझकर अपूर्व उठ बैठा। आँखें मलकर जँभाई लेता हुआ बोला, 'ओह! इतनी रात को फिर लौट आना पड़ा।'

'जाते समय यह बात बताकर क्यों नहीं गए? सरकारजी से कहकर, आपके लिए भोजन मँगाकर रख लेती।'

'इसका क्या अर्थ? लौट आने की बात, क्या मैं जानता था?'

भारती ने स्वाभाविक कंठ से कहा, 'मुझसे ही भूल हुई। भोजन की बात उसी समय उनसे कह देने की आवश्यकता थी। इतनी रात को यह बखेड़ा उठाने की नौबत न आती! इतनी देर तक आप लोग कहाँ बैठे रहे?'

भारती बोली, 'गोरखधंधे में पड़ गए थे, यही न। चलना ही सार निकला।' यह कहकर, मुँह फेरकर खड़े होने के बाद, जरा हँसकर बोली, 'संध्या आदि अब भी करते हैं या नहीं? यदि कहो तो कपड़ा दे रही हूँ, उन सबको उतार दीजिए।' यह कहकर वह आँचल समेत तालियों का गुच्छा हाथ में लेकर, एक आलमारी खोलती हुई बोली, 'तिवारी बेचारा घबरा जाएगा। आज तो देखती हूँ, ऑफिस से एक बार के लिए भी डेरे पर जाने का समय आपको नहीं मिला।'

'उन्हीं से पूछिए कि तीस कोस का मार्ग चलना, बैठकर समय बिताना कहलाता है या नहीं?'

भारती बोली, 'गोरखधंधे में पड़ गए थे, यही न। चलना ही सार निकला।' यह कहकर, मुँह फेरकर खड़े होने के बाद, जरा हँसकर बोली, 'संध्या आदि अब भी करते हैं या नहीं? यदि कहो तो कपड़ा दे रही हूँ, उन सबको उतार दीजिए।' यह कहकर वह आँचल समेत तालियों का गुच्छा हाथ में लेकर, एक आलमारी खोलती हुई बोली, 'तिवारी बेचारा घबरा जाएगा। आज तो देखती हूँ, ऑफिस से एक बार के लिए भी डेरे पर जाने का समय आपको नहीं मिला।'

अपूर्व ने क्रोध संयत रखकर कहा, 'अवश्य ही आप ऐसी अनेक वस्तुएँ देख लेती हैं, जिन्हें मैं नहीं देख पाता, यह मैं स्वीकार करता हूँ; लेकिन कपड़ा, निकालने की आवश्यकता नहीं! संध्या आदि का झंझट कहीं गया नहीं है, इस जन्म में जाएगा, ऐसा भी समझ में नहीं आता; लेकिन आपके दिए कपड़ से, इसके लिए सुविधा न होगी। रहने दीजिए, कष्ट मत कीजिए।'

'पहले देखिए तो कि मैं क्या देती हूँ।'

'मैं जानता हूँ, टसर है या कोई रेशम; लेकिन मुझे आवश्यकता नहीं। आप मत निकालिए।'

'संध्या न कीजिएगा?'

'नहीं।'

'सोइएगा क्या पहनकर? कोट-पतलून पहनकर?'

'हाँ।'

'खाना भी नहीं खाइएगा?'

'नहीं।'

'सच?'

अपूर्व ने बिगड़कर कहा, 'आप क्या खेल कर रही हैं?'

भारती उसके मुँह की ओर देखकर बोली, 'खेल तो आप ही कर रहे हैं! क्या आप में शक्ति है कि भोजन न करके, उपवास करके सह सकें?'

यह कहकर उसने आलमारी खोलकर, एक सुंदर टसर की साड़ी निकालकर कहा, 'एकदम पवित्र है, मैंने इसे कभी पहना नहीं है। उस छोटे कमरे में जाकर कपड़ बदल आइए। नीचे नल है, 'हाथ-मुँह धोकर, संध्या-पूजा कर लीजिए।'

एकाएक उसकी बातचीत का ढंग ऐसा बदल गया कि अपूर्व निर्वाक् रह गया। धीरे से बोला, 'कपड़े लाइए, मैं नीचे जाऊँ, लेकिन मैं किसी के हाथ का भात न खा सकूँगा, यह कहे देता हूँ।'

भारती कोमल होकर बोली, 'सरकारजी अच्छे ब्राह्मण हैं। आचारहीन नहीं हैं। स्वयं रसोई बनाते हैं, सब उनके हाथ का खाते हैं, कोई आपत्ति नहीं करता, डॉक्टर साहब का खाना भी उन्हीं के यहाँ से आता है।'

एकाएक उसकी बातचीत का ढंग ऐसा बदल गया कि अपूर्व निर्वाक् रह गया। धीरे से बोला, 'कपड़े लाइए, मैं नीचे जाऊँ, लेकिन मैं किसी के हाथ का भात न खा सकूँगा, यह कहे देता हूँ।'

भारती कोमल होकर बोली, 'सरकारजी अच्छे ब्राह्मण हैं। आचारहीन नहीं हैं। स्वयं रसोई बनाते हैं, सब उनके हाथ का खाते हैं, कोई आपत्ति नहीं करता, डॉक्टर साहब का खाना भी उन्हीं के यहाँ से आता है।'

अपूर्व का संदेह तब भी दूर न हुआ; उदास मन से बोला, 'जिस-तिसके हाथ की वस्तु से मुझे घृणा होती है।'

भारती हँसकर बोली, 'जिस-तिसके हाथ की वस्तु खाने के लिए क्या मैं आपको दे सकती हूँ? मैं स्वयं उनसे मँगाऊँगी, तब तो आपको कोई आपत्ति न होगी?' यह कहकर वह हँस पड़ी।

अपूर्व नीचे चला गया, लेकिन उसके मुख का भाव देखकर, भारती को यह समझने में देर न लगी कि वह होटल का अन्न खाने में अत्यंत संकुचित हो रहा है।

अपूर्व रेशमी साड़ी लपेटकर, काठ की बेंच पर संध्या कर रहा था; तभी भारती अकेली बाहर चली गई। बोली, 'सरकारजी को लेकर लौट आने में मुझे देर न लगेगी, तब तक आप नीचे ही रहिएगा।' उसे लौट आने में देर हुई भी नहीं। अपूर्व संध्या-पूजा पूरी कर चुका था। भारती के साथ सरकारजी थे; उनके हाथ में भोजन का थाल था। भूमि पर जल छिड़ककर फिर चौका ठीक कर दिया और ब्राह्मण ने थाल वहीं पर रख दिया। सबके चले जाने पर, भारती ने हाथ जोड़कर कहा, 'यह म्लेच्छ का अन्न नहीं है; सब व्यय डॉक्टर साहब ने किया है। आप संकोच त्यागकर आतिथ्य ग्रहण करें!'

इस परिहास को अपूर्व प्रसन्नतापूर्वक सहन न कर सका। वह किसी का छुआ अन्न नहीं खाता, होटल का बना भोजन खाने की उसकी रुचि नहीं, लेकिन इसीलिए व्यय आज किसी म्लेच्छ ने किया या ब्राह्मण ने, इसके लिए व्यर्थ कट्टरपन उसमें नहीं। उसके बड़े भाइयों ने, उसकी शुद्धाचारिणी माता को अनेक दुःख दिए हैं। भला हो या बुरा हो, उसे माता की आज्ञा का उल्लंघन करने में अत्यंत पीड़ा होती है। यह भारती नहीं जानती, ऐसी बात नहीं; फिर भी इस व्यंग्य से उसका चित्त दुःखी हो उठा, लेकिन कोई उत्तर न देकर वह आसन पर आ बैठा और भोजन करने लगा। भारती कुछ दूर भूमि पर बैठी रही और मन-ही-मन कुंठित हो उठी। क्रिस्तान होने के कारण, वह होटल के रसोईघर में प्रवेश न कर सकी। इस गंभीर रात्रि में, सबका खाना-पीना हो चुकने पर जो कुछ बचा था, उसी को किसी प्रकार लाकर सरकारजी ने उपस्थित किया था, वह भारती ने नहीं देखा। कमरे में प्रकाश पूरा नहीं था; फिर भी ढक्कन हटाने पर अन्न-व्यंजन की जो छटा दिखाई पड़ी, उससे वह स्तब्ध हो उठी। कितने ही दिन उसने अपने ऊपरवाले कमरे के फर्श के छेद से झाँककर, छिपे-छिपे इस व्यक्ति के भोजन का दृश्य देखा है। तिवारी की छोटी-मोटी साधारण त्रुटि से ही इस चिड़चिड़े मनुष्य का भोजन नष्ट होते कई दिन भारती ने अपने नेत्रों से देखा है। वही मनुष्य आज जब चुपचाप, यह कुअन्न भोजन खाने लग गया, तो वह किसी तरह भी मौन न रह सकी। व्याकुल होकर बोल उठी, 'रहने दो, रहने दो, उसे खाने की कोई आवश्यकता नहीं। आप इसे खा न सकेंगे।'

भारती कुछ दूर भूमि पर बैठी रही और मन-ही-मन कुंठित हो उठी। क्रिस्तान होने के कारण, वह होटल के रसोईघर में प्रवेश न कर सकी। इस गंभीर रात्रि में, सबका खाना-पीना हो चुकने पर जो कुछ बचा था, उसी को किसी प्रकार लाकर सरकारजी ने उपस्थित किया था, वह भारती ने नहीं देखा। कमरे में प्रकाश पूरा नहीं था; फिर भी ढक्कन हटाने पर अन्न-व्यंजन की जो छटा दिखाई पड़ी, उससे वह स्तब्ध हो उठी।

अपूर्व विस्मित होकर बोला, 'खा न सकूँगा! क्यों··· ?'

'नहीं, नहीं खा सकते।'

'नहीं, खा सकूँगा!' यह कहकर वह खाने ही जा रहा था कि भारती पास आकर बोली, 'आप तो खा सकेंगे; लेकिन मैं न खिला सकूँगी। खाकर बीमार पड़ जाने पर, इस देश में मुझे ही तो मरना पड़ेगा। उठिए।'

अपूर्व ने उठकर पूछा, 'तो मैं क्या खाऊँगा?' यह कहकर उसने इस प्रकार भारती की ओर देखा कि उसकी असह्य क्षुधा की बात, भारती से छिपी न रह सकी।

अपूर्व शांत आज्ञाकारी बालक की भाँति, हाथ धोकर ऊपर की मंजिल पर चला गया। कुछ क्षण बाद ही सरकारजी और उसके होटल के सहयोगी आ उपस्थित हुए। एक आदमी के हाथ में फरूही की डाली और दूध की कटोरी थी; दूसरे के हाथ में कुछ थोड़े से फल और जल का लोटा था। यह आयोजन देखकर, वह मन-ही-मन प्रसन्न हो उठा। अपूर्व ने प्रसन्न होकर आहार में मन लगाया। दरवाजे के बाहर, सीढ़ी के पास खड़ी रहकर भारती देख रही थी; अपूर्व बोला, 'अब कमरे में आइए। काठ के फर्श का स्पर्श-दोष मनाने से, बर्मा में रहा नहीं जा सकता।'

भारती हँसकर बोली, 'यह क्या कह रहे हैं! आप तो बड़े उदार हो उठे हैं!'

अपूर्व ने कहा, 'वास्तव में इसमें कोई दोष नहीं है। डॉक्टर साहब ने कहा—चलिए लौट चलें, मैं भी लौट आया। यहाँ पर मतवालों के कांड से खून-खराबी का मामला उठ खड़ा हुआ है, यह कौन जानता था।'

'जानते, तो क्या करते?'

'मेरे लिए आपको इतना कष्ट उठाना होगा, यह जानता, तो मैं कदापि लौट आने को सहमत न होता।'

भारती बोली, 'संभव है; लेकिन मैंने तो सोचा था कि आप स्वयं अपनी ही इच्छा से लौट आए।'

'मेरे लिए आपको इतना कष्ट उठाना होगा, यह जानता, तो मैं कदापि लौट आने को सहमत न होता।'
भारती बोली, 'संभव है; लेकिन मैंने तो सोचा था कि आप स्वयं अपनी ही इच्छा से लौट आए।'
अपूर्व का मुँह लाल हो उठा। मुँह का ग्रास निगलकर बोला, 'कभी नहीं! कभी नहीं! कल आप ही डॉक्टर बाबू से पूछकर देख लेना।'
'इतनी पूछताछ की क्या आवश्यकता है? क्या झूठ कहेंगे आप?'

अपूर्व का मुँह लाल हो उठा। मुँह का ग्रास निगलकर बोला, 'कभी नहीं! कभी नहीं! कल आप ही डॉक्टर बाबू से पूछकर देख लेना।'

'इतनी पूछताछ की क्या आवश्यकता है? क्या झूठ कहेंगे आप?'

उत्तर सुनकर अपूर्व जल उठा। उसके लौटने पर भारती ने जो मंतव्य प्रकट किया, उसे स्मरण करके बोला—'झूठ बोलने का मेरा स्वभाव नहीं है, आप विश्वास नहीं कर सकती?'

'मैं क्या विश्वास करूँगी?'

'मैं यह नहीं जानता, जिसका जैसा स्वभाव रहता है...।' कहकर मुँह नीचा करके, वह भोजन करने में लग गया।

'आप व्यर्थ क्रोध कर रहे हैं। डॉक्टर के कहने से न आकर, अपनी ही इच्छा से आ जाने से क्या दोष होगा? केवल यही समझकर मैंने आपसे कहा था। वह जो आप स्वयं खोजते-खोजते मेरे पास आए, उसमें भी क्या दोष था?'

'आप व्यर्थ क्रोध कर रहे हैं। डॉक्टर के कहने से न आकर, अपनी ही इच्छा से आ जाने से क्या दोष होगा? केवल यही समझकर मैंने आपसे कहा था। वह जो आप स्वयं खोजते-खोजते मेरे पास आए, उसमें भी क्या दोष था?'
'संध्या को, हालचाल जानने के लिए आना और आधी रात के समय लौट आना, दोनों में अंतर है।'

'संध्या को, हालचाल जानने के लिए आना और आधी रात के समय लौट आना, दोनों में अंतर है।'

भारती बोली, 'नहीं है। इसलिए तो आपसे मैंने पूछा था कि यदि बता गए होते, तो खाने-पीने की इतनी परेशानी न होती। सबकुछ ठीक-ठीक करके रखवा दिया होता।'

अपूर्व चुपचाप भोजन करने लगा। जब भोजन समाप्त कर चुका तो एकाएक मुँह ऊपर उठाकर देखा, भारती स्निग्ध, कौतुकपूर्ण दृष्टि से उसकी ओर चुपचाप निहार रही है। बोली, 'देखिए तो खाने में कितना कष्ट हुआ!'

'आज आपको जाने क्या हो गया है! सीधी सी बात भी समझ नहीं पातीं।'

'और ऐसा भी तो हो सकता है कि सीधी-सादी बात न रहने के कारण ही समझ में नहीं आ रही है।' कहकर भारती खिलखिलाकर हँस पड़ी।

यह हँसी देखकर वह स्वयं हँस पड़ा। उसे संदेह हुआ कि इतनी देर में भारती शायद उसे झूठमूठ ही परेशान कर रही थी।

जल समाप्त हो गया था। खाली गिलास देखकर भारती व्यग्र हो उठी, 'यह जो...।'

'क्या और जल नहीं है?'

'है तो।' यह कहकर भारती कुपित होकर बोली, 'इतना नशा करने से, मनुष्य को स्मरण नहीं रहता! पीने के पानी का लोटा; शिबू नीचे के नल पर ही छोड़ गया। अब

हाथ धोकर ही पी लीजिएगा, क्या कहते हैं? लेकिन क्रोध न करना, यह पहले से ही कहे देती हूँ।'

अपूर्व हँसकर बोला, 'इसमें क्रोध करने की बात ही क्या है?'

'भोजन के समय, पीने भर को जल न मिलने पर, बड़ी अतृप्ति होती है। जान पड़ता है कि पेट ही नहीं भरा; लेकिन इसीलिए कुछ छोड़कर उठ जाने से भी तो काम नहीं चलता। अच्छा, जाऊँ जल्दी से शिबू को पुकार लाऊँ?'

अपूर्व ने हँसते हुए कहा, 'इसीलिए इस अँधेरे में आप बुलाएँगी।'

भोजन समाप्त हो चुका था; फिर भी बलपूर्वक और दो-चार ग्रास मुँह में ठूँसकर, अंत में वह जब उठ खड़ा हुआ, तब उसे स्वयं ही मानो लज्जा जान पड़ने लगी। बोला, 'मैं सच कह रहा हूँ, मुझे किसी प्रकार की असुविधा नहीं हुई। मैं हाथ धोने के बाद ही पानी पी लूँगा।'

भारती हँसकर बोली, 'मैं प्रकाश दिखा रही हूँ, आप नीचे से मुँह धो आइए। जल का लोटा सामने ही है, भूल न जाइएगा।'

हाथ-मुँह धोकर अपूर्व जब ऊपर आया, तो देखा कि उसकी जूठन हटाकर, भारती ने स्थान साफ कर लिया है; एक और छोटी तिपाई पर, तश्तरी में सुपारी-इलायची आदि रखी हैं। भारती के हाथ से तौलिया लेकर, हाथ-मुँह पोंछकर, मसाला मुँह में डालकर वह आरामकुरसी पर बैठकर बोला, 'ओह! इतनी देर के बाद शरीर में मानो प्राण आ गया। कैसी भीषण क्षुधा लगी थी!'

भोजन समाप्त हो चुका था; फिर भी बलपूर्वक और दो-चार ग्रास मुँह में ठूँसकर, अंत में वह जब उठ खड़ा हुआ, तब उसे स्वयं ही मानो लज्जा जान पड़ने लगी। बोला, 'मैं सच कह रहा हूँ, मुझे किसी प्रकार की असुविधा नहीं हुई। मैं हाथ धोने के बाद ही पानी पी लूँगा।' भारती हँसकर बोली, 'मैं प्रकाश दिखा रही हूँ, आप नीचे से मुँह धो आइए। जल का लोटा सामने ही है, भूल न जाइएगा।'

दीपक के प्रकाश में भारती का मुँह देखकर अपूर्व बोला, 'आपको बड़ी सर्दी लग रही है, देख रहा हूँ।'

'नहीं तो, कहाँ?'

'नहीं क्यों? गला भारी है, आँखें सूजी हुई हैं। बहुत ठंड है, अब तक इधर मेरा ध्यान ही नहीं गया!'

भारती ने उत्तर नहीं दिया। अपूर्व बोला, 'ठंड का क्या अपराध? इतनी रात को दौड़-धूप जो मचानी पड़ी है।'

कुछ रुककर फिर बोला, 'लौटकर व्यर्थ मैंने आपको कष्ट दिया; लेकिन भला

कौन जानता था; बताइए कि डॉक्टर साहब बुलाकर अंत में आपके गले आफत मढ़कर स्वयं खिसक जाएँगे। भुगतना तो आपको पड़ा।'

भारती बोली, 'यही हुआ! लेकिन भगवान् ने ही सब बोझा खींचने को दिया है तो फिर नालिश करने कहाँ जाऊँ?'

अपूर्व आश्चर्य से बोला, 'इसका क्या अर्थ?'

भारती उसी तरह काम करती-करती बोली, 'अर्थ मैं नहीं जानती; लेकिन देख तो रही हूँ कि जबसे आपने बर्मा में पदार्पण किया, तब से मैं ही बोझा खींच रही हूँ। पिताजी से झगड़ा आपने किया; दंड मैंने पाया। घर पर पहरे के लिए तिवारी को आपने छोड़ा; उसकी सेवा करते-करते मैं मर-मिटी! भय हो रहा है कि कहीं सारा जीवन मुझे ही आपका बोझ न ढोना पड़े, लेकिन अब तो रात है' सोइएगा कहाँ?'

अपूर्व आश्चर्य से बोला, 'इसका क्या अर्थ?' भारती उसी तरह काम करती-करती बोली, 'अर्थ मैं नहीं जानती; लेकिन देख तो रही हूँ कि जबसे आपने बर्मा में पदार्पण किया, तब से मैं ही बोझा खींच रही हूँ। पिताजी से झगड़ा आपने किया; दंड मैंने पाया। घर पर पहरे के लिए तिवारी को आपने छोड़ा; उसकी सेवा करते-करते मैं मर-मिटी! भय हो रहा है कि कहीं सारा जीवन मुझे ही आपका बोझ न ढोना पड़े, लेकिन अब तो रात है' सोइएगा कहाँ?'

'मैं इसको क्या जानूँ?'

भारती बोली, 'होटल में डॉक्टर साहब के घर, आपके लिए बिछौना ठीक करने को कह आई हूँ; संभवतः व्यवस्था हो चुकी होगी।'

'कौन मुझे वहाँ ले जाएगा? मैं तो जानता नहीं।'

'मैं चलती हूँ।'

'चलिए', कहकर अपूर्व उठ खड़ा हुआ। फिर कुछ संकोच के साथ बोला, 'लेकिन तकिया और बिछौने की चादर तो मैं लेता जाऊँगा! कम-से-कम इन दोनों की तो मुझे आवश्यकता है ही, दूसरे के बिछौने पर भी मैं सो न सकूँगा।' यह कहकर वह बिछौने पर से उठने जा रहा था कि भारती ने रोक दिया। इतनी देर के बाद, उसका गंभीर मुख मधुर हँसी से खिल उठा, लेकिन उसने उसे छिपाने के लिए मुँह फेरकर धीरे से कहा, 'यह भी तो दूसरे का ही बिछौना है अपूर्व बाबू! इस पर बैठने में आपको घृणा का अनुभव न होना ही तो भारी आश्चर्य है! लेकिन यदि ऐसा ही हो, तो आपको होटल में सोने की आवश्यकता ही क्या है? आप यहीं सो रहिए।'

'लेकिन आप कहाँ सोएँगी? आपको कष्ट होगा।'

भारती बोली, 'नहीं।' उँगली से दिखाकर कहा, 'उस छोटे कमरे में कुछ बिछाकर मैं अच्छी तरह सो सकूँगी। केवल काठ के फर्श पर हाथ को ही तकिया बनाकर, तिवारी के पास कितनी ही रात बितानी पड़ीं।'

एक मास पूर्व की बात स्मरण करके अपूर्व बोला, 'एक रात को मैंने देख भी लिया था; एकदम कभी देखा ही नहीं, ऐसी बात नहीं है।'

भारती ने हँसते हुए कहा, 'यह बात आपको स्मरण है ? अच्छा, उसी प्रकार एक दिन और भी देख लेंगे।'

'तब तो तिवारी बहुत बीमार था; लेकिन अब लोग क्या सोचेंगे ?'

'सोचेंगे क्या ? दूसरों की बात लेकर, व्यर्थ में कुछ सोचने योग्य छोटा मन, यहाँ किसी का नहीं है।'

'लेकिन नीचे की बैंच पर भी तो मैं सो सकता हूँ ?'

भारती बोली, 'तब, जब मैं यह होने दूँ। इसकी आवश्यकता नहीं है। मैं आपके लिए अस्पृश्य हूँ; इसलिए आपसे मेरी क्षति हो सकती है, यह भय नहीं है।'

अपूर्व आवेग से बोला, 'मुझसे किसी भी समय आपका अकल्याण हो सकता है, यह भय मुझे भी नहीं है; लेकिन किसी को अस्पृश्य कहने से, मुझे सबसे अधिक पीड़ा होती है। अस्पृश्य शब्द में घृणा का भाव है; लेकिन आपसे तो मैं घृणा नहीं करता! हम लोगों की जाति अलग है, इसलिए आपका छुआ मैं खा नहीं सकता! लेकिन इसका कारण क्या घृणा है ? यह झूठ है। इसके लिए आप मन-ही-मन घृणा करती हैं। उस दिन भोर में, मुझे अपार समुद्र में डालकर जब आप चली गईं, उस समय आपकी मुखाकृति मुझे आज भी स्मरण है। उसे मैं जीवन भर न भूल सकूँगा।'

मुझसे किसी भी समय आपका अकल्याण हो सकता है, यह भय मुझे भी नहीं है; लेकिन किसी को अस्पृश्य कहने से, मुझे सबसे अधिक पीड़ा होती है। अस्पृश्य शब्द में घृणा का भाव है; लेकिन आपसे तो मैं घृणा नहीं करता! हम लोगों की जाति अलग है, इसलिए आपका छुआ मैं खा नहीं सकता! लेकिन इसका कारण क्या घृणा है? यह झूठ है। इसके लिए आप मन-ही-मन घृणा करती हैं।

'सबकुछ चाहे भूल जाएँ; लेकिन मेरा वह अपराध न भूलिएगा ?'

'कभी नहीं।'

'मेरी उस मुखाकृति में क्या भावना थी ? घृणा ?'

'अवश्य ही ?'

भारती हँस पड़ी; बोली, 'अर्थात् मनुष्य का मन समझने की बुद्धि आपकी अत्यंत

तीक्ष्ण है, है या नहीं? लेकिन अब आवश्यकता नहीं है, आप सो जाइए। मुझे रात को जागने का अभ्यास है; लेकिन आप और अधिक जागेंगे, तो मुझे ही भुगतना होगा!' कहकर वह पास की छोटी कोठरी में चली गई।

भारती चली गई; लेकिन अपूर्व की आँखों में नींद की परछाईं तक नहीं थी। कमरे के एक कोने में, ढँकी हुई बत्ती टिमटिमा रही थी। बाहर गहरा अंधकार छाया हुआ था। उसका संपूर्ण शरीर मानो रोम-रोम में यह अनुभव करने लगा कि कमरे में, इस शैया पर, इस नीरव रात्रि में, इसी प्रकार चुपचाप सो रहने की तरह सुंदर वस्तु त्रिलोक में और नहीं है।

प्रात:काल उसकी नींद भारती के पुकारने पर टूटी। नेत्र खोलते ही उसने देखा, उसके सामने पैरों के पास यह लड़की खड़ी है।

'उठिए, क्या ऑफिस नहीं जाना है?'

'जाना तो है ही। देखता हूँ, आप नहा भी चुकीं।'

'आपको भी सब काम जल्दी से पूरा कर लेना चाहिए। कल अतिथि-सत्कार में काफी त्रुटि हुई; लेकिन आज हमारी प्रेसीडेंट का आदेश है कि आपको अच्छी तरह खिलाए-पिलाए बिना किसी प्रकार भी छोड़ा न जाए।'

अपूर्व बोला, 'कल की वह स्त्री बच गई?'

'उसे अस्पताल भेज दिया गया है। बचने की आशा तो है।'

उस स्त्री को अपूर्व ने कभी देखा न था। फिर भी उसके कुशल समाचार से, मानो उसने परम-लाभ का अनुभव किया। आज किसी का कोई अकल्याण, मानो वह सह न सकेगा, ऐसा उसे बोध हुआ।

स्नान, संध्या-पूजा आदि समाप्त करके, कपड़े पहनकर, तैयार होकर जब वह ऊपर आया, तब लगभग नौ बज चुके थे। इसी बीच चौका ठीक करके सरकारजी भोजन रख गए। अपूर्व ने आसन पर बैठकर प्रश्न किया, 'आप लोगों की प्रेसीडेंट से तो मेरी भेंट नहीं हुई। उनके अतिथि-सत्कार की संभवतः यही रीति है।'

'आपके जाने के पहले तो भेंट हो ही जाएगी। आपके साथ उनको संभवतः कुछ आवश्यक काम भी है।'

स्नान, संध्या-पूजा आदि समाप्त करके, कपड़े पहनकर, तैयार होकर जब वह ऊपर आया, तब लगभग नौ बज चुके थे। इसी बीच चौका ठीक करके सरकारजी भोजन रख गए। अपूर्व ने आसन पर बैठकर प्रश्न किया, 'आप लोगों की प्रेसीडेंट से तो मेरी भेंट नहीं हुई। उनके अतिथि-सत्कार की संभवतः यही रीति है।'
'आपके जाने के पहले तो भेंट हो ही जाएगी। आपके साथ उनको संभवतः कुछ आवश्यक काम भी है।'

'और डॉक्टर साहब, जो मुझे बुलाकर लाए हैं? संभवत: वे अभी बिछौने पर ही पड़े हैं?'

'बिछौने पर पड़े रहने का उनको समय ही नहीं मिला। अभी तो वे अस्पताल से आए हैं। सोने या न सोने, दोनों में से किसी का भी मूल्य उनके लिए नहीं है।'

अपूर्व ने पूछा, 'इससे क्या वे बीमार नहीं पड़ते?'

'मैंने तो देखा नहीं! जान पड़ता है, सुख-दुःख दोनों ही उनसे हार मानकर भाग गए हैं। साधारण मनुष्य के साथ उनकी तुलना नहीं की जा सकती।'

'आप सभी उन पर अत्यंत श्रद्धा रखती हैं?'

'श्रद्धा रखती हैं? श्रद्धा तो अनेक लोग अनेक लोगों पर रखते हैं।' कहते-कहते उसका कंठ-स्वर एकाएक भारी पड़ गया; बोली, 'उनके जाते समय इच्छा होती है कि मार्ग की धूलि पर लेटी रहूँ। वे छाती के ऊपर पैर रखकर चले जाएँ। इच्छा तो पूरी होती है, फिर भी आशा पूरी नहीं होती अपूर्व बाबू!' यह कहकर उसने मुँह फेरकर, झटपट नेत्रों के दोनों कोने पोंछ डाले।

अपूर्व ने और कुछ नहीं पूछा, चुपचाप भोजन करने लगा। उसे यही बात बार-बार याद पड़ने लगी कि सुमित्रा और भारती की भाँति इतनी बड़ी शिक्षिता और बुद्धिमती नारी-हृदयों में, जिस मनुष्य ने इतनी ऊँचाई पर सिंहासन बना लिया है, भगवान् ने उसे किस धातु का बनाकर इस संसार में भेजा है? कौन सा असाधारण कार्य, उसके द्वारा वे संपन्न कराएँगे?

अपूर्व ने और कुछ नहीं पूछा, चुपचाप भोजन करने लगा। उसे यही बात बार-बार याद पड़ने लगी कि सुमित्रा और भारती की भाँति इतनी बड़ी शिक्षिता और बुद्धिमती नारी-हृदयों में, जिस मनुष्य ने इतनी ऊँचाई पर सिंहासन बना लिया है, भगवान् ने उसे किस धातु का बनाकर इस संसार में भेजा है? कौन सा असाधारण कार्य, उसके द्वारा वे संपन्न कराएँगे?

ऑफिस के कपड़े पहनकर, तैयार होकर उसने कहा, 'चलिए, डॉक्टर साहब के साथ एक बार भेंट कर आएँ।'

'चलिए, उन्होंने आपको बुलाया भी है।'

सरकारजी के जीर्ण-शीर्ण होटल के एक अत्यंत भीतरवाले कमरे में डॉक्टर साहब का निवास-स्थान है। प्रकाश नहीं है, हवा नहीं है; आस-पास गंदा पानी जमा हो जाने से, एक प्रकार की दुर्गंध फैल रही है; अत्यंत पुराने तख्तों के फर्श पर पैर रखने पर भय होने लगता है कि कहीं वे टूटकर गिर न पड़ें। ऐसे ही एक गंदे तथा भद्दे कमरे में, जब भारती मार्ग दिखाती हुई उसे ले गई, तब उसके आश्चर्य का ठिकाना न रहा। उस कमरे

में पहुँचकर, कुछ देर तक तो अपूर्व को कुछ भी दिखाई न पड़ा।

‘डॉक्टर साहब ने स्वागत करते हुए कहा, ‘आइए अपूर्व बाबू!’

‘ओह! कैसा भयानक कमरा आपने ढूँढ़ निकाला है डॉक्टर साहब!’

‘लेकिन कितना सस्ता है! महीने में दस आने किराया, बस!’

‘अधिक है, बहुत अधिक है, दस पैसे ही उचित किराया होता।’

डॉक्टर बोल, ‘हम दु:खी लोग किस प्रकार रहते हैं, आप लोगों को नेत्रों से देख लेना चाहिए। बहुतों के लिए तो यही राजमहल है।’

‘तब तो भगवान् मुझे इस महल से वंचित रखें। बाप रे बाप!’

‘सुना है, कल रात को आपको बड़ा कष्ट उठाना पड़ा। क्षमा कीजिएगा।’

डॉक्टर बोल, ‘हम दु:खी लोग किस प्रकार रहते हैं, आप लोगों को नेत्रों से देख लेना चाहिए। बहुतों के लिए तो यही राजमहल है।’
‘तब तो भगवान् मुझे इस महल से वंचित रखें। बाप रे बाप!’
‘सुना है, कल रात को आपको बड़ा कष्ट उठाना पड़ा। क्षमा कीजिएगा।’
‘क्षमा तभी करूँगा, तब आप यह कमरा छोड़ देंगे। इसके पहले नहीं।’
डॉक्टर केवल हँस पड़े; बोले, ‘अच्छा, ऐसा ही होगा।’

‘क्षमा तभी करूँगा, तब आप यह कमरा छोड़ देंगे। इसके पहले नहीं।’

डॉक्टर केवल हँस पड़े; बोले, ‘अच्छा, ऐसा ही होगा।’

इतनी देर से अपूर्व ने देखा नहीं था। अत्यंत आश्चर्य से उसने देखा कि वहीं सुमित्रा भी एक मोढ़े पर बैठी हुई है। ‘आप यहाँ हैं? मुझे क्षमा करें, आपको मैंने तो देखा ही नहीं।’ वह बोल उठा।

सुमित्रा बोली, ‘अपराध आपका नहीं, अंधकार का है अपूर्व बाबू!’

अपूर्व धीरे से बोला, ‘डॉक्टर साहब, आपका पहनावा आज कैसा है? क्या कहीं बाहर जा रहे हैं?’

डॉक्टर के सिर पर पगड़ी, शरीर पर लंबा कोट, ढीला पाजामा, पैरों में रावलपिंडी का नागौरी जूता तथा चमड़े के बैग में कई गट्ठर बँधे हैं। बोले, ‘मैं तो अब जा रहा हूँ अपूर्व बाबू! ये लोग सभी रहेंगे, आपको देखभाल करनी होगी। इससे अधिक आपको कहना, मुझे आवश्यक नहीं जान पड़ता।’

अपूर्व घबराकर बोला, ‘एकाएक जा कैसे रहे हैं? कहाँ जाना है?’

डॉक्टर शांत, स्वाभाविक स्वर में बोला, ‘हम लोगों के शब्दकोष में क्या ‘एकाएक’ शब्द रहता है अपूर्व बाबू? भामो के मार्ग में जाना है, उसके भी और कुछ उत्तर। कुछ सच्ची जरी का माल है, सिपाहियों को अच्छे दाम में बेचा जाता है।’ यह कहकर हँस पड़े।

सुमित्रा बोल उठी, 'उन लोगों को पेशावर से एकदम हटाकर भामो लाया गया है। तुम जानते हो, उन लोगों पर कैसी कड़ी निगरानी रहती है! तुमको भी बहुत से लोग पहचानते हैं। कभी ऐसा मत सोचना कि सबकी आँखों में धूल झोंक सकोगे। इधर कुछ दिनों तक न जाने से क्या काम न चलेगा?' अंतिम वाक्य कहते समय, उसका स्वर मानो कुछ विचित्र सा सुनाई पड़ा।

डॉक्टर ने कहा, 'तुम तो जानती ही हो कि न जाने से काम न चलेगा।'

सुमित्रा ने फिर कोई बात न कही; लेकिन क्षणभर में ही अपूर्व सब घटना समझ गया। उसके समूचे शरीर में आग सी जलने लगी। किसी प्रकार पूछ बैठा, 'मान लीजिए, यदि उनमें से कोई पहचान ही ले? यदि पकड़ ले?'

डॉक्टर बोले, 'पकड़ लेने पर संभवतः फाँसी दे देंगे! लेकिन अब तो दस बजे की गाड़ी छूटने में देर नहीं है अपूर्व बाबू! मैं जा रहा हूँ।' यह कहकर उन्होंने फीते से बँधे बहुत बड़े बिछौने को अनायास ही पीठ पर रखकर, चमड़े के बैग को हाथ में उठा लिया।

अभी तक भारती ने एक भी वाक्य नहीं कहा था; इस समय भी कोई बात नहीं कही, केवल पैरों पर गिरकर प्रणाम कर लिया। सुमित्रा ने भी प्रणाम किया; लेकिन वह प्रणाम पैरों के पास नहीं, एकदम पैरों के ऊपर ही हुआ।

डॉक्टर बोले, 'पकड़ लेने पर संभवतः फाँसी दे देंगे! लेकिन अब तो दस बजे की गाड़ी छूटने में देर नहीं है अपूर्व बाबू! मैं जा रहा हूँ।' यह कहकर उन्होंने फीते से बँधे बहुत बड़े बिछौने को अनायास ही पीठ पर रखकर, चमड़े के बैग को हाथ में उठा लिया।

अभी तक भारती ने एक भी वाक्य नहीं कहा था; इस समय भी कोई बात नहीं कही, केवल पैरों पर गिरकर प्रणाम कर लिया। सुमित्रा ने भी प्रणाम किया; लेकिन वह प्रणाम पैरों के पास नहीं, एकदम पैरों के ऊपर ही हुआ।

डॉक्टर ने कमरे के बाहर आकर, अपूर्व के हाथ को पिछली रात की भाँति अपनी मुट्‌ठी में भींचकर कहा, 'मैं अब जा रहा हूँ, अपूर्व बाबू, मैं ही सव्यसाची हूँ।'

अपूर्व का मुँह सूखकर रेगिस्तान हो गया; उसके कंठ से कोई शब्द नहीं निकला, लेकिन उसने नेत्रों की पलक गिरते-गिरते, उसके पैरों के पास स्त्रियों की भाँति भूमि पर गिरकर प्रणाम किया। डॉक्टर ने उसके माथे पर हाथ रखा और एक हाथ भारती के माथे पर रखकर, धीमे से स्वर में क्या कहा, सुनाई नहीं पड़ा और फिर वे शीघ्रता से बाहर निकल गए।

तेरह

भारती और अपूर्व दोनों ने पीछे की ओर के बंद दरवाजे की ओर मुड़कर देखा; लेकिन किसी ने कुछ कहा नहीं। दोनों चुपचाप होटल के बाहर आने लगे, तो भारती ने कहा, 'चलिए अपूर्व बाबू, हम लोग अपने कमरे में चलें…।'

'लेकिन मेरा तो ऑफिस का समय…।'

'इतवार को भी ऑफिस?'

'इतवार? ये बात है?' अपूर्व प्रसन्न होकर बोला, 'यह बात सवेरे स्मरण पड़ती, तो नहाने-खाने के लिए इतना घबराने की आवश्यकता ही न पड़ती! आपको इतनी बातें स्मरण रहती हैं; लेकिन इसको ही भूल गई थी?'

> ***भारती के मुँह पर मानो बिजली सी दौड़ गई। अपूर्व ने इसको नहीं देखा, वह पीछे-पीछे आ रहा था। पीछे से ही फिर बोला, 'इस विदेश में आप न होतीं, तो मेरी क्या दशा होती, बताइए तो! सबकुछ चोरी हो जाता, संभवतः तिवारी कमरे में ही मर जाता, ब्राह्मण के लड़के को डोम-मेहतर खींचकर उठाते, मैं भी क्या रह पाता? नौकरी छोड़कर संभवतः चला जाना पड़ता। उसके बाद फिर ज्यों-की-त्यों दशा! उन भौजाइयों की गर्जना और माताजी के नेत्रों के आँसू! आप ही तो सबकुछ हैं! सबकुछ बचा दिया आपने।'***

'ऐसा ही हुआ है, लेकिन कल रात को आपका निराहार रहना तो मैं भूली नहीं।'

अपूर्व बोला, 'देर करने का मुझे अवकाश नहीं है, बेचारा तिवारी सोच में पड़कर परेशान हो रहा होगा!'

भारती बोली, 'नहीं हो रहा है! आपके जागने के पूर्व ही, उसको आपकी कुशलता की सूचना मिल चुकी है।'

'वह क्या जानता है कि मैं यहाँ हूँ?'

भारती बोली, 'जानता है। मैंने आदमी भेज दिया है।'

यह सुनकर अपूर्व के मन पर से भारी बोझा सा उतर गया। तिवारी और जो कुछ भी क्यों न करे, वह भारती के मुँह से निकली बात पर, मर जाने की दशा में भी अविश्वास न करेगा। प्रसन्नचित्त होकर अपूर्व बोला, 'आपकी दृष्टि चारों ओर रहती है। घर पर भाभी को भी देखा है और लोगों को भी देखा है, माँ को भी देखा है, लेकिन ऐसी सर्वतोमुखी दृष्टि, मैंने किसी की भी नहीं देखी। मैं सच कह रहा हूँ, आप जिस घर की स्वामिनी होंगी, उस घर के लोग नेत्र बंद करके दिन बिताएँगे, कभी किसी को कोई कष्ट न उठाना पड़ेगा।'

भारती के मुँह पर मानो बिजली सी दौड़ गई। अपूर्व ने इसको नहीं देखा, वह

पीछे-पीछे आ रहा था। पीछे से ही फिर बोला, 'इस विदेश में आप न होतीं, तो मेरी क्या दशा होती, बताइए तो! सबकुछ चोरी हो जाता, संभवतः तिवारी कमरे में ही मर जाता, ब्राह्मण के लड़के को डोम-मेहतर खींचकर उठाते, मैं भी क्या रह पाता? नौकरी छोड़कर संभवतः चला जाना पड़ता। उसके बाद फिर ज्यों-की-त्यों दशा! उन भौजाइयों की गर्जना और माताजी के नेत्रों के आँसू! आप ही तो सबकुछ हैं! सबकुछ बचा दिया आपने।'

'फिर भी आपने आते ही मेरे साथ झगड़ा मचा दिया था।'

अपूर्व लज्जित होकर बोला, 'सारा दोष तिवारी का ही है, लेकिन माँ यह सुनकर आपको कितना आशीर्वाद देंगी, यह आप नहीं जानतीं!'

'कैसे जानूँ? माँ के आने पर ही तो उनके मुँह से सुन पाऊँगी।'

'माँ आएँगी, इस बर्मा में! यह आप क्या कह रही हैं?'

भारती ने बल देकर कहा, 'क्यों न आएँगी, कितनों ही की माँ तो प्रतिदिन आ रही हैं! यहाँ आने से क्या किसी की जाति चली जाती है?'

अपूर्व जाकर आरामकुरसी पर बैठ गया। भारती बोली, 'भौजाइयाँ माताजी की अच्छी तरह सेवा नहीं करतीं और आपको बहुत दिनों तक विदेश में नौकरी करके ही रहना पड़े, तो उनकी सेवा कौन करेगा?'

'कुलीन ब्राह्मण वंश!' यह कहकर भारती मुसकराकर बोली, 'अब रहने दीजिए! यदि आवश्यकता पड़ी, तो वह कहानी किसी दूसरे दिन आपको सुनाऊँगी! केवल माँ की सेवा के लिए ही, जिससे विवाह करके आप छोड़कर चले आएँगे, उसके प्रति क्या आपका यह अन्याय न होगा?'

'अन्याय अवश्य होगा।'

'माताजी कहती हैं, छोटी दुलहिन उनकी सेवा करेगी?'

भारती बोली, 'यदि वह भी सेवा न करे? आप रहेंगे विदेश में; बड़ी बहुओं की देखा-देखी, यदि वह भी उन्हीं लोगों की भाँति माँ की सेवा न करके कष्ट देना ही आरंभ करे, तो और क्या कीजिएगा?'

अपूर्व भयभीत होकर बोला, 'ऐसा कभी नहीं हो सकता। कुलीन ब्राह्मण-वंश से आकर, किसी प्रकार भी वह मेरी माँ को कष्ट न दे सकेगी।'

'कुलीन ब्राह्मण वंश!' यह कहकर भारती मुसकराकर बोली, 'अब रहने दीजिए! यदि आवश्यकता पड़ी, तो वह कहानी किसी दूसरे दिन आपको सुनाऊँगी! केवल माँ की सेवा के लिए ही, जिससे विवाह करके आप छोड़कर चले आएँगे, उसके प्रति क्या आपका यह अन्याय न होगा?'

'अन्याय अवश्य होगा।'

'और इस अन्याय के बदले में उसकी ओर से आप स्वयं न्याय की अपेक्षा करेंगे?'

अपूर्व कुछ देर तक मौन रहकर बोला, 'लेकिन इसके अतिरिक्त, मेरे पास और उपाय ही क्या है भारती?'

'उपाय नहीं भी है और हो भी सकता है! लेकिन इस असंभव बात की आशा, आप बहुत बड़े कुलीन घर से भी नहीं कर सकते। इसका परिणाम कभी शुभ न होगा। आपकी निष्ठुरता के बदले में वह जितना ही अपना कर्तव्यपालन करेगी, आप उसके सामने उतने ही छोटे हो जाएँगे। स्त्री के सामने अश्रद्धेय होने की अपेक्षा बड़ा दुर्भाग्य संसार में और कुछ भी नहीं है अपूर्व बाबू!'

'आप? आपके घर में प्रवेश करते ही माँ बरतन उठाकर फेंक देंगी।'
भारती बोली, 'कितनी बार फेंकेंगी? मैं रोज कमरे में प्रवेश करूँगी।'
दोनों हँस पड़े। भारती ने सहसा गंभीर होकर कहा, 'आप भी तो बरतन फेंकनेवालों के दल में हैं! लेकिन फेंक देने से ही यदि सब बखेड़ा समाप्त होता, तब तो संसार की सारी समस्याएँ सुलझ ही जातीं! विश्वास न हो तो तिवारी से पूछ लीजिएगा।'

इस बार अपूर्व निरुत्तर सा हो गया। मित्र-मंडली में शास्त्रानुसार स्त्री आधुनिकता के विरुद्ध लड़ाई करते समय उसने शास्त्रग्रंथादि से प्रमाण उद्धृत करके उन लोगों को स्तब्ध कर दिया है; लेकिन इस ईसाई लड़की के आगे उसका मुँह नहीं खुला। केवल कह सका, 'कोई नहीं।'

भारती हँसकर बोली, 'एकदम कोई नहीं है, यह बात नहीं है? कुलीन घर में न रहने पर भी, संभवत: और कहीं-कोई हो सकती है, जो आपके लिए अपने-आपको संपूर्ण तिलांजलि दे सकती है; लेकिन उसको आप खोज कहाँ पाएँगे?'

अपूर्व अपने-आप में ही डूबा रहा। भारती की बात पर उसने ध्यान नहीं दिया, बोला, 'यही तो बात है।'

भारती बोली, 'आप घर कब जाइएगा?'

'क्या जानें, माँ कब चिट्ठी भेजती हैं! बाबूजी के साथ मतभेद होने के कारण, माँ ने जीवन में कभी सुख नहीं पाया। उस माँ को अकेली छोड़ आने के लिए, मेरा चित्त कभी तैयार न होता।' फिर भारती के मुँह की ओर देखकर, वह बोला, 'देखिए, बाहर से देखने में उन लोगों की अवस्था जितनी अच्छी क्यों न हो; लेकिन भीतर से बहुत खराब है! भौजाइयाँ किसी भी दिन हम लोगों को अलग कर सकती हैं! वहाँ जाकर, संभवत: फिर लौटकर न आ सकूँ।'

भारती बोली, 'आपको आना ही पड़ेगा।'

'माँ को छोड़कर कब तक अलग ही रहूँगा?'

'उन्हें सहमत करके, साथ ले आइए। वे आएँगी!'

अपूर्व हँसकर बोला, 'कभी नहीं, माँ को आप नहीं जानतीं! अच्छा मान लो, वे आ जाएँ, तो उनकी देखभाल कौन करेगा?'

'मैं करूँगी।'

'आप? आपके घर में प्रवेश करते ही माँ बरतन उठाकर फेंक देंगी।'

भारती बोली, 'कितनी बार फेंकेंगी? मैं रोज कमरे में प्रवेश करूँगी।'

दोनों हँस पड़े। भारती ने सहसा गंभीर होकर कहा, 'आप भी तो बरतन फेंकनेवालों के दल में हैं! लेकिन फेंक देने से ही यदि सब बखेड़ा समाप्त होता, तब तो संसार की सारी समस्याएँ सुलझ ही जातीं! विश्वास न हो तो तिवारी से पूछ लीजिएगा।'

अपूर्व बोला, 'यह तो सच है। वह तो बरतन फेंक देगा; लेकिन साथ ही उसके नेत्रों से आँसू भी बहेंगे। आपके प्रति वह इतनी भक्ति रखता है कि थोड़ा सा सिखाने-पढ़ाने से ईसाई भी बन सकता है।'

भारती बोली, 'संसार में कुछ भी नहीं कहा जा सकता। न नौकर के संबंध में और न…' यह कहकर जब उसने हँसी छुपाने के लिए अपना मुँह नीचे किया, तो अपूर्व का मुख लाल हो उठा, बोला, 'लेकिन यह तो निश्चित है कि नौकर और मालिक की बुद्धि में कुछ अंतर रह सकता है।'

दोनों हँस पड़े। भारती ने सहसा गंभीर होकर कहा, 'आप भी तो बरतन फेंकनेवालों के दल में हैं! लेकिन फेंक देने से ही यदि सब बखेड़ा समाप्त होता, तब तो संसार की सारी समस्याएँ सुलझ ही जातीं! विश्वास न हो तो तिवारी से पूछ लीजिएगा।'

भारती बोली, 'है तो! इसीलिए उसके सहमत होने में देर हो सकती है; लेकिन आपको नहीं।' अपूर्व परिहास समझ लेने पर प्रसन्न होकर बोला, 'अच्छा, वास्तव में कहता हूँ, यह आप सोच सकती हैं?'

'सोच सकती हूँ।'

अपूर्व बोला, 'लेकिन मैं तो प्राण जाने पर भी धर्म नहीं त्याग सकता।'

भारती बोली, 'प्राण जाना क्या वस्तु है, यही तो आप नहीं जानते। तिवारी जानता है; लेकिन इस विषय को लेकर तर्क-वितर्क करने से अब क्या होगा? आपकी तरह अंधकार में डूबे हुए मनुष्य को प्रकाश में ले आने की अपेक्षा, अधिक आवश्यक काम, अभी मुझे करने को शेष है। आप थोड़ी देर सो रहिए।'

अपूर्व बोला, 'दिन को मैं कभी नहीं सोता।'

भारती बोली, 'मुझे तो मुट्ठी अन्न पकाकर खाना पड़ता है। सो नहीं सकते, तो मेरे

साथ नीचे चलिए। मैं क्या रसोई पकाती हूँ, किस तरह पकाती हूँ, वही देखिए, जबकि मेरे हाथ का एक दिन खाना ही पड़ेगा, तब एकदम अनभिज्ञ रहना भी ठीक नहीं।' यह कहकर वह खिलखिलाकर हँस पड़ी।

अपूर्व बोला, 'मैं मर जाने पर भी आपके हाथ का नहीं खाऊँगा।'

'मैं जीवित रहते खाने की बात कह रही हूँ।' कहकर हँसती हुई वह नीचे चली गई।

अपूर्व चिल्लाकर बोला, 'तब मैं अपने डेरे पर चला जाऊँ, तिवारी परेशान होगा।' कोई उत्तर न पाकर वह आलसवश आराम करने लगा।

चौदह

'उठिए। दिन बहुत बीत गया है।'

अपूर्व नेत्र मलकर उठ बैठा। देखकर बोला, 'तीन-चार घंटे हो गए, मुझे जगा क्यों नहीं दिया?'

'जाइए, हाथ-मुँह धो आइए, सरकारजी जलपान की थाली ले आए हैं।'

नीचे से हाथ-मुँह धो आने के बाद, अपूर्व जलपान करके सुपारी-इलायची आदि मुँह में रखकर बोला, 'अब मुझे छुट्टी दीजिए, मैं अपने डेरे पर जाऊँ।'

भारती बोली, 'यह नहीं होगा! तिवारी को मैंने सूचना पहुँचा दी है, वह स्वस्थ शरीर से घर पर मौजूद है, कोई चिंता नहीं।'

'चिंता क्यों?'

भारती बोली, 'आज सुमित्रा देवी अस्वस्थ हैं, नवतारा अतुल बाबू को साथ लेकर उस पार गई है, आप मेरे साथ चलिए। आपके लिए प्रेसीडेंट का यही आदेश है। यह धोती मैंने ला दी है, इसे आप पहन लीजिए।'

भारती बोली, 'आज सुमित्रा देवी अस्वस्थ हैं, नवतारा अतुल बाबू को साथ लेकर उस पार गई है, आप मेरे साथ चलिए। आपके लिए प्रेसीडेंट का यही आदेश है। यह धोती मैंने ला दी है, इसे आप पहन लीजिए।'
'कहाँ जाना होगा?'
'मजदूरों के घर। आज रविवार के दिन वहाँ काम है।'
'लेकिन वहाँ किसलिए?'

'कहाँ जाना होगा?'

'मजदूरों के घर। आज रविवार के दिन वहाँ काम है।'

'लेकिन वहाँ किसलिए?'

भारती बोली, 'पथ के दावेदार' के काम क्या इसी कमरे में होते हैं?' फिर हँसकर बोली, 'आप इस सभा के माननीय सदस्य हैं, ठीक स्थान पर न जाने से तो काम का

ढंग न समझ सकेंगे अपूर्व बाबू!'

'चलिए' कहकर अपूर्व तैयार हो गया।

भारती ने आलमारी से एक वस्तु, छिपाकर उसकी जेब में रख दी। अपूर्व बोला, 'यह क्या है?'

'पिस्तौल है।'

'पिस्तौल क्यों?'

'आत्म-रक्षा के लिए।'

'इसका लाइसेंस है?'

'नहीं।'

'यदि पुलिस पकड़ेगी तो दोनों की आत्मरक्षा होगी। कितने वर्षों की सजा मिलेगी, जानती हो?'

'नहीं, चलिए।'

अपूर्व बोला, 'दुर्गा, श्री हरि! चलिए।'

लंबा मार्ग चलकर, एक कारखाने के सामने पहुँचकर, ये लोग फाटक के कटे दरवाजे से निकलकर भीतर चले गए। कारीगरों और मजदूरों के रहने के लिए टूटे-फूटे काठ और टीनों की लंबी बस्ती है।

भारती प्रत्युत्तर में हँस पड़ी। कई घरों को पार करके, दोनों ने जाकर एक बंगाली मिस्त्री के घर में प्रवेश किया। उस मनुष्य की अवस्था अधिक हो चली है, कारखाने में पीतल ढालने का काम करता है। शराब पीकर, काठ के फर्श पर लेटकर, मुँह बिगाड़कर किसी को गालियाँ दे रहा था। भारती बोली, 'माणिक, किस पर कुपित हो रहे हो? सुशीला दो दिनों से पढ़ने क्यों नहीं गई?'

भारती बोली, 'आज काम का दिन होता, तो इस स्थल पर ही मारपीट और खून-खराबे के कांड उपस्थित होते।'

'यह तो छुट्टी के दिन की भीड़ से ही अनुभव कर रहा हूँ।'

सामने एक मद्रासी महिला, परदा खिसकाकर पाखाने जा रही थी। परदे की दशा देखकर, अपूर्व लज्जा से लाल होकर बोला, 'पथ के दावे करने हों, तो और कहीं चलिए; यहाँ तो मैं खड़ा न रह सकूँगा।'

भारती प्रत्युत्तर में हँस पड़ी।

कई घरों को पार करके, दोनों ने जाकर एक बंगाली मिस्त्री के घर में प्रवेश किया। उस मनुष्य की अवस्था अधिक हो चली है, कारखाने में पीतल ढालने का काम करता है। शराब पीकर, काठ के फर्श पर लेटकर, मुँह बिगाड़कर किसी को गालियाँ दे रहा था। भारती बोली, 'माणिक, किस पर कुपित हो रहे हो? सुशीला दो दिनों से पढ़ने क्यों नहीं गई?'

माणिक किसी प्रकार उठ बैठा, पहचानकर बोला, 'बहनजी! आओ, बैठो। सुशीला तुम्हारे स्कूल में कैसे जाएगी, बताओ? रसोई-पानी, बरतन माँजने से लेकर, लड़के

तक को सँभालने का काम, छाती फटी जा रही है बहनजी! उस साले को यदि मार न डालूँ, तो मैं कैवर्त समाज से खारिज! बड़े साहब के पास ऐसी अर्जी भेजूँगा कि साले की नौकरी ही छूट जाएगी।'

भारती हँसकर बोली, 'यही करना! और यदि कहो, तो सुमित्रा दीदी से कहकर, मैं तुम्हारी अर्जी लिख दूँगी; लेकिन कल तो हमारे फायर-मैदान में मीटिंग है, याद है न?'

इसी समय दस-ग्यारह साल की लड़की आई। उसने शराब फर्श पर रखकर कहा, 'घोड़ा-मार्का शराब नहीं है, टोपी-मार्का ले आई हूँ। चार पैसे बाकी पड़े हैं बाबूजी! राम ने मतवाला बनकर मुझको क्या कहा था, जानते हो?'

पिता ने रमिया का नाम लेकर एक भद्दी गाली दे दी। भारती बोली, 'वहाँ तुम मत जाना। तुम्हारी माँ कहाँ है, सुशीला?'

'माँ? माँ तो परसों रात को ही यदु चाचा के साथ निकलकर चली गई और लाइन के बाहर जाकर, किराए का मकान लेकर रहती है।' लड़की और भी कुछ कहने जा रही थी; लेकिन बाप गरजकर बोला, 'रहने दूँगा? यह ब्याही औरत है, रखैल नहीं!' यह कहकर उसने नई बोतल की टेपी तोड़ डाली।

अचानक भारती की साड़ी का छोर खींचकर अपूर्व बोला, 'चलिए यहाँ से।' इससे पूर्व कभी उसने भारती को स्पर्श नहीं किया था।

'थोड़ी देर और ठहरिए।'

'नहीं, बिल्कुल नहीं।' बलपूर्वक वह उसको बाहर ले गया। कमरे में माणिक बोतल खोलकर, गर्व से बोला, 'खून करके यदि फाँसी पर भी चढ़ना पड़े, तो भी अच्छा है। मैं जेल या फाँसी, किसी से भी नहीं डरता।'

भारती बोली, 'नहीं। इस नरक-कुंड को इन लोगों ने नहीं बनाया है।'
अपूर्व बोला, 'उन्होंने नहीं, तो क्या मैंने बनाया है? लड़की की बात सुनी? उसकी माँ ने तीर्थ-यात्रा की है! निर्लज्ज, बेहया, शैतान! फिर कभी यहाँ आइएगा, तो फल देख लीजिएगा।'
भारती हँसकर बोली, 'मैं म्लेच्छ हूँ, मेरे यहाँ आने में क्या दोष है?'

अपूर्व मानो अग्नि-कांड की तरह जल उठा, 'हरामजादा, पाजी, लुच्चा, बदमाश, नरक-कुंड बना रखा है! यहाँ आपको कदम रखने में घृणा नहीं हुई?'

भारती बोली, 'नहीं। इस नरक-कुंड को इन लोगों ने नहीं बनाया है।'

अपूर्व बोला, 'उन्होंने नहीं, तो क्या मैंने बनाया है? लड़की की बात सुनी? उसकी माँ ने तीर्थ-यात्रा की है! निर्लज्ज, बेहया, शैतान! फिर कभी यहाँ आइएगा, तो फल देख लीजिएगा।'

भारती हँसकर बोली, 'मैं म्लेच्छ हूँ, मेरे यहाँ आने में क्या दोष है ?'

अपूर्व क्रोधित होकर बोला, दोष नहीं ? क्रिस्तान के लिए क्या, अपने समाज के प्रति कोई उत्तरदायित्व नहीं है ?'

'मेरा कौन है, जिसके प्रति उत्तरदायित्व दिखाऊँ ? किसके सिर में मेरे लिए पीड़ा होती है ?'

'यह आपकी चालाकी है। आप घर लौट चलिए।'

'मुझे और पाँच स्थानों पर जाना है, आपको अच्छा न लगता हो तो आप लौट जाइए।'

'यह कहने से ही क्या मैं आपको छोड़कर जा सकता हूँ ?'

'ऐसी बात है, तो मेरे साथ चलिए। मनुष्य पर मनुष्य के अत्याचार नेत्र खोलकर देखना सीखिए। केवल छुआछूत फैला, आप-ही-आप साधु बनकर सोचते हैं कि पुष्प-संचय करके, एक दिन स्वर्ग जाइएगा ? ऐसा विचार भी मत कीजिएगा!', कहते-कहते भारती की मुखाकृति कठोर और गले का स्वर तीक्ष्ण हो उठा। फिर बोली, 'इस लड़की की माँ और यदु ने जो अपराध किया है, यह क्या केवल उन लोगों को दंड देकर समाप्त हो जाएगा ? आप क्या उसके कोई नहीं हैं ? कभी नहीं। डॉक्टर साहब को जब तक मैंने नहीं पहचाना था, तब तक मैं भी ठीक इसी प्रकार सोचती थी; लेकिन आज मैं जानती हूँ, इस नरक-कुंड में जितना पानी है, उसका भार, आपको भी स्वर्ग के द्वार से खींच लाकर, इस नरक-नरकुंड में डुबा देगा! आपमें इतनी सामर्थ्य नहीं कि इस दुष्कृति का ऋणशोध किए बिना भी मुक्ति पा जाएँ। हम लोग अपनी ही गरज से आते हैं, अपूर्व बाबू! यह उपलब्धि ही हम लोगों के पथ के दावे की सबसे बड़ी साधना है। चलिए।'

डॉक्टर साहब को जब तक मैंने नहीं पहचाना था, तब तक मैं भी ठीक इसी प्रकार सोचती थी; लेकिन आज मैं जानती हूँ, इस नरक-कुंड में जितना पानी है, उसका भार, आपको भी स्वर्ग के द्वार से खींच लाकर, इस नरक-नरकुंड में डुबा देगा! आपमें इतनी सामर्थ्य नहीं कि इस दुष्कृति का ऋणशोध किए बिना भी मुक्ति पा जाएँ। हम लोग अपनी ही गरज से आते हैं, अपूर्व बाबू! यह उपलब्धि ही हम लोगों के पथ के दावे की सबसे बड़ी साधना है।

'चलिए!' कहकर भी अपूर्व भारती की बातों पर विश्वास न कर सका।

एक सागौन का पेड़ दिखाकर भारती बोली, 'वहाँ सामने कई बंगाली रहते हैं, चलिए!'

'बंगालियों के अतिरिक्त और जातियों में भी आप लोग काम करती हैं ?'

'करती हैं ! हमें तो सबकी आवश्यकता है; लेकिन प्रेसीडेंट के अतिरिक्त और कोई सबकी भाषा नहीं समझता; उनके स्वस्थ रहने पर, यह काम उन्हीं का है।'

'वे भारतवर्ष की सभी भाषाएँ जानती हैं ?'

'हाँ!'

'और डॉक्टर साहब ?'

भारती हँसकर बोली, 'डॉक्टर साहब के संबंध में आपको बड़ी उत्सुकता रहती है। इस बात पर आपको क्यों विश्वास नहीं होता कि इस संसार में जो कुछ भी जान लेना संभव है, वे सबकुछ जानते हैं, जो कुछ किया जा सकता है, वे कर सकते हैं; उनके लिए, असाध्य या अज्ञान, संसार में कुछ भी नहीं!'

भारती हँसकर बोली, 'डॉक्टर साहब के संबंध में आपको बड़ी उत्सुकता रहती है। इस बात पर आपको क्यों विश्वास नहीं होता कि इस संसार में जो कुछ भी जान लेना संभव है, वे सबकुछ जानते हैं, जो कुछ किया जा सकता है, वे कर सकते हैं; उनके लिए, असाध्य या अज्ञान, संसार में कुछ भी नहीं!'
दोनों ने आकर एक मकान में प्रवेश किया। भारती ने पुकारा, 'पंचकौड़ी, आज तबीयत कैसी है ?'

दोनों ने आकर एक मकान में प्रवेश किया। भारती ने पुकारा, 'पंचकौड़ी, आज तबीयत कैसी है ?'

भीतर से आवाज आई, 'आज कुछ ठीक है।' इतने में एक बूढ़ा सामने आकर खड़ा हो गया। बोला, 'बेटी, लड़की को खूनी आँव आ रहा है; संभवतः बचेगी नहीं। लड़के को कल से फिर बुखार चढ़ रहा है, पास में एक पैसा नहीं है कि एक-दो खुराक दवा ला सकूँ या एक कटोरी साबूदाना या बार्ली ही पकाकर खिलाऊँ।' उसके दोनों नेत्र आँसुओं से भर गए।

अपूर्व बोला, 'पैसा क्यों नहीं है ?'

वह फिर बोला, 'पुली' की जंजीर गिर जाने से, दाएँ हाथ में चोट लग गई है, लगभग एक महीने से मैं काम पर नहीं जा सका। पैसा कहाँ से रहेगा बाबूजी ?'

अपूर्व बोला, 'कारखानेवाले इसका कोई प्रबंध नहीं करते ?'

'मजदूर के लिए प्रबंध ? वह तो कह रहे हैं कि काम न कर सको, तो मकान छोड़ दो; ठीक होकर आना,तो काम दे दूँगा। ऐसी दशा में भला कहाँ जाऊँ ? छोटे साहब के हाथ-पैर जोड़कर एक सप्ताह और रह सकूँगा। बीस वर्ष से काम कर रहा हूँ महाशय, ये लोग ऐसे ही नमकहराम हैं।'

सुनकर अपूर्व क्रोध से जलने लगा। मन में आया कि मैनेजर यदि मिल जाए, तो उसकी गरदन पकड़कर दिखला दूँ कि अच्छे दिनों में जिसने लाखों रुपए कमाकर दिए

हैं, आज बुरे दिनों में उसकी क्या दशा है! अपूर्व के मकान के पास बैलगाड़ी का एक अड्डा है, उसको वहाँ की एक घटना याद पड़ गई। एक जोड़ी बैल, सारा जीवन बोझा ढोते-ढोते अंत में जब बूढ़े और अशक्त हो गए, तो उस मनुष्य ने उन्हें कसाई के हाथ बेच दिया। उस मार्ग में जब भी वह गया है, तभी इस घटना का स्मरण करके, उसके नेत्रों में आँसू आ गए हैं। बैलों के लिए नहीं; लेकिन धन की प्यास में इस तरह बर्बर-निष्ठुर बने मनुष्य के लिए, जो अपने-आपको कितना छोटा बनाता जा रहा है!

कमरे के एक कोने में, सैकड़ों स्थानों पर फटे-पुराने बिछौने पर, एक लड़की और लड़का, दोनों अर्धमृत की भाँति पड़े हुए थे। उनके निकट जाकर भारती उनकी नाड़ी-परीक्षा करने लगी। अपूर्व भय के मारे वहाँ न जा सका; लेकिन दरिद्रता-पीड़ित उन दोनों बच्चों की निःशब्द वेदना उसकी छाती में चोट कर गई।

कुछ देर के बाद भारती बोली, 'चलिए।' पंचकौड़ी चुपचाप, मलिन मुँह लिये खड़ा था। भारती ने स्निग्ध स्वर में फिर कहा, 'तुम डरो मत, ये दोनों अच्छे हो जाएँगे! मैं डॉक्टर और दवा, सबका प्रबंध कर देती हूँ।'

उसकी बात पूरी हो ही रही थी कि अपूर्व जेब में हाथ डालकर रुपया निकालने लगा, भारती ने अपना हाथ बढ़ाकर, उस हाथ को पकड़कर रोक दिया। पंचकौड़ी की दृष्टि दूसरी ओर थी। वह यह न देख सका; लेकिन अपूर्व को इसका कुछ कारण समझ में नहीं आया। तब भारती ने अपनी अँगिया की जेब से चार आने पैसे निकालकर, उसके हाथ में देकर कहा, 'बच्चों के लिए चार पैसे की मिश्री, चार पैसे का साबूदाना और बाकी दो आने का चावल-दाल लाकर, तुम इस समय का भोजन कर लो। पंचकौड़ी, कल तुम्हारे लिए प्रबंध कर दूँगी! आज हम लोग जा रहे हैं।' यह कहकर अपूर्व को साथ लेकर वह कमरे से बाहर निकल आई।

मार्ग में अपूर्व ने पूछा, 'आपने मुझको पैसे देने से रोक दिया और स्वयं भी नहीं दिया, यह क्यों?'

उसकी बात पूरी हो ही रही थी कि अपूर्व जेब में हाथ डालकर रुपया निकालने लगा, भारती ने अपना हाथ बढ़ाकर, उस हाथ को पकड़कर रोक दिया। पंचकौड़ी की दृष्टि दूसरी ओर थी। वह यह न देख सका; लेकिन अपूर्व को इसका कुछ कारण समझ में नहीं आया। तब भारती ने अपनी अँगिया की जेब से चार आने पैसे निकालकर, उसके हाथ में देकर कहा, 'बच्चों के लिए चार पैसे की मिश्री, चार पैसे का साबूदाना और बाकी दो आने का चावल-दाल लाकर, तुम इस समय का भोजन कर लो। पंचकौड़ी, कल तुम्हारे लिए प्रबंध कर दूँगी! आज हम लोग जा रहे हैं।'

'देकर तो आ रही हूँ।'

'इसी को देना कहते हैं? उसके इस दुःसमय में पाई-पैसे का हिसाब करके, केवल चार आने ही पैसे देना उसका अपमान है।'

'आप कितना देने जा रहे थे?'

'कम से कम पाँच रुपए।'

भारती जीभ काटकर बोली, 'बाप रे बाप! सब चौपट हो जाता!' बाप तो मदिरा पीकर बेहोश पड़ा रहता और लड़का-लड़की दोनों की मृत्यु हो जाती।'

'मदिरा पी लेता?'

'कहीं कोई आत्मीय भी नहीं है?'
भारती बोली, 'रहने पर भी कोई काम नहीं आता। दस-बारह वर्ष पूर्व, पंचकौड़ी एक बार अपने गाँव गया था। अपने किसी पड़ोसी की एक विधवा स्त्री को फुसलाकर, समुद्र पार करके यहाँ ले आया। लड़के-लड़की दोनों उसी के हैं। दो वर्ष बीत रहे हैं, गले में फाँसी लगाकर वह संसार से मुक्त होकर चली गई। यही पंचकौड़ी के परिवार का संक्षिप्त इतिहास है।'

'नहीं पीता? हाथ में रुपया मिलने पर मदिरा न पी जाए, ऐसा मनुष्य संसार में कौन है?'

अपूर्व बोला, 'आपकी सभी बातों में तमाशा है! बीमार बच्चे की दवा के रुपए से, मदिरा खरीदकर पी जाएगी, यह क्या सत्य हो सकता है?'

'नहीं तो दाता का हाथ पकड़कर, दुःखी को देने से रोकूँ, सच बताइए, क्या मैं इतनी नीच हूँ?'

'इनकी माँ नहीं है?'

'नहीं।'

'कहीं कोई आत्मीय भी नहीं है?'

भारती बोली, 'रहने पर भी कोई काम नहीं आता। दस-बारह वर्ष पूर्व, पंचकौड़ी एक बार अपने गाँव गया था। अपने किसी पड़ोसी की एक विधवा स्त्री को फुसलाकर, समुद्र पार करके यहाँ ले आया। लड़के-लड़की दोनों उसी के हैं। दो वर्ष बीत रहे हैं, गले में फाँसी लगाकर वह संसार से मुक्त होकर चली गई। यही पंचकौड़ी के परिवार का संक्षिप्त इतिहास है।'

अपूर्व ने गहरी साँस लेकर कहा, 'नरक-कुंड है!'

'इसमें तनिक भी संदेह नहीं; लेकिन कठिनाई तो यह है कि ये सभी लोग हमारे भाई-बहन हैं। रक्त का संबंध अस्वीकार कर देने से तो छुटकारा न मिलेगा अपूर्व बाबू! ऊपर बैठकर जो सबकुछ देख रहे हैं, वे कौड़ी-छदाम जोड़कर हिसाब लेकर ही छोड़ेंगे।'

अपूर्व ने गंभीर होकर कहा, 'अब जान पड़ता है कि यह असंभव नहीं है।' क्षणभर

पूर्व इस पंचकौड़ी के कमरे में ही खड़े रहकर जो सब विचार उसके मन में उत्पन्न हुए थे, बिजली के वेग के समान, वे सभी एक बार उसके मन में दौड़ गए। बोला, 'मैं भी जब मनुष्य हूँ, तब कुछ-न-कुछ दायित्व तो मेरा भी अवश्य ही है।'

भारती बोली, 'पहले-पहले तो मैं भी देख नहीं पाती थी, क्रोध में आकर झगड़ा करती थी। इस सब पर अज्ञानी, दुःखी, दुर्बल-चित्त भाई-बहनों की गरदन पर पाप का बोझ कौन लादता जा रहा है, अब देख रही हूँ, अपूर्व बाबू!'

पासवाले कमरे में एक उड़िया मिस्त्री रहता है। उसके पासवाले कमरे से, बीच-बीच में तेज हँसी और कोलाहल की ध्वनि आ रही थी। पंचकौड़ी के कमरे के अंदर से भी अपूर्व को यह सुनाई पड़ रही थी। उसी कमरे में दोनों जाकर उपस्थित हुए। भारती को ये लोग पहचानते थे, सभी ने उसकी अभ्यर्थना की। एक ने दौड़कर एक स्टूल और बेंत का मोढ़ा लाकर दोनों को बैठने के लिए दिया। फर्श पर बैठकर, छह-सात पुरुष और आठ-दस औरतें, एक साथ ही मदिरा पी रहे थे। टूटी हारमोनियम और तबला बीच में रखा है, तरह-तरह के रंगवाली और तरह-तरह के आकारवाली खाली बोतलें चारों ओर लुढ़की पड़ी हैं। एक बूढ़ी सी स्त्री मतवाली होकर सो रही है—उसको एक प्रकार से नंगी ही कह सकते हैं। आठ से लेकर बीस-पच्चीस वर्ष तक की सब उमर के स्त्री-पुरुष बैठे हैं, आज रविवार है, पुरुषों की छुट्टी का दिन है। प्याज-लहसुन की तरकारी और सस्ती जर्मन मदिरा की अवर्णनीय दुर्गंध, एक साथ मिलकर अपूर्व की नाक तक पहुँचने से, उसका जी मिचलाने लगा। एक कम आयु की महिला के हाथ में मदिरा का गिलास था, संभवतः थोड़े ही दिन पूर्व घर छोड़कर आई है—वह बाएँ हाथ से नाक बंद करके, गिलास को मुँह में उड़ेलकर, बार-बार थूकने लगी। एक पुरुष ने झटपट उसके मुँह में तरकारी ठूँस दी। एक बंगाली महिला को अपनी ही आँखों के सामने मदिरा पान करते देखकर, अपूर्व मानो एकदम स्तंभित सा हो गया, लेकिन उसने कनखियों से देख लिया। कि इतने भयंकर-वीभत्स दृश्य से भी भारती के मुँह पर किसी प्रकार के विकार का चिह्न तक नहीं है। यह सब देखने-सुनने की वह अभ्यस्त हो गई है लेकिन क्षणभर के बाद, घर के स्वामी के कहने से जब टूनी ने गाना आरंभ किया, 'बह यमुना, बह यमुना' और पास ही बैठे हुए मनुष्य ने, हारमोनियन उठाकर, झूठमूठ ही एक कुंजी दबाकर जी-जान से बजाना आरंभ किया, तब संभवतः

पासवाले कमरे में एक उड़िया मिस्त्री रहता है। उसके पासवाले कमरे से, बीच-बीच में तेज हँसी और कोलाहल की ध्वनि आ रही थी। पंचकौड़ी के कमरे के अंदर से भी अपूर्व को यह सुनाई पड़ रही थी। उसी कमरे में दोनों जाकर उपस्थित हुए। भारती को ये लोग पहचानते थे, सभी ने उसकी अभ्यर्थना की।

इतना वजन भारती के लिए असह्य हो उठा। घबराकर बोल उठी, 'मिस्त्रीजी, कल हम लोगों की सभा है, संभवत: यह बात तुम भूले नहीं हो? वहाँ जाना तो चाहिए ही!'

'चाहिए ही, बहनजी!' कहकर कालाचाँद ने एक गिलास मदिरा ढाल ली।

भारती ने कहा, 'बचपन में तुमने पढ़ा होगा कि तिनके जोड़-जोड़कर रस्सी तैयारी करने से हाथी बाँधा जाता है। एक न होने पर तुम लोग कभी कुछ न कर सकोगे। केवल तुम लोगों की भलाई के लिए, सुमित्रा बहन कितना परिश्रम कर रही हैं, बताओ तो?'

इस बात का सबने एक साथ समर्थन किया। भारती फिर कहने लगी, 'तुम लोगों के बिना क्या इतना बड़ा कारखाना, एक दिन के लिए भी चल सकता है? तुम लोग ही तो इसके सच्चे स्वामी हो, इतनी सीधी-सादी बात, काला चाँद तुम लोग न समझना चाहो तो कैसे काम चलेगा?'

सबने कहा, 'यह बात बिल्कुल ठीक है। उन लोगों के न चलाने पर तो सब अंधकार ही रह जाएगा।'

> ***भारती ने भयभीत होकर कहा, 'नहीं, नहीं, दुलाल, यह सब काम तुम कभी मत करना। इससे तो तुम्हीं लोगों की हानि होगी। हो सकता है, कितने ही लोग मर जाएँ, हो सकता है... नहीं, नहीं, यह बात सपने में मत सोचना दुलाल! इससे बढ़कर भयानक पाप दूसरा नहीं है!'***
> ***दुलाल मतवाली हँसी हँसकर बोला, 'नहीं, यह क्या मैं नहीं जानता? यह तो केवल बातचीत के सिलसिले में कहता हूँ कि हम लोग क्या नहीं कर सकते।'***

भारती ने कहा, 'फिर भी तुम लोगों को कितना कष्ट है, सोचकर देखो तो! जब-तब अपराध के बिना ही साहब लोग तुम लोगों पर लाल-जूते बरसाकर बाहर निकाल देते हैं। इस पास के ही मकान की दशा देख लो कि काम करते समय पंचकौड़ी का हाथ टूट गया, जिसके कारण उसको खाना नहीं मिल रहा है, उसके लड़के-लड़की को दवा आदि न मिलने से मृत्यु के मुख में जाना पड़ रहा है। बड़ा साहब उसको मकान से भी निकाल देना चाहता है। यह जो लाखों-करोड़ों रुपए का लाभ ये लोग कर रहे हैं, यह किनकी बदौलत है और तुम लोगों को कितना मिलता है? अभी उस दिन की घटना है कि श्यामलाल को छोटे साहब ने ढकेल दिया और वह आज तक अस्पताल में पड़ा हुआ है, इस बात को तुम लोग क्यों सहोगे? एक बार सब लोग एक होकर, ऊँचे स्वर से बोल तो दो कि यह अत्याचार हम लोग अब और न सहेंगे, फिर देखूँगी कि वे लोग कैसे तुम लोगों के शरीर पर हाथ लगाने का साहस करते हैं! केवल एक बार ही तुम लोग, अपने सच्चे बल की ओर ध्यान से देखना सीख लो, दूसरी कोई भी बात, हम तुम लोगों से नहीं चाहते कालाचाँद?'

एक मतवाला इतने समय तक अवाक् सा होकर सुन रहा था, उसने कहा—'भैया,

हम क्या नहीं कर सकते? ऐसा एक पेंच ढीला करके हम रख दे सकते हैं, कि धड़धड़-धड़ाम! बस आधा कारखाना साफ हो जाएगा।'

भारती ने भयभीत होकर कहा, 'नहीं, नहीं, दुलाल, यह सब काम तुम कभी मत करना। इससे तो तुम्हीं लोगों की हानि होगी। हो सकता है, कितने ही लोग मर जाएँ, हो सकता है···नहीं, नहीं, यह बात सपने में मत सोचना दुलाल! इससे बढ़कर भयानक पाप दूसरा नहीं है!'

दुलाल मतवाली हँसी हँसकर बोला, 'नहीं, यह क्या मैं नहीं जानता? यह तो केवल बातचीत के सिलसिले में कहता हूँ कि हम लोग क्या नहीं कर सकते।'

भारती बोली, 'तुम लोगों को सुमार्ग में, सच्चे मार्ग में खड़ा होना चाहिए, इसी से तुम लोग सबकुछ पाओगे। तुम लोगों का बहुत रुपया पावना है, इस कारण, वह सब कौड़ी-कौड़ी करके वसूल कर लेना होगा।'

भारती बोली, 'तुम लोगों को सुमार्ग में, सच्चे मार्ग में खड़ा होना चाहिए, इसी से तुम लोग सबकुछ पाओगे। तुम लोगों का बहुत रुपया पावना है, इस कारण, वह सब कौड़ी-कौड़ी करके वसूल कर लेना होगा।' इसी बात को लेकर सब स्त्री-पुरुष हल्ला-गुल्ला करने लगे। तब भारती बोली, 'संध्या हो रही है और अभी एक जगह जाना है। अब हम लोग जा रहे हैं; लेकिन कल की बात किसी प्रकार भी मत भूलना।' यह कहकर वह खड़ी हो गई।

इसी बात को लेकर सब स्त्री-पुरुष हल्ला-गुल्ला करने लगे। तब भारती बोली, 'संध्या हो रही है और अभी एक जगह जाना है। अब हम लोग जा रहे हैं; लेकिन कल की बात किसी प्रकार भी मत भूलना।' यह कहकर वह खड़ी हो गई।

इस कालाचाँद के अड्डे के सब व्यवहार अपूर्व को अत्यंत अशोभन जान पड़े; लेकिन अंतिम समय में जिन बातों की आलोचना हुई, उससे उसकी विरक्ति की कोई सीमा नहीं रही। बाहर आते ही उसने अत्यंत कुपित होकर कहा, 'तुम यह सब बात उन लोगों से क्यों कहने गईं?'

'कौन सब बात?'

अपूर्व बोला, 'वह नालायक तो हरामजादा, मतवाला है! दुलाल ही उसका नाम है? उसने क्या कहा, तुमने सुना तो! मान लो, यदि यह बात साहब लोगों के कानों तक पहुँच जाए?'

'उनके कानों तक कैसे जाएगी?'

'अरे, ये लोग ही कह देंगे! ये लोग क्या युधिष्ठिर हैं? मदिरा के नशे में कब क्या कर डालें, इसका कोई ठिकाना नहीं है। तब तुम्हारे ऊपर ही सब दोष पड़ेगा, ये कहेंगे कि तुमने ही सिखा दिया है।'

'लेकिन वह तो झूठी बात होगी।'

अपूर्व ने व्याकुल होकर कहा, 'झूठी बात? अरे! अंग्रेजों के राज्य में, झूठी बात के लिए क्या कभी किसी को जेल की सजा नहीं मिली? यह राज्य तो झूठ के आधार पर ही खड़ा है।'

'संभवत: मुझे भी जेल हो सकती है!'

'तुमने तो झट कह दिया, जेल हो सकती है। नहीं-नहीं, यह सबकुछ न होगा और कभी यहाँ तुम्हारा आना न हो सकेगा, कभी न हो सकेगा!' एक मनुष्य से मिलना था; लेकिन उसके द्वार पर ताला लगा था। दोनों लौट पड़े। कालाचाँद के मकान में, मतवालों का तर्क-वितर्क अभी चल रहा था। लोग यह कहकर झगड़ रहे हैं कि ये क्रिस्तान लड़कियाँ कारखाने में हड़ताल करा देना चाहती हैं। हड़ताल में उनको बड़ा कष्ट होगा, उन लोगों को लाइन के घरों में नहीं आने देना चाहिए। कालाचाँद मिस्त्री बोला कि वह मूर्ख नहीं है। वह उन लोगों की दौड़-धूप परख रहा है। एक सतर्क महिला ने सलाह दी है कि साहब को पहले ही सावधान कर देना ठीक होगा।'

'तुमने तो झट कह दिया, जेल हो सकती है। नहीं-नहीं, यह सबकुछ न होगा और कभी यहाँ तुम्हारा आना न हो सकेगा, कभी न हो सकेगा!' एक मनुष्य से मिलना था; लेकिन उसके द्वार पर ताला लगा था। दोनों लौट पड़े। कालाचाँद के मकान में, मतवालों का तर्क-वितर्क अभी चल रहा था। लोग यह कहकर झगड़ रहे हैं कि ये क्रिस्तान लड़कियाँ कारखाने में हड़ताल करा देना चाहती हैं।

वहाँ से बलपूर्वक भारती को दूर ले जाकर अपूर्व तीखे स्वर से बोला, 'इन लोगों की भलाई और करोगी? हरामजादे, पाजी, बदमाश! पासवाले कमरे में दो अनाथ बच्चे मर रहे हैं, कोई भी उस ओर आँख उठाकर नहीं देखता। इससे बढ़कर नरक और कहाँ है!'

भारती बोली, 'आपको यह क्या हो गया?'

'मुझको कुछ नहीं हुआ; लेकिन तुमने कुछ सुना है या नहीं?'

'ये तो पुरानी बातें हैं, हम तो नित्य ही सुनती हैं।'

अपूर्व गरजकर बोला, 'ऐसी कृतघ्नता! इन्हीं को तुम अपने दल में लाना चाहती हो, संघबद्ध करना चाहती हो? इनकी ही तुम भलाई चाहती हो?'

भारती म्लान हँसी हँसकर बोली, 'ये लोग भी तो हम लोगों में से ही हैं अपूर्व बाबू, यह छोटी सी बात भूलकर ही आप संकट में पड़ रहे हैं। और भलाई भलाई तो डॉक्टर साहब की भी नहीं की जा सकती अपूर्व बाबू!'

अपूर्व निरुत्तर हो गया।

दोनों ही चुपचाप फाटक पार करके, घूमते हुए बड़े मार्ग पर जा पहुँचे। बस्ती समाप्त होकर जहाँ पर दलदल प्रारंभ हुई, वहीं तिमुहानी पर पहुँचकर भारती बोली, 'यदि आप घर जाना चाहें, तो शहर जाने के लिए यह दाईं ओर का मार्ग है।'

अपूर्व ने अन्यमनस्क होकर पूछा, 'आप क्या कहती हैं ?'

भारती बोली, 'अब आपका मस्तिष्क ठंडा हो गया है और यथोचित संबोधन की भाषा संभवत: याद पड़ गई।'

'इसका अर्थ ?'

'इसका अर्थ यह है कि क्रोध के आवेश में, अब तक आप और तुम का भेदाभेद नहीं था। अब वह फिर लौट आया है।'

अपूर्व लज्जित होकर बोला, 'आप रुष्ट तो नहीं हुईं ?'

भारती हँसकर बोली, 'हुई भी हूँ, तो क्या हर्ज है ? चलिए!'

'तो चलूँ ?'

'चलिएगा नहीं, तो क्या मैं अँधेरे मार्ग में अकेली जाऊँगी ?'

अपूर्व चल पड़ा। उसके मन में एक ज्वाला सी धधक रही थी। उन मतवालों की बातें, वह किसी प्रकार भी भूल नहीं पा रहा था। एकाएक कड़े स्वर से बोला, 'यह सब तो सुमित्रा का काम है; आपको वहाँ 'नेतृत्व' करने के लिए जाने की क्या आवश्यकता है ? न जाने कौन–कहाँ–क्या कर डालेगा और आपको लेकर खींचातानी प्रारंभ हो जाएगी।'

भारती बोली, 'हो जाने दीजिए।'

अपूर्व बोला, 'वाह रे, हो जाने दीजिए! असल बात है कि नेतृत्व करना आपका स्वभाव है; लेकिन और भी तो बहुत से स्थान हैं।'

'कोई दिखा दीजिए न ?'

'मुझे गरज नहीं!'

भारती ने हाथ बढ़ाकर, अपूर्व का बायाँ हाथ जोर से पकड़कर कहा, 'मेरा स्वभाव बदलेगा नहीं अपूर्व बाबू! लेकिन आप जैसे अनाड़ी पर नेतृत्व कर पाऊँ तो और सब छोड़ सकती हूँ।'

अपूर्व चल पड़ा। उसके मन में एक ज्वाला सी धधक रही थी। उन मतवालों की बातें, वह किसी प्रकार भी भूल नहीं पा रहा था। एकाएक कड़े स्वर से बोला, 'यह सब तो सुमित्रा का काम है; आपको वहाँ 'नेतृत्व' करने के लिए जाने की क्या आवश्यकता है ? न जाने कौन–कहाँ–क्या कर डालेगा और आपको लेकर खींचातानी प्रारंभ हो जाएगी।'

पंद्रह

अगले दिन सुमित्रा के नेतृत्व में, फायर मैदान में जो सभा हुई, उसमें उपस्थिति कम थी। भाषण देने को जिन लोगों ने वचन दिया था, उनमें से भी अधिक लोग आ न सके। सभा की कार्रवाई भी देर से हुई और रोशनी का प्रबंध न रहने से, संध्या के पूर्व ही सभा समाप्त कर दी गई। सुमित्रा के भाषण के अतिरिक्त, सभा में और उल्लेखनीय कुछ भी न हो सका, लेकिन इसका अर्थ यह नहीं कि पथ के दावेदारों के इस प्रथम प्रयत्न को व्यर्थ कह दिया जाए। मजदूरों में इस बात को फैलने में जिस प्रकार देर नहीं हुई, उसी प्रकार मिल और कारखानों के मालिकों के कानों तक उक्त बातों के पहुँचने में भी विलंब नहीं हुआ। चारों ओर यह बात फैल गई कि एक बंगाली महिला, समस्त पृथ्वी का भ्रमण करती हुई बर्मा में आई हैं, उनमें कैसी सुंदरता है, वैसी शक्ति भी है। किसी की मजाल नहीं, जो उनके कामों में बाधा उपस्थित कर सके! साहबों का कान पकड़कर, वे किस प्रकार मजदूरों के लिए सब प्रकार की सुविधाएँ उपलब्ध करा लेंगी और उन लोगों की मजदूरी दोगुनी करा देंगी, इन बातों को उन्होंने स्पष्ट रूप से ही कहा है। जिन लोगों को इस सभा की खबर थी, और जो लोग उस दिन उनका भाषण नहीं सुन पाए, वे आगामी शनिवार को सभा में अवश्य भाग लेंगे।

सुमित्रा को बहुतों ने अभी तक देखा नहीं है; लेकिन उसके रूप और शक्ति की ख्याति जब उन लोगों तक पहुँची, तब अशिक्षित मजदूरों में भी सहसा एक जागृति सी दिखाई पड़ने लगी। यह निश्चय हो गया कि एक दिन का नशा करके, शनिवार के दिन, फायर मैदान में एक-एक मजदूर उपस्थित होगा।

बीच-पच्चीस कोस में जितने कारखाने थे, उनमें यह खबर दावाग्नि की भाँति फैल गई।

सुमित्रा को बहुतों ने अभी तक देखा नहीं है; लेकिन उसके रूप और शक्ति की ख्याति जब उन लोगों तक पहुँची, तब अशिक्षित मजदूरों में भी सहसा एक जागृति सी दिखाई पड़ने लगी। यह निश्चय हो गया कि एक दिन का नशा करके, शनिवार के दिन, फायर मैदान में एक-एक मजदूर उपस्थित होगा। उसकी वाणी और उपदेशों में यदि ऐसा कोई पारस पत्थर हो, जिससे गरीब मजदूरों का दु:खी जीवन, रातों-रात एकाएक आतिशबाजी के तमाशे की भाँति चमक उठे, तो फिर जिस तरह हो सके, उस दुर्लभ वस्तु को उन्हें प्राप्त कर लेना चाहिए।

उस दिन भाषणकर्ताओं के अभाव में, अपूर्व को भी बाध्य होकर दो-चार बातें कहनी पड़ी थीं। बोलने की आदत तो नहीं थी और जो कुछ कहा भी, उसे भी ठीक तरह

से कह न सके। इसके लिए वह मन-ही-मन बहुत लज्जित हुए, लेकिन आज एकाएक खबर मिली कि उस दिन की सभा निष्फल नहीं हुई; बल्कि उसका फल यह हुआ कि आगामी सभा में, सभी कारखानों में काम बंद करके, कारीगरों-मजदूरों के दलों ने उपस्थित होने का संकल्प किया है, तब गर्व तथा आत्मप्रशंसा के आनंद से, उसका हृदय रह-रहकर फूल उठने लगा। उस दिन वह भाषण अच्छी तरह से न दे सका था; लेकिन प्रशंसा के साथ, आगामी सभा में भाषण करने का निमंत्रण पाकर वह चंचल हो उठा। दोपहर को टिफिन पर, उसने रामदास से इस बात को प्रकट कर दिया। एक दिन अपूर्व के लिए उसने भारती का अपमान किया था, उस दिन से भारती की बात इस व्यक्ति से कहने में अपूर्व को संकोच होता था। इन दिनों अपूर्व उस गृहहीन लड़की से चुपके-चुपके, जीवन में कितना बड़ा काव्य, कितना बड़ा सुख-दुःख का इतिहास प्रस्तुत कर चुका था, इसकी उसे कोई सूचना न थी। आज पुलक और रोमांच की अधिकता से सारी बातें अपूर्व ने प्रकट कर दीं। भारती, सुमित्रा, डॉक्टर बाबू, नवतारा, यहाँ तक कि उस मतवाले का उल्लेख कर, वह अपने पथ के दावेदार के कार्यक्रमों तथा उद्देश्यों का वर्णन करते हुए उस दिन लाइनवाले कमरे में अभियान का विवरण जब एक-एक कर देने लगा, तब तक भी रामदास ने कोई प्रश्न नहीं किया। एक दिन देश के लिए इस व्यक्ति को जेल जाना पड़ा है, बेंत की मार पड़ी है, संभवत: और जाने क्या-क्या दुःख भोगना पड़ा है। केवल एक दिन के अतिरिक्त और किसी दिन कोई विवरण उसने रामदास के मुँह से नहीं सुना। आज सुमित्रा के पत्र को रामदास के सम्मुख रखकर, अपने को पथ के दावेदार का एक विशिष्ट सदस्य कहकर उसने देश के काम के लिए नियोजित अपने जीवन का वर्णन किया।

दोपहर को टिफिन पर, उसने रामदास से इस बात को प्रकट कर दिया। एक दिन अपूर्व के लिए उसने भारती का अपमान किया था, उस दिन से भारती की बात इस व्यक्ति से कहने में अपूर्व को संकोच होता था। इन दिनों अपूर्व उस गृहहीन लड़की से चुपके-चुपके, जीवन में कितना बड़ा काव्य, कितना बड़ा सुख-दुःख का इतिहास प्रस्तुत कर चुका था, इसकी उसे कोई सूचना न थी।

तलवलकर पत्र पढ़कर बोला, 'बाबूजी, यह सब बातें, आपने मुझसे पहले कभी नहीं कहीं?'

'कहने से क्या आप हमारा साथ देते?'

तलवलकर बोला, 'ऐसी बातें क्यों कर रहे हैं? मुझको तो आपने सहयोग देने के लिए निमंत्रित किया नहीं।'

उसके कंठ-स्वर में एक आहत अभिमान की झंकार, अत्यंत स्पष्ट होकर अपूर्व

के कानों में बज उठी, वह तुरंत बोला, 'इसका कारण है रामदास बाबू! इन कामों में कितना बड़ा दायित्व है और कितनी शंका, यह आप जानते ही हैं। आप विवाहित हैं, एक लड़की के पिता, इसी से इस आग में आपको बुलाना मैंने नहीं चाहा।'

'गृहस्थों को क्या देश-सेवा का अधिकार नहीं? जन्मभूमि क्या केवल आप ही लोगों की है?'

अपूर्व लज्जित होकर बोला, 'मैंने तो ऐसा नहीं कहा, मैंने तो केवल यह कहा कि दूसरी जगह आपके दायित्व अधिक हैं, इसलिए विदेश में, इतनी बड़ी विपत्ति में पड़ना उचित नहीं।'

तलवलकर बोला, 'ऐसी बातें क्यों कर रहे हैं? मुझको तो आपने सहयोग देने के लिए निमंत्रित किया नहीं।' उसके कंठ-स्वर में एक आहत अभिमान की झंकार, अत्यंत स्पष्ट होकर अपूर्व के कानों में बज उठी, वह तुरंत बोला, 'इसका कारण है रामदास बाबू! इन कामों में कितना बड़ा दायित्व है और कितनी शंका, यह आप जानते ही हैं। आप विवाहित हैं, एक लड़की के पिता, इसी से इस आग में आपको बुलाना मैंने नहीं चाहा।'

'संभवतः यही हो; लेकिन पराधीन देश की सेवा करने को तो विपत्ति नहीं कहते अपूर्व बाबू! हिंदुओं में विवाह एक धर्म है, मातृ-भूमि की सेवा उससे बड़ा धर्म है। एक धर्म दूसरे में बाधा देगा, यदि यह मैं जानता तो कभी विवाह न करता।'

उनके मुँह की ओर देखकर अपूर्व ने प्रतिवाद नहीं किया, मौन हो गया, लेकिन इस युक्ति का उसने समर्थन नहीं किया। एक दिन स्वदेश के कार्य में इस व्यक्ति ने अनेक कष्ट सहे हैं। आज भी उसके अंतर का तेज एकदम बुझा नहीं है, सामान्य प्रसंग से ही वह एकाएक भभक उठा है, इस बात का विचार मन में आते ही अपूर्व श्रद्धा से झुक गया, लेकिन इससे अधिक उससे आशा भी नहीं थी। बुलाने से ही वह स्त्री-पुत्री की माया छोड़कर पथ के दावेदार का सदस्य बन जाएगा, ऐसा उसे विश्वास नहीं हुआ और न उसने करना ही चाहा। स्वदेश-सेवा के अधिकार की उसकी स्पर्द्धा, इन कई दिनों में बहुत ही ऊँची हो गई थी। सहसा इस प्रसंग को बंद करते हुए, उसने आगामी सभा के कारण और उद्देश्यों का बयान न करते हुए, मित्र के निकट सरल कंठ से ही व्यक्त किया कि केवल उसी एक दिन को छोड़कर, जीवन में और कभी उसने भाषण नहीं दिया। सुमित्रा के निमंत्रण की उपेक्षा वह नहीं कर सकता; लेकिन एक ही बात बहुतों को सुना सके, ऐसी भाषा का अभ्यास उसे न था।

तलवलकर ने पूछा, 'तो फिर क्या कीजिएगा?'

अपूर्व ने कहा, 'जीवन में, कारखाना देखने का, मुझको केवल एक ही अवसर मिला था, जिस पर भाषण किया जा सकता है। उक्त कारखाने के अधिकांश मजदूर पशुवत् जीवनयापन करते हैं, यह मैं स्वयं अनुभव कर आया हूँ; लेकिन न जाने क्यों, उस विषय में मैं कुछ तो जानता नहीं।'

रामदास ने हँसते हुए कहा, 'फिर भी क्या आपको बोलना जरूरी है? न बोलें, तो क्या कोई हानि है?

अपूर्व मौन रहा।

रामदास बोला, 'लेकिन मैं इन लोगों की बातें जानता हूँ।'

'कैसे जाना?'

'इन लोगों के बीच मैं बहुत दिनों तक रह चुका हूँ अपूर्व बाबू! मेरी नौकरी के प्रमाण-पत्रों को एक बार देखने से ही समझेंगे कि देश में मैं कल-कारखाना, कुली-मजदूरों को ही लेकर समय बिताता रहा हूँ। यदि आज्ञा हो, तो वह करुण कहानी भी आपको सुना सकता हूँ। वास्तव में, इन लोगों को देखे बिना देश की वास्तविक स्थिति का ज्ञान ही नहीं हो सकता बाबूजी!'

अपूर्व ने कहा, 'सुमित्रा भी ठीक यही बात कहती है।'

'इन लोगों के बीच मैं बहुत दिनों तक रह चुका हूँ अपूर्व बाबू! मेरी नौकरी के प्रमाण-पत्रों को एक बार देखने से ही समझेंगे कि देश में मैं कल-कारखाना, कुली-मजदूरों को ही लेकर समय बिताता रहा हूँ। यदि आज्ञा हो, तो वह करुण कहानी भी आपको सुना सकता हूँ। वास्तव में, इन लोगों को देखे बिना देश की वास्तविक स्थिति का ज्ञान ही नहीं हो सकता बाबूजी!' अपूर्व ने कहा, 'सुमित्रा भी ठीक यही बात कहती है।'

'बिना कहे उपाय नहीं है! और जानते हैं, इसीलिए तो वे पथ के दावेदारों की अध्यक्षा हैं। बाबूजी, आत्मत्याग का आरंभ यहीं से है; देश की नींव भी निर्भर होती है। उनकी पूरी जानकारी रहने से, आपका सारा उद्यम, सारी इच्छाएँ, मरुभूमि की भाँति दो दिन में सूख जाएँगी।'

ये बातें अपूर्व के लिए नई न थीं; लेकिन रामदास के हृदय से वे मानो सशब्द उठकर, आज उसके हृदय के ऊपर तीक्ष्ण आघात करने लगीं। रामदास और न जाने क्या कहने जा रहा था; लेकिन अकस्मात् परदा हटाकर साहब के प्रवेश करते ही, दोनों चकित होकर खड़े हो गए। साहब ने अपूर्व को लक्ष्य करते हुए कहा, 'मैं जा रहा हूँ। आपकी मेज पर एक पत्र रख आया हूँ। ले लीजिएगा।'

सोलह

साहब जब चले गए, तो ऑफिस जल्दी ही बंद करके, दोनों फायर मैदान की ओर चल पड़े। इस ओर गाड़ी नहीं जाती; इसलिए कुछ तेज चलना पड़ा। मार्ग में अपूर्व ने कोई बात नहीं कही। उसके जीवन का आज एक विशेष दिन था। आशंका और आनंद की उत्तेजना, दोनों के बीच वह बहा जा रहा था। कारीगर और कुली-मजदूरों के संबंध में, कुछ तो एक पुस्तक से और कुछ रामदास से उसने मसाला इकट्ठा कर लिया था, उन सबको मन-ही-मन बटोरते-सजाते हुए अपूर्व चुपचाप चलने लगा।

उस समय और अब विलायत और भारतवर्ष की मजदूरी की दर क्या है, सबको संघबद्ध करने की कल्पना कब और किसने प्रस्तुत की थी और उसका फल क्या हुआ था, उस देश के और इस देश के मजदूरों के बीच सुनीति-दुर्नीति की तुलना करने से क्या ज्ञात होता है और संसार में लाभ और हानि का परिणाम उसमें कहाँ पर निर्दिष्ट हुआ है, इत्यादि संग्रह-माला की कोई बात कहीं छूट न जाए, इस भय से उसने अपने को बार-बार सतर्क कर लिया।

सन् 1763 में बंबई में किसी स्थान पर पहले-पहल रुई का कारखाना खुला था; उसके बाद से उनकी संख्या बढ़ते-बढ़ते आज कितनी हो गई है। उस समय कुली-मजदूरों की कैसी शोचनीय दशा थी, किस प्रकार रात-दिन परिश्रम करना पड़ता था और इसको लेकर विलायत के रुई मिल-मालिकों के साथ, भारतवर्षीय मिल-मालिकों का पहला विवाद कब आरंभ हुआ था और कारखाने का कानून किस-किस सन् में, किस तारीख को, कौन-कौन सी बाधाओं का सामना करता हुआ पास होकर, इस देश में पहले-पहल प्रचलित हुआ था और इस समय वह कानून में परिवर्तन होकर किस अवस्था में है। उस समय और अब विलायत और भारतवर्ष की मजदूरी की दर क्या है, सबको संघबद्ध करने की कल्पना कब और किसने प्रस्तुत की थी और उसका फल क्या हुआ था, उस देश के और इस देश के मजदूरों के बीच सुनीति-दुर्नीति की तुलना करने से क्या ज्ञात होता है और संसार में लाभ और हानि का परिणाम उसमें कहाँ पर निर्दिष्ट हुआ है, इत्यादि संग्रह-माला की कोई बात कहीं छूट न जाए, इस भय से उसने अपने को बार-बार सतर्क कर लिया। सुमित्रा की प्रसन्न दृष्टि को वह स्पष्ट देखने लगा और भारती! इतने समय के भीतर इतना ज्ञान, इतनी अभिज्ञता उसने कैसे प्राप्त कर ली, इसके ही आनंदित विस्मय से, उसका मुँह समुज्ज्वल और आँखों की दृष्टि सजल होकर, एकमात्र उसके ही मुँह पर टिकी हुई है, कल्पना में प्रत्यक्ष ऐसा देखकर, अपूर्व की धमनियों का रक्त तेजी से बहने

लगा। मैदान में पहुँचकर उन लोगों ने देखा, वहाँ पर तिल रखने का भी स्थान नहीं है; कितने लोग एकत्र हुए हैं, इसकी कोई सीमा नहीं है। उस दिन वक्ता के रूप में अपूर्व को जिन लोगों ने पहचान रखा था, उन लोगों ने आने का मार्ग दे दिया। जो लोग नहीं पहचानते थे, वे भी देखा-देखी हट गए।

असीम जन-समूह के बीचो-बीच मंच बना हुआ था। डॉक्टर आज भी लौटे न थे। इसलिए केवल उनको छोड़कर, पथ के दावेदार के सभी सदस्य उपस्थित थे। मित्र को साथ लेकर, किसी प्रकार भीड़ को ठेलते हुए अपूर्व वहाँ पहुँचा। अच्छे वक्ता से जनता युक्ति-तर्क नहीं चाहती; जो बुरा है, वह क्यों बुरा है, इससे उसका कोई मतलब नहीं रहता; केवल जो बुरा है, वह कितना बुरा हो सकता है, असंख्य विशेषणों सहित यही सुनकर वह कृतार्थ हो जाती है। पंजाबी मिस्त्री के भयंकर भाषण में संभवतः यही गुण पर्याप्त मात्रा में विद्यमान रहने से श्रोताओं का दल जिस प्रकार चंचल हो उठा था, वह उनके मुँह देखने से ही समझा जा सकता था।

इसी समय एकाएक विघ्न उपस्थित हो गया। एक कोने में बहुत से लोग धक्का-मुक्की करते हुए भागने का प्रयत्न कर रहे हैं। भीड़ को कुचलते-रौंदते, बड़े-बड़े घोड़ों पर सवार, बीस-पच्चीस गोरे पुलिस कर्मचारी तेजी के साथ चले आ रहे हैं। सभी के एक हाथ में लगाम थी, दूसरे हाथ में चाबुक और कमर में पिस्तौल।

इसी समय एकाएक विघ्न उपस्थित हो गया। एक कोने में बहुत से लोग धक्का-मुक्की करते हुए भागने का प्रयत्न कर रहे हैं। भीड़ को कुचलते-रौंदते, बड़े-बड़े घोड़ों पर सवार, बीस-पच्चीस गोरे पुलिस कर्मचारी तेजी के साथ चले आ रहे हैं। सभी के एक हाथ में लगाम थी, दूसरे हाथ में चाबुक और कमर में पिस्तौल। जो व्यक्ति भाषण दे रहा था, उसका वज्र-कंठ कब नीरव हो गया और मंच के नीचे भीड़ में, देखते-देखते वह कब-कहाँ अदृश्य हो गया, कुछ भी समझ में नहीं आया। गोरों का नायक मंच के निकट आकर तीखे स्वर से बोला, 'मीटिंग बंद करो।'

सुमित्रा अब तक भी पूरी तरह स्वस्थ नहीं हो पाई थी। उसके भूख-सूखे मुख पर एक पीली छाया पड़ी, मगर तत्काल उठकर उसने पूछा,'क्यों?'

'आज्ञा है।'

'किसकी?'

'सरकार की।'

'किसलिए?'

'हड़ताल करके मजदूरों को भड़काना मना है।'

सुमित्रा बोली, 'इनको व्यर्थ उभाड़कर, तमाशा देखने का समय हम लोगों के पास

नहीं। यूरोप आदि देशों की भाँति, इन लोगों को संगठित होने की आवश्यकता समझाना ही इस सभा का उद्‌देश्य है।'

साहब विस्मित होकर बोला, 'संगठित करना! कर्म के विरुद्ध! वह तो इस देश के लिए भयानक गैरकानूनी सिद्ध होगा! इसमें तो अवश्य शांति भंग होगी।'

सुमित्रा बोली, 'हाँ, हो सकती है। जिस देश में सरकार का अर्थ ही अंग्रेजी व्यवसायी है और समस्त देश के रक्त को चूसने के लिए ही जिस देश में यह भयंकर यंत्र खड़ा किया...'

बात पूरी न हो पाई थी कि गोरे के रक्तिम नेत्रों से आग सी निकलने लगी। कड़ककर बोला, 'फिर ऐसी बातें यदि मुँह से निकलीं, तो मुझे आपको गिरफ्तार करना पड़ेगा।'

सुमित्रा बोली, 'इनको व्यर्थ उभाड़कर, तमाशा देखने का समय हम लोगों के पास नहीं। यूरोप आदि देशों की भाँति, इन लोगों को संगठित होने की आवश्यकता समझाना ही इस सभा का उद्‌देश्य है।' साहब विस्मित होकर बोला, 'संगठित करना! कर्म के विरुद्ध! वह तो इस देश के लिए भयानक गैरकानूनी सिद्ध होगा! इसमें तो अवश्य शांति भंग होगी।'

सुमित्रा उसके मुँह की ओर देखकर हँस पड़ी; बोली, 'साहब, मैं अस्वस्थ और बहुत दुर्बल हूँ। नहीं तो केवल दूसरी बार क्यों, इस बात को एक सौ बार चिल्ला-चिल्लाकर इन लोगों को सुना देती; लेकिन आज मुझमें वह शक्ति नहीं है।' इतना कहकर वह फिर हँस पड़ी।

इस पीड़ित नारी की सरल-शांत हँसी के सामने, साहब मन-ही-मन लज्जित हो उठा, 'ऑल राइट! आपको सावधान कर देता हूँ। मुझे मीटिंग बंद करने का आदेश है, भंग करने का नहीं। दस मिनट में इन सबको शांतिपूर्वक चले जाने को कहिए और फिर कभी ऐसा न कीजिए।'

कुछ दिनों से उपवास में ही सुमित्रा का समय बीत रहा था। सबके मना करने पर भी वह कुछ मामूली ज्वर लेकर सभा में उपस्थित हुई थी। वह बोली, 'अपूर्व बाबू, केवल दस मिनट का समय और है। चिल्ला-चिल्लाकर सबको बता दीजिए, कि संघबद्ध होने के सिवा इसका और कोई उपाय नहीं है। कारखाने के मालिकों ने आज हम लोगों का जैसा अपमान किया है, तुम लोग यदि अपने को मनुष्य समझते हो, तो इसका बदला अवश्य लेना।' कहते-कहते उसका दुर्बल कंठ फट सा गया; लेकिन सभानेत्री का ऐसा उपदेश सुनकर, अपूर्व का संपूर्ण मुख-मंडल सूख गया। विह्वल नेत्रों से सुमित्रा की ओर ताकते हुए, बोला, 'उत्तेजित करना क्या गैरकानूनी न होगा?'

सुमित्रा विस्मित होकर मृदु कंठ से बोली, 'पिस्तौल के बल पर सभा भंग कर देना

ही क्या कानून-संगत है ? वृथा खून-खराबा मैं नहीं चाहती; लेकिन इस बात को पूरी शक्ति के साथ आप घोषित कर दें कि आज के अपमान को मजदूर बिल्कुल न भूलें।'

पथ के दावेदार के और चार-पाँच पुरुष सदस्य, जो मंच पर बैठे थे, उनके चहरे देखने से ही मालूम पड़ता था कि वे बहुत मामूली और निम्न श्रेणी के व्यक्ति थे, शायद कारीगर या इसी प्रकार के और कुछ होंगे। अपूर्व नया होते हुए भी, समिति का शिक्षित और विशिष्ट सदस्य था। इतनी बड़ी जनता को संबोधन करने का भार, इसीलिए उसके ऊपर आ पड़ा है। अपूर्व ने शुष्क कंठ से कहा, 'मैं तो हिंदी अच्छी तरह नहीं जानता।'

सुमित्रा बोल नहीं सकती थी; फिर भी बोली, 'जो कुछ भी जानते हैं, वही दो शब्दों में कह दीजिए अपूर्व बाबू! समय बरबाद मत कीजिए।'

पथ के दावेदार के और चार-पाँच पुरुष सदस्य, जो मंच पर बैठे थे, उनके चहरे देखने से ही मालूम पड़ता था कि वे बहुत मामूली और निम्न श्रेणी के व्यक्ति थे, शायद कारीगर या इसी प्रकार के और कुछ होंगे। अपूर्व नया होते हुए भी, समिति का शिक्षित और विशिष्ट सदस्य था। इतनी बड़ी जनता को संबोधन करने का भार, इसीलिए उसके ऊपर आ पड़ा है। अपूर्व ने शुष्क कंठ से कहा, 'मैं तो हिंदी अच्छी तरह नहीं जानता।'

अपूर्व ने सबके मुँह की ओर देखा। भारती मुँह फेरे खड़ी थी, इसलिए उसका अभिमत समझ में नहीं आया; लेकिन गोरे सरदार के मन का भाव समझ में आ गया। बोलने के लिए अपूर्व उठ खड़ा हुआ; उसके होंठ काँपने लगे; पर उन दोनों कंपित अधरों में से बँगला, अंग्रेजी, हिंदी, कोई भाषा भी व्यक्त नहीं हुई।

तलवलकर उठ खड़ा हुआ। सुमित्रा को लक्ष्य कर, 'मैं बाबूजी का मित्र हूँ और हिंदी जानता हूँ। यदि आदेश पाऊँ, तो उनका वक्तव्य चिल्ला-चिल्लाकर सबको सुना दूँ।' भारती ने मुँह घुमाकर देखा। सुमित्रा विस्मित दृष्टि डाले, स्थिर होकर बैठी रही और इन दोनों नारियों के घूरते नेत्रों के सम्मुख लज्जित, अभिभूत, वाक्यहीन अपूर्व स्तब्ध होकर, मुँह नीचा किए हुए जड़वत् बैठ गया।

रामदास ऊँचे कंठ से कहने लगा, 'भाइयो! मुझे बहुत सी बातें कहनी थीं; लेकिन इन सबों ने बलपूर्वक हम लोगों का मुँह बंद कर दिया है।' इतना कहकर उसने पुलिस सवारों पर संकेत किया, 'इन विलायती कुत्तों को, जिन लोगों ने हमारे और तुम्हारे विरुद्ध ललकारा है, वे तुम्हारे कारखानों के मालिक हैं। वह नहीं चाहते कि कोई तुम्हें, तुम्हारी दुःख-दुर्दशा की बातें बताए। तुम उनके कारखाने चलाने और बोझा ढोनेवाले जानवर हो! लेकिन फिर भी तुम उनकी ही तरह मनुष्य हो। उसी प्रकार पेटभर भोजन करने का, उसी तरह आनंद करने का अधिकार तुमको भी भगवान् ने दिया है। यदि इस सत्य को

समझ सको कि तुम लोग भी मनुष्य हो, तुम लोग चाहे जितने दुःखी, जितने दरिद्र, जितने अशिक्षित क्यों न हो, फिर भी मनुष्य हो। तुम्हारी मनुष्यता के दावे को, किसी बहाने, कोई भी नहीं रोक सकता। ये चंद कारखानों के मालिक तुम्हारे सामने कुछ नहीं हैं! यह धनिकों के विरुद्ध दरिद्रों की, आत्मरक्षा की लड़ाई है। इसमें देश नहीं है, जात नहीं है, धर्म नहीं है, मतवाद नहीं है, हिंदू नहीं है, मुसलमान नहीं है; जैन, सिख कोई कुछ भी नहीं है, केवल है धनोन्मत्त मालिक और श्रमिक वर्ग। तुम्हारी शारीरिक शक्ति से वे डरते हैं, तुम्हारी शिक्षा की शक्ति को वे संशय की नजर से देखते हैं, तुम लोगों के ज्ञान पाने की आशंका को देखकर उनका रक्त सूख जाता है। अक्षम, दुर्बल, मूर्ख तुम लोग ही तो उनके विलास-व्यसन के एकमात्र सहारे हो। इस सत्य को हृदयंगम करना, क्या तुम लोगों के लिए इतना कठिन है? और उन्हीं बातों को मुक्त कंठ से व्यक्त करने के अपराध में ही क्या आज इन गोरों के सामने हमारी लांछना की सीमा न रहेगी? दरिद्रों की आत्मरक्षा की लड़ाई में तुम लोग क्या अपनी पूरी शक्ति न जुटा सकोगे?'

यदि इस सत्य को समझ सको कि तुम लोग भी मनुष्य हो, तुम लोग चाहे जितने दुःखी, जितने दरिद्र, जितने अशिक्षित क्यों न हो, फिर भी मनुष्य हो। तुम्हारी मनुष्यता के दावे को, किसी बहाने, कोई भी नहीं रोक सकता। ये चंद कारखानों के मालिक तुम्हारे सामने कुछ नहीं हैं! यह धनिकों के विरुद्ध दरिद्रों की, आत्मरक्षा की लड़ाई है। इसमें देश नहीं है, जात नहीं है, धर्म नहीं है, मतवाद नहीं है, हिंदू नहीं है, मुसलमान नहीं है; जैन, सिख कोई कुछ भी नहीं है, केवल है धनोन्मत्त मालिक और श्रमिक वर्ग।

गोरा सरदार भाषण का मर्म कुछ भी न समझ सका; लेकिन संभवतः श्रोतावर्ग के मुँह और आँखों में उत्तेजना देखकर स्वयं भी उत्तेजित हो उठा। अपनी रिस्टवाच की ओर वक्ता की दृष्टि आकर्षित करते हुए बोला, 'और पाँच मिनट का समय है, आप जल्दी खत्म कीजिए।'

'तलवलकर ने कहा, 'केवल पाँच मिनट। उससे जरा भी अधिक नहीं। मेरे वंचित भाइयो! तुम्हारे निकट मैं विनती करता हूँ, हम लोगों पर तुम लोग कभी अविश्वास न करना। शिक्षित कहकर, उच्च वंश का कहकर, कारखाने में मजदूरी नहीं करता, इसलिए हम लोगों को संशय की नजर से देखकर तुम स्वयं अपना सर्वनाश कर बैठोगे! तुम लोगों को नींद से जगाने के लिए प्रथम शंखध्वनि, सब देशों में, सर्वकाल में, हम लोग करते आए हैं। आज शायद इस बात को न भी समझ सको; लेकिन इतना निश्चय समझो कि इन पथ के दावेदारों से बढ़कर, तुम लोगों का अपना मित्र इस देश में और कोई नहीं है!' उसका कंठ-स्वर शुष्क और कठिन

होता जा रहा था, फिर भी जी-जान से चिल्लाकर वह कहने लगा, 'मैं बहुत दिनों तक तुम लोगों के बीच में रहकर काम कर चुका हूँ। हम लोगों को तुम लोग नहीं पहचानते हो; लेकिन मैं तुम लोगों को पहचानता हूँ। जिनको तुम लोग मालिक कहते हो, एक दिन मैं भी उनमें से एक था। किसी तरह से भी तुमको मनुष्य न होने देंगे! तुम्हें पशुओं की तरह रखकर ही वे तुम्हारे मनुष्यत्व के अधिकार को रोक सकते हैं और किसी दशा में नहीं! तुम लोग बदमाश हो, तुम लोग उच्छृंखल हो, तुम लोग इंद्रिय-परायण हो, उनके मुँह से यही सब गालियाँ तुम लोग हमेशा से सुनते चले आ रहे हो। इसलिए जब कभी तुम लोगों ने अपने दावे को जनाया है, तभी तुम लोगों के सभी प्रकार के दु:ख और कष्टों के मूल में, तुम लोगों के असंयत चरित्र को ही जिम्मेदार ठहराते हुए वे तुम्हारी सर्व प्रकार की उन्नति को रोकते आए हैं, केवल इस झूठ को ही वे सर्वदा तुमको समझाते आए हैं कि खुद भला न होने से किसी की कभी उन्नति नहीं हो सकती। लेकिन आज मैं तुम लोगों से असंकोच और बिल्कुल साफ-साफ कह देना चाहता हूँ कि उनकी यह युक्ति कभी भी संपूर्ण सत्य नहीं है। केवल तुम लोगों का चरित्र ही तुम्हारी अवस्था के लिए दोषी नहीं है। उनके असत्य का, आज तुम लोगों को निर्भय होकर प्रतिवाद करना ही पड़ेगा। प्रबल कंठ से तुम लोगों को यह घोषणा करनी ही पड़ेगी कि केवल रुपया ही सबकुछ नहीं है।' कहते-कहते उसका नीरस कंठ अत्यंत प्रखर हो उठा। वह फिर कहने लगा, 'बिना श्रम के संसार में कुछ उत्पन्न नहीं होता; इसलिए श्रमिक भी ठीक तुम लोगों की तरह ही मालिक है, ठीक तुम लोगों की सभी वस्तुओं और सब कारखानों के अधिकारी हैं!' इसी समय किसी एक पंजाबी के, गोरे सरदार के कानों में कुछ कहते ही उसकी लाल-लाल आँखें ज्वलंत अंगारे की तरह उग्र हो उठीं। उसने गरजते हुए कहा, 'स्टॉप! यह नहीं चलेगा। इससे शांति भंग होगी।'

प्रबल कंठ से तुम लोगों को यह घोषणा करनी ही पड़ेगी कि केवल रुपया ही सबकुछ नहीं है। कहते-कहते उसका नीरस कंठ अत्यंत प्रखर हो उठा। वह फिर कहने लगा, 'बिना श्रम के संसार में कुछ उत्पन्न नहीं होता; इसलिए श्रमिक भी ठीक तुम लोगों की तरह ही मालिक है, ठीक तुम लोगों की सभी वस्तुओं और सब कारखानों के अधिकारी हैं!' इसी समय किसी एक पंजाबी के, गोरे सरदार के कानों में कुछ कहते ही उसकी लाल-लाल आँखें ज्वलंत अंगारे की तरह उग्र हो उठीं।

अपूर्व चौंक उठा। रामदास के कुरते को पकड़कर वह खींचातानी करने लगा, 'ठहरो रामदास, ठहरो! इस नि:सहाय मित्रहीन विदेश में तुम्हारी स्त्री है, तुम्हारी एक छोटी लड़की है।'

रामदास ने कुछ भी नहीं सुना। चिल्ला-चिल्लाकर कहने लगा, 'ये लोग अन्यायकारी हैं! ये लोग डरपोक हैं! सत्य को ये किसी हालत में तुम लोगों को सुनने नहीं देना चाहते! लेकिन ये लोग नहीं जानते कि सत्य का गला दबाकर उसकी हत्या नहीं की जा सकती। वह चिरंजीवी है!' गोरे ने इसका अर्थ नहीं समझा, लेकिन एकाएक सैकड़ों लोगों के सर्वांग से छिटककर, जैसे तीक्ष्ण उत्तेजना की भभक उसके मुँह पर लगी। वह हुंकार करके बोल उठा, 'यह नहीं चलेगा। यह राजद्रोह है।'

जो व्यक्ति गाड़ी लाने गया था, उसके दस मिनट बाद गाड़ी लेकर लौटने पर, सुमित्रा चुपचाप भारती का हाथ पकड़कर, धीरे-धीरे जाकर उसमें बैठ गई। बातचीत करने से उनके विचारों में विघ्न उपस्थित न हो, इस खयाल से किसी ने उनसे व्यर्थ का प्रश्न नहीं किया, विशेषकर आज वे अस्वस्थ, थकी हुई और उत्पीड़ित थीं। भारती ने कहा, 'चलिए!' अपूर्व ने अपना मुँह ऊपर उठाकर देखा; कुछ देर तक न जाने क्या सोचकर पूछा, 'मुझे कहाँ चलने को कह रही हैं?' भारती ने कहा, 'मेरे घर पर।'

पलक मारते ही, पाँच-छह घुड़सवार घोड़ों से कूदकर रामदास के दोनों हाथों को पकड़कर जोर से खींचते हुए नीचे ले गए। उसका दीर्घ शरीर, घोड़ों और घुड़सवारों के बीच में देखते-देखते लुप्त हो गया; लेकिन केवल शरीर। उसका तीक्ष्ण तीव्र कंठ-स्वर किसी तरह भी बंद नहीं हुआ, इस विक्षुब्ध-विपुल जनता के एक छोर से दूसरे छोर तक ध्वनित होने लगा, 'भाइयो! शायद अब कभी मुझसे और आप लोगों से भेंट न होगी, लेकिन मनुष्य होकर जन्म लेने की मर्यादा, यदि अपने मालिकों के पैरों के नीचे दलित न कर चुके होंगे तो फिर इतने बड़े उत्पीड़न, इतने बड़े अपमान को तुम लोग कभी बरदाश्त मत करना।'

लेकिन उसकी बातें समाप्त होते-न-होते ही, मानो दक्ष-यज्ञ शुरू हो गया। घोड़े दौड़ने लगे, चाबुक चलने लगीं, और अपमानित-अभिभूत-अस्त-व्यस्त श्रमिकों का दल, जान बचाकर इस तरह से भाग खड़ा हुआ कि कौन किसके ऊपर गिरा और किसके पैर के नीचे लौट गया, इसका ठिकाना न रहा।

कुछ चोट खाए हुए घायल व्यक्तियों को छोड़कर, सारा मैदान जनहीन होने में देर न लगी। किसी तरह लँगड़ाते हुए जो लोग उस समय भी इधर-उधर भाग रहे थे, उनकी ओर एकटक देखती हुई सुमित्रा स्तब्ध हो रहीं और उनमें कुछ ही दूरी पर अपूर्व बैठा रहा और एक महिला चुपचाप सिर झुकाए, उसी प्रकार विमूढ़ की तरह स्थिर बैठी रही।

जो व्यक्ति गाड़ी लाने गया था, उसके दस मिनट बाद गाड़ी लेकर लौटने पर, सुमित्रा चुपचाप भारती का हाथ पकड़कर, धीरे-धीरे जाकर उसमें बैठ गई। बातचीत

करने से उनके विचारों में विघ्न उपस्थित न हो, इस खयाल से किसी ने उनसे व्यर्थ का प्रश्न नहीं किया, विशेषकर आज वे अस्वस्थ, थकी हुई और उत्पीड़ित थीं। भारती ने कहा, 'चलिए!'

अपूर्व ने अपना मुँह ऊपर उठाकर देखा; कुछ देर तक न जाने क्या सोचकर पूछा, 'मुझे कहाँ चलने को कह रही हैं?'

भारती एकदम मानो उसका हाथ पकड़ने जा रही थी; लेकिन अपने को सँभालकर, एक पल उसके मुँह पर दोनों आँखों की सारी दृष्टि निबद्ध करके, चुपके-चुपके बोली, 'पथ के दावेदारों में स्थान भले ही न हो; लेकिन और एक दावे से आपको वंचित कर सके, संसार में ऐसी तो वस्तु है ही नहीं, अपूर्व बाबू!'

भारती ने कहा, 'मेरे घर पर।'

अपूर्व कुछ क्षण तक चुप रहा। अंत में धीरे-धीरे बोला, 'आप लोग तो जानती हैं कि मैं समिति के लिए कितना अयोग्य हूँ! वहाँ पर मेरे लिए कोई स्थान नहीं हो सकता।'

भारती ने प्रश्न किया, 'तो फिर इस समय कहाँ जाएँगे, डेरे पर?'

'डेरे पर? एक बार जाना होगा।' इतना कहते ही अपूर्व की आँखें सजल हो उठीं; उन्हें किसी तरह सँभालते हुए बोला, 'लेकिन इस विदेश में और एक जगह किस तरह जाऊँगा, मैं समझ नहीं पाता हूँ भारती!'

सुमित्रा गाड़ी में से बोलीं, 'तुम लोग आओ।'

भारती बोली, 'चलिए!'

अपूर्व बोला, 'पथ के दावेदारों में मेरे लिए स्थान नहीं है।'

भारती एकदम मानो उसका हाथ पकड़ने जा रही थी; लेकिन अपने को सँभालकर, एक पल उसके मुँह पर दोनों आँखों की सारी दृष्टि निबद्ध करके, चुपके-चुपके बोली, 'पथ के दावेदारों में स्थान भले ही न हो; लेकिन और एक दावे से आपको वंचित कर सके, संसार में ऐसी तो वस्तु है ही नहीं, अपूर्व बाबू!'

गाड़ी में से सुमित्रा ने फिर असहिष्णु कंठ से प्रश्न किया, 'तुम लोगों के आने में क्या देर होगी, भारती?'

भारती ने हाथ हिलाकर गाड़ीवान को जाने का इशारा करते हुए कहा, 'आप जाइए, हम लोग जरा पैदल ही जाएँगे!'

रास्ते में चलते-चलते अपूर्व एकाएक बोल उठा, 'भारती, तुम मेरे साथ चलो न!'

भारती ने कहा, 'साथ ही तो चल रही हूँ।'

अपूर्व बोला, 'वह बात नहीं, तलवलकर की स्त्री से जाकर क्या कहूँगा, मेरी समझ में नहीं आ रहा है। राम को यहाँ पर साथ लाने की दुर्बुद्धि मुझे क्यों हुई?'

भारती चुप थी। अपूर्व कहता गया, 'एकाएक कितना बड़ा अनर्थ हो गया! अब

अपना कर्तव्य मेरी समझ में नहीं आ रहा है।'

भारती फिर भी मौन थी। कुछ देर बाद अपूर्व व्याकुल होकर गरज उठा, 'मेरा क्या दोष है? बार-बार सावधान करने पर भी कोई गले में डोरी बाँधकर झूले, तो उसे मैं किस तरह बचाऊँगा? स्त्री है, लड़की है, घर-गृहस्थी है, यह होश जिसे नहीं है, वह मरेगा नहीं, तो और कौन मरेगा? और दो वर्ष की सजा भोगने दो।'

'आप क्या उनकी स्त्री के पास इस समय नहीं जाएँगे?'

अपूर्व बोला, 'जाऊँगा क्यों नहीं! लेकिन साहब को कल क्या उत्तर दूँगा? मैं तुमसे कहे देता हूँ भारती कि साहब यदि एक भी बात कहेंगे, तो मैं नौकरी छोड़ दूँगा!'

'छोड़कर क्या कीजिएगा?'

'घर चला जाऊँगा। इस देश में मनुष्य नहीं रहते?'

भारती ने कहा, 'उनके उद्धार का प्रयत्न भी न करेंगे?'

अपूर्व झट बोल उठा, 'चलो, किसी अच्छे बैरिस्टर के पास चलें। भारती! मेरे पास एक हजार रुपए हैं, क्या इनसे काम न चलेगा, मेरी घड़ी इत्यादि जो कुछ चीजें हैं, उनको बेच देने से और पाँच-छह सौ रुपए मिल सकते हैं।'

भारती बोली, 'लेकिन उनकी स्त्री के पास जाने की सबसे पहले आवश्यकता है अपूर्व बाबू! मेरे साथ अब मत चलिए, यहीं से एक गाड़ी लेकर स्टेशन चले जाइए। उनको क्या चाहिए, क्या अभाव है, कम से कम एक बार खबर देने की बड़ी आवश्यकता है।'

भारती चुप थी। अपूर्व कहता गया, 'एकाएक कितना बड़ा अनर्थ हो गया! अब अपना कर्तव्य मेरी समझ में नहीं आ रहा है।'

भारती फिर भी मौन थी। कुछ देर बाद अपूर्व व्याकुल होकर गरज उठा, 'मेरा क्या दोष है? बार-बार सावधान करने पर भी कोई गले में डोरी बाँधकर झूले, तो उसे मैं किस तरह बचाऊँगा? स्त्री है, लड़की है, घर-गृहस्थी है, यह होश जिसे नहीं है, वह मरेगा नहीं, तो और कौन मरेगा? और दो वर्ष की सजा भोगने दो।'

अपूर्व साथ-ही-साथ चलता रहा। भारती ने कहा, 'अब तो मैं अकेली ही जा सकूँगी; आप लौट जाइए!'

अपूर्व कुछ हिचककर बोला, 'मैं अकेला न जा सकूँगा।'

भारती बोली, 'डेरे से तिवारी को ले लेना।'

'नहीं, तुम साथ चलो।'

'मुझे आवश्यक काम है।'

'रहने दो, चलो।'

'लेकिन मुझे क्यों इस झमेले में डाल रहे हैं अपूर्व बाबू?'

अपूर्व चुप हो रहा।

भारती हँस पड़ी, बोली, 'अच्छा, चलिए मेरे साथ। अपना काम पहले पूरा कर लूँ।'

रास्ते में एकाएक भारती बोली, 'जिसने आपको नौकरी करने के लिए विदेश में भेजा है, उसे आपको पहचानने की बुद्धि नहीं है। वे यदि आपकी माँ हों, तो उनको भी नहीं है। तिवारी देश जा रहा है, मैं खुद जाकर प्रयत्न करके, उसके साथ आपको भी घर भेज दूँगी।'

अपूर्व मौन था। भारती बोली, 'आपने उत्तर क्यों नहीं दिया?'

अपूर्व बोला, 'उत्तर देने की आवश्यकता नहीं। मैं गृहस्थी में न रहता तो मैं संन्यासी हो जाता।'

भारती बोली, 'संन्यासी? लेकिन माँ तो जीवित हैं?'

अपूर्व बोला, 'हाँ! देश के छोटे से गाँव में हम लोगों का एक छोटा सा मकान है, माँ को मैं वहीं ले जाऊँगा।'

'उसके बाद?'

'मेरे पास जो एक हजार रुपए हैं, उन्हीं से छोटी सी दुकान खोलूँगा। उसी से हम दोनों का खर्च चल जाएगा।'

भारती हँस पड़ी, बोली, 'अच्छा, चलिए मेरे साथ। अपना काम पहले पूरा कर लूँ।' रास्ते में एकाएक भारती बोली, 'जिसने आपको नौकरी करने के लिए विदेश में भेजा है, उसे आपको पहचानने की बुद्धि नहीं है। वे यदि आपकी माँ हों, तो उनको भी नहीं है। तिवारी देश जा रहा है, मैं खुद जाकर प्रयत्न करके, उसके साथ आपको भी घर भेज दूँगी।' अपूर्व मौन था। भारती बोली, 'आपने उत्तर क्यों नहीं दिया?'

भारती बोली, 'खर्च तो चल सकता है; लेकिन अचानक इसकी आवश्यकता कैसे पड़ी?'

अपूर्व बोला, 'आज मैं अपने को पहचान सका हूँ। केवल माँ के सिवा और कहीं भी इस संसार में मेरा कोई मूल्य नहीं है। भगवान् करे, इससे अधिक किसी से मुझे माँगना न पड़े।'

भारती ने क्षणमात्र उसके मुँह की तरफ देखकर पूछा, 'माँ शायद आपको बहुत प्यार करती हैं?'

अपूर्व बोला, 'हाँ। चिरकाल से माँ का जीवन दुःख-ही-दुःख में बीता; मैं डरता हूँ, कहीं यह दुःख और न बढ़ जाए! मेरी आधार माँ है, इससे मैं एक मुहूर्त के लिए भी छुटकारा नहीं पाता, भारती! इसीलिए मैं भीरु हूँ, सभी की अश्रद्धा का पात्र हूँ।' यह कहकर उसके मुँह से लंबी साँस निकल पड़ी।

इसका उत्तर भारती ने नहीं दिया, केवल धीरे से अपूर्व का हाथ पकड़कर चुपचाप चलने लगी।

फिर अपूर्व ने उद्विग्न होकर पूछा, 'रामदास के परिवार का क्या उपाय करोगी ?'

भारती स्वयं कुछ समझ न सकी थी; लेकिन फिर भी साहस बढ़ाने के लिए ही बोली, 'चलिए तो, जाकर देखेंगे; उपाय तो कुछ-न-कुछ किया ही जाएगा।'

अपूर्व बोला, 'तुमको शायद वहाँ रहना पड़े।'

'लेकिन मैं तो ईसाई हूँ, उन दोनों के किस काम आऊँगी ?' यह बात नए सिरे से अपूर्व को चुभी।

दोनों घर जब पहुँचे, तब संध्या बीत चुकी थी। इस रात को किस तरह क्या करना होगा, यह सोचकर उन लोगों के मन में भय की सीमा न थी। अंदर कदम रखते ही भारती ने देखा कि उस तरफ की खिड़की के पास, आरामकुरसी पर कोई लेटा हुआ है। देखते ही भारती पहचानकर उल्लास से कह उठी, 'डॉक्टर साहब, आप कब आए ? सुमित्रा जीजी से मुलाकात हुई ?'

'नहीं।'

अपूर्व ने कहा, 'आज भयंकर कांड हो गया डॉक्टर साहब! हमारे एकाउंटेंट तलवलकर बाबू को पुलिस पकड़ ले गई।'

भारती बोली, 'इनसिन में उनका घर है। वहीं उनकी स्त्री है, लड़की है। अभी तक कुछ खबर उन्हें नहीं मिली।'

अपूर्व ने कहा, 'यह कैसी भयानक आपत्ति आ पड़ी, डॉक्टर साहब!'

अपूर्व बोला, 'तुमको शायद वहाँ रहना पड़े।' 'लेकिन मैं तो ईसाई हूँ, उन दोनों के किस काम आऊँगी ?' यह बात नए सिरे से अपूर्व को चुभी। दोनों घर जब पहुँचे, तब संध्या बीत चुकी थी। इस रात को किस तरह क्या करना होगा, यह सोचकर उन लोगों के मन में भय की सीमा न थी। अंदर कदम रखते ही भारती ने देखा कि उस तरफ की खिड़की के पास, आरामकुरसी पर कोई लेटा हुआ है। देखते ही भारती पहचानकर उल्लास से कह उठी, 'डॉक्टर साहब, आप कब आए ? सुमित्रा जीजी से मुलाकात हुई ?'

डॉक्टर हँसकर बोले, 'भारती, मैं बहुत ही थका हूँ, मुझे चाय बनाकर पिला सकती हो क्या बहन ?'

'क्यों नहीं ? लेकिन हम लोगों को अभी बाहर जाना है।'

'कहाँ ?'

'इनसिन। तलवलकर बाबू के घर।'

'कुछ जरूरत नहीं।'

अपूर्व विस्मय से बोला, 'आवश्यक कैसे नहीं डॉक्टर साहब?'

डॉक्टर हँसकर बोले, 'लेकिन इसका भार तो मेरे ऊपर है। आप बैठिए, तब तक भारती चाय तैयार करके लाए होटल का ब्राह्मण रसोइया, पवित्रता के साथ कुछ खाने की चीज तैयार करके दे जाए। आहार आदि करके आप विश्राम कीजिए।'

अपूर्व बोला, 'इस रात को कष्ट उठाने से तो तुम बच गईं, लेकिन मेरा दायित्व, कैसी रात क्यों न हो जाए, गए बिना पूरा न होगा भारती!'

सुनकर भारती ठिठककर खड़ी हो गई; लेकिन उसी समय डॉक्टर के मुँह की ओर देखकर वह फिर अपना काम करने के लिए चली गई।

डॉक्टर साहब मोमबत्ती जलाकर पत्र लिखने बैठ गए।

दस मिनट तक चुपचाप प्रतीक्षा करके, अपूर्व झुँझलाकर उत्कंठित हो उठा। उसने पूछा, 'क्या ये पत्र बहुत ही आवश्यक हैं?'

डॉक्टर ने कहा, 'हाँ!'

अपूर्व बोला, 'उधर की कुछ व्यवस्था हो जाना भी तो कम आवश्यक नहीं है। आप क्या उनके घर किसी को न भेजिएगा?'

डॉक्टर ने कहा, 'इतनी रात को, कोई आदमी वहाँ जाने को न मिलेगा।'

अपूर्व बोला, 'तब उसके लिए आप कोई चिंता न करें। सवेरे मैं खुद ही जाऊँगा! आप भारती को मना न करते, तो अभी चले जाते।'

डॉक्टर लिखते-लिखते बोले, 'इसकी आवश्यकता नहीं थी।'

अपूर्व ने कहा, 'आवश्यकता की धारणा, इस विषय में, आपकी और मेरी एक नहीं है। वह मेरा मित्र है।'

चाय का सामान लेकर भारती नीचे उतर आई और चाय बनाकर पास बैठ गई। डॉक्टर का पत्र लिखना और चाय पीना, ये दोनों काम एक साथ ही चलने लगे। दो-तीन मिनट बाद, भारती अभिमान के स्वर में बोली, 'आप सदा व्यस्त रहते हैं। दो-चार मिनट तक आपके पास बैठकर बातचीत सुनूँ, इसके लिए भी आप मुझे समय नहीं देते।'

अपूर्व ने कहा, 'आवश्यकता की धारणा, इस विषय में, आपकी और मेरी एक नहीं है। वह मेरा मित्र है।' चाय का सामान लेकर भारती नीचे उतर आई और चाय बनाकर पास बैठ गई। डॉक्टर का पत्र लिखना और चाय पीना, ये दोनों काम एक साथ ही चलने लगे। दो-तीन मिनट बाद, भारती अभिमान के स्वर में बोली, 'आप सदा व्यस्त रहते हैं। दो-चार मिनट तक आपके पास बैठकर बातचीत सुनूँ, इसके लिए भी आप मुझे समय नहीं देते।'

डॉक्टर ने चाय के प्याले से मुँह हटाकर, हँसते हुए कहा, 'क्या करूँ बहन, इस दो बजे की ट्रेन से मुझे जाना भी तो है।' सुनकर भारती चौंकी और अपूर्व के मन का

संशय, अपने मित्र के संबंध में और भी बढ़ गया। भारती ने पूछा, 'क्या एक रात के लिए भी आपको विश्राम न मिलेगा?'

डॉक्टर बोला, 'मुझे केवल एक दिन के लिए अवकाश है भारती; लेकिन वह समय आज नहीं आया है।'

भारती समझ न सकी, इसलिए उसने पूछा, 'वह समय कब आएगा?'

डॉक्टर ने इसका उत्तर नहीं दिया।

अपूर्व बोला, 'समिति का सदस्य न होने पर भी रामदास सजा भुगतने जा रहा है, वह असाधारण है!'

डॉक्टर ने कहा, 'सजा नहीं भी हो सकती है।'

अपूर्व ने कहा, 'न हो तो वह उसका भाग्य है; लेकिन यदि हो जाए तो अपराध मेरा होगा। इस संकट में मैं ही उसे लाया।'

डॉक्टर ने केवल मुसकरा दिया।

अपूर्व बोला, 'देश के लिए जिसने दो साल की सजा भोगी है, असंख्य बेंतों के दाग जिसकी पीठ से आज भी नहीं मिटे, इस विदेश में जिसके स्त्री-बच्चे उसका ही मुख ताककर जी रहे हैं, उसका इतना बड़ा साहस असाधारण है। इसकी तुलना नहीं!'

डॉक्टर ने कहा, 'इसमें संदेह क्या है अपूर्व बाबू! पराधीनता की आग जिसके हृदय में दिन-रात जल रही है, उसके लिए इसके सिवा और तो कोई उपाय नहीं है! साहब की दुकान की बड़ी नौकरी या इनसिन का कोई भी व्यक्ति उसको रोक नहीं सकता, यही उसका एकमात्र पथ है।'

अपूर्व ने कहा, 'न हो तो वह उसका भाग्य है; लेकिन यदि हो जाए तो अपराध मेरा होगा। इस संकट में मैं ही उसे लाया।' डॉक्टर ने केवल मुसकरा दिया। अपूर्व बोला, 'देश के लिए जिसने दो साल की सजा भोगी है, असंख्य बेंतों के दाग जिसकी पीठ से आज भी नहीं मिटे, इस विदेश में जिसके स्त्री-बच्चे उसका ही मुख ताककर जी रहे हैं, उसका इतना बड़ा साहस असाधारण है। इसकी तुलना नहीं!'

डॉक्टर की उक्ति को व्यंग्य समझकर वह एकाएक मानो पागल हो गया; बोला, 'आप उसके महत्त्व को अनुभव भले ही न कर सकें; पर साहब की दुकान की नौकरी, तलवलकर जैसे मनुष्य को छोटा नहीं बना सकती! आप मुझ पर, जितनी इच्छा हो, व्यंग्य कीजिए; पर रामदास किसी भी बात में आपसे छोटा नहीं, यह आप निश्चित जान जाएँगे।'

डॉक्टर बोले, 'मैं यह जानता हूँ। मैंने उनको छोटा नहीं कहा।'

अपूर्व बोला, 'आपने कहा है! उनका और मेरा आपने परिहास किया है; पर मैं जानता हूँ, जन्मभूमि उनके लिए प्राणों से भी अधिक प्रिय है। वे निर्भीक हैं। आपकी

भाँति वे लुक-छिपकर नहीं घूमते।'

विस्मय से भारती बोली, 'आप किसको क्या कह रहे हैं अपूर्व बाबू? आप पागल तो नहीं हो गए?'

अपूर्व बोला, 'नहीं, पागल नहीं हूँ! ये जो भी क्यों न हों; पर रामदास तलवलकर की पदधूलि के बराबर भी नहीं हैं, यह बात मैं मुक्तकंठ से कहूँगा। उसका तेज, उसकी निर्भीकता से ये मन-ही-मन ईर्ष्या करते हैं। इसीलिए तुमको जाने नहीं दिया। इसीलिए मुझको उन्होंने युक्ति से रोक दिया।'

भारती उठकर बोली, 'मैं आपका अपमान नहीं कर सकती; लेकिन यहाँ से आप चले जाइए, अपूर्व बाबू! आपको हम लोगों ने गलत समझा था। भय के कारण जिसको हिताहित का ज्ञान नहीं रहता, उनके उन्माद के लिए यहाँ स्थान नहीं है। आपकी बात ही सच है, पथ के दावेदारों में आपको स्थान न मिलेगा। इसके बाद और किसी बहाने, किसी दिन मेरे डेरे पर आने का कष्ट मत कीजिएगा।'

भारती उठकर बोली, 'मैं आपका अपमान नहीं कर सकती; लेकिन यहाँ से आप चले जाइए, अपूर्व बाबू! आपको हम लोगों ने गलत समझा था। भय के कारण जिसको हिताहित का ज्ञान नहीं रहता, उनके उन्माद के लिए यहाँ स्थान नहीं है। आपकी बात ही सच है, पथ के दावेदारों में आपको स्थान न मिलेगा। इसके बाद और किसी बहाने, किसी दिन मेरे डेरे पर आने का कष्ट मत कीजिएगा।'

अपूर्व निरुत्तर होकर उठ खड़ा हुआ; पर डॉक्टर ने उसका हाथ पकड़कर कहा, 'आप जरा बैठिए अपूर्व बाबू, इस अँधेरे में अकेले मत जाइए। मैं स्टेशन जाने के रास्ते में आपको डेरे पर पहुँचाता जाऊँगा।'

अपूर्व की चेतना लौट रही थी; वह सिर झुकाकर बैठ गया।

चाय-पानी के बाद जो बिस्कुट बचे थे, उनको डॉक्टर साहब जेब में डाल रहे हैं, यह देखकर भारती ने पूछा, 'यह आप क्या कर रहे हैं?'

'खुराक जुटाकर रख रहा हूँ, बहन!'

'क्या सचमुच ही आज रात को चले जाइएगा?'

'तो क्या बेकार ही अपूर्व बाबू को मैंने रोका है? सभी के साथ मिलकर इस तरह अविश्वास करेंगे तो मैं कैसे जीऊँगा भारती!' यह कहकर उन्होंने बनावटी क्रोध दिखाया, तो भारती ने अभिमान के साथ कहा, 'नहीं, आज आपका जाना नहीं होगा, आप बहुत थक गए हैं। इसके अतिरिक्त सुमित्रा जीजी अस्वस्थ हैं, आप तो बराबर ही न मालूम कहाँ चले जाते हैं। मैं आपकी एक बात नहीं सुन सकती, एक उपदेश नहीं पाती; पथ के दावे को मैं अकेली कैसे चलाऊँ? मैं भी इस दशा में, जहाँ तबीयत होगी, चली जाऊँगी।'

लिखे हुए पत्र डॉक्टर ने उसके हाथ में देते हुए हँसकर कहा, 'इनमें एक तुम्हारा है, एक सुमित्रा का है, तीसरा तुम लोगों के पथ के लिए है। मेरा उपदेश कहो, आदेश कहो, सबकुछ यही है।'

भारती बोली, 'इस बार क्या आप बहुत दिनों को जा रहे हैं?'

'देव: न जानन्ति', कहकर वे मुसकरा दिए।

भारती बोली, 'हम लोगों की कठिनाई बढ़ गई है, इसीलिए ठीक तौर से बतला जाइए, आप कब लौटिएगा?'

'यही तो कहता हूँ कि देव: न जानन्ति''' ।'

'नहीं, ऐसा नहीं होगा, सच-सच बताइए, कब लौटिएगा?'

'इतना तकाजा क्यों है?'

भारती बोली, 'इस बार न मालूम कैसे भय लग रहा है। मानो सबकुछ टूट-फूटकर छिन्न-भिन्न हो जाएगा।'

उसके माथे पर हाथ रखकर डॉक्टर बोले, 'ऐसा नहीं होगा। सब ठीक होगा।' यह कहकर हँस पड़े; बोले, 'लेकिन इस मनुष्य के साथ इस प्रकार झूठ-मूठ झगड़ा करने से सचमुच ही रोना पड़ेगा। अपूर्व बाबू क्रोध अवश्य करते हैं; लेकिन जिसे प्यार करते हैं, उसे प्यार करना भी जानते हैं।'

भारती बोली, 'इस बार न मालूम कैसे भय लग रहा है। मानो सबकुछ टूट-फूटकर छिन्न-भिन्न हो जाएगा।' उसके माथे पर हाथ रखकर डॉक्टर बोले, 'ऐसा नहीं होगा। सब ठीक होगा।' यह कहकर हँस पड़े; बोले, 'लेकिन इस मनुष्य के साथ इस प्रकार झूठ-मूठ झगड़ा करने से सचमुच ही रोना पड़ेगा। अपूर्व बाबू क्रोध अवश्य करते हैं; लेकिन जिसे प्यार करते हैं, उसे प्यार करना भी जानते हैं।'

भारती कुछ उत्तर देने जा रही थी; लेकिन एकाएक अपूर्व के मुँह उठाते ही, उसके मुँह की तरफ देखकर चुप हो गई।

इसी समय दरवाजे के पास आकर एक घोड़ागाड़ी रुकी और शीघ्र ही दो आदमियों ने प्रवेश किया। एक नीचे से ऊपर तक अंग्रेजी पोशाक में था, जिसे शायद डॉक्टर के अलावा कोई नहीं जानता था, दूसरे थे रामदास तलवलकर। अपूर्व का मुँह चमक उठा। रामदास ने आगे बढ़कर डॉक्टर की पदधूलि ग्रहण की।

अंग्रेजी ड्रेसवाला व्यक्ति बोला, 'जमानत के लिए इतनी देर हुई। शायद गवर्नमेंट मुकदमा न चलाएगी।'

डॉक्टर बोले, 'इसका अर्थ यह कि तुम गवर्नमेंट को नहीं पहचानते।'

फिर रामदास बोला, 'मैदान से थाने तक आपको साथ-साथ देखा था; लेकिन फिर कब अंतर्हित हो गए, यह न जान सका।'

डॉक्टर ने हँसकर कहा, 'अंतर्धान होना जरूरी हो गया था, रामदास बाबू! यहाँ तक कि रातोरात यहाँ से भी अंतर्हित होना पड़ेगा।'

रामदास बोला, 'उस दिन स्टेशन पर मैंने आपको पहचान लिया था।'

'जानता हूँ; लेकिन सीधे अपने घर न जाकर, इतनी रात को यहाँ क्यों?'

'आपको प्रणाम करने के लिए। मेरे पूना सेंट्रल जेल में जाने के बाद ही आप चले गए। उस समय अवसर नहीं मिला। नीलकांत जोशी का क्या हुआ, जानते हैं? वह तो आपके साथ ही था।'

डॉक्टर बोले, 'एक बार सिंगापुर में ही मुझे तीन साल तक नजरबंद रहना पड़ा था; अधिकारी मुझे पहचानते हैं। इसीलिए सीधा रास्ता छोड़कर बैंकाक के मार्ग से पहाड़ लाँघकर, टेवाय में आ पहुँचा। भाग्य अच्छा था! अकस्मात् एक हाथी का बच्चा मुझे मिल गया। उस हाथी के बच्चे को बेचकर देशी जहाज में, नारियल के चालान के साथ अपना चालान कराकर मैं आराकान आ गया।

डॉक्टर बोले, 'हाँ बैरक की चहारदीवारी लाँघ न सकने पर सिंगापुर में उसको फाँसी हो गई।'

अपूर्व ने पूछा, 'उस दशा में क्या आपको भी फाँसी दी जाती?'

डॉक्टर हँस पड़े। देखकर अपूर्व सिहर उठा।

रामदास बोला, 'उसके बाद?'

डॉक्टर बोले, 'एक बार सिंगापुर में ही मुझे तीन साल तक नजरबंद रहना पड़ा था; अधिकारी मुझे पहचानते हैं। इसीलिए सीधा रास्ता छोड़कर बैंकाक के मार्ग से पहाड़ लाँघकर, टेवाय में आ पहुँचा। भाग्य अच्छा था! अकस्मात् एक हाथी का बच्चा मुझे मिल गया। उस हाथी के बच्चे को बेचकर देशी जहाज में, नारियल के चालान के साथ अपना चालान कराकर मैं आराकान आ गया। अचानक थाने में, आज एक परम मित्र के साथ आमने-सामने भेंट हो गई। उनका नाम है बी.ए. चेलिया। मुझे बहुत ही स्नेह करते हैं। बहुत दिनों से दर्शन न होने पर, मुझे खोजते-खोजते एकदम सिंगापुर से बर्मा आ गए। भीड़ में अच्छी तरह नजर नहीं रख सके, नहीं तो पैतृक गले का···' यह कहकर वह हँसते जा रहे थे कि अकस्मात् अपूर्व के मुँह की तरफ देखकर चौंक उठे, बोले, 'यह क्या अपूर्व बाबू? आपको क्या हो गया?'

अपूर्व अपने को सँभालने का प्रयत्न कर रहा था। उनकी बात पूरा होते-न-होते ही, वह दोनों हाथों से अपना मुँह ढँककर, तेज गति से दौड़ता हुआ कमरे से बाहर चला गया।

सत्रह

अपूर्व के इस तरह बाहर चले जाने पर सभी आश्चर्य में पड़ गए। बैरिस्टर कृष्ण अय्यर ने पूछा, 'यह कौन है डॉक्टर? बहुत सेंटीमेंटल!' उसकी बात में साफ उलाहना था कि ऐसे लोगों का यहाँ क्या काम?

डॉक्टर थोड़ा हँस पड़े, प्रश्न का उत्तर दिया तलवलकर ने, 'यह हैं मिस्टर अपूर्व हालदार! हमारे ऑफिस में, यह मेरे सुपीरियर अफसर हैं; लेकिन एकांत अंतरंग हैं, मेरे परम मित्र हैं! और सेंटीमेंटल? डॉक्टर साहब, आपने शायद हालदार के रंगून के प्रथम परिचय की कहानी नहीं सुनी? वह एक··।'

अवश्य नहीं पड़ेगी, तलवलकर! अवश्य नहीं पड़ेगी।' यह कहकर, वे भारती को ही विशेष रूप से लक्ष्य करके बोले, 'लेकिन यह मित्रता नाम की वस्तु, संसार में कितनी क्षणभंगुर है भारती! एक दिन जिसके संबंध में सोचा भी नहीं जा सकता, दूसरे दिन उससे जरा सा कारण उपस्थित होते ही चिरविच्छेद हो जाता है। यह भी दुनिया में कोई अस्वाभाविक नहीं है, तलवलकर, इसके लिए भी तैयार रहना अच्छा है।

सहसा भारती पर दृष्टि पड़ते ही रुककर उसने कहा, 'वह जो कुछ भी हों, प्रथम परिचय के दिन से ही हम लोग मित्र हैं।'

डॉक्टर हँसकर बोले, 'सेंटीमेंट नाम की वस्तु सर्वदा बुरी ही नहीं होती, कृष्ण अय्यर! और तुम्हारी तरह सभी का, कठोर पत्थर न बन जाने से काम न चलेगा; ऐसा सोचना भी ठीक नहीं।'

कृष्ण अय्यर बोले, 'ऐसा मैं भी नहीं सोचता; लेकिन इस कमरे को छोड़कर, उनके विचरने का स्थान तो संसार में कम नहीं।'

तलवलकर मन-ही-मन क्रोधित हुए। जिनको बार-बार अपना परम मित्र बता रहे हैं, उनको उन्हीं के सामने अवांछित व्यक्ति सिद्ध करने की चेष्टा से उन्होंने अपना ही अपमान समझा और कहा, 'मिस्टर अय्यर, अपूर्व बाबू को मैं पहचानता हूँ। यह सच है कि हम लोगों के मंत्र की दीक्षा लिए उन्हें बहुत दिन नहीं हुए; लेकिन मित्र की अकल्पित मृत्यु से थोड़ा सा विचलित हो जाना, हम लोगों के लिए भी कोई भयानक अपराध नहीं है! संसार में चलने-फिरने की जगह अपूर्व बाबू के लिए यथेष्ट पड़ी हुई हैं और मुझे आशा है कि इस मकान में भी उनको स्थान की कमी नहीं पड़ेगी।'

डॉक्टर बोले, 'अवश्य नहीं पड़ेगी, तलवलकर! अवश्य नहीं पड़ेगी।' यह कहकर, वे भारती को ही विशेष रूप से लक्ष्य करके बोले, 'लेकिन यह मित्रता नाम की वस्तु,

संसार में कितनी क्षणभंगुर है भारती! एक दिन जिसके संबंध में सोचा भी नहीं जा सकता, दूसरे दिन उससे जरा सा कारण उपस्थित होते ही चिरविच्छेद हो जाता है। यह भी दुनिया में कोई अस्वाभाविक नहीं है, तलवलकर, इसके लिए भी तैयार रहना अच्छा है। मनुष्य बड़ा ही दुर्बल है। तब इसी सेंटीमेंट की जरूरत पड़ती है, उसका धक्का सँभालने के लिए।'

इन सब बातों का उत्तर कुछ नहीं, प्रतिवाद भी कुछ नहीं, सब मौन रहे; लेकिन भारती का मुख म्लान हो उठा। भारती जानती है कि बिना कारण कुछ कहना डॉक्टर का स्वभाव नहीं।

डॉक्टर घड़ी देखकर बोला, 'मेरा तो जाने का समय हो रहा है भारती! रात की गाड़ी से जा रहा हूँ, तलवलकर!'

कहाँ और किसलिए अपने आप बताए बिना, ऐसा अनावश्यक कौतूहल प्रकट करने का नियम इन लोगों में नहीं है। तलवलकर ने पूछा, 'मेरे लिए आपका आदेश?'

डॉक्टर ने हँसकर कहा, 'आदेश तो है; पर एक बात है। बर्मा में स्थान का अभाव हो भी जाए तो अपने देश में वह न होगा, यह निश्चित है। मजदूरों पर जरा नजर रखना।' तलवलकर ने गरदन हिलाकर कहा, 'अच्छा! फिर कब मुलाकात होगी?'

डॉक्टर घड़ी देखकर बोला, 'मेरा तो जाने का समय हो रहा है भारती! रात की गाड़ी से जा रहा हूँ, तलवलकर!' कहाँ और किसलिए अपने आप बताए बिना, ऐसा अनावश्यक कौतूहलप्रकट करने का नियम इन लोगों में नहीं है। तलवलकर ने पूछा, 'मेरे लिए आपका आदेश?'

डॉक्टर ने कहा, 'नीलकांत जोशी के शिष्य हो तुम, फिर यह क्या प्रश्न कर दिया?'

तलवलकर चुप हो रहा। डॉक्टर ने फिर कहा, 'अब देर मत करो, जाओ। घर पहुँचते-पहुँचते भोर हो जाएगी। तो क्या यहाँ ही प्रैक्टिस करने का निश्चय कर लिया है अय्यर?'

कृष्ण अय्यर ने सिर हिलाकर सम्मति प्रकट की। किराए की गाड़ी बाहर प्रतीक्षा कर रही थी, दोनों बाहर जाने लगे तो उस समय तलवलकर ने केवल एक बार कहा, 'अँधेरे में अपूर्व बाबू कहाँ चले गए, एक बार मुलाकात नहीं हुई''' ।'

लेकिन इस बात का उत्तर देना किसी ने आवश्यक नहीं समझा। कुछ ही देर बाद, गाड़ी के शब्द से मालूम हो गया कि वे लोग चले गए। तब डॉक्टर बोले, 'तुम क्या समझती हो, अपूर्व चला गया?'

भारती बोली, 'नहीं, संभव है आस-पास ढूँढ़ने से मिल जाएँगे। आपसे बिना मुलाकात किए वे न जाएँगे।'

डॉक्टर बोले, 'तुम यही काम करो। अधिक नहीं ठहर सकता, बहन!'

'नहीं, इसी बीच वे आ जाएँगे', यह कहकर दरवाजे के बाहर, अंधकार में भारती की चंचल आँखों की दृष्टि तीक्ष्ण हो उठी और परिचित पदशब्द की प्रतीक्षा में एकदम अधीर हो उठी। उसकी इच्छा हुई कि दौड़कर यहीं आसपास से क्षण-भर में उसे ढूँढ़ आए; पर इतनी व्याकुलता दिखाने में उसे आज लज्जा मालूम हुई। डॉक्टर ने बिस्तर की तरफ देखा और भारती ने देखा तो मालूम हुआ कि अब पाँच-छह मिनट से अधिक समय नहीं है। वह बोली, 'आप क्या पैदल ही जाएँगे?'

डॉक्टर बोले, 'तुम यही काम करो। अधिक नहीं ठहर सकता, बहन!' 'नहीं, इसी बीच वे आ जाएँगे', यह कहकर दरवाजे के बाहर, अंधकार में भारती की चंचल आँखों की दृष्टि तीक्ष्ण हो उठी और परिचित पदशब्द की प्रतीक्षा में एकदम अधीर हो उठी। उसकी इच्छा हुई कि दौड़कर यहीं आसपास से क्षण-भर में उसे ढूँढ़ आए; पर इतनी व्याकुलता दिखाने में उसे आज लज्जा मालूम हुई। डॉक्टर ने बिस्तर की तरफ देखा और भारती ने देखा तो मालूम हुआ कि अब पाँच-छह मिनट से अधिक समय नहीं है। वह बोली, 'आप क्या पैदल ही जाएँगे?'

डॉक्टर बोले, 'नहीं। दो बज के बीस मिनट पर, बड़ी सड़क से एक घोड़ागाड़ी निकलेगी, वह छह-सात आने में स्टेशन पहुँचा देगी।'

भारती बोली, 'पैसा न देने पर भी पहुँचा देगी; पर जाने से पहले क्या सुमित्रा जीजी को देखने नहीं जाएँगे? वे सचमुच बीमार हैं।'

डॉक्टर ने कहा, 'मैंने कब कहा कि बीमार नहीं हैं? लेकिन डॉक्टर को दिखाए बिना बीमारी अच्छी कैसे होगी?'

भारती बोली, 'आपसे अच्छा डॉक्टर कौन मिलेगा?'

डॉक्टर ने मजाक में उत्तर दिया, 'तब तो हो चुकी अच्छी! अभ्यास छूटे बहुत दिन बीत चुके; फिर बैठा-बैठी किसी की चिकित्सा करता रहूँ, इतना समय कहाँ है मेरे पास?'

भारती बोल उठी, 'समय आपको भला कहाँ! कोई मर भी जाए तो आपको समय नहीं मिलेगा, क्या ऐसा ही देश का काम होता है?'

डॉक्टर का हँसता हुआ मुख-मंडल, केवल क्षण-भर के लिए गंभीर फिर पूर्ववत् अपनी श्री से परिपूर्ण हो गया; पर तीक्ष्ण दृष्टि से भारती अपनी गलती समझ गई। वास्तव में सुमित्रा कौन है, डॉक्टर के साथ उसका संबंध क्या है और कब-किस तरह वह इस दल में शामिल हो गई, आज तक भी भारती इस संबंध में कुछ भी नहीं जानती। इन लोगों के संप्रदाय में व्यक्तिगत परिचय के संबंध में कैतूहली होना अत्यंत निषिद्ध

माना गया है। इसीलिए अनुमान के सिवा ठीक तौर से कुछ भी जान लेने का उपाय नहीं था। केवल स्त्री होने के नाते ही उसने सुमित्रा का मनोभाव कुछ मालूम कर लिया था; लेकिन अपनी इस अनुभूति को आधार मानकर, अकस्मात् इतना बड़ा इशारा कर बैठने से, वह केवल संकोच में नहीं पड़ गई, बल्कि भयभीत भी हो गई। भयभीत वह डॉक्टर से नहीं, सुमित्रा से हुई। यह बात किसी तरह भी उनके कान तक पहुँच जाने से काम बिगड़ जाएगा। उनका और परिचय मालूम न होने पर भी, पहले से ही उस शांत, तीक्ष्ण, विद्या-बुद्धिशालिनी रमणी की दुर्भेद्य गंभीरता के परिचय से कोई भी अपरिचित नहीं था। उनके स्वरूप और भाषण से, उनके प्रखर सौंदर्य के हर पदक्षेप से, उनके संयम-गंभीर वार्त्तालाप से, उनके अचंचल आचरण की गंभीरता से, इस दल में रहते हुए भी, उनके असीम दूरत्व को सब लोग स्वत:सिद्ध की भाँति मानो अनुभव करते थे, यहाँ तक कि उनकी अस्वस्थता के संबंध में भी, अपने-आप किसी प्रकार की आलोचना करने का भी किसी को साहस नहीं होता था, लेकिन एक दिन इस दुर्लंघ्य कठोरता को भेदकर उनकी अत्यंत गुप्त दुर्बलता, उस दिन अपूर्व और भारती के सामने प्रकट हो पड़ी थी, जिस दिन एक आदमी को विदा करते समय, सुमित्रा अपने को सँभाल न सकी थी और उसी से वह मानो अपने को सबसे अलग, बहुत दूर हटा ले गई है। वह विशाल व्यवधान, दूसरे की बिन-माँगी सहानुभूति के आकर्षण से संकुचित होने का थोड़ा भी आभास मिलते ही उसकी वह अपने जीवन के प्रति, मन में छिपी गूढ़ वेदना एकाएक भड़क उठेगी, इस बात का नि:संदेह अनुभव करके, भारती का क्षुब्ध चित्त आशंका से भर जाता था।

"उनके स्वरूप और भाषण से, उनके प्रखर सौंदर्य के हर पदक्षेप से, उनके संयम-गंभीर वार्त्तालाप से, उनके अचंचल आचरण की गंभीरता से, इस दल में रहते हुए भी, उनके असीम दूरत्व को सब लोग स्वत:सिद्ध की भाँति मानो अनुभव करते थे, यहाँ तक कि उनकी अस्वस्थता के संबंध में भी, अपने-आप किसी प्रकार की आलोचना करने का भी किसी को साहस नहीं होता था, लेकिन एक दिन इस दुर्लंघ्य कठोरता को भेदकर उनकी अत्यंत गुप्त दुर्बलता, उस दिन अपूर्व और भारती के सामने प्रकट हो पड़ी थी"

डॉक्टर ने आरामकुरसी पर अच्छी तरह लेटकर, अपने लंबे दोनों पैर मेज पर फैला दिए और फिर आराम की साँस फेंककर बोल उठे, 'आह!'

भारती आश्चर्य से बोली, 'आप तो खूब सो रहे!'

डॉक्टर नाराज होकर बोले, 'क्यों, क्या मैं घोड़ा हूँ, जो जरा लेटते ही गठिया पकड़ लेगी? मुझे नींद आ रही है, तुम लोगों की तरह खड़े-खड़े मैं नहीं सो सकता।'

भारती ने कहा, 'खड़े-खड़े हम लोग भी नहीं सो सकतीं; लेकिन यदि कोई आकर कहे कि आप दौड़ते-दौड़ते सो सकते हैं, तो मुझे उससे भी आश्चर्य न होगा। आपके इस शरीर से संसार में क्या नहीं हो सकता, यह तो कोई नहीं जानता; लेकिन समय हो गया, इस समय न चल देने से गाड़ी तो चली जाएगी।'

'चली जाने दो।'

'कैसे जाने दो?'

भारती बोली, 'मुझे क्या गरज, कोठरी में सो रहूँगी।'
डॉक्टर बोले, 'क्रोध करके लेटा जा सकता है; लेकिन सोया नहीं जा सकता। बिछौने पर पड़कर छटपटाते रहने से बढ़कर, दूसरी कोई सजा नहीं होती। इससे तो यही अच्छा होगा कि तुम उसे ढूँढ़ लाओ, मैं किसी से न कहूँगा।'
भारती का मुँह लाल हो उठा, कुछ देर तक मौन रहकर, अपने को सँभालकर बोली, 'अच्छा, डॉक्टर साहब, बिस्तर पर पड़कर छटपटाते रहने से बढ़कर और कोई सजा नहीं है, यह बात आप कैसे जान गए?'

'ओह! बड़ी जोर से नींद आ रही है, भारती! आँखें नहीं खोल सकता।' यह कहकर डॉक्टर ने दोनों आँखें बंद कर लीं।

यह बात सुनकर भारती ने पुलकित चित्त से अनुभव किया कि केवल मेरे ही अनुरोध से आज उनका जाना स्थगित हो गया है। नहीं तो नींद तो दूर रही, बिजली गिरने की दुहाई देकर भी उनके संकल्प में बाधा नहीं दी जा सकती। उसने कहा, 'यदि सचमुच नींद ही आ रही हो तो ऊपर जाकर सो रहिए न।'

डॉक्टर ने आँखें बंद किए ही पूछा, 'तुम्हारा अपना उपाय क्या होगा? अपूर्व की बाट देखती हुई सारी रात बिता दोगी?'

भारती बोली, 'मुझे क्या गरज, कोठरी में सो रहूँगी।'

डॉक्टर बोले, 'क्रोध करके लेटा जा सकता है; लेकिन सोया नहीं जा सकता। बिछौने पर पड़कर छटपटाते रहने से बढ़कर, दूसरी कोई सजा नहीं होती। इससे तो यही अच्छा होगा कि तुम उसे ढूँढ़ लाओ, मैं किसी से न कहूँगा।'

भारती का मुँह लाल हो उठा, कुछ देर तक मौन रहकर, अपने को सँभालकर बोली, 'अच्छा, डॉक्टर साहब, बिस्तर पर पड़कर छटपटाते रहने से बढ़कर और कोई सजा नहीं है, यह बात आप कैसे जान गए?'

डॉक्टर बोले, 'लोग कहते हैं, वही सुनकर।'

'अपने अनुभव से कुछ भी नहीं जानते?'

डॉक्टर बोले, 'बहन, हम अभागों को तो बिस्तर भी सोने के लिए नहीं मिलते,

फिर छटपटाना कैसा? इतनी बाबूगिरी के लिए फुरसत कहाँ?'

भारती बोली, 'अच्छा डॉक्टर साहब, सब लोग कहते हैं कि आपमें क्रोध है ही नहीं, क्या यह बात सच है?'

डॉक्टर बोले, 'सच? कभी नहीं, कभी नहीं! लोग झूठ कहते हैं। वे मुझे देख नहीं सकते।'

भारती हँसकर बोली, 'या बहुत अधिक प्यार करते हैं? वे तो यह भी कहते हैं कि न आपमें मान-अभिमान है, न दया-माया है; हृदय बिल्कुल आदि से अंत तक पत्थर सा हो गया है!'

डॉक्टर बोले, 'यह भी अत्यंत प्यार की बात है। इसके बाद?'

भारती बोली, 'इसके बाद, उस प्रस्तर-मूर्ति पर केवल एक चीज खुदी है—जन्मभूमि! उसका आदि नहीं, अंत नहीं, क्षय नहीं, उसकी भयानक मूर्ति हम लोगों को दिखाई नहीं देती, इसलिए हम लोग आपके पास रह सकती हैं, नहीं तो⋯।' कहते-कहते वह अकस्मात् रुक गई; फिर बोली, 'कैसे बता दूँ डॉक्टर साहब, एक दिन जब मैं सुमित्रा बहन के साथ बर्मा आयरन कंपनी के कारखाने के पास जा रही थी, उस दिन वहाँ उनके नए बॉयलर की परीक्षा हो रही थी, लोग खड़े-खड़े तमाशा देख रहे थे। काले पहाड़ की भाँति, वह एक प्रचंड जड़-पिंड से अधिक और कुछ भी नहीं था। अचानक उसका एक दरवाजा खुले जाने पर ऐसा मालूम हुआ, मानो उसके भीतर आग का तूफान उठ रहा हो। वहाँ इस पृथ्वी को उलटकर डाल देने से, मानो उसे भी वह जलाकर क्षण-भर में भस्म कर डालेगा! मैंने सुना है कि वह अकेला ही उस विशाल कारखाने को जला सकता है। दरवाजा बंद हो गया, वह पूर्ववत् शांत जड़-पिंड बन गया; उसके भीतर का प्रकाश कुछ भी बाहर नहीं रह गया। सुमित्रा बहन के मुँह से गहरी साँस निकल पड़ी।' मैंने आश्चर्य में पड़कर पूछा, 'क्या बात है बहन?' सुमित्रा ने कहा, 'इस भयंकर यंत्र को याद रखना भारती, इससे तुम अपने डॉक्टर साहब को पहचान सकोगी। यही है उनकी यथार्थ प्रतिमूर्ति!' यह कहकर भारती क्षणकाल तक डॉक्टर की तरफ देखती रह गई।

कहते-कहते वह अकस्मात् रुक गई; फिर बोली, 'कैसे बता दूँ डॉक्टर साहब, एक दिन जब मैं सुमित्रा बहन के साथ बर्मा आयरन कंपनी के कारखाने के पास जा रही थी, उस दिन वहाँ उनके नए बॉयलर की परीक्षा हो रही थी, लोग खड़े-खड़े तमाशा देख रहे थे। काले पहाड़ की भाँति, वह एक प्रचंड जड़-पिंड से अधिक और कुछ भी नहीं था। अचानक उसका एक दरवाजा खुले जाने पर ऐसा मालूम हुआ, मानो उसके भीतर आग का तूफान उठ रहा हो।

डॉक्टर ने अन्यमनस्क की तरह मुसकराते हुए कहा, 'सभी लोग क्या मुझे प्यार ही करते हैं ? लेकिन नींद के मारे तो, आँखों से अब कुछ देख भी नहीं सकता, भारती, कुछ उपाय करो ! लेकिन इसके पहले वह आदमी कहाँ चला गया, इसका एक बार पता नहीं लगाओगी ?'

'लेकिन आप यह बात किसी से कह नहीं सकते।'

'नहीं ! लेकिन मुझसे लज्जा करने की आवश्यकता नहीं है ?'

'नहीं। मनुष्य से ही मनुष्य को लज्जा होती है।', यह कहकर वह लालटेन लेकर बाहर गई और करीब पंद्रह मिनट में आकर बोली, 'अपूर्व बाबू चले गए।'

डॉक्टर ने अन्यमनस्क की तरह मुसकराते हुए कहा, 'सभी लोग क्या मुझे प्यार ही करते हैं? लेकिन नींद के मारे तो, आँखों से अब कुछ देख भी नहीं सकता, भारती, कुछ उपाय करो! लेकिन इसके पहले वह आदमी कहाँ चला गया, इसका एक बार पता नहीं लगाओगी?' 'लेकिन आप यह बात किसी से कह नहीं सकते।' 'नहीं! लेकिन मुझसे लज्जा करने की आवश्यकता नहीं है?'

डॉक्टर आश्चर्य से बोले, 'इतने अँधेरे में अकेले ?'

'यही मालूम होता है।'

'आश्चर्य है !'

भारती बोली, 'मैंने आपके लिए बिछौना ठीक कर दिया।'

'और तुम ?'

'मैं फर्श पर एक कंबल डालकर सो रहूँगी।'

डॉक्टर बोले, 'अच्छा चलो ! लज्जा मनुष्य मनुष्य से करता है, मैं तो पत्थर ठहरा।'

ऊपर के कमरे में डॉक्टर सो रहे, भारती ने फर्श पर बिस्तर बिछा लिया। डॉक्टर उसे देखकर बोले, 'सब लोग मिलकर इस तरह मेरी उपेक्षा करते हैं, तो मेरे आत्मसम्मान को चोट लगती है।...यानी मुझसे कोई भय नहीं है ?'

भारती बोली, 'एक बूँद भी नहीं ! आपसे किसी का लेशमात्र भी अकल्याण नहीं हो सकता।'

डॉक्टर हँसकर बोले, 'अच्छा, किसी दिन पता चल जाएगा।'

बिछौने पर लेटकर भारती ने पूछा, 'आपका सव्यसाची नाम किसने रखा था, डॉक्टर साहब ?' डॉक्टर हँसकर बोले, 'यह नाम दिया है पाठशाला के पंडितजी ने। उनके यहाँ एक बहुत ऊँचा आम का पेड़ था। उसका आम केवल मैं ही ढेले मारकर गिरा सकता था। एक छत से कूदने पर, मेरा दायाँ हाथ मोच खा गया। डॉक्टर ने आकर, उस पर पट्टी बाँधकर उसे मेरे गले से लटका दिया। यह देखकर सभी हाय-हाय करने लगे;

लेकिन पंडितजी ने खुश होकर कहा, 'जाने दो, ढेले की चोट खाने से मेरे ये आम तो बच गए! पकने पर शायद दो-चार मुँह में डाल तो सकूँगा।'

भारती बोली, 'आप बड़े दुष्ट थे?'

डॉक्टर बोले, 'दूसरे दिन फिर आम गिराने लग गया; लेकिन पंडितजी ने खबर पाकर मुझे पकड़ लिया। कुछ देर मेरी तरफ देखकर बोले, 'गलती हुई, बेटा सव्यसाची, आम की आशा अब मैं नहीं करता। दायाँ हाथ तोड़ चुके हो, बायाँ हाथ चल रहा है, बायाँ टूट जाने पर संभवतः दोनों पैर चलेंगे। अब कष्ट मत करो, जो कच्चे आम बचे हैं, उन्हें मैं तुड़वा देता हूँ।'

भारती बोली, 'पंडितजी का दिया हुआ यह नाम है?'

डॉक्टर बोले, 'हाँ, मेरा असली नाम, तभी से लोग भूल गए।'

भारती फिर बोली, 'अच्छा, सभी लोग जो कहते हैं कि देश और आप मिलकर एकाकार हो गए हैं, यह कैसे हुआ?'

डॉक्टर बोले, 'वह भी एक बचपन की घटना है। इस जीवन में क्या-क्या आया और चला गया; लेकिन वह दिन आज भी असह्य बना है। हमारे गाँव के पास वैष्णवों का एक मठ था। एक दिन रात के समय डाकुओं का उस पर हमला हुआ। रोने-धोने की आवाज से लोग जमा हो गए; लेकिन डाकुओं के पास एक देशी बंदूक थी, वे लोग गोलियाँ दागने लगे। यह देखकर कोई उनके पास न जा सका। मेरे एक चचेरे भाई थे, अत्यंत साहसी और परोपकारी, जाने के लिए वे छटपटाने लगे; लेकिन जाने से सुनिश्चित मृत्यु होगी, यह जानकर सबने उनको पकड़ रखा था। अपने को किसी तरह न छुड़ा सकने पर वे उसी स्थान से निष्फल उछल-कूद मचाने लगे और डाकुओं को गाली देने लगे; लेकिन उसका फल कुछ भी नहीं हुआ। उन लोगों ने केवल एक बंदूक के जोर से, दो-तीन सौ आदमियों के सामने, बाबाजी को खूँटे में बाँधकर एकदम जला ही डाला, भारती उस समय मैं बालक था; पर आज भी उसका मरण-चीत्कार सुनाई पड़ता है! ओह, वह कितना हृदय-विदारक आर्त्तनाद था!'

भारती बोली, 'आप बड़े दुष्ट थे?' डॉक्टर बोले, 'दूसरे दिन फिर आम गिराने लग गया; लेकिन पंडितजी ने खबर पाकर मुझे पकड़ लिया। कुछ देर मेरी तरफ देखकर बोले, 'गलती हुई, बेटा सव्यसाची, आम की आशा अब मैं नहीं करता। दायाँ हाथ तोड़ चुके हो, बायाँ हाथ चल रहा है, बायाँ टूट जाने पर संभवतः दोनों पैर चलेंगे। अब कष्ट मत करो, जो कच्चे आम बचे हैं, उन्हें मैं तुड़वा देता हूँ।'

भारती बोली, 'इसके पश्चात्?'

डॉक्टर बोले, 'बाबाजी का जीवन, समूचे गाँव के सामने खत्म हो गया, डाकुओं ने लूटपाट का काम सहूलियत से कर लिया। जाते समय डाकुओं का सरदार बड़े भैया को सुनाकर, अपने पिता की कसम खाकर कह गया; आज तो हम लोग थक गए हैं; पर एक महीने के अंदर ही लौट आकर, हम लोग इसका बदला लेंगे। बड़े भैया जिला-मजिस्ट्रेट के पास जाकर, रोना-धोना मचाकर कहने लगे, मुझे एक बंदूक चाहिए, लेकिन पुलिस बोली, नहीं मिल सकती। दो वर्ष पहले, किसी अत्याचारी पुलिस-इंस्पेक्टर के कान मल देने के अपराध में, उन्हें दो महीने के लिए जेल की सजा मिल चुकी थी। भैया ने मजिस्ट्रेट से कहा, 'तो क्या हम लोग मारे जाएँगे?' साहब ने हँसकर कहा, 'जो इतना डरता है, वह घर-द्वार बेचकर, मेरे जिले से किसी दूसरे जिले चला जाए।'

भारती उत्तेजित होकर बोली, 'नहीं दी?'

डॉक्टर बोले, 'नहीं, और यही नहीं, बड़े भैया ने जब तीर-धनुष और बरछा बनवाया तो पुलिस वह भी छीनकर ले गई।'

'इसके बाद?' भारती बोली।

डॉक्टर बोले, 'नहीं, और यही नहीं, बड़े भैया ने जब तीर-धनुष और बरछा बनवाया तो पुलिस वह भी छीनकर ले गई।'
'इसके बाद?' भारती बोली।
'इसके बाद की घटना बहुत संक्षिप्त है। उसी माह में सरदार ने अपनी प्रतिज्ञा पूरी की। इस बार उसके पास एक और बंदूक थी। घर के सभी लोग भाग गए; पर बड़े भैया को कोई भी डिगा न सका। डाकू की गोली खाकर उन्होंने प्राण-त्याग किया।'

'इसके बाद की घटना बहुत संक्षिप्त है। उसी माह में सरदार ने अपनी प्रतिज्ञा पूरी की। इस बार उसके पास एक और बंदूक थी। घर के सभी लोग भाग गए; पर बड़े भैया को कोई भी डिगा न सका। डाकू की गोली खाकर उन्होंने प्राण-त्याग किया।'

भारती बोल उठी, 'प्राण-त्याग किया?'

डॉक्टर बोले, 'हाँ, गोली लगने के बाद चार घंटे तक जीवित रहे। गाँवभर एकत्र होकर होहल्ला मचाने लगा, कोई डाकुओं को गाली देने लगा, कोई साहब को, केवल भैया ही चुपचाप पड़े रहे। देहाती गाँव ही तो था, अस्पताल दस-बारह कोस दूर था, रात के समय डॉक्टर पट्टी बाँधने के लिए आया तो भैया ने उसका हाथ हटाकर कहा, रहने दो, मैं जीना नहीं चाहता।' यह कहते-कहते उस पाषाण-देवता का कंठ-स्वर सहसा, मानो जरा सा काँप उठा। क्षणभर मौन रहकर, वे फिर बोले, 'बड़े भैया मुझे बहुत ही प्यार करते थे। मुझे रोते देखकर उन्होंने केवल एक बार के लिए मेरी तरफ देखा। इसके बाद धीरे-धीरे बोले, 'छिह! लड़कियों की तरह, इन सब गाय-भेड़-बकरियों के सुर से सुर मिलाकर, तू मत रो, शैल! लेकिन राज्य

करने के लोभ से, जिन लोगों ने समूचे देश में, मनुष्य कहलाने लायक एक भी प्राणी को बाकी नहीं छोड़ा, उन लोगों को अपने समस्त जीवन में कभी क्षमा मत करना!' घृणावश उनके मुँह से उफ-आह तक भी नहीं निकली और इस अभिशप्त-पराधीन देश को चिरकाल के लिए वे छोड़कर चले गए। केवल मैं ही जानता हूँ, भारती, कितना बड़ा विशाल हृदय उस दिन विदा हो गया!'

भारती चुपचाप बैठी रही। किसी समय एक छोटे से गाँव में हुई दुर्घटना की कहानी ही तो है! डाका पड़ने पर दो-चार अज्ञात, अप्रसिद्ध आदमियों के प्राण नष्ट हुए, इतना ही तो! जगत् के बड़े-बड़े विरोधों के असहनीय दुःखों के मुकाबले में, यह है क्या चीज! फिर भी इस पत्थर पर कितना गहरा घाव कर गई है! तुलना और गणना की दृष्टि से, दुर्बलों के दुःखपूर्ण इतिहास में हत्या की यह निष्ठुरता अतिशय तुच्छ है। इस बंग-देश में ही तो प्रतिदिन न जाने कितने ही लोग चोर-डाकुओं के हाथों मरते रहते हैं; पर इसमें क्या इतनी ही सी बात है? यह पत्थर क्या इतने ही आघात से विदीर्ण हो गया है? भारती को अकस्मात् मालूम हुआ कि समूची जाति की दुःसह लांछना और अपमान की ग्लानि ने मानो उस पत्थर के चेहरे पर काली स्याही की मोटी तह पोत दी है।

तुलना और गणना की दृष्टि से, दुर्बलों के दुःखपूर्ण इतिहास में हत्या की यह निष्ठुरता अतिशय तुच्छ है। इस बंग-देश में ही तो प्रतिदिन न जाने कितने ही लोग चोर-डाकुओं के हाथों मरते रहते हैं; पर इसमें क्या इतनी ही सी बात है? यह पत्थर क्या इतने ही आघात से विदीर्ण हो गया है? भारती को अकस्मात् मालूम हुआ कि समूची जाति की दुःसह लांछना और अपमान की ग्लानि ने मानो उस पत्थर के चेहरे पर काली स्याही की मोटी तह पोत दी है।

वेदना से भारती बोल उठी, 'भैया!'

डॉक्टर ने गरदन उठाकर पूछा, 'मुझे बुला रही हो?'

भारती बोली, 'हाँ। अच्छा, अंग्रेजों से क्या तुम्हारी संधि नहीं हो सकती?'

'नहीं, मुझसे बढ़कर शत्रु और कोई नहीं है!'

भारती मन-ही-मन दुःखित होकर बोली, 'किसी से शत्रुता या किसी का अकल्याण करने की तुम कामना कर सकते हो, यह बात मैं सोच भी नहीं सकती, भैया!'

डॉक्टर बोले, 'भारती, यह बात तुम्हारे मुँह से ही शोभा दे सकती है और मैं तुम्हें आशीर्वाद देता हूँ कि तुम सुखी होओ!' यह कहकर वे जरा हँस पड़े, लेकिन यह बात भारती जानती थी कि इस हँसी का कोई मूल्य नहीं है, शायद यह कुछ और ही हो, डॉक्टर फिर बोले, 'भारती, हमारा देश उनके हाथ में चला गया है, इसी कारण मैं उनका

शत्रु नहीं हूँ। किसी दिन मुसलमानों के हाथ में भी यह देश चला गया था; लेकिन संसार में समस्त मानवता की इतनी बड़ी शत्रु जाति और कोई भी नहीं है! यही इन लोगों का व्यवसाय है, यही इनका मूलधन है! यदि तुमसे बन सके तो देश के सभी लोगों को, चाहे वे पुरुष हों या स्त्री, यह सत्य सिखा देना।'

भारती मौन होकर बैठी रही और न जाने क्या सोचने लगी, पर एक संपूर्ण जाति के विरुद्ध, इतने बड़े अभियोग को सत्य मानकर, उस पर विश्वास करने की उसकी इच्छा नहीं हुई।

अठारह

भारती को उसके दल के एक आदमी ने आकर एक चिट्ठी दी। सुमित्रा के हाथ की लिखी चिट्ठी थी; उसमें लिखा था कि जैसी अवस्था में हो, तुरंत पत्रवाहक के साथ चली जाओ।

नीचे उतरकर देखा कि दरवाजे के सामने उनकी पहचानी हुई किराए की घोड़ागाड़ी खड़ी है, मगर गाड़ीवान बदल गया है, लेकिन गाड़ी क्यों आई है? सुमित्रा के घर जाने में तीन-चार मिनट से अधिक नहीं लगता। उसने पूछा, 'क्या बात है हीरासिंह, सुमित्रा कहाँ है?'

हीरासिंह उनके पथ के दावे का सदस्य न होने पर भी विश्वास का पात्र है। पंजाबी सिख है, पहले हांगकांग की पुलिस में नौकरी करता था, अब रंगून के तारघर में पियादे का काम करता है। उसने चुपके से कहा, 'चार-पाँच मील दूर, अत्यंत गुप्त, आवश्यक सभा हो रही है, वहाँ आपके न जाने से काम न चलेगा।' भारती ने और प्रश्न न करके, संध्या के अंधकार में गाड़ी की खिड़कियाँ बंद करके यात्रा शुरू कर दी और हीरासिंह सरकारी पियादे की पोशाक में, सरकारी साइकिल पर सवार होकर दूसरे रास्ते से रवाना हो गया। रात के लगभग दस बजे गाड़ी एक बगीचे में जाकर रुक गई। हीरासिंह पहले ही पहुँच गया था। उसने गाड़ी का दरवाजा खोल दिया। सिर के ऊपर बड़े-बड़े पेड़ छाए हुए थे, जिनसे अंधकार इतना दुर्भेद्य हो गया था कि अपना हाथ तक नहीं दिखाई देता था। नीचे लंबी-लंबी, बहुत घनी घास के बीच एक पगडंडी का

हीरासिंह उनके पथ के दावे का सदस्य न होने पर भी विश्वास का पात्र है। पंजाबी सिख है, पहले हांगकांग की पुलिस में नौकरी करता था, अब रंगून के तारघर में पियादे का काम करता है। उसने चुपके से कहा, 'चार-पाँच मील दूर, अत्यंत गुप्त, आवश्यक सभा हो रही है, वहाँ आपके न जाने से काम न चलेगा।'

चिह्न मात्र दिखाई दे रहा था, इसी भयानक रास्ते में, हीरासिंह अपनी साइकिल की छोटी सी लालटेन के प्रकाश से रास्ता दिखाता हुआ, आगे-आगे चलने लगा। रास्ते में चलते समय ही भारती के मन में हजारों बार यह खयाल आने लगा कि मैंने इस भयंकर स्थान में आकर अच्छा काम नहीं किया। थोड़ी देर बाद वे लोग एक टूटी-पुरानी अट्टालिका के सामने पहुँच गए। बड़े हॉल के एक कोने में ऊपर चढ़ने की सीढ़ी है। सीढ़ियाँ काठ की बनी हुई हैं। बीच-बीच में सीढ़ियों के कुछ तख्ते नहीं हैं, इसी से भारती हीरा का हाथ पकड़कर दो-मंजिले पर चढ़ गई और सामने का बरामदा पार करके, कुछ देर में बड़ी कठिनाई से निर्दिष्ट स्थान पर जा पहुँची। कमरे में एक चटाई बिछी थी, एक तरफ दो मोमबत्तियाँ जल रही थीं, उन्हीं के पास सामने आसन पर सुमित्रा बैठी थी। दूसरे छोर पर डॉक्टर बैठे हुए थे, उन्होंने ही स्नेह-भरे स्वर में बुलाकर कहा, 'आओ भारती, मेरे पास आकर बैठो।'

भारती जल्दी से डॉक्टर के पास जाकर बैठ गई। उसके कंधे पर अपना बायाँ हाथ रखकर, डॉक्टर ने मानो उसे चुपचाप ढाढ़स बँधाया। हीरासिंह भीतर नहीं घुसा, दरवाजे के पास ही खड़ा रहा। भारती ने दृष्टि दौड़कर देखा कि जो लोग बैठे हैं, उनमें से पाँच-छह व्यक्तियों को तो वह बिल्कुल ही नहीं पहचानती। परिचितों में से डॉक्टर और सुमित्रा के अतिरिक्त रामदास तलवलकर और कृष्ण अय्यर थे। सबसे पहले एक भीषण आकृतिवाले मनुष्य पर उसकी दृष्टि पड़ी।

रास्ते में चलते समय ही भारती के मन में हजारों बार यह खयाल आने लगा कि मैंने इस भयंकर स्थान में आकर अच्छा काम नहीं किया। थोड़ी देर बाद वे लोग एक टूटी-पुरानी अट्टालिका के सामने पहुँच गए। बड़े हॉल के एक कोने में ऊपर चढ़ने की सीढ़ी है। सीढ़ियाँ काठ की बनी हुई हैं। बीच-बीच में सीढ़ियों के कुछ तख्ते नहीं हैं, इसी से भारती हीरा का हाथ पकड़कर दो-मंजिले पर चढ़ गई और सामने का बरामदा पार करके, कुछ देर में बड़ी कठिनाई से निर्दिष्ट स्थान पर जा पहुँची।

वह गेरुआ रंग का लंबा चोंगा पहने था और सिर पर उसके बहुत बड़ी पगड़ी थी। उसका मुँह बड़ी हाँडी की तरह गोलाकार और शरीर गेंडे के शरीर की भाँति स्थूल माँसयुक्त और रूखा था। बड़े-बड़े नेत्रों के ऊपर भौंह का कहीं चिह्न मात्र नहीं, कड़ी-कड़ी सींकों की तरह खड़ी-खड़ी मूँछें शायद दूर से गिनी जा सकती हैं; रंग ताँबे-सा! उसको देखते ही निस्संदेह मालूम हो जाता कि वह अनार्य मंगोलियन जाति का है। इस वीभत्स-भयानक मनुष्य की ओर, भारती नेत्र उठाकर देख भी नहीं सकी। दो मिनट तक समूचा कमरा एकदम स्तब्ध हो रहा, तब सुमित्रा ने पुकारकर कहा, 'भारती, मैं तुम्हारे मन की बात जानती हूँ; इसीलिए तुम्हें यहाँ बुलाकर

दु:ख देने की मेरी इच्छा ही नहीं थी; लेकिन डॉक्टर ने किसी प्रकार भी ऐसा नहीं करने दिया। अपूर्व बाबू ने क्या किया है, जानती हो?'

भारती चुपचाप देखती रह गई।

सुमित्रा बोली, 'बोथा कंपनी ने रामदास को बरखास्त कर दिया है। अपूर्व की भी यही दशा होती; सिर्फ कमिश्नर के सामने हम लोगों की सभी बातें, सच-सच कह देने से ही उनकी नौकरी बची भी है। वेतन तो कम नहीं था, पाँच-छह सौ के लगभग होगा!'

रामदास बोला, 'सव्यसाची ही डॉक्टर बने हैं, यह खबर उनको मिल चुकी है। अपूर्व बाबू ने यह बात बता देने में कसर नहीं रखी थी। होटल के ही कमरे में उन्हें पकड़ा जा सकता है, इसके पहले मैं पोलिटिकल अपराध में दो वर्ष जेल काट चुका हूँ, यह भी बता दिया है।'
सुमित्रा ने कहा, 'भारती, तुम जानती हो कि डॉक्टर पकड़े जाएँगे तो उसका फल क्या होगा? फाँसी होगा! यदि उससे बच गए तो ट्रांस-प्रोर्टेशन! सभासदगण! आप लोग इस अपराध की क्या सजा नियत करते हैं?'

रामदास बोला, 'हाँ!'

सुमित्रा बोली, 'पथ का दावेदार विद्रोहियों का दल है और हम लोग छिपाकर रिवाल्वर रखते हैं, यह सब बातें भी उन्होंने गुप्त नहीं रखीं। इसके लिए क्या दंड है भारती?'

वह भीषण आकृतिवाला आदमी गरजकर बोला, 'डेथ!'

भारती चुप थी।

रामदास बोला, 'सव्यसाची ही डॉक्टर बने हैं, यह खबर उनको मिल चुकी है। अपूर्व बाबू ने यह बात बता देने में कसर नहीं रखी थी। होटल के ही कमरे में उन्हें पकड़ा जा सकता है, इसके पहले मैं पोलिटिकल अपराध में दो वर्ष जेल काट चुका हूँ, यह भी बता दिया है।'

सुमित्रा ने कहा, 'भारती, तुम जानती हो कि डॉक्टर पकड़े जाएँगे तो उसका फल क्या होगा? फाँसी होगा! यदि उससे बच गए तो ट्रांस-प्रोर्टेशन! सभासदगण! आप लोग इस अपराध की क्या सजा नियत करते हैं?'

सभी एक साथ बोल उठे, 'डेथ (प्राण-दंड)।'

'भारती, तुम्हें कुछ कहना है?'

भारती ने सिर हिलाकर बताया कि कुछ नहीं।

वह भयंकर मनुष्य बोला, 'यह भार मैं अपने ऊपर लेता हूँ।' कृष्ण अय्यर ने दरवाजे की तरफ देखकर हीरासिंह से कहा, 'बगीचे के कोने पर एक सूखा कुआँ है। कुछ ज्यादा मिट्टी डालकर, फिर उसके ऊपर थोड़ी सूखी पत्तियाँ डाल देनी चाहिए। गंध न निकलने पाए!'

हीरासिंह बोला, 'इस काम में त्रुटि न होगी।'

तलवलकर बोला, 'बाबू साहब को अब बुलाकर, सजा सुना देनी चाहिए।'

अपूर्व के अपराध का विचार, लगभग पाँच मिनट में समाप्त हो गया। विचारकों की राय जैसी संक्षिप्त थी, वैसी ही स्पष्ट भी! समझ में न आने योग्य कोई जटिलता नहीं थी। भारती ने सब सुन लिया; लेकिन उसके कान व बुद्धि के बीच में कहीं पर एक ऐसी दुर्भेद्य चहारदीवारी खड़ी हो गई थी कि बाहर की कोई वस्तु, मानो उसे भेदकर भीतर पहुँच ही नहीं सकती थी। इसी से आरंभ से अंत तक, जो कोई कुछ कहता था, उसके ही मुँह की तरफ भारती व्याकुल दृष्टि से, मूढ़ की तरह देखने लगती थी। केवल इतनी ही बात उसकी समझ में आ रही थी कि अपूर्व ने बड़ा अपराध किया है और इन सब लोगों ने उसका वध कर डालने का निश्चय किया है। इस देश में उसका जीवन संकटापन्न है, लेकिन यह संकट इतने निकट आ पहुँचा है, यह तो वह तनिक भी न समझ सकी। सुमित्रा के इशारे से एक आदमी उठकर बाहर चला गया और दो ही मिनट के बाद वह आदमी अपूर्व को लेकर उस कमरे में घुसा। उसके दोनों हाथ पीठ की तरफ, रस्सी से मजबूती के साथ बँधे हुए थे और कमरे से एक बहुत भारी पत्थर झूल रहा था। क्षणमात्र में भारती चेतना खोकर डॉक्टर के शरीर पर लुढ़क पड़ी; लेकिन सबकी दृष्टि उस समय अपूर्व के ऊपर निबद्ध थी, इसीलिए एक के सिवा और कोई यह खबर जान न सका।

भारती के यहाँ आने से पहले ही अपूर्व का बयान लिया जा चुका था। उसने कोई भी बात अस्वीकार नहीं की। ऑफिस के बड़े साहब और पुलिस के बड़े साहब, दोनों ने मिलकर उससे सभी बातें जान ली हैं; लेकिन किसलिए, उसने इस दल और देश की इतनी बड़ी शत्रुता की, इस बात को वह अब भी नहीं जानता!
आज दिन के दस बजने के पहले ही रामदास ने यह खबर सुमित्रा को सुना दी। दंड स्थिर हो गया, यह संक्षेप में इस प्रकार है,

भारती के यहाँ आने से पहले ही अपूर्व का बयान लिया जा चुका था। उसने कोई भी बात अस्वीकार नहीं की। ऑफिस के बड़े साहब और पुलिस के बड़े साहब, दोनों ने मिलकर उससे सभी बातें जान ली हैं; लेकिन किसलिए, उसने इस दल और देश की इतनी बड़ी शत्रुता की, इस बात को वह अब भी नहीं जानता!

आज दिन के दस बजने के पहले ही रामदास ने यह खबर सुमित्रा को सुना दी। दंड स्थिर हो गया, यह संक्षेप में इस प्रकार है।

ऑफिस की छुट्टी के बाद, आज अपूर्व पैदल घर जाने का साहस न करेगा, इस बात का अनुमान करके इन लोगों की किराए की गाड़ी, हीरासिंह की सहायता से

ऑफिस के पास रखी गई। इस फंदे में अपूर्व ने सहज ही पैर रख दिए। कुछ देर चलाकर गाड़ीवान ने कहा कि एक भारी रोलर के टूट जाने से गली का मोड़ बंद हो गया है, घूमकर जाना पड़ेगा। अपूर्व ने स्वीकार किया। इसके बाद शायद वह अन्यमनस्क सा हो गया; लेकिन घंटे भर बाद जब उसे होश हुआ तो देखा कि हीरासिंह गाड़ी के भीतर प्रवेश करके पिस्तौल दिखाकर यहाँ लिये आ रहा है।

सुमित्रा ने पुकारकर कहा, 'अपूर्व बाबू, हम लोगों ने आपको प्राण-दंड दिया। आपको और कुछ कहना है?'

अपूर्व ने सिर हिलाकर कहा, 'नहीं!'

डॉक्टर ने पूछा, 'हीरासिंह, तुम्हारी पिस्तौल कहाँ है?'

डॉक्टर ने उसके माथे पर अपना एक हाथ रखकर कहा, 'अपूर्व बाबू ने जो कर डाला है, वह तो लौट नहीं सकता, उसका फल हम लोगों को भोगना ही पड़ेगा। सजा देने पर और न देने पर भी भोगना पड़ेगा; लेकिन मेरा कहना है कि इसकी आवश्यकता नहीं, भारती अपने ऊपर इनका भार ले लें।' सुमित्रा ने कहा, 'नहीं!' सभी एक साथ बोल उठे, 'नहीं!'

हीरासिंह ने सुमित्रा को इशारे से दिखा दिया, डॉक्टर ने हाथ बढ़ाकर कहा, 'पिस्तौल देखूँ तो सुमित्रा!'

सुमित्रा ने बेल्ट से खोलकर पिस्तौल डॉक्टर के हाथ में दे दी। डॉक्टर ने पूछा, 'और किसी के पास रिवॉल्वर है?'

और किसी के पास नहीं है, यह बात सबने बता दी; तब सुमित्रा की पिस्तौल अपनी पॉकिट में रखकर, डॉक्टर ने तनिक हँसकर कहा, 'तुमने कहा, हम लोगों ने प्राणदंड दिया है; लेकिन भारती ने नहीं दिया।'

सुमित्रा ने भारती की तरफ देखकर कहा, 'भारती नहीं दे सकती।'

डॉक्टर ने कहा, 'दे सकना उचित नहीं है? क्यों भारती!'

भारती चुप रही, इस कठिनतम प्रश्न के उत्तर में, उसने केवल औंधी होकर डॉक्टर की गोद में अपना मुँह छिपा लिया।

डॉक्टर ने उसके माथे पर अपना एक हाथ रखकर कहा, 'अपूर्व बाबू ने जो कर डाला है, वह तो लौट नहीं सकता, उसका फल हम लोगों को भोगना ही पड़ेगा। सजा देने पर और न देने पर भी भोगना पड़ेगा; लेकिन मेरा कहना है कि इसकी आवश्यकता नहीं, भारती अपने ऊपर इनका भार ले लें।'

सुमित्रा ने कहा, 'नहीं!'

सभी एक साथ बोल उठे, 'नहीं!'

वह कुरूप मनुष्य सबसे अधिक उछला। उसने अपने दोनों पंजे उठाकर भारती की तरफ इशारा करके कोई एक बात कही।

सुमित्रा ने कहा, 'हम सबका एक ही मत है। इतने बड़े अन्याय को प्रश्रय देने से हम लोगों का सारा काम टूट-फूटकर समाप्त हो जाएगा।'

डॉक्टर ने कहा, 'यदि समाप्त हो जाए तो इसका उपाय ही क्या है?'

सुमित्रा के साथ ही पाँच-सात आदमी गरज उठे, 'उपाय क्या है? देश के लिए, स्वाधीनता के लिए हम लोग और कोई बात नहीं मानेंगे। आपके अकेले ही की बात से कुछ भी नहीं हो सकता।'

उसमें उत्साह और उत्तेजना की भाप तक न थी। उन्होंने कहा, 'सुमित्रा, विद्रोह को प्रश्रय मत दो। तुम लोग तो जानते ही हो कि मेरे अकेले का मत, तुम एक सौ आदमियों से भी अधिक कठोर है।' फिर उस भयंकर मनुष्य को संबोधित कर बोले, 'ब्रजेंद्र, बटाविया में एक बार तुमने मुझे दंड देने के लिए बाध्य किया था; अब दूसरी बार बाध्य न करो।'

गरजना बंद हो जाने पर डॉक्टर ने उत्तर दिया। इस बार उनका कंठ-स्वर आश्चर्यजनक रूप से शांत और नरम सुनाई दिया। उसमें उत्साह और उत्तेजना की भाप तक न थी। उन्होंने कहा, 'सुमित्रा, विद्रोह को प्रश्रय मत दो। तुम लोग तो जानते ही हो कि मेरे अकेले का मत, तुम एक सौ आदमियों से भी अधिक कठोर है।' फिर उस भयंकर मनुष्य को संबोधित कर बोले, 'ब्रजेंद्र, बटाविया में एक बार तुमने मुझे दंड देने के लिए बाध्य किया था; अब दूसरी बार बाध्य न करो।'

भारती उस समय ज्यों-की-त्यों पड़ी हुई थी; लेकिन उसका सारा शरीर थर-थर काँप रहा था। उसकी पीठ पर स्नेहपूर्ण हाथ फेरते हुए डॉक्टर स्वाभाविक कंठ से बोले, 'डरो मत भारती, अपूर्व को मैं अभय देता हूँ।'

भारती ने मुँह ऊपर नहीं उठाया, विश्वास भी उसे नहीं हुआ। उनके हाथ की उँगलियाँ अपनी मुट्ठी में दबाकर, उसने अपनी तरफ खींचकर धीरे-धीरे कहा, 'लेकिन इन लोगों ने तो अभय नहीं दिया?'

डॉक्टर ने कहा, 'सहज में देंगे भी नहीं; लेकिन यह बात वे लोग समझते हैं कि मैंने जिसे अभय दे दिया, उसे छुआ नहीं जा सकता।' फिर तनिक हँसकर बोले, 'अच्छा खाना नहीं मिलता भारती, आधा पेट खाकर ही प्राय: दिन कट जाते हैं; फिर भी वे लोग समझते हैं कि मैंने जिसे अभय दे दिया, उसे छुआ नहीं जा सकता। इन थोड़ी सी दुबली-पतली उँगलियों के दबाव से, आज भी ब्रजेंद्र के इतने बड़े-बड़े बाघ के पंजे चूर हो जाएँगे! क्या कहते हो ब्रजेंद्र?'

चटगइयाँ मग मुँह धुँधला करके चुप रह गया। डॉक्टर ने कहा, 'लेकिन अपूर्व अब यहाँ नहीं रहे तो अच्छा। वह देश चला जाएगा। अपूर्व ट्रेंटर नहीं है; स्वदेश को वह संपूर्ण हृदय से प्यार करता है; लेकिन बहुत ही कमजोर है। फिलहाल हम लोग सभानेत्री से अनुरोध कर सकते हैं कि आज के लिए सभा भंग कर दी जाए।' यह कहकर उन्होंने सुमित्रा की तरफ देखा।

सुमित्रा कभी उनको तुम, कभी आप संबोधन करके, सम्मान के साथ बातचीत करती थी, अब भी उसी तरह बोली, 'अधिकांश का मत जहाँ व्यक्ति-विशेष के शारीरिक बल से अनादृत हो, उसे और चाहे जो कहा जाए, सभा नहीं कह सकते; लेकिन इस नाटक का अभिनय कराने का ही आपका संकल्प था तो दोपहर के पहले ही क्यों नहीं बता दिया?'

सुमित्रा कभी उनको तुम, कभी आप संबोधन करके, सम्मान के साथ बातचीत करती थी, अब भी उसी तरह बोली, 'अधिकांश का मत जहाँ व्यक्ति-विशेष के शारीरिक बल से अनादृत हो, उसे और चाहे जो कहा जाए, सभा नहीं कह सकते; लेकिन इस नाटक का अभिनय कराने का ही आपका संकल्प था तो दोपहर के पहले ही क्यों नहीं बता दिया?'

डॉक्टर ने कहा, 'अभिनय होता तो अच्छा होता; लेकिन अवस्था-विशेष के कारण यदि नाटक हो भी गया सुमित्रा, तो यह तो तुम लोगों को मानना ही पड़ेगा कि अभिनय अच्छा ही रहा।'

रामदास बोला, 'ऐसा हो सकता है, यह धारणा मुझे नहीं थी।'

डॉक्टर बोले, 'मित्रता नामक वस्तु इतनी क्षणभंगुर है, इस बात की भी क्या तुम्हें धारणा थी तलवलकर? ऐसा सत्य संसार में दुर्लभ ही है!'

कृष्ण अय्यर ने कहा, 'हम लोगों की बर्मा की एक्टिविटी समाप्त हो चली। अब भाग जाना पड़ेगा।'

डॉक्टर बोले, 'पड़ेगा ही; लेकिन समयानुसार स्थान छोड़ देना और एक्टिविटी छोड़ देना एक चीज नहीं है अय्यर! यदि बहुत दिनों तक किसी स्थान पर निश्चिंत भाव से रहने की जगह न मिले तो उसके लिए शिकायत करना हम लोगों को शोभा नहीं देता।' यह कहकर वे भारती को इशारा करके उठ खड़े हुए और बोले, 'हीरासिंह, अपूर्व बाबू का बंधन खोल दो। चलो भारती, तुम लोगों को किसी निरापद जगह पहुँचा आऊँ।'

हीरासिंह आदेश पालन करने के लिए बढ़ा तो सुमित्रा ने कठोर स्वर में कहा, 'अभिनय के अंतिम अंक में तालियाँ बजाने की इच्छा होती है; लेकिन यह कोई बात नहीं है। लड़कपन में शायद कहीं किसी उपन्यास में पढ़ी थी, लेकिन युगल-मिलन हम

लोगों के सामने हो जाता तो और कहीं कोई त्रुटि नहीं रह जाती। क्या कहती हो भारती ?'

भारती लज्जा से मानो मर जाने की दशा में हो गई। डॉक्टर ने कहा, 'लज्जित होने की तो इसमें कोई बात नहीं है भारती! वरन् मैं तो चाहता हूँ कि अभिनय समाप्त करने के जो मालिक हैं, वे किसी दिन इसमें तनिक भी त्रुटि न रखें। जेब से सुमित्रा की पिस्तौल निकालकर, उसके पास रखकर बोले, 'मैं इन लोगों को पहुँचाने जा रहा हूँ; लेकिन कोई डर की बात नहीं, मेरे पास एक और पिस्तौल है।' ब्रजेंद्र की तरफ कनखियों से देखकर, हँसते हुए बोले, 'तुम लोग तो सभी मजाक में कहा करते थे कि अँधेरे में मैं उल्लू की तरह देख पाता हूँ, आज उस बात को तुम लोग भूल मत जाना।' यह कहकर वे अपूर्व को अपने साथ लेकर बाहर जाने को तैयार हो गए।'

सुमित्रा सहसा खड़ी होकर बोली, 'क्या फाँसी की डोरी अपने ही हाथ से, अपने ही गले में पहने बिना काम नहीं चल सकता था ?'

डॉक्टर ने हँसते हुए कहा, 'एक साधारण डोरी से डरने से कैसे काम चलेगा सुमित्रा!'

किसी काम में पड़ने के पहले मनुष्य की मृत्यु का भय दिखाने जाना कितना बड़ा निरर्थक काम है, यह स्मरण करके सुमित्रा स्वयं ही लज्जित हो गई। बोलीं, 'सबकुछ तितर-बितर हो गया; लेकिन फिर कब भेंट होगी ?'

डॉक्टर ने हँसते हुए कहा, 'एक साधारण डोरी से डरने से कैसे काम चलेगा सुमित्रा!' किसी काम में पड़ने के पहले मनुष्य की मृत्यु का भय दिखाने जाना कितना बड़ा निरर्थक काम है, यह स्मरण करके सुमित्रा स्वयं ही लज्जित हो गई। बोलीं, 'सबकुछ तितर-बितर हो गया; लेकिन फिर कब भेंट होगी ?' डॉक्टर ने कहा, 'प्रयोजन होने पर ही होगी।' 'वह प्रयोजन क्या कभी होगा ?'

डॉक्टर ने कहा, 'प्रयोजन होने पर ही होगी।'

'वह प्रयोजन क्या कभी होगा ?'

'हो जाने पर अवश्य ही भेंट होगी।' यह कहकर अपूर्व और भारती को साथ लेकर, सावधानी से वे नीचे उतर गए।

जो गाड़ी भारती को ले आई थी, वह प्रतीक्षा में खड़ी थी। गाड़ीवान को जगाकर, उसमें बैठकर तीनों व्यक्ति रवाना हुए। बहुत देर की नीरवता भंग करके भारती ने पूछा, 'भैया, हम लोग कहाँ जा रहे हैं ?'

'अपूर्व बाबू के घर', डॉक्टर ने कहा। दो मील चलने के बाद, गाड़ी रुकवाकर डॉक्टर उतरने को हुए तो भारती ने आश्चर्य से पूछा, 'यहाँ क्यों ?'

डॉक्टर ने कहा, 'अब लौटूँगा! वे लोग प्रतीक्षा कर रहे हैं। कुछ-न-कुछ फैसला तो हो जाना ही चाहिए।'

'फैसला?' भारती व्याकुल होकर बोली, 'यह न हो सकेगा। तुम मेरे साथ चलो।' लेकिन यह बात उच्चारण करके वह सुमित्रा की तरह ही उदास हो गई। भारती फिर धीरे-धीरे बोली, 'लेकिन तुम्हारी मुझे बड़ी जरूरत है भैया!'

'मैं जानता हूँ। अपूर्व बाबू, क्या परसों जहाज से घर जा सकेंगे?'

अपूर्व बोला, 'जा सकूँगा।'

भारती बोली, 'भैया! मुझे घर जाना होगा?'

डॉक्टर बोले, 'नहीं! तुम्हारे कागज-पत्र, पथ के दावेदार का खाता, पिस्तौल-कारतूस सब नवतारा हटा चुकी होगी। सुबह तलाशी में देसी शराब की बोतल और वह टूटा हुआ बेहला, इसके अलावा और अधिक कुछ पुलिस के साहब के हाथ न लगेगा। कल नौ-दस बजे के लगभग घर लौटकर रसोई-पानी तैयार करके खाना-पीना हो चुकने पर तुमको जरा सो रहने का भी मौका शायद मिल जाएगा भारती! रात को दो-तीन बजे के लगभग फिर मिलूँगा, कुछ खाने-पीने को रखना।'

डॉक्टर बोले, 'नहीं! तुम्हारे कागज-पत्र, पथ के दावेदार का खाता, पिस्तौल-कारतूस सब नवतारा हटा चुकी होगी। सुबह तलाशी में देसी शराब की बोतल और वह टूटा हुआ बेहला, इसके अलावा और अधिक कुछ पुलिस के साहब के हाथ न लगेगा। कल नौ-दस बजे के लगभग घर लौटकर रसोई-पानी तैयार करके खाना-पीना हो चुकने पर तुमको जरा सो रहने का भी मौका शायद मिल जाएगा भारती! रात को दो-तीन बजे के लगभग फिर मिलूँगा, कुछ खाने-पीने को रखना।'

भारती चुप रही। मन-ही-मन बोली, 'इस तरह अत्यंत सजग न होने पर, क्या इस मरणयज्ञ में कोई साथ आना चाहता है? मुँह से बोली, 'तुम सबके भले-बुरे की चिंता रखते हो। संसार में मेरा अपना कोई नहीं है; अपने पथ के दावेदार से मुझे विदा मत कर देना भैया!'

अँधेरे में ही डॉक्टर ने बार-बार सिर हिलाकर कहा, 'भगवान् के काम से किसी को विदा कर देने का अधिकार किसी को नहीं है; लेकिन इसकी धारा तुमको बदल देनी पड़ेगी।'

भारती ने कहा, 'तुम्हीं बदल देना।'

डॉक्टर ने इसका जवाब नहीं दिया; सहसा व्यग्र होकर बोल, 'भारती, अब मेरे पास समय नहीं है, मैं जा रहा हूँ।' यह कहकर क्षणभर में, अंधकारपूर्ण पथ में अंतर्हित हो गए।

उन्नीस

गाड़ी में स्थानाभाव के कारण, दोनों एक-दूसरे से सटकर बैठे थे। एक घंटे तक किराए की गाड़ी घरघराती हुई चलती ही रही; लेकिन दोनों में कोई बातचीत नहीं हुई। गाड़ी आकर अपूर्व के घर के दरवाजे पर रुक गई। भारती भीतर से गाड़ी का द्वार खोलकर अपूर्व के साथ उतर पड़ी और गाड़ीवान से पूछा, 'कितना किराया हुआ?'

गाड़ीवान ने हँसकर कहा, 'नॉट ए पाई, गुडनाइट टू यू!' यह कहकर गाड़ी हाँकता हुआ चला गया।

भारती ने पूछा, 'तिवारी है?'

'है।'

ऊपर जाकर, दरवाजा खटखटाकर अपूर्व ने तिवारी को जगाया। किवाड़ खोलकर, प्रदीप के प्रकाश में तिवारी ने सबसे पहले भारती को देखा। कल अपूर्व वापस आया था, प्रातः भोर के समय आज लौटा है, रात समाप्त करके। साथ में भारती है। इसलिए तिवारी को समझने में कुछ शेष नहीं रहा। क्रोध से उसका सारा शरीर जलने लगा और बिना कुछ कहे ही वह तेजी से अपने बिस्तर पर जाकर, चादर ओढ़कर सो गया। इस लड़की को तिवारी प्यार करता था। एक दिन इसने उसे आसन्न मृत्यु के मुँह से बचाया था, इसलिए ईसाई होने पर भी, वह इसे श्रद्धा की दृष्टि से देखता था; लेकिन इधर कुछ दिनों से जो परिस्थिति उपस्थित हुई थी, इससे तिवारी के मन में, अपूर्व के संबंध में, तरह-तरह की संभव-असंभव दुश्चिंताएँ उठ रही थीं, यहाँ तक कि जाति नष्ट होने तक की! उस सर्वनाश की प्रत्यक्ष मूर्ति, आज मानो तिवारी के मानसपट, में एकदम ही मुद्रित हो गई। उसे इस प्रकार सो जाते देखकर अपूर्व ने पूछा, 'किवाड़ बंद नहीं किए तिवारी?'

ऊपर जाकर, दरवाजा खटखटाकर अपूर्व ने तिवारी को जगाया। किवाड़ खोलकर, प्रदीप के प्रकाश में तिवारी ने सबसे पहले भारती को देखा। कल अपूर्व वापस आया था, प्रातः भोर के समय आज लौटा है, रात समाप्त करके। साथ में भारती है। इसलिए तिवारी को समझने में कुछ शेष नहीं रहा। क्रोध से उसका सारा शरीर जलने लगा और बिना कुछ कहे ही वह तेजी से अपने बिस्तर पर जाकर, चादर ओढ़कर सो गया।

'मैं बंद कर देती हूँ।', भारती ने कहा।

अपूर्व ने अपने सोने के कमरे में आकर देखा—बिछौना ज्यों-का-त्यों समेटा हुआ पड़ा है। भारती बोली, 'आप आरामकुरसी पर बैठिए, मैं सब ठीक कर देती हूँ।'

अपूर्व ने फिर पुकारा, 'एक गिलास पानी ला दे तिवारी!'

पानी की सुराही और गिलास दिखाकर, बिछौना बिछाती हुई भारती बोली, 'सोते हुए आदमी को क्यों जगाते हैं अपूर्व बाबू? आप ही ले लीजिए।'

एक ही साँस में पानी पीकर, अपूर्व फिर बैठने जा रहा था; लेकिन भारती बोली, 'अब वहाँ नहीं, बिछौने पर सो जाइए।'

अपूर्व शांत बालक की भाँति लेट गया। भारती मसहरी डालकर उसे चारों ओर से दबा रही थी; हठात् अपूर्व ने पूछा—'तुम कहाँ सोओगी?'

'मैं?'—भारती ने आरामकुरसी दिखाकर कहा, 'सवेरा होने में अब केवल एक घंटे की देर है। आप सो क्यों नहीं जाते?'

> ***'गुरुजनों की बात न मानने का यही फल है। माँ ने मुझे मना किया था।'***
> ***'माँ शायद आपको नहीं आने देना चाहती थीं?'***
> ***'लेकिन मैंने नहीं सुना! उसका फल यह हुआ। होनहार अवश्य होगा। दुर्गा-दुर्गा कहता हुआ परसों जहाज पर बैठ जाता तो काम बन जाता।' यह कहकर उसने लंबी साँस ली, लेकिन इसके साथ ही जो इसकी अपेक्षा भी सैकड़ों गुनी गहरी साँस और एक व्यक्ति के हृदय की जड़ तक निःशब्द तरंगित हो उठी, यह बात वह जान भी न सका।***

अपूर्व ने उसका हाथ पकड़कर कहा, 'वहाँ नहीं, तुम मेरे पास बैठो।'

'आपके पास?' वास्तव में भारती के आश्चर्य का ठिकाना नहीं रहा। अपूर्व और चाहे जैसा भी हो, इन सब मामलों में वह कभी आत्म-विस्मृत नहीं होता था। इस प्रकार कितने ही अवसरों में उन दोनों ने एक ही कमरे में रातें बिताई हैं; लेकिन मर्यादा-हानि की एक भी बात या एक भी इशारा उसके आचरण से किसी दिन प्रकट नहीं हुआ।

अपूर्व ने कहा, 'यह देखो, इन लोगों ने मेरा हाथ तोड़ दिया। क्यों तुम मुझे इन लोगों के बीच खींच ले आई?' उसकी बात का अंतिम अंश, अकस्मात् रुलाई से रुँध गया। भारती मसहरी को एक तरफ से उठाकर उसके पास बैठ गई, जाँच करके उसने देखा कि बहुत दूर तक कड़े बंधन में जकड़े रहने के कारण, हाथों में स्थान-स्थान पर काली नसें उभरकर फूल उठी हैं। उसकी आँखों से आँसू गिर रहे थे, भारती ने आँचल से उसे पोंछकर, ढाढ़स बँधाकर कहा, 'कोई डर की बात नहीं है। मैं तौलिया भिगोकर लपेट देती हूँ। दो-एक दिन में ही सब ठीक हो जाएगा।' यह कहकर वह उठकर गई और स्नानघर से एक अँगोछा भिगोकर ले आई, और उससे हाथ बँधाकर स्निग्ध कंठ से बोली, 'जरा सो जाने की कोशिश कीजिए, मैं आपके माथे पर हाथ फेर देती हूँ।' यह कहकर वह धीरे-धीरे हाथ फेरने लगी।

अपूर्व बोला, 'कल जहाज मिलता तो कल ही चला जाता।'

भारती बोली, 'अच्छी बात है, परसों ही चले जाइएगा।'

'गुरुजनों की बात न मानने का यही फल है। माँ ने मुझे मना किया था।'

'माँ शायद आपको नहीं आने देना चाहती थीं ?'

'लेकिन मैंने नहीं सुना! उसका फल यह हुआ। होनहार अवश्य होगा। दुर्गा-दुर्गा कहता हुआ परसों जहाज पर बैठ जाता तो काम बन जाता।' यह कहकर उसने लंबी साँस ली, लेकिन इसके साथ ही जो इसकी अपेक्षा भी सैकड़ों गुनी गहरी साँस और एक व्यक्ति के हृदय की जड़ तक निःशब्द तरंगित हो उठी, यह बात वह जान भी न सका।

अपूर्व बोला, 'इस मकान में पैर धरते ही तुम्हारे पिता से झगड़ा हुआ, अदालत में जुरमाना हुआ, इसी से मुझे चेत हो जाना चाहिए था।'

भारती चुप हो रही। अपूर्व फिर बोला, 'तिवारी ने मुझे बार-बार सावधान किया। नौकरी चली गई, पाँच सौ रुपए महीने, इस उम्र में कितने लोग पाते हैं। फिर यह हाथ मैं लोगों के सामने दिखाऊँगा कैसे ?'

भारती ने धीरे-धीरे कहा, 'तब तक हाथ का दाग अच्छा हो जाएगा ?' इससे अधिक बात उसके मुँह से निकली ही नहीं। अपूर्व के सिर पर जो हाथ फेर रही थी, वह हाथ अब चलना ही नहीं चाहता था और इस अत्यंत साधारण तुच्छ मनुष्य को वह मन-ही-मन प्यार करने लगी है, इसका अनुभव करके वह अपने-आप ही, मानो लाज के मारे मर सी गई। यह बात उसके दल के बहुत लोग जान गए हैं। आज अपूर्व की जान बचाने जाकर, वह उनके सामने अपराधिनी और सुमित्रा की दृष्टि में छोटी हो गई है; लेकिन इस अत्यंत तुच्छ मनुष्य की हत्या करने की नीचता-क्षुद्रता से वह उन लोगों की रक्षा कर सकी है, इस बात को समझकर, अब उसने गर्व का भी अनुभव किया।

'लेकिन मैंने नहीं सुना! उसका फल यह हुआ। होनहार अवश्य होगा। दुर्गा-दुर्गा कहता हुआ परसों जहाज पर बैठ जाता तो काम बन जाता।' यह कहकर उसने लंबी साँस ली, लेकिन इसके साथ ही जो इसकी अपेक्षा भी सैकड़ों गुनी गहरी साँस और एक व्यक्ति के हृदय की जड़ तक निःशब्द तरंगित हो उठी, यह बात वह जान भी न सका।

अपूर्व बोला, 'दाग तो सहज में नहीं जाएगा। कोई पूछेगा तो क्या उत्तर दूँगा ? इसी से तो लोग कहा करते हैं कि बंगालियों के लड़के बी.ए., एम.ए. पास तो कर लेते हैं; लेकिन बड़ी नौकरी सँभाल नहीं सकते।'

'अच्छा, सो रहिए।' यह कहकर भारती उठ खड़ी हुई।

'और जरा माथे पर हाथ फेर दो भारती!'

'नहीं, मैं बहुत थक गई हूँ।'

'तो रहने दो, रात भी अब शेष नहीं है।'

भारती पास की कोठरी में, डेक-चेयर पर जाकर बैठ गई। अपूर्व के कमरे में अच्छी आरामकुरसी थी; लेकिन उस तुच्छ आदमी को सामने रखकर, एक ही कमरे में रात बिताने में आज उसे अत्यंत लज्जा मालूम हुई। भारती को खयाल आया कि किस तरह और किसकी अपरिसीम करुणा से, अपूर्व सुनिश्चित और आसन्न मृत्यु की रक्षा पा गया है और अभी वह रात भी समाप्त नहीं हुई है; लेकिन इतनी बड़ी बात, वह एकदम मानो भूल ही गया है। उसने अपने परम मित्र तलवलकर के प्रति, अपने दल के प्रति और विशेष रूप से इस डॉक्टर के प्रति कैसा असीम अपराध किया है, यह बात तो उसे याद ही नहीं है! वहाँ तो बड़ी नौकरी और हाथ के दाग का ही ध्यान है! जब भारती को सामने की खुली खिड़की से प्रभात का प्रकाश दिखाई पड़ा, तब चुपचाप उसने द्वार खोला और तेज पैर बढ़ाकर सड़क पर जा पहुँची।

बीस

अगले दिन तीसरे पहर को, सभी बातों और सारी घटनाओं का पूर्णरूप से, एक-एक करके वर्णन कर चुकने पर अंत में भारती ने कहा, 'अपूर्व बाबू महान् पुरुष हैं, ऐसा समझने की भूल तो मैंने एक भी नहीं की; लेकिन वे इतने साधारण, तुच्छ हैं, यह धारणा भी नहीं थी!'

डॉक्टर सव्यसाची उसकी ओर देखकर, गंभीर मुँह से बोले, 'लेकिन मैं जानता था। वह इतना तुच्छ न होता तो क्या तुम्हारा इतना अधिक प्रेम, इतने तुच्छ कारण से चला जाता? जाने दो, जान बच गई बहन!'

इधर-उधर बिखरी हुई वस्तुओं, विशेष रूप से फर्श पर बिखरी पड़ी पुस्तकों के ढेर देखने से ही यह बात समझ में आ जाती है कि इसके पहले पुलिस इस कमरे की तलाशी ले चुकी है। उनको ही सजावट के साथ रखती हुई, भारती बातचीत कर रही थी। उसने अपने हाथ का काम बंद करके, आश्चर्य के साथ आँखें उठाकर कहा, 'तुम हँसी कर रहे हो भैया?'

'नहीं तो।'

'जरूर कर रहे हो।'

डॉक्टर बोले, 'मुझ सरीखे मनुष्य से, जो बम-पिस्तौल लिए मनुष्यों का खून करता फिरे, ऐसे मजाक की आशा?'

भारती बोली, 'मैं तो यह नहीं कहती कि तुम मनुष्यों का खून करते फिरते हो। यह काम तो तुम कर ही नहीं सकते, लेकिन मजाक के सिवा यह क्या हो सकता है?

दो-तीन घंटे के अंदर ही, जो सबकुछ भूलकर, केवल हाथ के दाग और पाँच सौ रुपयों की नौकरी याद रख सका, उससे बढ़कर क्षुद्र व्यक्ति तो मैं दूसरा नहीं देख पाती। तुमने कहा था कि यह मेरा मोह है। अच्छी बात है, यदि ऐसा ही हो तो तुम आशीर्वाद दो कि मेरा यह मोह चिरकाल के लिए दूर हो जाए; मैं पूरे तन-मन के साथ, तुम्हारे देश के काम में लग जाऊँ।'

डॉक्टर हँसकर बोले, 'तुम्हारे मुँह की भाषा तो मोह काटने के लिए ठीक ही मालूम हो रही है, इसमें संदेह नहीं; लेकिन मुश्किल यह है कि तुम्हारे कंठ-स्वर में इसका आभास तक नहीं है। खैर, वह चाहे जो हो, भारती, तुमसे हमारे देश का काम तिल भर भी नहीं हो सकता। तुमसे तो अपूर्व बाबू बहुत अच्छे हैं! तुम लोगों में एक दिन समझौता हो भी सकता है।'

भारती बोली, 'इसका अर्थ है कि मैं देश को प्यार नहीं कर सकती ?'

'अनेक परीक्षाएँ देने से पूर्व कुछ नहीं कहा जा सकता।'

'भैया, मैं तुम्हारी सभी परीक्षाओं में उत्तीर्ण हो सकूँगी। तुम्हारे काम में इतने स्वार्थ, इतने संदेह और इतनी क्षुद्रता के लिए स्थान नहीं है।'

उसकी उत्तेजना से डॉक्टर हँस पड़े और फिर नाटकीय ढंग से अपने माथे को ठोंकते हुए बोले, 'हाय रे मेरा दुर्भाग्य! देश का अर्थ तुमने क्या समझ लिया है, लंबी-चौड़ी जमीन, वह नदी और पहाड़ ? केवल एक अपूर्व को लेकर ही तुम्हें जीवन में धिक्कार पैदा हो गया, वैरागिन होना चाहती हो! और यह तो नहीं जानती कि यहाँ सैकड़ों-हजारों अपूर्व ही नहीं, उनके बड़े भैया लोग भी विचरण करते हैं, और पराधीन देश का सबसे बड़ा अभिशाप यह कृतघ्नता ही तो है! जिनकी सेवा करोगी, वे ही तुम्हें संदेह की दृष्टि से देखेंगे; जिनके प्राण बचाओगी, वे ही तुमको बेच देना चाहेंगे! मूढ़ता और सहानुभूति है यहाँ। कोई पास तक नहीं बुलाएगा, कोई सहायता देने नहीं आएगा, विषैला साँप समझकर लोग दूर हट जाएँगे। देश को प्यार करने का यही हमारा पुरस्कार है भारती, इससे अधिक यदि कुछ दावा करना हो तो वह परलोक

> ***भारती बोली, 'मैं तो यह नहीं कहती कि तुम मनुष्यों का खून करते फिरते हो। यह काम तो तुम कर ही नहीं सकते, लेकिन मजाक के सिवा यह क्या हो सकता है? दो-तीन घंटे के अंदर ही, जो सबकुछ भूलकर, केवल हाथ के दाग और पाँच सौ रुपयों की नौकरी याद रख सका, उससे बढ़कर क्षुद्र व्यक्ति तो मैं दूसरा नहीं देख पाती। तुमने कहा था कि यह मेरा मोह है। अच्छी बात है, यदि ऐसा ही हो तो तुम आशीर्वाद दो कि मेरा यह मोह चिरकाल के लिए दूर हो जाए; मैं पूरे तन-मन के साथ, तुम्हारे देश के काम में लग जाऊँ।'***

में ही हो सकता है। इतनी बड़ी भयंकर परीक्षा, तुम किसलिए देने जाओगी बहन! वरन् तुम्हें आशीर्वाद देता हूँ कि अपूर्व को साथ लेकर सुखी बनो, मैं निश्चित रूप से जानता हूँ कि अपनी सारी दुविधाओं और सभी संस्कारों को नीचे दबाकर किसी दिन तुम्हारे मूल्य पर उसकी दृष्टि अवश्य ही पड़ जाएगी।'

भारती की आँखें आँसू से भरी उठीं; लेकिन कुछ देर तक चुपचाप मुँह झुकाए रहकर उसने पूछा, 'तुम क्या मुझ पर विश्वास न कर सकने के कारण, किसी तरह मुझे विदा कर देना चाहते हो भैया?'

उसके इस अत्यंत सरल और संकोचरहित प्रश्न का कोई ऐसा ही सीधा सा उत्तर शायद डॉक्टर के मुँह में नहीं आया। वे हँसकर बोले, 'तुम्हारी तरह रानी बेटी की माया कोई सहज में छोड़ सकता है बहन? लेकिन कल अपनी आँखों से ही तो तुम देख चुकी हो कि इसमें कितनी चोरी-छिपाव, कितनी हिंसा, कितना मर्मांतक क्रोध सना हुआ है! तुम्हारी तरफ देखने से मालूम होता है कि इन कामों के लिए तुम नहीं हो, इससे तुम्हें खींच लाना, अच्छा काम नहीं हुआ। तुमसे काम लेने का एक दिन है, जिस दिन छुट्टी लेने का मेरा परवाना आ पहुँचेगा।'

उसके इस अत्यंत सरल और संकोचरहित प्रश्न का कोई ऐसा ही सीधा सा उत्तर शायद डॉक्टर के मुँह में नहीं आया। वे हँसकर बोले, 'तुम्हारी तरह रानी बेटी की माया कोई सहज में छोड़ सकता है बहन? लेकिन कल अपनी आँखों से ही तो तुम देख चुकी हो कि इसमें कितनी चोरी-छिपाव, कितनी हिंसा, कितना मर्मांतक क्रोध सना हुआ है!

इस बार भारती अपनी आँखों का जल रोक न सकी; लेकिन उसे फौरन हाथ से पोंछकर बोली, 'तुम भी अब इन लोगों के साथ मत रहो भैया!'

उसकी बात सुनकर डॉक्टर हँस पड़े; बोले, 'इस बार बहुत ही मूर्खता की बात हो गई भारती!'

भारती विचलित नहीं हुई; बोली, 'यह तो मैं जानती हूँ; लेकिन ये सभी लोग बड़े भयंकर और निर्दय हैं!'

'और मैं?'

'तुम भी बड़े निष्ठुर हो!'

'सुमित्रा कैसी मालूम हुई भारती?'

यह सुनकर भारती का माथा झुक गया। लज्जा के मारे वह कुछ उत्तर न दे सकी; लेकिन उत्तर के लिए तकाजा भी नहीं आया। कुछ देर दोनों ही चुप बैठे रहे। अधिक देर तक नहीं; लेकिन इतनी ही चुप्पी के अवकाश पथ से, इस आश्चर्यमय मनुष्य के उससे भी

अधिक आश्चर्यमय हृदय के रहस्यावृत अंत:स्थल में अकस्मात बिजली सी कौंध उठी!

लेकिन दूसरे ही क्षण डॉक्टर ने समूची बात को दबा दिया। सहसा बच्चे की तरह सिर हिलाकर, वे स्निग्ध स्वर में बोले, 'अपूर्व के प्रति तुमने बड़ा अन्याय किया है भारती! इतना बड़ा घातक कांड इसके भीतर है, इसकी कल्पना भी शायद उस बेचारे ने नहीं की होगी। तुमसे सच कहता हूँ, इतना छोटा, इतना हीन वह कदापि नहीं है! नौकरी करने विदेश आया है, घर में माँ है, भाई है; देश में बंधु-बांधव हैं। सांसारिक उन्नति करके, दस-पाँच में एक आदमी बनेगा, यही उसकी आशा है। लिखना-पढ़ना सीखा है, भले आदमी का लड़का है, पराधीनता की लज्जा वह अनुभव करता है और दस बंगाली लड़कों की तरह, वह भी वास्तव में देश का कल्याण चाहता है। इसी कारण जब तुमने कहा कि पथ के दावेदार का सदस्य बन जाओ, तब उसने कह दिया, 'बहुत अच्छा!' तुम्हारी बात मान लेने से उसका कभी कोई अहित न होगा, इस बात को वह निस्संदेह समझता है। इस विदेश में, आपद-विपद में, तुम्हीं उसके लिए एकमात्र अवलंब थी; लेकिन तुम ही उसे अचानक मृत्यु के बीच ढकेल दोगी, यह क्या वह जानता था?'

भारती ने आँसू छिपाने के लिए मुँह नीचा करके कहा, 'क्यों तुम उनके लिए इतनी वकालत करते हो? वे इसके योग्य नहीं हैं। सब बातें कल उनके मुँह से सुनी हैं, उसके बाद फिर उन पर श्रद्धा रखना उचित नहीं है।'

डॉक्टर ने हँसकर कहा, 'जीवन में एक अनुचित काम ही तुम कर डालोगी तो क्या होगा?' यह कहकर, थोड़ी देर तक स्थिर रहकर वे कहने लगे, 'तुमने तो ध्यान से नहीं देखा भारती, लेकिन मैंने देखा है। उन लोगों ने जब उसको रस्सी से बाँध दिया तो वह अवाक् हो गया। उन लोगों ने पूछा, तुमने ये सब बातें कही हैं? उसने कहा, हाँ। उन लोगों ने कहा, इसकी सजा है मृत्यु; तुमको मरना होगा! इसके उत्तर में वह टकटकी बाँधकर ताकता रह गया।

डॉक्टर ने हँसकर कहा, 'जीवन में एक अनुचित काम ही तुम कर डालोगी तो क्या होगा?' यह कहकर, थोड़ी देर तक स्थिर रहकर वे कहने लगे, 'तुमने तो ध्यान से नहीं देखा भारती, लेकिन मैंने देखा है। उन लोगों ने जब उसको रस्सी से बाँध दिया तो वह अवाक् हो गया। उन लोगों ने पूछा, तुमने ये सब बातें कही हैं? उसने कहा, हाँ। उन लोगों ने कहा, इसकी सजा है मृत्यु; तुमको मरना होगा! इसके उत्तर में वह टकटकी बाँधकर ताकता रह गया। मैं तो जानता हूँ कि उसकी विह्वल दृष्टि उस समय किसी को ढूँढ़ रही थी। इसी से तुमको बुलाने के लिए मैंने आदमी भेजा था बहन! अब

उसने चाहे जो भी तुमको कहा हो भारती, लेकिन इस धक्के को वह अब तक भी शायद सँभाल नहीं सका है।'

भारती अब अपने को सँभालकर न रख सकी, झरझर आँसू बहाकर रोती हुई बोली, 'क्यों तुम मुझे ये सब बातें सुना रहे हो भैया? तुमसे बढ़कर अधिक विपत्ति में और कोई नहीं पड़ा। फिर भी केवल मेरा मुँह देखकर, उन्हें बचाने के लिए तुमने घर-बाहर दुश्मन पैदा कर लिये?'

'यही बात है?'

'तो किसलिए तुम उनको बचाने गए, बताओ?'

'अपूर्व को बचाने गया? अरे छिह मैं बचाने गया, भगवान् की इस अमूल्य सृष्टि को! जो वस्तु तुम लोगों की तरह असाधारण नारी को उपलक्ष्य करके तैयार हुई है, क्या कोई मूर्ख ऐसा है, जो ब्रजेंद्र सरीखे बर्बरों को उसे नष्ट कर डालने के लिए दे देता? केवल इतनी ही बात थी भारती, केवल इतनी ही! नहीं तो मनुष्य के प्राण का मूल्य, क्या हम लोगों की दृष्टि में कुछ है? एक कानी-कौड़ी के बराबर नहीं।' कहकर डॉक्टर हँसने लगे।

भारती ने आँखें पोंछते-पोंछते कहा, 'क्या हँसते हो भैया, तुम्हारी हँसी देखकर मेरे शरीर में आग लग जाती है। मेरी इच्छा होती है कि तुम्हें आँचल में बाँधकर, किसी जंगल में ले जाकर सदा के लिए छिपाकर रख दूँ। जो लोग तुम्हें पकड़कर फाँसी देंगे, वे ही क्या तुम्हारा मूल्य जानते हैं? उन्हें क्या यह पता लग जाएगा कि दुनिया का कितना बड़ा सत्यानाश उन्होंने कर डाला? अपने देश के आदमी ही तुमको खूनी, डाकू, रक्त-पिपासु, न जाने कितनी ही बातें कहा करते हैं! लेकिन मैं सोचती हूँ कि हृदय में इतना स्नेह, इतनी करुणा लेकर तुम कैसे इन लोगों के साथ हो?'

भारती ने आँखें पोंछते-पोंछते कहा, 'क्या हँसते हो भैया, तुम्हारी हँसी देखकर मेरे शरीर में आग लग जाती है। मेरी इच्छा होती है कि तुम्हें आँचल में बाँधकर, किसी जंगल में ले जाकर सदा के लिए छिपाकर रख दूँ। जो लोग तुम्हें पकड़कर फाँसी देंगे, वे ही क्या तुम्हारा मूल्य जानते हैं?

इस बार डॉक्टर बोले, 'अच्छा, तुम्हें मैं एक कहानी सुनाता हूँ। नीलकांत जोशी नामक एक मराठा युवक को तुमने नहीं देखा; लेकिन जबसे मैंने तुमको देखा, तबसे केवल उसकी याद आती रहती है। रास्ते से मुर्दा ले जाते देखकर उसकी आँखों से आँसू गिरने लगते थे। एक दिन रात को, हम दोनों ने कोलम्बो के पार्क में आश्रय लिया। पेड़ के नीचे की एक बैंच पर सोने के लिए गए तो देखा कि उस पर एक आदमी सोया पड़ा है। मनुष्य की आहट पाते ही वह 'पानी-पानी' कहने लगा। चारों तरफ भयानक दुर्गंध

आ रही थी। दियासलाई जलाकर उसके मुँह की तरफ देखते ही बात समझ में आ गई कि उसे हैजा हो गया है। नीलकांत उसकी शुश्रूषा में लग गया। पौ-फटने लगी, तो मैंने कहा, 'जोशी, यह मनुष्य संध्या के अंधकार में, नौकरों की निगाह से बचकर इस बगीचे में रह गया है; लेकिन सवेरा होने पर यह रहने न पाएगा। हम लोग वारंट के आसामी हैं, यह तो मरेगा ही, साथ-साथ हम लोगों को भी जाना पड़ेगा। चलो, यहाँ से खिसक चलें!' नीलकांत रोने लगा; बोला, 'इस अवस्था में इसको छोड़कर कैसे चला जाऊँ भाई, इससे तो अच्छा है कि तुम चले जाओ, मैं रह जाऊँ।' मैंने बहुत समझाया; लेकिन जोशी को वहाँ से न हिला सका।'

भारती ने भयभीत होकर कहा, 'इसके बाद क्या हुआ?'

डॉक्टर ने कहा, 'वह मनुष्य विचारवान था, सवेरा होने के पहले ही उसने आँखें बंद कर लीं। इस तरह उस बार नीलकांत को मैं वहाँ से हटा सका।' क्षणभर मौन रहकर, लंबी साँस खींचकर वे बोले, 'सिंगापुर में जोशी को फाँसी हो गई। पलटन के सिपाहियों के नाम बता देने पर उसकी फाँसी माफ हो जाती, गवर्नमेंट की तरफ से अनेक प्रकार की चेष्टाएँ हुईं; लेकिन जोशी ने जो एक बार मना किया तो फिर उसमें कुछ अंतर नहीं हुआ। अतएव उसको फाँसी दे दी गई। जिनके लिए उसने प्राण दिए, उन्हें वह अच्छी तरह पहचानता भी नहीं। अब भी ऐसे लड़के इस देश में ही जन्म लेते हैं भारती! नहीं तो शेष जीवन तुम्हारे आँचल के नीचे छिपकर ही बिता देने को मैं भी सहमत हो जाता।'

सिंगापुर में जोशी को फाँसी हो गई। पलटन के सिपाहियों के नाम बता देने पर उसकी फाँसी माफ हो जाती, गवर्नमेंट की तरफ से अनेक प्रकार की चेष्टाएँ हुईं; लेकिन जोशी ने जो एक बार मना किया तो फिर उसमें कुछ अंतर नहीं हुआ। अतएव उसको फाँसी दे दी गई। जिनके लिए उसने प्राण दिए, उन्हें वह अच्छी तरह पहचानता भी नहीं। अब भी ऐसे लड़के इस देश में ही जन्म लेते हैं भारती!

भारती ने केवल एक लंबी साँस ली।

डॉक्टर बोले, 'नर-हत्या करना मेरा व्रत नहीं बहन!'

'लेकिन आवश्यकता पड़ने पर?'

'लेकिन ब्रजेंद्र की जरूरत और सव्यसाची की जरूरत एक नहीं है।'

भारती बोली, 'मैं जानती हूँ; लेकिन मैं तुम्हारी ही आवश्यकता की बात कर पूछ रहा हूँ भैया!'

यह सुनकर डॉक्टर धीरे-धीरे बोले, 'कौन जानता है, कब मेरी वह परम आवश्यकता

का दिन आएगा? लेकिन भारती, यह तुम जानना मत चाहो। उसका स्वरूप तुम कल्पना में भी सहन न कर सकोगी।'

भारती बोली, 'इसके अलावा क्या और कोई रास्ता नहीं है?'

'नहीं।'

भारती हतबुद्धि सी हो गई। व्याकुल होकर बोली, 'इसके सिवा और कोई रास्ता नहीं हो सकता भैया?'

डॉक्टर बोले, 'नहीं, रास्ता अवश्य है। अपने को भुलावे में डालने के बहुत रास्ते हैं भारती; लेकिन सत्य तक पहुँचने के लिए दूसरा रास्ता नहीं।'

भारती स्वीकार न कर सकी। मृदु कंठ से बोली, 'भैया, तुम ज्ञानी हो। इस एकमात्र लक्ष्य को स्थिर रखकर तुम दुनिया घूम आए हो, तुम्हारी जानकारियों का अंत नहीं। तुम्हारे समान इतना महान् पुरुष मैंने कभी देखा नहीं। मुझे तो ऐसा मालूम होता है कि तुम्हारी सेवा करके ही मैं अपना सारा जीवन बिता सकती हूँ। तुम्हारे साथ मेरा तर्क शोभा नहीं देता। बोलो मेरे अपराध क्षमा कर दोगे?'

भारती स्वीकार न कर सकी। मृदु कंठ से बोली, 'भैया, तुम ज्ञानी हो। इस एकमात्र लक्ष्य को स्थिर रखकर तुम दुनिया घूम आए हो, तुम्हारी जानकारियों का अंत नहीं। तुम्हारे समान इतना महान् पुरुष मैंने कभी देखा नहीं। मुझे तो ऐसा मालूम होता है कि तुम्हारी सेवा करके ही मैं अपना सारा जीवन बिता सकती हूँ। तुम्हारे साथ मेरा तर्क शोभा नहीं देता। बोलो मेरे अपराध क्षमा कर दोगे?'

डॉक्टर हँसकर बोले, 'भला तुम अपराधिनी क्यों?'

भारती उस स्निग्ध विनय से बोली, 'मैं ईसाई हूँ, शिशुकाल से ही अंग्रेजों को अपना आत्मीय समझकर इतनी बड़ी हुई हूँ; आज उनके प्रति अपने मन को घृणा से भर देने में मुझे बहुत कष्ट होता है; लेकिन तुम्हारे सिवा और किसी के सामने, मैं यह बात कह नहीं सकती। फिर भी तुम लोगों की तरह ही मैं भारतवर्ष की बंग-देश की लड़की हूँ।' मुझ पर तुम अविश्वास न करो।'

उसकी बात सुनकर डॉक्टर ने स्नेहपूर्वक अपना दायाँ हाथ उसके माथे पर रखकर कहा, 'यह आशंका क्यों करती हो भारती? तुम जानती हो, तुम्हारे ऊपर मेरा कितना स्नेह है, कितना विश्वास है!'

भारती बोली, 'जानती हूँ और तुम भी क्या मेरी तरफ से ठीक यही बात नहीं जानते भैया? तुम्हें भय नहीं है, तुमको भय दिखाया भी नहीं जा सकता, केवल इसीलिए तुमसे कह नहीं सकती कि इस मकान में तुम अब मत आना; लेकिन यह भी जानती हूँ कि

आज रात के बाद फिर कभी, नहीं-नहीं, सो नहीं, शायद बहुत दिनों तक फिर मुलाकात न हो! उस दिन जब तुमने सारी अंग्रेज जाति के विरुद्ध भीषण अभियोग लगाया, तब मैंने प्रतिवाद नहीं किया; लेकिन ईश्वर से बराबर यही प्रार्थना करती रही हूँ कि इतना बड़ा विद्वेष कहीं तुम्हारे हृदय के संपूर्ण सत्य को ढँक न दे। भैया, फिर भी मैं तुम्हीं लोगों की हूँ।'

सृष्टि के दिन से, स्वाधीनता के सैकड़ों तीर्थयात्रियों के पद-चिह्न ही शायद तुम्हारी दृष्टि में स्पष्ट हो उठे हैं; लेकिन विश्वमानव की एकांत शुभ बुद्धि की धारा क्या इस प्रकार समाप्त हो गई है कि इस रक्तरेखा के सिवा और किसी मार्ग का पता, आगे क्या किसी दिन उसकी दृष्टि में पड़ेगा ही नहीं? ऐसा विधान किसी तरह भी सत्य नहीं हो सकता!

डॉक्टर बोले, 'मैं जानता हूँ कि तुम हमारी हो।'

'तो इस मार्ग को तुम त्याग दो।'

डॉक्टर चौंक उठे, 'कौन सा मार्ग?'

'विप्लवपंथियों का यह निर्मम मार्ग।'

'छोड़ने को क्यों कहती हो?'

भारती ने कहा, 'तुमको मैं मरने नहीं दे सकती! सुमित्रा मरने दे सकती हैं; लेकिन मैं नहीं। मैं भारत की मुक्ति चाहती हूँ, बिना कपट, बिना संकोच। दुर्बल, पीड़ित क्षुधित भारतवासियों के लिए अन्न-वस्त्र चाहती हूँ। स्वाधीनता का आनंद भोग करना चाहती हूँ। इतने बड़े सत्य पर पहुँचने के लिए, इस निष्ठुर कार्य के अतिरिक्त और कोई मार्ग नहीं है, यह मैं नहीं सोच सकती। पृथ्वी-भ्रमण करके तुम केवल इसी पथ को जान आए हो। सृष्टि के दिन से, स्वाधीनता के सैकड़ों तीर्थयात्रियों के पद-चिह्न ही शायद तुम्हारी दृष्टि में स्पष्ट हो उठे हैं; लेकिन विश्वमानव की एकांत शुभ बुद्धि की धारा क्या इस प्रकार समाप्त हो गई है कि इस रक्तरेखा के सिवा और किसी मार्ग का पता, आगे क्या किसी दिन उसकी दृष्टि में पड़ेगा ही नहीं? ऐसा विधान किसी तरह भी सत्य नहीं हो सकता! भैया, मनुष्य की इतनी बड़ी परिपूर्णता, तुम्हारे अलावा और कहीं भी मैंने नहीं देखी, निष्ठुरता के बहु प्रचलित मार्ग से तुम अब मत चलो। वह द्वार शायद आज भी बंद है, इसलिए तुम हम लोगों के लिए उसे खोल दो, इस जगत् के सभी लोगों से प्रेम करते हुए हम लोग तुम्हारा अनुसरण करके चलें।'

भारती के सिर पर हाथ रखकर, दो-चार बार थपकियाँ देकर डॉक्टर बोले, 'अब समय नहीं है बहन, मैं जा रहा हूँ।'

'कोई उत्तर नहीं दोगे भैया?'

उत्तर में डॉक्टर ने केवल कहा, 'भगवान् तुम्हारा भला करे!' कहकर वे धीरे-धीरे बाहर चले गए।

इक्कीस

जलमार्ग से शत्रुपक्षीय जहाजों को रोकने के लिए नदी के किनारे, शहर के अंतिम छोर पर एक छोटा सा मिट्टी का किला है। उसमें संतरी अधिक नहीं रहते, केवल बैटरी चलाने के लिए कुछ गोरे गोलंदाज रहते हैं। अंग्रेजों के इन निर्विघ्न शांति के दिनों में, वहाँ विशेष कड़ाई नहीं थी। प्रवेश की मनाही है, कोई अन्यमनस्क पथिक उसकी सीमा के अंदर पहुँच जाता है तो उसे भगा देते हैं, बस इतना ही। भारती कभी-कभी अकेली आकर यहाँ बैठती थी। किले की रक्षा का जिन लोगों पर भार था, उन लोगों ने उसे देखा न हो, ऐसी बात नहीं; मगर शायद भले घर की स्त्री होने के कारण ही वे लोग आपत्ति नहीं करते थे। शायद तुरंत ही सूर्यास्त हो चुका था; लेकिन अंधेरा होने में अभी कुछ देर थी। पक्षियों का स्वर इधर-उधर मँडरा रहा था।

मल्लाह डरकर रुक गया। इस मनुष्य की अवस्था पचास के ऊपर पहुँच गई है; पर अभी शौक नहीं गया। बेल-बूटेदार लुंगी पहने हुए है; लेकिन तेल और मैल से वह बहुत गंदी हो गई है। शरीर पर मूल्यवान फ्रॉक-कोट है, जिसमें जरी की पाढ़ है; पर जैसा वह गंदा है, वैसा ही फटा भी है। शायद किसी पुराने कपड़े की दुकान से खरीदा गया है। सिर पर बेलदार चिथड़े की टोपी है।

सहसा नदी की दाईं तरफ के मोड़ से, एक छोटी सी शैंपेन नाव सामने आकर उपस्थित हुई। नाव में मल्लाह के अलावा और कोई नहीं था। भारती के मुँह की ओर पल भर देखकर, उसने अपनी बँगला भाषा में कहा, 'अम्मा, उस पार जाओगी? एक आना पैसा देने से ही पार कर दूँगा।'

भारती बोली, 'नहीं।'

मल्लाह ने कहा, 'अच्छा, दो ही पैसे दो, चलो।'

भारती बोली, 'नहीं भैया, मेरा घर इसी पार है।'

मल्लाह नहीं गया; जरा हँसकर बोला, 'पैसा न हो तो मत देना, चलो तुमको टहला लाऊँ।' यह कहकर उसने घाट पर नाव लगा दी। भारती डर गई; वह स्थान निर्जन और अँधेरा था। वह जानती थी कि चटगाँव के ये मुसलमान मल्लाह बड़े दुष्ट होते हैं। वह खड़ी होकर क्रोध भरे स्वर में बोली, 'चले जाओ, नहीं तो पुलिस बुला दूँगी।'

मल्लाह डरकर रुक गया। इस मनुष्य की अवस्था पचास के ऊपर पहुँच गई है; पर अभी शौक नहीं गया। बेल-बूटेदार लुंगी पहने हुए है; लेकिन तेल और मैल से वह बहुत गंदी हो गई है। शरीर पर मूल्यवान फ्रॉक-कोट है, जिसमें जरी की पाढ़ है; पर जैसा वह गंदा है, वैसा ही फटा भी है। शायद किसी पुराने कपड़े की दुकान से खरीदा

गया है। सिर पर बेलदार चिथड़े की टोपी है। इस मूर्ति की तरफ देखती हुई, डॉक्टर साहब को पहचानकर भारती बोली, 'भैया, चेहरा आपका जैसा ही क्यों न हो; लेकिन गले की आवाज तक बदलकर, उसे मुसलमान बना चुके हो।'

मल्लाह बोला—'जाऊँ या पुलिस बुलाओगी?'

भारती बोली, 'पुलिस बुलाकर तुमको गिरफ्तार कराना ही उचित होगा। अपूर्व बाबू की इच्छा को अपूर्ण क्यों रहने दूँ?'

मल्लाह बोला, 'उसकी बात ही कर रहा हूँ। आओ! ज्वार अब अधिक समय तक नहीं रहेगा। अभी दो कोस रास्ता चलना है।'

भारती नाव पर सवार हो गई। उसे ठेलकर डॉक्टर साहब पक्के मल्लाह की तरह आगे बढ़े, मानो दोनों हाथों से डांड खेना ही उनका पेशा हो।

वे बोले, 'लामा जहाज चला गया, देख लिया?'

भारती ने कहा, 'हाँ।'

डॉक्टर बोले, 'अपूर्व इस ओर के फर्स्ट क्लासवाले डेक पर थे।'

भारती बोली, 'नहीं।'

भारती नाव पर सवार हो गई। उसे ठेलकर डॉक्टर साहब पक्के मल्लाह की तरह आगे बढ़े, मानो दोनों हाथों से डांड खेना ही उनका पेशा हो।
वे बोले, 'लामा जहाज चला गया, देख लिया?'
भारती ने कहा, 'हाँ।'
डॉक्टर बोले, 'अपूर्व इस ओर के फर्स्ट क्लासवाले डेक पर थे।'
भारती बोली, 'नहीं।'

डॉक्टर बोले, 'उनके डेरे पर या दफ्तर में जाने का कोई उपाय नहीं था, इसीलिए जेटी की एक ओर शैंपेन लगाकर मैं ऊपर खड़ा था। हाथ उठाकर सलाम करते ही···।'

भारती ने व्याकुल होकर कहा, 'किसके लिए, किसके कारण इतना बड़ा भयानक काम तुम करने लगे थे भैया?'

डॉक्टर ने सिर हिलाकर कहा, 'मैं ठीक उसी कारण से गया, जिससे तुम यहाँ अकेली बैठी हो बहन!'

भारती रोती हुई बोली, 'कभी नहीं! यहाँ तो मैं प्रायः ही आती हूँ। किसी के लिए नहीं आती। तुमको क्या उन्होंने पहचान लिया?'

डॉक्टर बोले, 'नहीं। यही दाढ़ी-मूँछ बढ़ाना सहज काम नहीं है; लेकिन मेरी इच्छा थी कि अपूर्व बाबू मुझे पहचान लेते; लेकिन वे इतने व्यस्त थे कि मुझे देखने की उनको फुरसत न थी।'

भारती बोली, 'इसके बाद क्या हुआ?'

डॉक्टर बोले, 'विशेष कुछ नहीं।'

'विशेष कुछ नहीं हुआ, यह तो मेरे भाग्य की बात है, पहचान लेने पर वे तुमको गिरफ्तार करा देते और उस अपमान से बचने के लिए मुझे आत्महत्या करनी पड़ती। नौकरी चली जाए; लेकिन प्राण तो बच गया।'

डॉक्टर चुपचाप नाव खेने लगे। कुछ देर मौन रहकर भारती ने पूछा, 'क्या सोच रहे हो भैया?'

'बताओ तो देखूँ?'

'बताऊँ, तुम सोच रहे हो कि भारती लड़की होकर भी मनुष्य को मुझसे अधिक पहचान सकती है। अपनी प्राण-रक्षा के लिए, कोई भी शिक्षित मनुष्य इतनी नीचता कर सकता है, लज्जा नहीं, कृतज्ञता नहीं, ममता-माया नहीं, खबर नहीं दी, खबर लेने की कोशिश नहीं की, भय के कारण एकदम जानवर की तरह भागकर चले गए, इस बात की मैं कल्पना भी नहीं कर सकती थी।' लेकिन भारती एकदम ही असंदिग्ध रूप से जान गई थी! 'ठीक यही बात है न? सच कहना।'

'बताओ तो देखूँ?'
'बताऊँ, तुम सोच रहे हो कि भारती लड़की होकर भी मनुष्य को मुझसे अधिक पहचान सकती है। अपनी प्राण-रक्षा के लिए, कोई भी शिक्षित मनुष्य इतनी नीचता कर सकता है, लज्जा नहीं, कृतज्ञता नहीं, ममता-माया नहीं, खबर नहीं दी, खबर लेने की कोशिश नहीं की, भय के कारण एकदम जानवर की तरह भागकर चले गए, इस बात की मैं कल्पना भी नहीं कर सकती थी।'

डॉक्टर ने कुछ उत्तर नहीं दिया।

'मेरी तरफ एक बार देखो न भैया!'

डॉक्टर ने मुँह फेरकर ज्योंही देखा, त्योंही भारती के दोनों होंठ थर-थर काँपने लगे। वह बोली, 'मनुष्य होकर, मनुष्यता की कहीं भी कोई बात ही न हो, यह कैसे हो सकता है भैया?' यह कहकर उसने दाँतों से भींचकर अपने होंठों का काँपना रोक लिया; लेकिन दोनों आँखों के कोनों से झर-झर करके आँसू बह चले।

डॉक्टर ने सम्मति नहीं दी, प्रतिवाद नहीं किया, सांत्वना की एक भी बात उनके मुँह से नहीं निकली। केवल निमिषमात्र के लिए ऐसा मालूम हुआ, मानो उनकी सुरमा-अंजित आँखों की दीप्ति कुछ धीमी पड़ गई हो।

इरावती की यह छोटी शाखा, कम गहरी और कम चौड़ी होने के कारण इसमें स्टीमर या बड़ी नावें नहीं चलती थीं। नौका किस स्थान को चला जा रही है, यह बात भारती नहीं जानती थी; जान लेने योग्य उत्सुक और सचेतन मन की अवस्था भी उसकी नहीं थी, लेकिन एकाएक एक बहुत बड़े वृक्ष की ओट में लता-गुल्म-पत्रों से आच्छन्न

अति संकीर्ण नाले में नाव घुसने लगी तो यह देखकर उसने चकित होकर पूछा, 'मुझे तुम कहाँ ले जा रहे हो भैया?'

डॉक्टर ने कहा, 'अपने डेरे पर।'

'वहाँ और कौन रहता है?'

'कोई नहीं।'

'मुझे कब मेरे डेरे पर वापस पहुँचा दोगे?'

'पहुँचा दूँगा। आज रात या कल सवेरे।'

भारती बोली, 'नहीं भैया, यह नहीं हो सकता। तुम मुझे जहाँ से लाए हो, वहीं पहुँचा दो।'

'लेकिन मुझे बहुत सी बात तुमसे कहनी हैं भारती!'

भारती ने इसका जवाब नहीं दिया, उसी तरह सिर हिलाकर आपत्ति प्रकट करके बोली, 'नहीं, मुझे तुम वापस पहुँचाकर आओ।'

'मुझे कब मेरे डेरे पर वापस पहुँचा दोगे?'
'पहुँचा दूँगा। आज रात या कल सवेरे।'
भारती बोली, 'नहीं भैया, यह नहीं हो सकता। तुम मुझे जहाँ से लाए हो, वहीं पहुँचा दो।'
'लेकिन मुझे बहुत सी बात तुमसे कहनी हैं भारती!'
भारती ने इसका जवाब नहीं दिया, उसी तरह सिर हिलाकर आपत्ति प्रकट करके बोली, 'नहीं, मुझे तुम वापस पहुँचाकर आओ।'

'लेकिन किसलिए भारती? तुम क्या मुझ पर विश्वास नहीं करती?'

भारती सिर नीचे झुकाकर निरुत्तर हो रही।

डॉक्टर बोले, 'इस तरह कितनी ही रातें तुमने अकेले ही अपूर्व के साथ बिताई हैं। वह क्या मुझसे भी बढ़कर तुम्हारा विश्वासपात्र है?'

भारती चुप थी। हाँ या ना, कुछ भी उसने नहीं कहा। नाले का यह स्थान जितना अंधकारयुक्त था, उतना ही संकीर्ण भी। दोनों तरफ के पेड़ों की डालियाँ बीच-बीच में उसके शरीर के ऊपर आकर लगने लगीं। डॉक्टर बोले, 'आज तुमको मैं जहाँ ले जा रहा हूँ भारती दुनिया में कोई भी ऐसा नहीं है, जो तुम्हारा वहाँ से उद्धार कर सके; लेकिन मेरे मन की बात समझने में शायद तुमको अब कुछ शेष न होगा?' यह कहकर वे जोर से हँसने लगे। अँधेरे में उनकी मुखाकृति भारती न देख सकी; लेकिन उनकी हँसी के स्वर में किसी ने मानो उसको धिक्कारा। उसने अपना मुँह ऊपर उठाकर शंका-रहित कंठ से कहा, 'तुम्हारे मन की बात समझ सकूँ, ऐसी बुद्धि मुझमें नहीं है; लेकिन तुम्हारा चरित्र मैं पहचानती हूँ। अकेली रहना मेरे लिए उचित नहीं है, इसीलिए कह रही हूँ भैया, मुझे क्षमा करो।'

डॉक्टर ने कुछ क्षणों तक निस्तब्ध रहकर स्वाभाविक शांत स्वर में कहा, 'भारती,

तुमको छोड़कर जाने में मुझे कष्ट होता है। तुम मेरी जीजी हो, मेरी माँ हो, यह विश्वास अपने ऊपर न होता, तो मैं इस रास्ते में नहीं आता, लेकिन तुम्हारा मूल्य दे सके, ऐसा मनुष्य संसार में मेरे सिवा और कोई नहीं है। इसके शतांश का एक भी अंश यदि अपूर्व किसी दिन समझ जाता तो उसका जीवन सार्थक हो जाता। जीजी, तुम संसार में लौट जाओ, हम लोगों के बीच अब मत रहो। केवल तुम्हारी बात कहने के लिए आज मैं अपूर्व से मुलाकात करने गया था।'

भारती चुप हो रही। आज एक बात भी न कहकर अपूर्व चला गया। नौकरी करने के लिए बर्मा आया था, बीच में थोड़े ही दिनों का तो परिचय था।
वह सदाचारी ब्राह्मण का लड़का है। उसका देश है, समाज है, घर-द्वार है, आत्मीय स्वजन हैं और भी क्या-क्या है और भारती ईसाई की लड़की है। उसका देश नहीं, घर नहीं, माँ-बाप नहीं। अपना कहने के लिए कोई भी कहीं नहीं है। भारती पूर्ववत् चुपचाप स्थिर भाव से बैठी रही; उसकी आँखें आँसुओं से परिपूर्ण थीं।

भारती चुप हो रही। आज एक बात भी न कहकर अपूर्व चला गया। नौकरी करने के लिए बर्मा आया था, बीच में थोड़े ही दिनों का तो परिचय था।

वह सदाचारी ब्राह्मण का लड़का है। उसका देश है, समाज है, घर-द्वार है, आत्मीय स्वजन हैं और भी क्या-क्या है और भारती ईसाई की लड़की है। उसका देश नहीं, घर नहीं, माँ-बाप नहीं। अपना कहने के लिए कोई भी कहीं नहीं है। भारती पूर्ववत् चुपचाप स्थिर भाव से बैठी रही; उसकी आँखें आँसुओं से परिपूर्ण थीं।

निकट ही पेड़-पौधों के बीच से थोड़ा प्रकाश दिखाई पड़ा। डॉक्टर ने उसे दिखाकर कहा, 'वही मेरा डेरा है। खूब आजाद था, न जाने कैसी एक माया में जकड़ गया हूँ! भारती, तुम्हारे ही लिए मैं चिंता में पड़ा हूँ। तुम्हें एक निरापद आश्रय मिल गया है, काश! जाने के पहले इतना ही देख लेता।'

भारती आँसू पोंछकर बोली, 'मैं तो अच्छी हूँ भैया!'

डॉक्टर ने एक लंबी साँस लेकर कहा, 'कहाँ अच्छी तरह हो बहन?' मेरे आदमी ने आकर कहा, 'तुम घर में नहीं हो।' सोचा, जेटी पर कहीं तुमको पाऊँगा। वहाँ जाने पर तुमको पा तो न सका; लेकिन उसी समय निश्चय हो गया कि इस नदी के किनारे ही तुमसे भेंट होगी। अभागा सिर्फ तुम्हारा आनंद ही चुराकर नहीं भागा, वह तुम्हारा साहस तक नष्ट कर गया!'

इस बात का पूरा मतलब न समझकर, भारती चुप ही रही। डॉक्टर बोले, 'उस दिन रात को निश्चिंत मन से मेरे लिए बिछौना छोड़कर तुम नीचे सो गई थी।' हँसकर तुमने

कहा था, 'भैया, तुम क्या मनुष्य हो कि तुमसे लज्जा या भय लगेगा? तुम सो जाओ, लेकिन आज वह साहस नहीं रहा। अपूर्व विशेष निर्भर करने योग्य मनुष्य नहीं है, फिर भी वह पास ही था, इस कारण शायद कल भी ऐसी आशंका तुम्हारे मन में नहीं आई। आश्चर्य तो यह है कि तुम जैसी लड़की की निर्भय स्वाधीनता को भी, उसकी तरह एक असमर्थ मनुष्य कितनी सहूलियत से तोड़कर जा सकता है।'

भारती मृदु स्वर से बोली, 'लेकिन उपाय क्या है भैया?'

डॉक्टर बोले, 'शायद उपाय न हो; लेकिन बहन, तुम्हारे चरित्र पर संदेह करनेवाला आज कोई नहीं; फिर यदि तुम्हारा अपना ही मन दिन-रात अपने ऊपर संदेह करता फिरे तो तुम जिओगी कैसे?'

इस तरह अपने मन का विश्लेषण करके देखने का समय भारती के पास नहीं था। उसकी श्रद्धा और विस्मय की सीमा नहीं रही; पर वह मौन थी।

डॉक्टर बोले, 'और मैं एक लड़की को जानता हूँ, वह रूसी है; लेकिन उसकी बात जाने दो। कब तुम लोगों से भेंट होगी, मैं नहीं जानता; लेकिन मालूम होता है कि एक दिन होगी। विधाता करे कि हो! तुम्हारे प्रेम की तुलना नहीं है; वहाँ से अपूर्व को कोई हटा न सकेगा, लेकिन अपने को उसके ग्रहण करने योग्य बनाए रखने की, आज से यह जो जीवन-व्यापी अति सतर्क साधना शुरू होगी, उसकी प्रतिदिन के असम्मान की ग्लानि, तुम्हारे मनुष्यत्व को एकदम छोटा बना देगी भारती! ऐसे चिर-शुद्ध हृदय का जहाँ मूल्य नहीं, वहाँ इसी तरह बहलाना पड़ता है। कौन जाने, भाग्य में उतने दिनों तक बचे रहने का समय मेरे लिए है या नहीं, पर यदि हो जीजी, तो बहन कहकर गर्व करने को, तब सव्यसाची के पास और कुछ शेष न रहेगा।'

भारती मृदु स्वर से बोली, 'लेकिन उपाय क्या है भैया?' डॉक्टर बोले, 'शायद उपाय न हो; लेकिन बहन, तुम्हारे चरित्र पर संदेह करनेवाला आज कोई नहीं; फिर यदि तुम्हारा अपना ही मन दिन-रात अपने ऊपर संदेह करता फिरे तो तुम जिओगी कैसे?' इस तरह अपने मन का विश्लेषण करके देखने का समय भारती के पास नहीं था। उसकी श्रद्धा और विस्मय की सीमा नहीं रही; पर वह मौन थी।

भारती ने पूछा, 'तो तुम मुझे क्या करने को कहते हो? तुमने ही तो मुझसे बार-बार संसार में लौट जाने को कहा था।'

'लेकिन सिर नीचा करके तो जाने को नहीं कहा।'

'लेकिन स्त्रियों का ऊँचा सिर तो कोई भी पसंद नहीं करता।'

डॉक्टर बोले, 'तब मत जाना।'

भारती ने हँसकर कहा, 'तुम निश्चिंत रहना भैया, मेरा जाना नहीं होगा। सब रास्ते अपने हाथ से बंद करके, सिर्फ एक रास्ता खोल रखा था; वह भी आज बंद हो गया, यह तुम देख आए हो। अब जो रास्ता तुम मुझे दिखा दोगे, उसी रास्ते से चलूँगी। केवल इतनी विनती मेरी मान लेना कि अपने भयंकर मार्ग में मुझे मत बुलाना। भगवान् के समान अप्राप्त वस्तु पाने के भी जब इतने मार्ग निकले हैं, तब तुम्हारे लक्ष्य तक पहुँचने के लिए, रक्त-पात के अलावा क्या दूसरा मार्ग नहीं है ? मेरे मन में यह पक्का विश्वास है कि मनुष्य की बुद्धि अभी बिल्कुल समाप्त नहीं हो गई है, कहीं-न-कहीं दूसरा मार्ग अवश्य ही है। अब से मैं उसी पथ की खोज में निकलूँगी। भयानक दु:ख क्या है, उस रात को मुझे उसका पता लग गया, जिस दिन तुम लोग उनकी हत्या करने को उद्यत हो गए थे।'

तुम निश्चिंत रहना भैया, मेरा जाना नहीं होगा। सब रास्ते अपने हाथ से बंद करके, सिर्फ एक रास्ता खोल रखा था; वह भी आज बंद हो गया, यह तुम देख आए हो। अब जो रास्ता तुम मुझे दिखा दोगे, उसी रास्ते से चलूँगी। केवल इतनी विनती मेरी मान लेना कि अपने भयंकर मार्ग में मुझे मत बुलाना। भगवान् के समान अप्राप्त वस्तु पाने के भी जब इतने मार्ग निकले हैं, तब तुम्हारे लक्ष्य तक पहुँचने के लिए, रक्त-पात के अलावा क्या दूसरा मार्ग नहीं है ? मेरे मन में यह पक्का विश्वास है कि मनुष्य की बुद्धि अभी बिल्कुल समाप्त नहीं हो गई है, कहीं-न-कहीं दूसरा मार्ग अवश्य ही है।

डॉक्टर हँसकर बोले, 'यही मेरा डेरा है।' यह कहकर छोटी नाव को जोर से किनारे ठेलकर वे उतर पड़े और हाथ में लालटेन लेकर रास्ता दिखाते हुए बोले, 'जूते खोलकर आओ, पैरों में कीचड़ लगेगी।'

भारती चुपचाप उतर पड़ी। चार-पाँच मोटे-मोटे, सागौन की लकड़ी के खूँटों पर पुराने और प्राय: निकम्मे तख्तों से एक काठ का मकान बना लिया गया है। टूटी-फूटी लकड़ी की सीढ़ी से रस्सी पकड़कर ऊपर उठने पर जब एक सात-आठ साल के लड़के ने आकर दरवाजा खोला, तो भारती आश्चर्य से अवाक् रह गई! भीतर पैर बढ़ाते ही उसने देखा कि फर्श पर चटाई बिछाकर, एक कम उम्र की बर्मी स्त्री सो रही है; तीन-चार बच्चे जहाँ-तहाँ पड़े हुए हैं, एक दु:सह दुर्गंध से कमरे का वायुमंडल विषाक्त हो उठा है; फर्श पर चारों तरफ भात, मछली के काँटे और प्याज-लहसुन के छिलके पड़े हैं। निकट ही दो-तीन कालिख लगी, छोटी मिट्टी की हंडियाँ पड़ी हुई हैं। भारती डॉक्टर के पीछे-पीछे दूसरे कमरे में जा पहुँची। कहीं भी किसी असबाब का झमेला नहीं। फर्श पर चटाई बिछी थी। एक तरफ दरी लपेटकर रखी हुई थी। डॉक्टर ने दरी को अपने हाथ से झाड़कर, बिछाकर भारती को बैठने को

कहा। बर्मी औरत ने कुछ पूछा, डॉक्टर ने बर्मी भाषा में ही उसका उत्तर दिया। थोड़ी ही देर बाद, वह लड़का एक तश्तरी में थोड़ा सा भात, प्याली में तरकारी और पत्ते पर थोड़ी सी झुलसी मछली रखकर चला गया। नाव की लालटेन डॉक्टर अपने साथ ही ले आए थे, उसी के प्रकाश में इन खाद्य वस्तुओं को देखते ही भारती की तबीयत मिचलाने लगी।

डॉक्टर ने कहा, 'तुम्हें भी शायद भूख लगी होगी, पर ये सब···।'

भारती फिर बोली, 'नहीं, नहीं, अभी नहीं।' वह क्रिस्तान लड़की जात-पात नहीं मानती; लेकिन जहाँ से जिस प्रकार ये सब चीजें लाई गई हैं, उस स्थान को आते समय ही वह देख आई है।

डॉक्टर बोले, 'पर मुझे बड़ी भूख लगी है बहन, पहले पेट भर लूँ।' यह कहकर, हाथ धोकर, वे प्रसन्न भाव से खाने बैठ गए। भारती उस तरफ देख न सकी, घृणा और छाती के अंदर की असीम रुलाई की वेदना से उसने मुँह फेर लिया, मानो सहस्र धाराओं में बहकर निकलना चाहने लगी। हाय रे देश! हाय रे स्वतंत्रता की प्यास! जगत् में कुछ भी इन लोगों ने अपना कहकर बाकी नहीं रखा। यह घर, यह भोजन, यह घृणित संबंध, इस तरह जंगली पशुओं का सा जीवनयापन, क्षण भर के लिए, मृत्यु भी भारती को इससे बहुत अधिक अच्छी और सहने योग्य मालूम हुई। मृत्यु को तो बहुतेरे सह सकते हैं; लेकिन यह जो शरीर और मन को लगातार सताते रहना, अपने-आपको इच्छापूर्वक हर क्षण इस तरह हत्या की ओर ले जाने की सहिष्णुता है, स्वर्ग या मृत्यु में क्या कहीं भी इसकी तुलना है? पराधीनता की वेदना ने, क्या इन लोगों के इस जीवन के और सभी वेदना-बोध को एकदम धोकर साफ कर दिया है? कहीं कुछ भी बाकी नहीं है? उसे अपूर्व की याद आ गई। उसको अपनी नौकरी छूट जाने का शोक, उसकी अपनी मित्र-मंडली में हाथ का काला दाग दिखाई देने की लज्जा, ये ही तो भारतमाता की सहस्र कोटि संतान हैं। खाते-पहनते परीक्षाएँ पास करके, नौकरी में सफलता पाकर, जिनका जन्म से मृत्यु तक का सारा जीवन परम निर्विघ्न रूप से एक

डॉक्टर बोले, 'पर मुझे बड़ी भूख लगी है बहन, पहले पेट भर लूँ।' यह कहकर, हाथ धोकर, वे प्रसन्न भाव से खाने बैठ गए। भारती उस तरफ देख न सकी, घृणा और छाती के अंदर की असीम रुलाई की वेदना से उसने मुँह फेर लिया, मानो सहस्र धाराओं में बहकर निकलना चाहने लगी। हाय रे देश! हाय रे स्वतंत्रता की प्यास! जगत् में कुछ भी इन लोगों ने अपना कहकर बाकी नहीं रखा। यह घर, यह भोजन, यह घृणित संबंध, इस तरह जंगली पशुओं का सा जीवनयापन, क्षण भर के लिए, मृत्यु भी भारती को इससे बहुत अधिक अच्छी और सहने योग्य मालूम हुई।

सा बीतता जा रहा था और एक यह मनुष्य है, जो अत्यंत तृप्ति के साथ निर्विकार चित्त से बैठकर भात निगल रहा है। भारती को क्षण भर के लिए मालूम हुआ कि हिमालय के समीप हजारों प्रस्तर-खंडों में से तिलमात्र हिस्से से भी अधिक वे लोग नहीं हैं और उन्हीं लोगों में से एक को प्यार करके, उसी के घर की गृहिणी बनने से वंचित होने के दु:ख से आज वह अपनी छाती फाड़-फाड़कर मर रही है। अकस्मात् भारती जोर लगाकर बोल उठी, 'भैया, तुम्हारा चुना हुआ यह खून-खराबी का रास्ता किसी भी तरह ठीक नहीं है। अतीत की चाहे जितनी ही नजीरें तुम दो, जो अतीत है, जो बीत चुका है, वही चिरकाल तक भविष्य की छाती दबाकर उसे नियंत्रित करता रहेगा, यह विधान मनुष्य जीवन में किसी तरह भी सत्य नहीं माना जा सकता! तुम्हारे रास्ते को नहीं; पर तुम्हारी सबकुछ विसर्जन करनेवाली देश-सेवा को ही मैं आज अपने माथे पर उठा लेती हूँ। अपूर्व बाबू सुख से रहें, उनके लिए अब मैं शोक नहीं करूँगी। अपने जीवन का मंत्र, आज मैंने अपनी आँखों से देख लिया है!'

डॉक्टर ने आश्चर्य के साथ मुँह उठाकर, भात के कौर के भीतर से ही, अस्फुट स्वर में पूछा, 'क्या हुआ भारती?'

बाईस

हाथ-मुँह धोकर डॉक्टर बैठ गए। उसी बर्मी लड़के ने एक बहुत मोटा चुरुट पीते हुए कमरे में प्रवेश किया और कुछ देर नाक-मुँह से धुआँ निकालकर फिर वही चुरुट डॉक्टर के हाथ में देकर चला गया। डॉक्टर हँसते हुए बोले, 'इसी तरह मुफ्त में पा लेने पर, मैं संसार में किसी भी चीज को छोड़ देना पसंद नहीं करता, भारती! अपूर्व के चाचाजी ने मुझे जब रंगून में गिरफ्तार किया, तब मेरी जेब से गाँजे की चिलम निकल पड़ी थी। वह न होती तो शायद मुझे छुटकारा भी न मिलता।' यह कहकर वे मुसकराने लगे।

भारती यह सुन चुकी थी; बोली, 'हजार बार छुटकारा न मिलने पर भी तुम गाँजा नहीं पीते, यह मैं जानती हूँ; लेकिन यह मकान किसका है?'

'मेरा।'

'और यह बर्मी स्त्री और बच्चे?'

डॉक्टर हँसकर बोले, 'ये सब मेरे एक मुसलमान मित्र की संपत्ति हैं। मेरी ही तरह वे फाँसी के आसामी हैं, फिलहाल कहीं बाहर गए हैं। परिचय न हो सकेगा।'

भारती बोली, 'परिचय के लिए व्याकुल नहीं हूँ; लेकिन जिस तरह तुमने, जिस स्वर्गपुरी में आकर आश्रय लिया है, इससे तो अच्छा था कि मुझे मेरे घर पहुँचा आते, भैया! यहाँ तो मेरा दम घुट रहा है।'

डॉक्टर बोले, 'यह स्वर्गपुरी तुमको प्रिय न होगी, यह मैं जानता था, लेकिन तुमसे कहने के लिए मेरे पास जितनी बातें हैं, वे तो किसी दूसरे स्थान पर नहीं कही जा सकतीं, भारती! आज तुमको थोड़ा सा कष्ट सहना ही पड़ेगा।'

भारती बोली, 'तुम क्या किसी दूसरे स्थान को जाओगे ?'

डॉक्टर बोल, 'हाँ, उत्तर और पूर्व के देशों में एक बार फिर घूम आना होगा। लौटने में शायद दो वर्ष लगें; लेकिन आज की रात के बाद, फिर सहज में तुमसे मिल सकूँगा, यह भरोसा नहीं।'

डॉक्टर कुछ देर मौन रहे। भारती ने समझ लिया कि इसमें कोई परिवर्तन नहीं हो सकता। इसके बाद, रात की समाप्ति के साथ ही इस दुनिया में वह बिल्कुल अकेली रह जाएगी।

डॉक्टर बोले, 'पैदल मुझे दक्षिण चीन के कैंटन के भीतर से और आगे जाना पड़ेगा और उस पथ से, काम के सिलसिले में यदि अमेरिका न जा पहुँचा तो प्रशांत महासागर के द्वीपों में भ्रमण करके, फिर इसी देश में आकर आश्रय लूँगा। उसके बाद जब तक आग न जलेगी, मैं यहीं रहूँगा भारती!' फिर जरा हँसकर बोले, 'यदि लौटकर न भी आ सका बहन, तो खबर तो तुमको मिल ही जाएगी।'

इस मनुष्य के शांत, सहज कंठ की बातें कितनी साधारण हैं; लेकिन इसका भयंकर चेहरा भारती की आँखों के सामने झलक उठा। वह कुछ देर तक स्तब्ध रहकर बोली, 'पैदल के मार्ग से चीन देश में जाना कितना भयानक काम है, यह बात मैं सुन चुकी हूँ, लेकिन तुम मन-ही-मन हँसो मत भैया, मैं तुमको भय दिखाना नहीं चाहती, लेकिन यदि निकल ही जाना चाहते हो तो फिर यहीं क्यों लौट आना चाहते हो? तुम्हारी अपनी जन्मभूमि में क्या तुम्हारे लिए कोई काम नहीं ?'

> ***भारती बोली, 'परिचय के लिए व्याकुल नहीं हूँ; लेकिन जिस तरह तुमने, जिस स्वर्गपुरी में आकर आश्रय लिया है, इससे तो अच्छा था कि मुझे मेरे घर पहुँचा आते, भैया! यहाँ तो मेरा दम घुट रहा है।'***
>
> ***डॉक्टर बोले, 'यह स्वर्गपुरी तुमको प्रिय न होगी, यह मैं जानता था, लेकिन तुमसे कहने के लिए मेरे पास जितनी बातें हैं, वे तो किसी दूसरे स्थान पर नहीं कही जा सकतीं, भारती! आज तुमको थोड़ा सा कष्ट सहना ही पड़ेगा।'***

'उसी के काम के लिए तो मैं इस देश को छोड़कर सहज में जाऊँगा। स्त्रियाँ इस देश में स्वतंत्र हैं, स्वतंत्रता का मार्ग वे समझेंगी। उन लोगों की मुझे बड़ी जरूरत है। यदि कभी इस देश में आग जलती हुई देखो, तो कहीं भी तुम रहना भारती, उस समय मेरी बात याद कर लेना कि उस आग को स्त्रियाँ ही जला रही हैं। यह बात याद रहेगी ?'

वह बोली, 'लेकिन मैं तो तुम्हारे पथ की पथिक नहीं हूँ।'

डॉक्टर बोले, 'यह मैं जानता हूँ; लेकिन तुम्हारा कुछ भी क्यों न हो, बड़े भाई की बात याद करने में तो कोई दोष नहीं है, फिर भी तो भैया की बीच-बीच में याद आ जाएगी!'

भारती बोली, 'बड़े भैया की याद आने के लिए मेरे पास बहुत सी चीजें हैं। इसी तरह शायद तुम अपने कुमार्ग में मनुष्यों को खींच लाया करते हो भैया! लेकिन मुझको तुम इस तरह खींच नहीं सकते।' यह कहकर वह सहसा उठ खड़ी हुई और समेटी हुई दरी को झाड़कर बिछा दिया। फिर बाँस के मचान पर से कंबल, तकिया आदि उतारकर, अपने हाथ से शैया-रचना करती हुई धीरे-धीरे बोली, 'अपूर्व बाबू के जहाज के चक्के आज मुझे जिस मार्ग का संधान दे गए हैं, इस जीवन में वही मेरा एकमात्र मार्ग है। फिर जिस दिन मुलाकात होगी, उस दिन तुम भी स्वीकार करोगे।'

वह बोली, 'लेकिन मैं तो तुम्हारे पथ की पथिक नहीं हूँ।' डॉक्टर बोले, 'यह मैं जानता हूँ; लेकिन तुम्हारा कुछ भी क्यों न हो, बड़े भाई की बात याद करने में तो कोई दोष नहीं है, फिर भी तो भैया की बीच-बीच में याद आ जाएगी!'

डॉक्टर व्यग्र होकर बोल उठे, 'अचानक अब तुमने यह क्या शुरू कर दिया भारती? इस फटे कंबल को क्या मैं खुद बिछा नहीं सकता था? इसकी तो कोई आवश्यकता ही नहीं थी।'

भारती बोली, 'तुमको तो जरूरत ही नहीं थी; पर मुझको तो थी। फिर स्त्रियों के जीवन में यदि इसकी भी आवश्यकता न रहे, तो किस बात की है, बता सकोगे क्या, भैया?'

डॉक्टर बोले, 'इसका उत्तर नहीं दे सकूँगा बहन, मैं हार मानता हूँ, पर तुम्हारे सिवा किसी अन्य महिला से मुझे हार नहीं माननी पड़ी।'

भारती हँसती हुई बोली, 'सुमित्रा जीजी से भी नहीं?'

'नहीं।'

बिछौना बिछ जाने पर डॉक्टर उस पर आकर बैठ गए। भारती निकट बैठकर बोली, 'जाने से पूर्व और एक बात यदि पूछूँ तो क्या छोटी बहन का अपराध क्षमा होगा?'

'क्यों नहीं?'

'सुमित्रा जीजी आपकी कौन हैं?'

डॉक्टर बहुत देर तक चुप रहकर, मुसकराते हुए बोले, 'वह मेरी क्या है, इसका उत्तर जब तक वह स्वयं न दे, तब तक जान लेने का कोई उपाय नहीं है; लेकिन यह मैं कह सकता हूँ कि जिस दिन उसको मैं पहचानता भी नहीं था, उस दिन मैंने स्वयं

उसको अपनी स्त्री कहकर परिचय दिया था। सुमित्रा नाम मैंने ही रखा है, वही शायद उसके लिए नजीर रह गई है।'

भारती गहरे कौतूहल में पड़कर, स्थिर भाव से ताकती हुई रह गई! डॉक्टर ने कहा, 'मैंने सुना है कि उसकी माँ शायद यहूदी थी; पर बाप थे बंगाली ब्राह्मण। पहले वे सर्कस-दल के साथ जावा गए थे; फिर सुरवाया रेलवे-स्टेशन में नौकरी करने लगे। जब तक वे जीवित थे, सुमित्रा मिश्नरियों के स्कूल में पढ़ती थी; उनके मर जाने के बाद, पाँच-छह वर्षों का इतिहास सुनने की तुम्हें अब कोई जरूरत नहीं है।'

भारती बोली—'नहीं भैया, तुम मुझे सब बताओ।'

डॉक्टर बोल, 'मैं भी सब नहीं जानता भारती! केवल इतना ही जानता हूँ कि माँ, लड़की, दो मामा, एक चीनी, दो मद्रासी मुसलमान मिलकर, जावा में छिपे तौर से गाँजे के आयात-निर्यात का रोजगार चला रहे थे। उस समय तक भी मैं कुछ नहीं जानता था कि ये लोग क्या करते हैं; केवल यही देखा करता था कि बिटाविया से सुरवाया तक रेल के रास्ते से सुमित्रा प्राय: आया-जाया करती है। अत्यंत सुंदरी होने के कारण, बहुतों की तरह मेरी भी उस पर नजर पड़ गई थी। यहीं तक सब बातें सीमित थीं; पर हठात् एक दिन परिचय हो गया। तेगा स्टेशन के वेटिंगरूम में, वह बंगाली लड़की है, इस बात का पता मुझे पहले-पहल नहीं चला।'

'सुमित्रा जीजी आपकी कौन हैं?' डॉक्टर बहुत देर तक चुप रहकर, मुसकराते हुए बोले, 'वह मेरी क्या है, इसका उत्तर जब तक वह स्वयं न दे, तब तक जान लेने का कोई उपाय नहीं है; लेकिन यह मैं कह सकता हूँ कि जिस दिन उसको मैं पहचानता भी नहीं था, उस दिन मैंने स्वयं उसको अपनी स्त्री कहकर परिचय दिया था। सुमित्रा नाम मैंने ही रखा है, वही शायद उसके लिए नजीर रह गई है।'

भारती ने कहा, 'सुंदरी होने के कारण, सुमित्रा जीजी को फिर आप भूल न सके, यही बात है न भैया!'

डॉक्टर बोले, 'वह जो कुछ भी हो, एक दिन जावा छोड़कर मैं और कहीं चला गया भारती, शायद उसे भूल भी गया था, पर एक वर्ष के बाद अकस्मात् बेंकुलेन शहर की जेटी पर सुमित्रा से भेंट हो गई। एक बक्स में अफीम थी, चारों ओर पुलिस खड़ी थी और उसके बीच में सुमित्रा थी। मुझको देखकर उसकी आँखों से आँसू गिरने लगे। यह संदेह अब नहीं रहा कि उसकी मुझे रक्षा करनी ही पड़ेगी। अफीम के बक्स को बिल्कुल ही अस्वीकार करके, मैंने पूर्णरूप से उसे अपनी स्त्री कहकर परिचय दे दिया। उसने यह नहीं सोचा था, इसलिए वह चौंक पड़ी। सुमात्रा की घटना होने के कारण मैंने

उसका नाम सुमित्रा रख दिया, नहीं तो उसका असली नाम था रोज दाऊद। उन दिनों बेंकुलेन के मामले-मुकदमों की सुनवाई पादांग शहर में ही होती थी। वहाँ मेरे एक परम मित्र थे, जिनका नाम था पाल क्रूगर, उनके घर सुमित्रा को ले गया। मुकदमे में मजिस्ट्रेट ने सुमित्रा को रिहा कर दिया; पर सुमित्रा ने मुझे रिहा करना नहीं चाहा।'

> ***अफीम के बक्स को बिल्कुल ही अस्वीकार करके, मैंने पूर्णरूप से उसे अपनी स्त्री कहकर परिचय दे दिया। उसने यह नहीं सोचा था, इसलिए वह चौंक पड़ी। सुमात्रा की घटना होने के कारण मैंने उसका नाम सुमित्रा रख दिया, नहीं तो उसका असली नाम था रोज दाऊद। उन दिनों बेंकुलेन के मामले-मुकदमों की सुनवाई पादांग शहर में ही होती थी। वहाँ मेरे एक परम मित्र थे, जिनका नाम था पाल क्रूगर, उनके घर सुमित्रा को ले गया। मुकदमे में मजिस्ट्रेट ने सुमित्रा को रिहा कर दिया; पर सुमित्रा ने मुझे रिहा करना नहीं चाहा।'***

भारती हँसकर बोली, 'रिहाई अब मिलेगी भी नहीं भैया!'

डॉक्टर बोले, 'क्रमशः उसके दल के लोग खबर पाकर ताक-झाँक करने लगे, मैंने देखा कि मित्र क्रूगर भी उसके सौंदर्य से चंचल हो उठे हैं, अतएव उसे उनके ही अधिकार में छोड़कर, एक दिन चुपचाप मैं खिसक गया।'

भारती बोली, 'उन लोगों के बीच अकेली छोड़कर? ओह, तुम निष्ठुर हो भैया!'

डॉक्टर बोले, 'हाँ, अपूर्व की तरह! फिर एक वर्ष का समय बीत गया। उन दिनों सोलिबस द्वीप के मैकासर शहर के एक छोटे अप्रसिद्ध होटल में मैं रह रहा था। एक दिन शाम को कमरे में प्रवेश करते ही मैंने देखा कि सुमित्रा बैठी हुई है। हिंदू स्त्रियों की तरह वह टसर की साड़ी पहने हुई थी और उसी दिन वह मुझे एक हिंदू स्त्री की तरह झुककर प्रणाम करके उठ खड़ी हुई। बोली, 'मैं सब छोड़कर चली आई हूँ, समस्त अतीत को धो-पोंछकर फेंक आई हूँ। मुझे अपने काम में भरती कर लो; मुझसे बढ़कर विश्वस्त अनुचरी तुमको दूसरी नहीं मिलेगी।'

भारती बोली, 'उसके पश्चात्?'

डॉक्टर बोले, 'बाद की घटना, केवल इतना कह सकता हूँ भारती कि सुमित्रा के विरुद्ध शिकायत करने का आज तक मुझे कोई कारण नहीं मिला। जो इक्कीस वर्षों के सभी संस्कारों को एक दिन में धो-पोंछकर, साफ करके आ सकती है, उसकी मैं श्रद्धा करता हूँ; पर है वह बड़ी निष्ठुर!'

भारती की इच्छा होने लगी कि पूछे, वे निष्ठुर हो सकती हैं, पर तुम उनको कितना

प्यार करते हो; पर लज्जावश कह न सकी। फिर भी उस आश्चर्यजनक रमणी के गुप्त हृदय के बहुत से इतिहास का आज उसे पता चल गया। उसका ममताहीन, मौन, कठोर इतिहास, किसी का भी अर्थ समझना। मानो उसके लिए बाकी नहीं रहा।

सहसा डॉक्टर के मुँह से असावधानीवश एक लंबी साँस निकल पड़ने के कारण, क्षणभर के लिए वे मानो लज्जा से व्याकुल हो उठे; लेकिन उसी एक ही क्षण के लिए। दूसरे क्षण ही उनका शांत कंठ और सहज हास्यपूर्ण मुख लौट आया। बोले, 'उसके बाद सुमित्रा को साथ लेकर मुझे कैंटन चला आना पड़ा।'

भारती हँसी छिपाकर बोली, 'न चले आते भैया! किसने तुम्हें सिर की शपथ दी थी, बताओ? हम लोगों में से तो किसी ने नहीं दी।'

डॉक्टर हास्ययुक्त चेहरे से क्षणभर चुप रहकर बोले, 'सिर की शपथ किसी ने दी नहीं, ऐसी बात नहीं है; पर मैंने सोचा था कि वह बात किसी को मालूम न हो सकेगी; पर तुममें एक दोष यह है कि अंत तक न सुनने से तुम्हारा कौतूहल मिटता ही नहीं और न कहने से तुम बहुत सी ऐसी ही बातें अनुमान करती रहोगी, इसलिए कह देना ही अच्छा है।'

भारती हँसी छिपाकर बोली, 'न चले आते भैया! किसने तुम्हें सिर की शपथ दी थी, बताओ? हम लोगों में से तो किसी ने नहीं दी।'

डॉक्टर हास्ययुक्त चेहरे से क्षणभर चुप रहकर बोले, 'सिर की शपथ किसी ने दी नहीं, ऐसी बात नहीं है; पर मैंने सोचा था कि वह बात किसी को मालूम न हो सकेगी; पर तुममें एक दोष यह है कि अंत तक न सुनने से तुम्हारा कौतूहल मिटता ही नहीं और न कहने से तुम बहुत सी ऐसी ही बातें अनुमान करती रहोगी, इसलिए कह देना ही अच्छा है।'

भारती बोली, 'मैं भी यही कह रही हूँ भैया!'

डॉक्टर बोले, 'बात यह है कि सुमित्रा ने मेरे ही होटल के दोमंजिले पर एक कमरा किराए पर ले लिया। मैंने बहुत मना किया; लेकिन किसी तरह भी उसने नहीं माना। जब मैंने कहा, ऐसी हालत में मुझे वहाँ से चला जाना होगा, तब उसकी आँखों से आँसू गिरने लगे। बोली, 'मुझे आप आश्रय दीजिए। दूसरे ही दिन मामला समझ में आ गया। वही दाउद का दल वहाँ दिखाई पड़ा। लगभग दस आदमी थे; उनमें से एक आधा अरब और आधा नीग्रो था, छोटे-मोटे हाथी की तरह, वह अनायास ही सुमित्रा को अपनी स्त्री कहकर दावा कर बैठा।'

भारती बोली, 'और तुम्हारे ही सामने! उन दोनों में शायद खूब झगड़ा हो गया?'

डॉक्टर बोले, 'हाँ।' सुमित्रा अस्वीकार करके बोली, 'सब झूठ है, एक षड्यंत्र है।'

'यानी वे लोग उसे चोरी की अफीम बेचने के काम में वापस ले जाना चाहते थे। प्रशांत महासागर के सब द्वीपों में उनके अड्डे हैं, इनका बड़ा दल है, जिसमें बदमाश लोग शामिल हैं। कोई भी ऐसा काम नहीं है, जिसे ये लोग न कर सकते हों। जान गया कि किसलिए सुमित्रा मेरे पास से नहीं जाना चाहती और उससे अधिक मेरी समझ में यह बात भी आ गई कि इस समस्या की मीमांसा सहज में नहीं हो सकती; लेकिन विलंब उन्हें सह्य नहीं था। फौरन पुलिस बुलाकर गिरफ्तार कराने का डर दिखाया, तब वे चले गए; लेकिन विधिपूर्वक धमकी देते गए कि उन लोगों के हाथ से आज तक किसी को भी रक्षा नहीं मिली है! उनकी यह बात सच थी।'

थाना-पुलिस में जाना मेरे लिए निरापद नहीं था; लेकिन वह रात निरापद ही बीत गई। वहाँ समुद्र के किनारे-किनारे चलनेवाली व्यापार-वाणिज्य की नावें मिलती हैं। अगले दिन सवेरे ही एक को ठीक कर आया; लेकिन सुमित्रा को बुखार आ गया, वह उठ न सकी। बहुत रात बीतने पर द्वार खुलने के शब्द से नींद टूट गई; खिड़की से झाँककर देखा कि होटलवाले ने द्वार खोल दिया है; और दस आदमी मकान में घुस रहे हैं।

भारती बोली, 'उसके बाद?'

डॉक्टर बोले, 'रात को सावधान रहा। वे लोग दल-बल के साथ लौटकर आक्रमण करेंगे, यह मैं जानता था।'

भारती ने पूछा, 'भाग क्यों नहीं गए? पुलिस को खबर क्यों नहीं दी? डच-सरकार के पास क्या पुलिस नहीं है?'

डॉक्टर बोले, 'थाना-पुलिस में जाना मेरे लिए निरापद नहीं था; लेकिन वह रात निरापद ही बीत गई। वहाँ समुद्र के किनारे-किनारे चलनेवाली व्यापार-वाणिज्य की नावें मिलती हैं। अगले दिन सवेरे ही एक को ठीक कर आया; लेकिन सुमित्रा को बुखार आ गया, वह उठ न सकी। बहुत रात बीतने पर द्वार खुलने के शब्द से नींद टूट गई; खिड़की से झाँककर देखा कि होटलवाले ने द्वार खोल दिया है; और दस आदमी मकान में घुस रहे हैं। उनकी इच्छा थी कि मेरे द्वार को किसी तरह बंद रखकर, बगल की सीढ़ी से ऊपर सुमित्रा के कमरे में चले जाएँगे।'

भारती साँस रोककर बोली, 'उसके पश्चात्?'

डॉक्टर बोले, 'मैंने किवाड़ खोलकर, ऊपर जाने की सीढ़ी रोक ली।'

भारती का चेहरा पीला पड़ गया; बोली, 'उसके पश्चात्?'

डॉक्टर ने कहा, 'उसके पश्चात् की घटना तो अंधकार में घटी, ठीक-ठीक उसका वर्णन मैं न कर सकूँगा; लेकिन अपनी मुझे मालूम है। एक गोली मेरे बाएँ कंधे पर लगी और दूसरी लगी ठीक घुटनों के बीच। सवेरा होते ही पुलिस आ गई, पहरा लगने लगा;

गाड़ी आई, वे लोग छह-सात आदमियों को उठा ले गए। होटलवालों ने गवाही दी कि डाकुओं ने धावा किया था। अंग्रेजी राज्य होता, तो कितनी दूर यह मामला पहुँचता और क्या होता, नहीं कहा जा सकता; लेकिन सेलिबस कानून-कायदे दूसरे ही हैं। मरे लोगों के बारे में जब पता नहीं चला तो शायद उन्हें इधर-उधर कहीं गाड़-गूड़ दिया।'

'गाड़-गूड़ दिया क्या? तुम्हारे हाथ से क्या इतने आदमी मारे गए?'

'मैं तो नाममात्र था। वे तो अपने हाथ से मारे गए समझो।'

भारती चुपचाप बैठी रही। डॉक्टर बोले, 'उसके बाद कुछ दूर तक नाव से, कुछ दूर तक घोड़ा-गाड़ी से और कुछ दूर स्टीमर से हम लोग मेनडा शहर में जा पहुँचे और वहाँ नाम-धाम बदलकर, एक चीनी जहाज पर चढ़कर किसी तरह हम दोनों कैंटन आ पहुँचे। शायद तुम्हें और सुनने की इच्छा नहीं है। तुम्हें केवल यही मालूम हो रहा होगा कि भैया के हाथों में भी मनुष्यों का खून लगा हुआ है।'

भारती ने कहा, 'मुझे मेरे डेरे पर पहुँचा दीजिएगा भैया!'

भारती चुपचाप बैठी रही। डॉक्टर बोले, 'उसके बाद कुछ दूर तक नाव से, कुछ दूर तक घोड़ा-गाड़ी से और कुछ दूर स्टीमर से हम लोग मेनडा शहर में जा पहुँचे और वहाँ नाम-धाम बदलकर, एक चीनी जहाज पर चढ़कर किसी तरह हम दोनों कैंटन आ पहुँचे। शायद तुम्हें और सुनने की इच्छा नहीं है। तुम्हें केवल यही मालूम हो रहा होगा कि भैया के हाथों में भी मनुष्यों का खून लगा हुआ है।' भारती ने कहा, 'मुझे मेरे डेरे पर पहुँचा दीजिएगा भैया!'

'इसी समय जाओगी?'

'हाँ, मुझे तुम पहँचा आओ।'

'तब चलो।' यह सुनकर उन्होंने फर्श पर से एक तख्ता हटाकर, कोई एक चीज छिपे तौर से निकालकर अपनी जेब में रख ली। भारती समझ गई कि यह पिस्तौल है। पिस्तौल उसके पास भी है और सुमित्रा के आदेशानुसार, वह भी पहले उसे छिपे तौर पर साथ लेकर रास्ते में निकला करती थी; लेकिन यह मनुष्यों को मार डालने का यंत्र है, इस बात का चैतन्य मानो आज ही उसे पहले-पहल हुआ।

नाव पर चढ़कर भारती ने धीरे-धीरे कहा, 'तुम जो भी क्यों न करो, तुम्हारे अतिरिक्त मेरे लिए पृथ्वी पर और आश्रय नहीं! जितने दिनों तक मेरा मन अच्छा नहीं हो जाता, उतने दिन तक तुम मुझे छोड़कर नहीं जा सकते भैया! बोलो, जाओगे तो नहीं?'

डॉक्टर ने हँसकर कहा, 'अच्छा, ऐसा ही होगा बहन!'

तेईस

नाव पर बैठी हुई भारती, मन में न जाने कितनी बातें सोचती रही। उसके मन पर सबसे बड़ा धक्का लगाया सुमित्रा के इतिहास ने, उसके प्रथम यौवन की दुर्भाग्यमय, अद्‌भुत कहानी ने। सुमित्रा को मित्र समझने का दुस्साहस किसी भी महिला के लिए सहज नहीं। भारती उसे प्यार नहीं कर सकी है; लेकिन सब विषयों में उसकी असाधारण श्रेष्ठता के कारण, उसने अपने हृदय की भक्ति उसके प्रति अर्पित की थी; लेकिन उस दिन, जितना ही अपराध अपूर्व का क्यों न हो, नारी होकर अनायास, सहज भाव से उसकी हत्या करने का आदेश देने से, उसकी वह भक्ति असीम भय के रूप में परिणत हो गई थी। बलि का पशु, रक्त से सने खंग के सामने जिस तरह अभिभूत हो जाता है, उसी तरह अपूर्व को भारती कितना प्यार करती है, यह बात सुमित्रा से छिपी नहीं थी। प्रेम क्या वस्तु है, यह भी उसे अविदित नहीं; फिर भी एक दूसरी स्त्री के प्राणाधिक को प्राणदंड की आज्ञा देने में, नारी होकर भी उसे जरा हिचक नहीं हुई। वेदना की आग से छाती के भीतर जब इसी प्रकार की ज्वाला भक्‌भक् जलने लगती, तब वह अपने को यह कहकर समझा लेती कि कर्तव्य के प्रति इस तरह निर्मम निष्ठा न रहने से, उस पथ के दावेदारों की सभानेत्री कौन बनाता?'

नाव के घाट पर पहुँचते ही, एक आदमी पेड़ की ओट से सामने आ खड़ा हुआ। उसे देखते ही भारती के पाँव भय से काँप गए।

डॉक्टर मृदु कंठ से बोले, 'वह तो अपना हीरासिंह है, तुमको पहुँचा देने के लिए खड़ा है। क्यों हीरासिंहजी, सब ठीक है न?'

हीरासिंह ने कहा, 'सब ठीक है।'

'क्या मैं भी चल सकता हूँ?'

हीरासिंह बोला, 'आपके जाने में क्या कोई रुकावट डाल सकता है?'

समझ में यह बात आ गई कि पुलिसवाले भारती के घर पर निगाह रख रहे हैं, डॉक्टर का जाना निरापद नहीं है।

नाव के घाट पर पहुँचते ही, एक आदमी पेड़ की ओट से सामने आ खड़ा हुआ। उसे देखते ही भारती के पाँव भय से काँप गए। डॉक्टर मृदु कंठ से बोले, 'वह तो अपना हीरासिंह है, तुमको पहुँचा देने के लिए खड़ा है। क्यों हीरासिंहजी, सब ठीक है न?' हीरासिंह ने कहा, 'सब ठीक है।' 'क्या मैं भी चल सकता हूँ?'

भारती चुपके से बोली, 'मैं नहीं जाऊँगी भैया!'

'लेकिन तुम्हें भागकर छिपने की आवश्यकता नहीं भारती!'

'आवश्यकता होने पर भाग सकूँगी; पर इनके साथ न जाऊँगी।'

डॉक्टर इस आपत्ति का कारण समझ गए। अपूर्व के मामले के विचार के दिन,

यह हीरासिंह ही उसे भुलावे में डालकर ले आया था। कुछ सोचकर बोले, 'लेकिन तुम तो जानती हो भारती कि मुहल्ला कितना खराब है। इतनी रात को अकेली जाना तुम्हारे लिए उचित नहीं। और मैं तो…।'

व्याकुल कंठ से भारती बोली, 'नहीं भैया, तुम मुझे पहुँचा दो, मैं तो अभी पागल नहीं हूँ, जो…।'

हाथ छोड़कर नाव से उतरने का कुछ भी लक्षण न देखकर, डॉक्टर ने स्नेहार्द्र ढंग से धीरे-धीरे कहा, 'तुमको वहाँ वापस ले जाने में मुझे स्वयं ही लज्जा मालूम होती है; लेकिन एक दूसरी जगह जाओगी बहन, जहाँ हमारे कविजी रहते हैं? वे नदी के ठीक उस पार ही रहते हैं।'

भारती ने पूछा, 'कवि कौन हैं भैया?'

डॉक्टर ने कहा, 'हमारे उस्तादजी, बेहला बजानेवाले…।'

भारती ने प्रसन्न होकर कहा, 'वे क्या घर पर मिलेंगे? और यदि शराब पी गए होंगे तो शायद बेहोशी में ही पड़े होंगे।'

डॉक्टर बोले, 'इसमें आश्चर्य नहीं; लेकिन मेरी आवाज सुनते ही उनका नशा उतर जाता है। पास ही नवतारा रहती है, संभव है कि तुमको कुछ खिलवा भी सकूँ।'

भारती बोली, 'इस उतरती रात्रि में मुझे खिलाने की चेष्टा मत करो, लेकिन चलो, हम लोग वहाँ पहुँच जाएँ, सवेरा होते ही लौट आएँगे।'

डॉक्टर बोले, 'इसमें आश्चर्य नहीं; लेकिन मेरी आवाज सुनते ही उनका नशा उतर जाता है। पास ही नवतारा रहती है, संभव है कि तुमको कुछ खिलवा भी सकूँ।' भारती बोली, 'इस उतरती रात्रि में मुझे खिलाने की चेष्टा मत करो, लेकिन चलो, हम लोग वहाँ पहुँच जाएँ, सवेरा होते ही लौट आएँगे।'

डॉक्टर ने फिर नाव चला दी तो हीरासिंह अंधकार में फिर लापता हो गया। भारती ने सविस्मय पूछा, 'भैया, इस आदमी पर क्या अब पुलिस संदेह नहीं करती?'

डॉक्टर बोले, 'नहीं। वह तारघर का चपरासी है, लोगों के जरूरी तार उनके घर पहुँचाया करता है, इसलिए दिन हो या रात, किसी भी समय कहीं भी उसका जाना अशोभनीय नहीं माना जाता।'

तुरंत ही ज्वार शुरू हुआ है। धीरे-धीरे, अत्यंत सावधानी से लग्गी ठेलते हुए नाव ले जाने के परिश्रम का अनुभव करके, भारती एकाएक बोल उठी, 'वहाँ जाने की हमें आवश्यकता नहीं है। चलो, तुम्हारे घर लौट चलें। ज्वार के खिंचाव में आध घंटा भी न लगेगा।'

डॉक्टर ने कहा, 'केवल उसी काम के लिए नहीं भारती! एक विशेष प्रयोजन से भी उससे मिलना चाहता हूँ।'

भारती व्यंग्य के स्वर से हँसकर बोली, 'उनसे किसी मनुष्य को किसी भी तरह का प्रयोजन हो सकता है, इस पर मुझे विश्वास नहीं होता!'

डॉक्टर कहने लगे, 'तुम उसे नहीं जानती भारती, उसकी तरह सच्चा गुणवान मनुष्य, तुमको कहीं मिल नहीं सकता। अपने टूटे बेहले को ही पूँजी बनाकर, कोई ऐसा स्थान नहीं है, जहाँ वह न पहुँचा हो। इसके सिवा, वह बड़ा विद्वान् है। कहाँ-किस पुस्तक में क्या लिखा है, बतानेवाले मेरे परिचितों में उसके सिवा दूसरा कोई भी आदमी नहीं है। उसको मैं वास्तव में प्यार करता हूँ।'

डॉक्टर कहने लगे, 'तुम उसे नहीं जानती भारती, उसकी तरह सच्चा गुणवान मनुष्य, तुमको कहीं मिल नहीं सकता। अपने टूटे बेहले को ही पूँजी बनाकर, कोई ऐसा स्थान नहीं है, जहाँ वह न पहुँचा हो। इसके सिवा, वह बड़ा विद्वान् है। कहाँ-किस पुस्तक में क्या लिखा है, बतानेवाले मेरे परिचितों में उसके सिवा दूसरा कोई भी आदमी नहीं है। उसको मैं वास्तव में प्यार करता हूँ।'

भारती मन-ही-मन अप्रतिभ होकर बोली, 'तब तुम उसकी शराब पीने की आदत छुड़ाने की कोशिश क्यों नहीं करते?'

डॉक्टर ने कहा, 'मैं किसी से कुछ छुड़वाने की कोशिश नहीं करता, भारती! वे कवि हैं, गुणवान हैं, उन लोगों की जात ही अलग होती है। उनके भले-बुरे काम हम लोगों से ठीक मेल नहीं खाते; पर इस कारण दुनिया के भले-बुरे कामों के लिए बने कानून उन्हें क्षमा नहीं करते। उनके गुणों का फल तो सभी लोग एक साथ मिलकर उपभोग करते हैं, केवल दोषों के लिए वे अकेले ही दंड भोगते हैं। इसलिए कभी-कभी, जब वह बेचारा बहुत कष्ट पाता है, तब ऐसा मनुष्य, जो मन-ही-मन उसके दुःख का सहभोगी है, वह मैं ही हूँ।'

भारती बोली, 'तुम सभी के लिए दुःख अनुभव करते हो भैया! तुम्हारा मन तो औरतों से भी कोमल है! लेकिन अपने उस गुणवान पर विश्वास कैसे करते हो? वे मतवाले होकर, सभी बात प्रकट भी तो कर दे सकते हैं।'

डॉक्टर बोले, 'मात्र इतने का ज्ञान ही तो उसमें बचा रहता है। फिर उसकी बातों पर कोई अधिक विश्वास भी नहीं करता।'

भारती ने कहा, 'उनका नाम क्या है, भैया?'

डॉक्टर ने कहा—'अतुल, सुरेन, धीरेन, जब जैसा नाम मन में आ जाए। असली नाम है, शशिपद भौमिक।'

'शायद वे नवतारा के कहने पर चलते हैं।'

डॉक्टर मुसकराकर बोले, 'मुझे भी यही जान पड़ता है।' यह कहकर उन्होंने नाव घुमा दी। पानी के तेज बहाव के कारण, छोटी नाव बहुत तेजी से चलने लगी और देखते-देखते उस पार जाकर लग गई। भारती का हाथ पकड़कर डॉक्टर नाव से उतर पड़े। आगे बढ़ने पर एक संकीर्ण पथ मिला। उसके आस-पास छोटे-बड़े, पानी से भरे गड्ढे हैं, उनके ही बीच से यह पथ अंधकार में चला गया है।

भारती ने पूछा, 'भैया, फिर वैसी ही एक भयानक जगह में ले आए! बाघ-भालुओं की तरह, ऐसी जगह को छोड़कर तुम लोग और कहीं भी रहना नहीं जानते? और किसी से भले ही न डरो; लेकिन साँपों से तो डरो!'

डॉक्टर हँसकर बोले, 'साँप तो विलायत से नहीं आए बहन! उनमें धर्म-ज्ञान है, अपराध न करनेवाले को वे नहीं काटते।'

यह सुनकर भारती को एक दिन की बात स्मरण हो आई। एक दिन उनके ऐसे ही हास्ययुक्त कंठ-स्वर से यूरोप के विरुद्ध कितनी असीम घृणा का भाव प्रकट हो गया था। उन्होंने फिर कहा, 'बाघ-भालुओं की बात कहती हो बहन! मैं प्राय: ही सोचा करता हूँ कि आदमी न रहकर यदि केवल बाघ-भालू ही यहाँ रहते होते तो संभव है, ये लोग विलायत से शिकार करने यहाँ आया करते; लेकिन दिन-रात रक्त-शोषण के लिए तो यहाँ चिपककर पड़े नहीं रहते!'

यह सुनकर भारती को एक दिन की बात स्मरण हो आई। एक दिन उनके ऐसे ही हास्ययुक्त कंठ-स्वर से यूरोप के विरुद्ध कितनी असीम घृणा का भाव प्रकट हो गया था। उन्होंने फिर कहा, 'बाघ-भालुओं की बात कहती हो बहन! मैं प्राय: ही सोचा करता हूँ कि आदमी न रहकर यदि केवल बाघ-भालू ही यहाँ रहते होते तो संभव है, ये लोग विलायत से शिकार करने यहाँ आया करते; लेकिन दिन-रात रक्त-शोषण के लिए तो यहाँ चिपककर पड़े नहीं रहते!'

भारती मौन रही। सारी जाति के विरुद्ध किसी का इतना अधिक विद्वेष, उसे अत्यंत व्यथित कर देता था। मन-ही-मन वह कहती, यह कदापि सच नहीं हो सकता। ऐसा हो ही नहीं सकता।

सहसा ठिठककर खड़े होकर डॉक्टर ने कहा, 'हमारे उस्तादजी जाग रहे हैं और होश में हैं। ऐसा बेहला तुमने कभी नहीं सुना होगा भारती!'

कुछ आगे बढ़कर भारती रुक गई। उसकी उत्सुकता मानो बढ़ती हुई चली जा रही है। उसका आदि-अंत नहीं है; इस दुनिया में उसकी तुलना नहीं हो सकती। दो मिनट के लिए मानो भारती को चेत ही नहीं रहा। डॉक्टर ने उसके हाथों को जरा दबाकर कहा, 'चलो।'

भारती बोली, 'चलो। मैंने कभी ऐसा सुना भी नहीं था।'

डॉक्टर बोले, 'मैंने भी इससे अच्छा कभी नहीं सुना; लेकिन उस पागल के हाथ में पड़कर, उस बेचारे बेहला की दुर्दशा का अंत नहीं है! मैंने ही शायद दसियों बार उसका उद्धार किया होगा। सुना है कि अपूर्व के पास पाँच रुपए में गिरवी रखा हुआ है।'

भारती बोली, 'उनके नाम मैं रुपया भेज दूँगी।'

पेड़ों की ओट में एक दुमंजिला मकान है। नीचे के तल्ले पर कीचड़, ज्वार के पानी और जंगली पौधों ने कब्जा कर रखा है। सामने एक काठ की सीढ़ी है और इसी से सर्वोच्च स्थान पर एक तोरण सा बनाकर, उसी पर बहुत बड़ी एक रंगीन चीनी लालटेन लटका दी है, जो झूलती हुई दिखाई पड़ रही है। भीतर के प्रकाश में साफ पढ़ा गया कि उसके ऊपर बड़े-बड़े काले, अंग्रेजी अक्षरों में लिखा हुआ है, 'शशितारा लॉज।'

डॉक्टर बोले, 'सुनता हूँ, दोनों का विवाह होनेवाला है। भाग्य सुप्रसन्न हो जाए तो मरने में कितनी देर लगती है बहन? सुन रहा हूँ कि पंद्रह दिन हुए वह मर गया है।'
भारती अत्यंत दुःखित होकर भी हँसकर बोली, 'शायद यह झूठी खबर है। फिर कम से कम उन लोगों को एक वर्ष तक तो रुकना ही चाहिए, नहीं तो यह काम बहुत ही अशोभनीय दिखेगा।'

भारती ने कहा, 'मकान का नाम रखा गया है शशितारा लॉज। लॉज तो समझ गई; लेकिन शशितारा का क्या मतलब है?'

डॉक्टर मुसकराकर बोले, 'शायद शशिपद का शशि और नवतारा का तारा मिलाकर शशितारा बन गया है।'

भारती बोली, 'यह अन्याय है! अन्याय को तुम प्रश्रय क्यों देते हो?'

डॉक्टर हँसकर बोले, 'तुम क्या अपने भैया को सर्वशक्तिमान समझती हो? कोई अपने लॉज का नाम शशितारा रखे, कोई अपने पैलेस का नाम अपूर्व-भारती रखे, इसको मैं रोक सकूँगा?'

भारती क्रोधित होकर बोली, 'नहीं भैया, इन सब गंदे कामों के लिए तुम उन्हें मना कर दो; वरना मैं उनके घर न जाऊँगी।'

डॉक्टर बोले, 'सुनता हूँ, दोनों का विवाह होनेवाला है। भाग्य सुप्रसन्न हो जाए तो मरने में कितनी देर लगती है बहन? सुन रहा हूँ कि पंद्रह दिन हुए वह मर गया है।'

भारती अत्यंत दुःखित होकर भी हँसकर बोली, 'शायद यह झूठी खबर है। फिर कम से कम उन लोगों को एक वर्ष तक तो रुकना ही चाहिए, नहीं तो यह काम बहुत ही अशोभनीय दिखेगा।'

डॉक्टर बोले, 'अच्छी बात है, मैं कहकर देखूँगा; लेकिन रुकने से अशोभनीय दिखाई पड़ेगा या न रुकने से, यह सोचने की बात है।'

इस संकेत से भारती लज्जित होकर चुप हो रही। सीढ़ी पर चढ़ते हुए डॉक्टर बोले, 'इस पागल के लिए ही मुझे कष्ट होता है। सुना है, उस औरत को वह बहुत प्यार करता है!' सहसा लंबी साँस लेकर बोले, 'लेकिन संसार के भले-बुरे की फरमाइश, मित्रों की अभिरुचि, ये सब अति तुच्छ बातें हैं भारती! मैं तो केवल इतनी ही कामना करता हूँ कि उसके प्रेम में यदि सत्य मौजूद हो तो वह सत्य ही उसका उद्धार करे।'

भारती ने चौंककर पूछा, 'संसार में क्या ऐसी बात होती है, भैया।'

इसी समय दोनों बंद दरवाजे के सामने आकर खड़े हो गए।

बेहला बजना बंद हो गया। थोड़ी देर बाद अंदर से किवाड़ खोलकर शशिपद बाहर आए तो डॉक्टर को सहज ही में पहचान लिया; पर भारती को पहचान लेने पर एकाएक उछलकर बोले, 'आप? भारती? आइए, आइए!' कहकर वह उन्हें अंदर ले गया। उसके आनंददीप्त मुखमंडल की कपटरहित अभ्यर्थना से, उसके अकृत्रिम उत्साहपूर्ण समादर से, भारती का समस्त क्रोध पानी हो गया। शशि ने बिस्तर के किसी एकांत स्थान से एक बड़ा लिफाफा निकालकर, भारती के हाथ में देकर कहा, 'खोलकर पढ़िए! परसों दस हजार रुपए का ड्राफ्ट आ रहा है—नॉट ए पाई लेस! मैं कहा करता था न कि मैं जुआखोर हूँ, मैं झूठा हूँ, मैं मतवाला हूँ; कैसे हो गया यह? दस हजार! नॉट ए पाई लेस!'

बेहला बजना बंद हो गया। थोड़ी देर बाद अंदर से किवाड़ खोलकर शशिपद बाहर आए तो डॉक्टर को सहज ही में पहचान लिया; पर भारती को पहचान लेने पर एकाएक उछलकर बोले, 'आप? भारती? आइए, आइए!' कहकर वह उन्हें अंदर ले गया। उसके आनंददीप्त मुखमंडल की कपटरहित अभ्यर्थना से, उसके अकृत्रिम उत्साहपूर्ण समादर से, भारती का समस्त क्रोध पानी हो गया।

इस दस हजार रुपए के ड्राफ्ट के संबंध में एक पुराना इतिहास है, जिसे बता देने की यहाँ जरूरत है। कोई इस पर बहुत विश्वास नहीं करता था, वरन् सब हँसी-मजाक ही करते रहते थे। उस्तादजी का मूलधन नहीं था। इसका ही उल्लेख करके, वह एकदम संकोचहीन होकर लोगों से रुपया उधार माँगा करता था और शीघ्र ही, एक दिन में सूद-असल पूरा चुका देने की शपथ भी ले लेता था। पाँच-सात साल पहले, उनके धनवान नाना की जब मृत्यु हो गई थी, तब उसको अपने ममेरे भाइयों के साथ, संपत्ति का एक हिस्सा मिल गया था। उसे बेचने की बात उन लोगों के साथ एक महीने पहले ठीक हो गई। कलकत्ते के एक अटॉर्नी ने लिखा था कि रुपए दो-एक दिन में मिल जाएँगे।

पत्र खत्म करने पर डॉक्टर ने पूछा, 'बीस हजार रुपए की बात चली थी न शशि?'

शशि बोले, 'दस हजार ही क्या कम हैं? मेरे ममेरे भाई हैं, संपत्ति तो अपने घर

में ही रही।' वे भारती से बोले, 'इसी तरह का एक पागल ममेरा भाई, हम लोगों का भी कोई रहता···' कहकर वे हँसने लगे।

शशि प्रसन्न नहीं हुआ; जी-जान से यही सिद्ध करने लगा कि एक संपत्ति को बेचे बिना ही इतना रुपया मिल गया, यह इसलिए कि उसके मँझले भैया के समान आदर्श पुरुष संसार में मौजूद हैं।

भारती मुसकराकर बोली, 'ठीक है अतुल बाबू, मँझले भैया को देखे बिना ही उनके देवतुल्य चरित्र को मैंने हृदयंगम कर लिया।'

पत्र खत्म करने पर डॉक्टर ने पूछा, 'बीस हजार रुपए की बात चली थी न शशि?'
शशि बोले, 'दस हजार ही क्या कम हैं? मेरे ममेरे भाई हैं, संपत्ति तो अपने घर में ही रही।' वे भारती से बोले, 'इसी तरह का एक पागल ममेरा भाई, हम लोगों का भी कोई रहता···' कहकर वे हँसने लगे।
शशि प्रसन्न नहीं हुआ; जी-जान से यही सिद्ध करने लगा कि एक संपत्ति को बेचे बिना ही इतना रुपया मिल गया, यह इसलिए कि उसके मँझले भैया के समान आदर्श पुरुष संसार में मौजूद हैं।

शशि बोले, 'लेकिन कल मुझे और दस रुपए देने होंगे। तब उस दिन के दस, कल के दस और अपूर्व बाबू के साढ़े आठ कुल मिलाकर तीस रुपए मैं परसों-तरसों चुका दूँगा। देने ही पड़ेंगे।'

भारती हँसने लगी। शशि कहने लगा, 'ड्राफ्ट आते ही बैंक में जमा कर दूँगा। मतवाला, जुआखोर, स्पेथिफ्ट, जो भी मन में आता रहा, लोग कहते रहे हैं; पर इस बार मैं दिखाऊँगा! केवल सूद से गृहस्थी का खर्च चलाऊँगा, उसमें से भी बच जाएगा। डाकघर में एकाउंट खोलना पड़ेगा, घर में रखना ठीक नहीं। पाँच-छह साल में ही एक मकान खरीद लूँगा। खरीदना तो पड़ेगा ही, गृहस्थी गरदन पर आ पड़ी है न।'

भारती के मुँह की तरफ ताकते हुए डॉक्टर ठठाकर हँसने लगे; लेकिन वह मुँह गंभीर किए दूसरी तरफ देखती रही।

शशि ने कहा, 'मैंने शराब छोड़ दी है, शायद आपने सुना है?'

डॉक्टर बोले, 'नहीं।'

'एकदम! नवतारा ने प्रतिज्ञा करा ली।'

डॉक्टर बोले, 'शशि, जान पड़ता है कि अब शीघ्र यहाँ से हिल न सकोगे।'

शशि बोला, 'हिलना असंभव है!'

डॉक्टर बोले, 'अच्छी बात है। ऐसी दशा में हम लोगों का यहाँ एक स्थायी अड्डा रहेगा।'

शशि बोले, 'यह बात कैसे हो सकती है? अब मैं आप लोगों के साथ संबंध न रख सकूँगा। लाइफ को अब रिस्क में तो नहीं डाला जा सकता।'

डॉक्टर ने भारती को लक्ष्य करके हास्यपूर्ण चेहरे से कहा, 'हम लोगों के उस्तादजी में और चाहे जो भी दोष हो; मगर आँखों का लिहाज इनमें है, यह अपवाद तो बड़ा शत्रु भी नहीं लगा सकता! सीख सको तो यह विद्या इनसे तुम सीख लो भारती!'

प्रत्युत्तर में शशि का पक्ष लेकर भारती ने अतिशय भले आदमी की तरह कहा, 'लेकिन झूठी आशा देने की अपेक्षा, स्पष्ट कह देना ही अच्छा है। यह बात मुझसे नहीं हो सकती; लेकिन अपूर्व बाबू से मैं यह विद्या सीख ले सकती तो आज मुझे छुट्टी मिल जाती भैया!'

उसके कंठ-स्वर का अंतिम भाग, मानो भारी सा हो गया। शशि ने ध्यान नहीं दिया, देने पर भी शायद तात्पर्य कुछ समझ नहीं पाता; लेकिन इसका निहित अर्थ जिसे समझना चाहिए था, उन्हें देर नहीं लगी।

दो मिनट तक सभी मौन रहे। पहले डॉक्टर ने ही बात शुरू की; कहा—'शशि, दो दिन के भीतर ही मैं जा रहा हूँ। पैदल के रास्ते, मैं पैसिफिक के सब आइलैंड एक बार फिर घूम आऊँगा। कब लौटूँगा, नहीं जानता। लौटूँगा भी या नहीं, यह कौन जानता है; पर हठात् यदि कभी लौटूँ शशि, तो तुम्हारे घर शायद मुझे स्थान न मिलेगा?'

उसके कंठ-स्वर का अंतिम भाग, मानो भारी सा हो गया। शशि ने ध्यान नहीं दिया, देने पर भी शायद तात्पर्य कुछ समझ नहीं पाता; लेकिन इसका निहित अर्थ जिसे समझना चाहिए था, उन्हें देर नहीं लगी। दो मिनट तक सभी मौन रहे। पहले डॉक्टर ने ही बात शुरू की; कहा—'शशि, दो दिन के भीतर ही मैं जा रहा हूँ। पैदल के रास्ते, मैं पैसिफिक के सब आइलैंड एक बार फिर घूम आऊँगा। कब लौटूँगा, नहीं जानता। लौटूँगा भी या नहीं, यह कौन जानता है; पर हठात् यदि कभी लौटूँ शशि, तो तुम्हारे घर शायद मुझे स्थान न मिलेगा?'

शशि क्षणभर उनके मुँह की तरफ टकटकी लगाकर देखता रहा, उसके बाद उसका चेहरा और कंठ-स्वर, आश्चर्यजनक रूप से बदल गया। गरदन हिलाकर बोला, 'मेरे घर पर आपको सदा स्थान मिलता रहेगा।'

डॉक्टर ने कहा, 'यह कैसी बात कहते हो शशि? मुझे स्थान देने की अपेक्षा बड़ी विपत्ति मनुष्य के लिए और क्या हो सकती है?'

शशि ने कहा, 'यह तो मैं जानता हूँ कि मुझे जेल की सजा मिलेगी। होने दो।' कहकर वह चुप हो रहा। पलभर बाद, भारती को लक्ष्य करके धीरे-धीरे कहने लगा, 'ऐसा मित्र और कोई नहीं है। 1911 ईसवीं में जापान के टोकियो शहर में बम गिरने के

कारण, जब कोटकू के समूचे दलबल को फाँसी की सजा मिली थी, तब डॉक्टर उनके अखबार के उप-संपादक थे। मकान के सामने के हिस्से को पुलिस ने घेर लिया था, मैं रोने लगा। इन्होंने कहा, 'डरने से काम नहीं चलेगा, शशि! हम लोगों को भाग जाना पड़ेगा।' पीछे की खिड़की से रस्सी लटकाकर इन्होंने मुझे उतार दिया और स्वयं भी उतर गए, डॉक्टर साहब, ओह! याद है आपको?' यह कहकर वह विगत स्मृति की ताड़ना से रोमांचित हो उठा।

डॉक्टर ने हँसकर कहा, 'याद तो जरूर है।'

शशि ने कहा, 'याद रहने की तो बात ही है; लेकिन आप सहायता न करते तो उस दिन हम लोगों की संसार-लीला समाप्त हो जाती! शंघाई बोट में फिर कदम रखना नहीं पड़ता। यहाँ उन नाटे लुच्चों जैसे बदमाश, भारत में कहीं भी न मिलेंगे। मैं तो सचमुच आप लोगों के बमबाज दल में शामिल नहीं था; केवल डेरे पर रहता था, बेहला सिखाया करता था; लेकिन यह बात क्या कोई सुननेवाला था? शैतानों के न जो कानून होते हैं और न अदालत! पकड़ सकते तो मुझे जरूर जिबह कर डालते। आज तो वे सब बातें कह रहा हूँ, चल-फिर रहा हूँ, यह केवल आपकी उसी कृपा से।' इतनी बातें कहकर उसने आँख से उनकी ओर संकेत किया। बोला, 'ऐसा मित्र संसार में दूसरा नहीं है, ऐसी दया भी संसार में कहीं नहीं देखी।'

भारती की आँखों में जल भर आया; बोली, 'अपनी सारी कहानी किसी दिन हम लोगों को सुना दो न भैया! भगवान् ने तुमको इतनी बुद्धि दी थी, तो क्या केवल इस अमूल्य प्राण का मूल्य समझने की बुद्धि देना ही वे भूल गए थे? जापानियों के देश में ही अब फिर जाना चाहते हो?'

भारती की आँखों में जल भर आया; बोली, 'अपनी सारी कहानी किसी दिन हम लोगों को सुना दो न भैया! भगवान् ने तुमको इतनी बुद्धि दी थी, तो क्या केवल इस अमूल्य प्राण का मूल्य समझने की बुद्धि देना ही वे भूल गए थे? जापानियों के देश में ही अब फिर जाना चाहते हो?'

शशि ने कहा, 'मैं भी ठीक यही बात कहता हूँ, भारती! कहता हूँ, इतनी बड़ी स्वार्थपरायण, लोभी, नीच जाति से कुछ आशा न करो। वे लोग किसी दिन, आपकी कोई सहायता नहीं कर सकते।'

डॉक्टर ने हँसते हुए कहा, 'कमर में रस्सी बाँधने की घटना भी शशि न भूल सका। जापानियों को, इस जीवन में वह क्षमा भी न कर सका; लेकिन इतना ही उनका सबकुछ नहीं है भारती! इतनी आश्चर्यजनक जाति भी संसार में और कोई नहीं है! केवल आज की बात नहीं है, प्रथम दृष्टि में ही जो जाति यह कानून बना सकी थी कि चंद्रमा और

सूर्य जब तक मौजूद रहें, उतने दिन ईसाईयों का प्रवेश उनके राज्य में न होने पाए और यदि प्रवेश करें तो कठोरतम दंड पाएँ, ऐसी जाति चाहे जो कुछ भी क्यों न करे, वह हमारे लिए नमस्य है।'

वक्ता के दोनों नेत्र निमिषपात्र में, प्रदीप्त अग्निशिखा की भाँति जल उठे। उस वज्रमयी भयंकर दृष्टि के सामने शशि मानो उद्भ्रांत सा हो उठा। वह भयभीत होकर बार-बार सिर हिलाता हुआ कहने लगा, 'यह तो ठीक है। यह ठीक है।'

भारती की जबान से कोई बात नहीं निकली; उसके हृदय का मध्य भाग मानो अभूतपूर्व आवेग से थर-थर काँप उठा। उसे जान पड़ा कि आज इस गंभीर अर्ध रात्रि में, आसन्न विदाई के ठीक पहले, एक क्षण के लिए इस मनुष्य का स्वरूप उसने देख लिया।

डॉक्टर ने अपनी छाती की तरफ उँगली दिखाकर कहा, 'तुम क्या कह रही थी भारती कि इसका मूल्य समझने योग्य बुद्धि भगवान् ने मुझे नहीं दी है? झूठ बात है। सुनोगी मेरा सारा इतिहास? कैंटन की एक गुप्त सभा में, सनयातसेन ने एक बार मुझसे कहा था···'

भारती की जबान से कोई बात नहीं निकली; उसके हृदय का मध्य भाग मानो अभूतपूर्व आवेग से थर-थर काँप उठा। उसे जान पड़ा कि आज इस गंभीर अर्ध रात्रि में, आसन्न विदाई के ठीक पहले, एक क्षण के लिए इस मनुष्य का स्वरूप उसने देख लिया।

डॉक्टर ने अपनी छाती की तरफ उँगली दिखाकर कहा, 'तुम क्या कह रही थी भारती कि इसका मूल्य समझने योग्य बुद्धि भगवान् ने मुझे नहीं दी है? झूठ बात है। सुनोगी मेरा सारा इतिहास? कैंटन की एक गुप्त सभा में, सनयातसेन ने एक बार मुझसे कहा था···'

भारती सहसा भयग्रस्त होकर बोल उठी, 'मालूम होता है कि कुछ लोग सीढ़ी से ऊपर चढ़ रहे हैं।'

डॉक्टर ने धीरे से पिस्तौल जेब से निकालकर कहा, 'इस अंधकार में मुझे बाँध सकनेवाला कोई भी मनुष्य पृथ्वी भर में नहीं है!'

शशि ने कहा, 'आज नवतारा वगैरह आनेवाली थीं शायद···।'

डॉक्टर हँसकर बोले, 'शायद नहीं, वे ही हैं; बहुत हलके कदम हैं; लेकिन उनके साथ वगैरह कौन लोग हैं?'

शशि ने कहा, 'आपको नहीं मालूम? हम लोगों की प्रेसीडेंट साहबा भी आ रही हैं। शायद···।'

भारती ने विस्मित होकर पूछा, 'कौन प्रेसीडेंट, सुमित्रा जीजी?'

शशि ने सिर हिलाकर कहा, 'हाँ।' यह कहकर वह तेजी से कदम बढ़ाकर द्वार

खोलने गया। भारती डॉक्टर के मुँह की ओर ताकती रही। उसके मन में यह बात आ गई कि इतनी देर में वह, मानो अपने यहाँ आने का कारण समझ चुकी है। आज की रात बेकार न जाएगी, आसन्न बाधा–विघ्नों के बीच, पथ के दावेदारों की अंतिम मीमांसा होना आज जरूरी है। हो सकता है कि अय्यर हो, तलवलकर हो; और कौन जाने, शायद निरापद समझकर ब्रजेंद्र ने भी शहर छोड़कर इस जंगल में ही आश्रय लिया हो। डॉक्टर ने अपने स्वभाव और नियम के अनुसार पिस्तौल छिपाया नहीं, बाएँ हाथ से उसी तरह पकड़े रहे। उनके शांत मुँह से अंदर की कोई भी बात जानी न जा सकी; लेकिन भारती का चेहरा एकदम पीला पड़ गया था।

चौबीस

जिन–जिन लोगों ने कमरे में प्रवेश किया, वे सभी अच्छी तरह परिचित थे। डॉक्टर ने कहा, 'आओ।' लेकिन उनके चेहरे का भाव देखते ही भारती समझ गई कि कम से कम आज वे इसके लिए तैयार नहीं थे।

सुमित्रा के आने की खबर वे जानते थे; लेकिन इस बीच सभी उनका अनुसरण करते हुए इस पार आकर एकत्र हुए हैं, इसकी जानकारी उनको नहीं थी। किसी भी तरह की कोई आकस्मिक घटना नहीं हुई है। इसलिए उनकी गैरजानकारी में, किसी तरह का एक गूढ़ परामर्श हो चुका है, इसमें संदेह नहीं है। आगंतुक दल आकर चुपचाप फर्श पर बैठ गया। किसी के आचरण से लेशमात्र चंचलता या विस्मय प्रकट नहीं हुआ। स्पष्ट रूप से यह बात समझ में आ गई कि डॉक्टर के संबंध में भले ही नहीं; लेकिन डॉक्टर के आने की बात वे लोग, जैसे भी हो, पहले ही जान गए थे। अपूर्व के मामले को लेकर दल में एक प्रकार का विच्छेद होगा, यह आशंका भारती के दिल में थी; शायद आज ही इसका कोई कठोर फैसला हो जाएगा, इसी बात का विचार करके, भारती के हृदय के अंदर मानो कँपकँपी शुरू हो गई।

सुमित्रा के आने की खबर वे जानते थे; लेकिन इस बीच सभी उनका अनुसरण करते हुए इस पार आकर एकत्र हुए हैं, इसकी जानकारी उनको नहीं थी। किसी भी तरह की कोई आकस्मिक घटना नहीं हुई है। इसलिए उनकी गैरजानकारी में, किसी तरह का एक गूढ़ परामर्श हो चुका है, इसमें संदेह नहीं है। आगंतुक दल आकर चुपचाप फर्श पर बैठ गया। किसी के आचरण से लेशमात्र चंचलता या विस्मय प्रकट नहीं हुआ।

सुमित्रा का मुँह उदास था। उसने भारती से कोई भी बात नहीं की, उसकी ओर

उसने अच्छी तरह देखा तक नहीं। ब्रजेंद्र ने अपनी गेरुआ रंग की पगड़ी उतारकर, अपनी मोटी लाठी से दबाकर पास रख दी और अपने विशाल शरीर को काठ की दीवार पर टेककर आराम से बैठ गया। उसके गोलाकार नेत्रों की हिंस्र दृष्टि कभी भारती के और कभी डॉक्टर के मुँह पर चक्कर काटने लगी। रामदास तलवलकर नीरव और स्थिर था, बैरिस्टर कृष्ण अय्यर सिगरेट जलाकर पीने लगा और सबसे दूर जाकर बैठ गई नवतारा, किसी के साथ मानो उसका तनिक भी संपर्क नहीं, आज वह भारती को पहचान भी न सकी। किसी के चेहरे पर हँसी नहीं थी, बात भी नहीं थी। ब्रजेंद्र अपने कर्कश स्वर से सबको चकित करता हुआ बोल उठा, 'आपके स्वेच्छाचार की हम लोग निंदा करते हैं, डॉक्टर! अपूर्व को यदि मैं कभी पा गया तो उसका''।'

डॉक्टर ने वाक्य पूरा करके कहा, 'उसकी जान ले लोगे।' यह कहकर उन्होंने सुमित्रा से पूछा, 'तुम सभी लोग क्या इस मनुष्य की बात का समर्थन करते हो?' सुमित्रा मुँह झुकाए रही और दूसरे किसी ने भी इस प्रश्न का उत्तर नहीं दिया। कुछ क्षणों तक चुप रहकर डॉक्टर बोले, 'मालूम होता है कि तुम लोग समर्थन करते हो! और इस बीच तुम लोगों में इस विषय पर विचार-विमर्श भी हो चुका है।'

ब्रजेंद्र बोला, 'हाँ, हो चुका है और इसका प्रतिकार होना भी हम लोग आवश्यक समझते हैं।'

डॉक्टर बोले, 'मैं भी यही समझता हूँ; लेकिन इसके पहले एक आवश्यक बात याद दिलाना चाहता हूँ, संभव है कि अत्यंत क्रोधोवेश में रहने के कारण ही तुम लोगों को यह बात याद न थी। अहमद दुर्रानी हम लोगों के समूचे उत्तर चीन का सेक्रेटरी था, वैसा निर्भीक और कार्यदक्ष आदमी, हम लोगों के दल में और कोई नहीं था। 1910 ईसवीं में, जापान द्वारा कोरिया राज्य आत्मसात् कर लिये जाने के एक महीने बाद ही वह मंचूरिया के किसी एक रेलवे-स्टेशन पर पकड़ा गया। शंघाई में उसका फाँसी दी गई। सुमित्रा, तुमने दुर्रानी को देखा था?'

सुमित्रा ने कहा, 'हाँ।'

डॉक्टर ने कहा, 'मैं तब छिता में, टूटे हुए दल के पुनर्गठन में व्यस्त था। मुझे इस

डॉक्टर ने वाक्य पूरा करके कहा, 'उसकी जान ले लोगे।' यह कहकर उन्होंने सुमित्रा से पूछा, 'तुम सभी लोग क्या इस मनुष्य की बात का समर्थन करते हो?' सुमित्रा मुँह झुकाए रही और दूसरे किसी ने भी इस प्रश्न का उत्तर नहीं दिया। कुछ क्षणों तक चुप रहकर डॉक्टर बोले, 'मालूम होता है कि तुम लोग समर्थन करते हो! और इस बीच तुम लोगों में इस विषय पर विचार-विमर्श भी हो चुका है।' ब्रजेंद्र बोला, 'हाँ, हो चुका है और इसका प्रतिकार होना भी हम लोग आवश्यक समझते हैं।'

बात की खबर तक नहीं मिली कि मेरा एक हाथ टूट गया। फिर भी उसके विरुद्ध जिस समय अदालत में विचार का तमाशा हो रहा था, उस समय उसकी रक्षा करना तनिक भी कठिन नहीं था। हम लोगों के अधिकांश आदमी, उन दिनों वहीं रह रहे थे। फिर भी इतनी बड़ी दुर्घटना कैसे घट गई, जानते हो? फैजाबाद के मथुरा दुबे ने उन दिनों, अत्यंत तुच्छ विचार-कुविचार की शिकायतें बार-बार करके दल के लोगों का मन एकदम विषैला बना दिया था। दुर्रानी की मृत्यु से सबको मानो परित्राण मिल गया। मेरे लौट आने के बाद जब कैंटन की मीटिंग में सब बातें प्रकट हुईं, तब दुर्रानी इस लोक में नहीं था। मथुरा भी टाइफाइड ज्वर से मर चुका था। प्रतिकार के लिए और कुछ भी शेष नहीं रह गया था; लेकिन भविष्य के भय से, उस रात की गुप्त सभा ने दो अत्यंत कठोर कानून पास किए थे। कृष्ण अय्यर, तुम तो वहाँ मौजूद थे, बताओ।'

ब्रजेंद्र व्यंग्य में बोला, 'आलोचना भी नहीं की जा सकती?' डॉक्टर बोले, 'नहीं, पीछे नहीं की जा सकती; लेकिन की जाती है, यह मैं जानता हूँ। इसका कारण यह है कि उस दिन कैंटन की सभा में जो लोग मौजूद थे, वे लोग दुर्रानी की मृत्यु से जितने उद्विग्न हो उठे थे, मैं उतना नहीं हुआ था। इसलिए यह काम होता भी आ रहा है और मैं भी अवहेलना ही करता आ रहा हूँ; लेकिन यह गुरुत्तर अपराध है।'

कृष्ण अय्यर का चेहरा सूख गया; वह बोला, 'आप जो इशारा कर रहे हैं; मेरी समझ में बात नहीं आ रही है डॉक्टर!'

डॉक्टर लेशमात्र भी हिचके बिना बोले, 'ब्रजेंद्र सुनो? एक कानून था कि मेरे पीछे किसी काम की आलोचना नहीं हो सकती।'

ब्रजेंद्र व्यंग्य में बोला, 'आलोचना भी नहीं की जा सकती?'

डॉक्टर बोले, 'नहीं, पीछे नहीं की जा सकती; लेकिन की जाती है, यह मैं जानता हूँ। इसका कारण यह है कि उस दिन कैंटन की सभा में जो लोग मौजूद थे, वे लोग दुर्रानी की मृत्यु से जितने उद्विग्न हो उठे थे, मैं उतना नहीं हुआ था। इसलिए यह काम होता भी आ रहा है और मैं भी अवहेलना ही करता आ रहा हूँ; लेकिन यह गुरुत्तर अपराध है।'

ब्रजेंद्र उपेक्षापूर्ण स्वर में बोला, 'उसे भी कह डालिए।'

डॉक्टर बोले, 'मेरे विरुद्ध विद्रोह पैदा करना, अत्यंत भयंकर अपराध है। दुर्रानी की मृत्यु के बाद, मुझे सावधान हो जाने की जरूरत है।'

ब्रजेंद्र कठोर हो उठा बोला, 'सावधान होने की जरूरत, दूसरे के लिए भी ठीक ऐसी ही हो सकती है। यह जरूरत केवल आपके ही लिए सर्वाधिकार रूप में नहीं।' यह कहकर उसने सबकी ओर देखा; पर सब मौन रहे, किसी ने उसका उत्तर न दिया।

डॉक्टर बड़ी देर बाद धीरे-धीरे बोले, 'इसकी सजा है—चरम दंड! सोचा था, जाने के पहले और कुछ करूँगा; लेकिन ब्रजेंद्र, तुम्हें स्वयं ही सब्र न हुआ! दूसरे के प्राण लेने को तुम सदा ही तैयार रहते हो; पर अपने ऊपर आ पड़ने पर कैसा मालूम होता है?'

ब्रजेंद्र का मुँह काला हो गया। क्षण भर अपने को सँभालकर, वह दंभ के साथ बोला, 'मैं एनार्किस्ट हूँ, मैं रेवोल्यूशनरी हूँ; प्राण मेरे लिए कुछ नहीं, ले भी सकता हूँ और दे भी सकता हूँ!'

डॉक्टर ने शांत स्वर में कहा, 'तब तो आज रात को उसे देना ही होगा, लेकिन बेल्ट निकाल लेने का समय नहीं मिलेगा, ब्रजेंद्र, मेरे नेत्र मौजूद हैं। तुमको मैं पहचानता हूँ।' यह कहकर, उन्होंने फौरन पिस्तौल समेत अपना बायाँ हाथ उठा लिया। भारती ने व्याकुल होकर, ज्योंही उनके उस हाथ को दबा रखने की चेष्टा की, त्योंही उन्होंने अपने दाएँ हाथ से उसे हटाते हुए कहा, 'छिह!'

डॉक्टर ने शांत स्वर में कहा, 'तब तो आज रात को उसे देना ही होगा, लेकिन बेल्ट निकाल लेने का समय नहीं मिलेगा, ब्रजेंद्र, मेरे नेत्र मौजूद हैं। तुमको मैं पहचानता हूँ।' यह कहकर, उन्होंने फौरन पिस्तौल समेत अपना बायाँ हाथ उठा लिया। भारती ने व्याकुल होकर, ज्योंही उनके उस हाथ को दबा रखने की चेष्टा की, त्योंही उन्होंने अपने दाएँ हाथ से उसे हटाते हुए कहा, 'छिह!'

कमरे के भीतर पल भर में, मानो एक वज्रपात हो गया!

सुमित्रा के होंठ काँपने लगे; बोली, 'अपने ही भीतर यह सब क्या हो रहा है, बताइए तो?'

तलवलकर अब तक चुप था; अब उसने धीरे-धीरे पूछा, 'आपके दल के सब नियम मुझे मालूम नहीं है। आपसे मतभेद हो जाने की सजा, क्या यहाँ मृत्यु है? अपूर्व बाबू बच गए हैं; इससे मैं मन-ही-मन प्रसन्न ही हुआ हूँ; लेकिन इसमें अन्याय कम नहीं हुआ है, यह सत्य कह देने के लिए मैं बाध्य हूँ।'

कृष्ण अय्यर ने सिर हिलाकर इसमें सम्मति दे दी। ब्रजेंद्र के कंठ-स्वर में अब उपहासपूर्ण श्रद्धा नहीं थी; उसने बहुतों की सहानुभूति ने बल पाकर कहा, 'एक आदमी का प्राण जाना अगर जरूरी है, तो फिर मेरा ही चला जाए। मैं तैयार हूँ।'

सुमित्रा ने कहा, 'ट्रेटर के बदले यदि जाने-पहचाने कामरेड के खून की ही तुम्हें जरूरत है तो मैं भी दे सकती हूँ डॉक्टर!'

डॉक्टर स्थिर होकर बैठे रहे; इस उच्छ्वास का सहसा कोई उत्तर देने की चेष्टा उन्होंने नहीं की। दो मिनट के बाद, अपने मन में ही जरा मुसकराकर वे बोले, 'ये सब बातें बहुत ही पुराने समय की हैं, उस समय तुम लोग थे ही कहाँ? इस जाने-

> ***डॉक्टर स्थिर होकर बैठे रहे; इस उच्छ्वास का सहसा कोई उत्तर देने की चेष्टा उन्होंने नहीं की। दो मिनट के बाद, अपने मन में ही जरा मुसकराकर वे बोले, 'ये सब बातें बहुत ही पुराने समय की हैं, उस समय तुम लोग थे ही कहाँ? इस जाने-पहचाने कामरेड को मैं उसी समय से जानता हूँ! जाने दो उस बात को। टोकियो के एक होटल में बैठकर सनयातसेन ने एक दिन कहा था, निराशा सहने की शक्ति, जिसमें जितनी कम हो, उसे चाहिए कि इस रास्ते से उतनी ही दूर रहकर चले, अतएव इसे मैं सह लूँगा; पर ब्रजेंद्र, तुमको मैंने झूठ-मूठ ही भय दिखाने की चेष्टा नहीं की है।***

पहचाने कामरेड को मैं उसी समय से जानता हूँ! जाने दो उस बात को। टोकियो के एक होटल में बैठकर सनयातसेन ने एक दिन कहा था, निराशा सहने की शक्ति, जिसमें जितनी कम हो, उसे चाहिए कि इस रास्ते से उतनी ही दूर रहकर चले, अतएव इसे मैं सह लूँगा; पर ब्रजेंद्र, तुमको मैंने झूठ-मूठ ही भय दिखाने की चेष्टा नहीं की है। मुझे दूसरी जगह जाना पड़ रहा है; पर डिसिप्लिन टूट जाने से तो मेरा काम ही न चलेगा! सुमित्रा को यदि तुम अपने दल में पा रहे हो, तो आई विश यू गुड लक; पर मेरा रास्ता तुम छोड़ दो। सुरवाया में एक बार एटेंप्ट कर चुके हो, फिर परसों एक बार किया; पर इसके बाद कभी नहीं···।'

सुमित्रा ने उद्वेग से चौंककर पूछा, 'इन सब बातों का अर्थ? एटेंप्ट करने का अर्थ होता है?'

डॉक्टर ने इस प्रश्न को अपने कानों तक पहुँचने भी नहीं दिया। डॉक्टर ने जेब से घड़ी निकालकर देखी; भारती का हाथ पकड़कर तनिक खींचते हुए कहा, 'चलो, तुमको डेरे पर पहुँचाकर मैं चला जाऊँ। उठो।'

भारती स्वप्नाविष्ट की भाँति बैठी हुई थी; संकेत पाते ही चुपचाप उठ खड़ी हुई। उसको अपने आगे करके डॉक्टर कमरे से बाहर चले गए। दरवाजे से सबको संबोधित करके बोले, 'गुडनाइट!'

इस विदाई-शिष्टाचार का किसी ने प्रत्युत्तर नहीं दिया, सभी अभिभूत की भाँति, स्तब्ध होकर बैठे रह गए। भारती के नीचे उतर जाने पर जब डॉक्टर ऊपर की ओर दृष्टि रखकर धीरे-धीरे उतर रहे थे, तभी अचानक किवाड़ खोलकर शशि मुँह निकालकर बोला, 'लेकिन मुझे तो आपसे बहुत ही आवश्यक काम है डॉक्टर!' यह कहकर नीचे उतरकर, उनके पास आकर खड़ा हो गया; साँस रोककर वह बोला, 'मैं तो आदमियों में ही नहीं गिना जाता डॉक्टर, किसी दिन आपके किसी काम में आने की शक्ति ही मुझमें नहीं है, लेकिन आपका ऋण मैं चिरकाल न भूलूँगा!'

डॉक्टर ने स्नेहपूर्वक उसका हाथ खींचते हुए कहा, 'कौन कहता है कि तुम मनुष्य

नहीं हो? तुम कवि हो, गुणी हो, सब मनुष्यों में बड़े हो।'

'आप जहाँ भी क्यों न रहें, मेरे पास जो कुछ है, वह सब आपका ही है, इस बात को मत भूल जाइएगा।'

भारती ने उत्सुक होकर पूछा, 'क्या बात है भैया?'

डॉक्टर ने हँसते हुए कहा, 'असमय में तो इन्हें चिंता नहीं थी; लेकिन अचानक समय अच्छा हो जाते ही इनको यह चिंता हो गई है कि पीछे कहीं ऐसा न हो कि कृतज्ञता का ऋण स्मरण ही न रहे, इसी से कहते हैं कि जो इनके पास है, सब मेरा है।'

भारती बोली, 'ऐसी ही बात है शशि बाबू?'

शशि कुछ न बोला। डॉक्टर ने कहा, 'स्मरण रहेगा शशि, स्मरण रहेगा। यह वस्तु जगत में इतनी सुलभ नहीं है कि कोई भूल जाए।'

शशि ने कहा, 'आप कब जाइएगा?'

डॉक्टर बोले, 'तुम तो मुझसे उम्र में छोटे हो, इसलिए मैं आशीर्वाद देकर जा रहा हूँ, तुम सुखी रहो।'

शशि ने कहा, 'अगले शनिवार तक क्या ठहर नहीं सकते हो?'

डॉक्टर ने स्नेहपूर्वक उसका हाथ खींचते हुए कहा, 'कौन कहता है कि तुम मनुष्य नहीं हो? तुम कवि हो, गुणी हो, सब मनुष्यों में बड़े हो।'

'आप जहाँ भी क्यों न रहें, मेरे पास जो कुछ है, वह सब आपका ही है, इस बात को मत भूल जाइएगा।'

भारती ने उत्सुक होकर पूछा, 'क्या बात है भैया?'

भारती बोली, 'शनिवार को इनका ब्याह होगा।'

डॉक्टर कुछ नहीं बोले, सामने ही कीचड़ में टेढ़ी पड़ी नाव पर यत्नपूर्वक भारती को चढ़ाकर, वे स्वयं भी उस पर चढ़ गए। शशि बोला, शनिवार तक आपको रुकना होगा। जीवन में अनेक भीख दी हैं, यह भी दीजिए। भारती, आपको भी उस दिन आना होगा।'

भारती चुप थी। डॉक्टर बोले, 'यह न आएगी शशि, यदि मैं रुका रहा तो आऊँगा और तुम लोगों को एक बार आशीर्वाद दे जाऊँगा, मैं वचन देता हूँ। यदि न आऊँ तो समझ लेना कि सव्यसाची के लिए आना असंभव था, लेकिन जहाँ भी रहूँ, प्रार्थना करूँगा कि तुम्हारे शेष दिन सुख से बीतें।' यह कहकर नाव चला दी।'

भारती बोली, 'आज अकेली रहती तो इतना रोना रोती कि नदी का जल बढ़ जाता! भैया, भविष्य में सभी को सुखी होने का अधिकार है, नहीं है तो केवल तुमको! शशि बाबू इतना अशोभनीय काम करने जा रहे हैं, उन्हें भी जी खोलकर आशीर्वाद दे आए, केवल इस दुनिया में कोई तुम्हें आशीर्वाद देनेवाला नहीं है? जो कहता कि तुम सुखी रहो। तुम गुरुजन हो, चाहे जो भी हो, लेकिन तुम्हें भी आज मैं ठीक यह कहकर

आशीर्वाद दूँगी कि तुम भी भविष्य में सुखी हो सको!'

डॉक्टर हँसकर बोले, 'छोटों का आशीर्वाद फलता नहीं। उसका फल उलटा ही होता है।'

भारती बोली, 'झूठी बात है। मैं केवल छोटी ही नहीं हूँ। एक दूसरी दृष्टि से तुमसे बड़ी हूँ। जाने के पहले तुम सुमित्रा जीजी के साथ चिरविच्छेद करके जाना चाहते हो, यह मैं न होने दूँगी! तुम कहोगे कि मैं तो सुमित्रा को प्यार नहीं करता! लेकिन तुम पुरुषों के प्यार का मूल्य ही कितना है भैया? जो आज है, वह कल नहीं रहता; अपूर्व बाबू भी तो मुझे प्यार न कर सके; पर मैं कर सकी हूँ। मेरा कर सकना ही सबकुछ है। ततैए में मधु-संचय की शक्ति नहीं तो इसके लिए किसके साथ झगड़ा करने जाऊँ? लेकिन आज मैं तुमसे यह कहे देती हूँ भैया कि इस दुनिया को नचानेवाले प्रभु कोई हों, नारी-हृदय के इतने बड़े प्रेम का मूल्य चुकाने के लिए, उन्हें अपूर्व बाबू को लाकर मेरे हाथ सौंप देना ही पड़ेगा!' कुछ उत्तर पाने की आशा में भारती क्षणभर स्तब्ध रहकर फिर बोली, 'भैया, तुम मन-ही-मन हँस रहे हो?'

भारती बोली, 'झूठी बात है। मैं केवल छोटी ही नहीं हूँ। एक दूसरी दृष्टि से तुमसे बड़ी हूँ। जाने के पहले तुम सुमित्रा जीजी के साथ चिरविच्छेद करके जाना चाहते हो, यह मैं न होने दूँगी! तुम कहोगे कि मैं तो सुमित्रा को प्यार नहीं करता! लेकिन तुम पुरुषों के प्यार का मूल्य ही कितना है भैया? जो आज है, वह कल नहीं रहता; अपूर्व बाबू भी तो मुझे प्यार न कर सके; पर मैं कर सकी हूँ। मेरा कर सकना ही सबकुछ है। ततैए में मधु-संचय की शक्ति नहीं तो इसके लिए किसके साथ झगड़ा करने जाऊँ?

'कहाँ? नहीं तो।'

'अवश्य। नहीं तो तुमने उत्तर क्यों नहीं दिया?'

डॉक्टर हँस पड़े; बोले, 'उत्तर देने के लिए कुछ भी नहीं था भारती! तुम्हारे दुनिया को नचानेवाले प्रभु को भी यदि इस जबरदस्ती को ही मानकर चलना पड़ता तो तुम्हारी सुमित्रा जीजी की क्या हालत होती, जानती हो? ब्रजेंद्र के हाथों में ही अपने को हर तरह सौंपने पर ही फिर जान बचती!'

भारती चकित नहीं हुई। आज की घटना के बाद से यही संदेह उसके मन में बढ़ता जा रहा था; उसने पूछा, 'ब्रजेंद्र क्या उनको, तुमसे भी अधिक प्यार करते हैं?'

डॉक्टर बोले, 'बताना कुछ कठिन है। यह यदि बिल्कुल शुद्ध आकर्षण ही हो तो मनुष्य-समाज में इसकी तुलना ही नहीं मिल सकती। लज्जा नहीं, शरम नहीं, संभ्रम नहीं, हिताहित-ज्ञान लुप्त, जानवर का उन्मत्त आवेग, जो आँखों से नहीं दीखता, वह

उसके मन का परिचय ही नहीं पा सकता। भारती, यदि संसार में तुम्हारे भैया के पास, ये दोनों हाथ नामक कोई वस्तु न रहती तो सुमित्रा के लिए शायद आत्महत्या के अतिरिक्त दूसरा कोई मार्ग ही न था! तुम्हारे दुनिया को नचानेवाले प्रभु भी, इतने दिन इन लोगों की इज्जत किए बिना नहीं रह सके हैं।' यह कहकर वे भारती के झुके हुए माथे पर अपने वही दोनों हाथ रखकर, धीरे-धीरे थपकियाँ देने लगे।

भारती बोली, 'भैया, इतना जानते हुए भी तुम इसी परिस्थिति में सुमित्रा को छोड़कर चले जाना चाहते हो? तुम इतने बड़े निष्ठुर हो सकते हो, यह तो मैं सोच भी नहीं सकती!

डॉक्टर बोले, 'इसी से तो आज जाने के पूर्व, मैं सब चुकाकर जाना चाहता था, पर सुमित्रा ने ही तो वह नहीं होने दिया।'

भारती ने भयभीत होकर पूछा, 'क्या नहीं होने दिया? तुम क्या सचमुच ही ब्रजेंद्र को मार डालना चाहते थे?'

डॉक्टर बोले, 'हाँ, सचमुच ही मैंने यही चाहा था! इस बीच पुलिसवाले यदि उसे जेल नहीं भेज देते तो लौट आने पर और किसी दिन, मुझे ही यह काम पूरा करना पड़ेगा।'

भारती उठ बैठी और एकदम स्तब्ध हो रही। उसके हृदय में एक कठोर आघात पहुँचा। डॉक्टर समझ गए; पर कुछ भी न कहकर, उस पार जाने के लिए तैयार होकर पास ही खड़े हुए दोनों डाँड़ अपने हाथों से खींचकर नाव खेने लगे।

बहुत देर बाद भारती ने पूछा, 'अच्छा भैया, यदि मैं तुम्हारी सुमित्रा होती तो क्या तुम इसी तरह मुझको भी छोड़कर चले जाते?'

डॉक्टर हँसने लगे; बोले, 'लेकिन तुम तो सुमित्रा नहीं हो, तुम भारती हो, इसलिए मैं तुमको छोड़कर न जाऊँगा, काम के लिए नियुक्त कर जाऊँगा।'

भारती उठ बैठी और एकदम स्तब्ध हो रही। उसके हृदय में एक कठोर आघात पहुँचा। डॉक्टर समझ गए; पर कुछ भी न कहकर, उस पार जाने के लिए तैयार होकर पास ही खड़े हुए दोनों डाँड़ अपने हाथों से खींचकर नाव खेने लगे। बहुत देर बाद भारती ने पूछा, 'अच्छा भैया, यदि मैं तुम्हारी सुमित्रा होती तो क्या तुम इसी तरह मुझको भी छोड़कर चले जाते?' डॉक्टर हँसने लगे; बोले, 'लेकिन तुम तो सुमित्रा नहीं हो, तुम भारती हो, इसलिए मैं तुमको छोड़कर न जाऊँगा, काम के लिए नियुक्त कर जाऊँगा।'

भारती ने व्यग्र होकर कहा, 'मुझे बचाओ भैया, तुम लोगों की खून-खराबी में मैं अब शामिल नहीं हूँ; तुम्हारी गुप्त समिति का काम अब मुझसे न होगा।'

डॉक्टर ने कहा, 'इसका अर्थ तो यही है कि इन लोगों की तरह तुम भी मुझे छोड़कर जाना चाहती हो।'

यह सुनकर भारती क्षोभ से व्याकुल हो उठी; बोली, 'इतनी बड़ी अन्यायपूर्ण बात तुम मुझसे कह सकते हो भैया! तुम जो इच्छा हो, वह कर सकते हो; लेकिन मैं अपनी ही रुचि से तुमको छोड़कर चली गई, यह बात याद पड़ने पर क्या एक दिन के लिए भी मैं जीवित रह सकती हूँ, ऐसा तुम्हारा खयाल है! मैं तुम्हारा ही काम करती रहूँगी, जब तक कि तुम अपनी इच्छा से मुझे छुट्टी न दोगे।' थोड़ी देर तक रुककर फिर बोली, 'लेकिन मैं जानती हूँ कि मनुष्य की हत्या करते हुए घूमते रहना ही तुम्हारा असल काम नहीं है; तुम्हारा काम है, मनुष्य को मनुष्य की तरह जीवित रखना! तुम्हारे इसी काम में मैं लगी रहूँगी और यही सोचकर ही तो मैं तुम लोगों में आई थी।'

डॉक्टर ने पूछा, 'यह मेरा कौन सा काम है?'

भारती बोली, 'हम लोगों के पथ के दावेदारों को तो गुप्त समिति के रूप में परिणत करने की आवश्यकता नहीं। कारखाने के मजदूर-मिस्त्रियों की हालत तो मैं अपनी आँखों से देख आई हूँ। उनके पास उनकी कुशिक्षा, उनकी पशु जैसी अवस्था, इनका बिंदुमात्र भी प्रतिकार, यदि मैं अपने समूचे जीवन में कर सकूँ तो इससे बढ़कर सार्थकता मेरे लिए और क्या हो सकती है? सच बताओ भैया, यह क्या तुम्हारा ही काम नहीं है?'

डॉक्टर बोले, 'यह काम तुम्हारा नहीं भारती, तुम्हारे लिए दूसरा कर्तव्य है। यह काम सुमित्रा का है, इसलिए उसी पर मैंने इस काम का सारा भार छोड़ दिया है।'

डॉक्टर ने उसी तरह शांत मृदु स्वर में आगे कहा, 'तुमसे कह देना ही अच्छा है भारती! कुछ थोड़े कुली-मजदूरों की भलाई करने के लिए ही मैंने पथ के दावेदार को कायम नहीं किया है। इसका लक्ष्य बहुत बड़ा है। उस लक्ष्य के ही लिए हो सकता है कि किसी दिन इन लोगों को भेड़-बकरियों की तरह बलि चढ़ा देना, उसमें तुम मत रहना, बहन! तुम इसे न कर सकोगी।'

भारती चौंककर बोली, यह सब तुम क्या कह रहे हो भैया, क्या मनुष्यों की बलि चढ़ाओगे?'

डॉक्टर ने कहा, मनुष्य हैं कहाँ? जानवर ही तो हैं!'

भारती बोली, 'मनुष्य के संबंध में तुम मजाक में भी ऐसी बात मुँह से मत निकालो, कहे देती हूँ। झूठ-मूठ मुझे डराने की कोशिश मत करो।'

डॉक्टर बोले, 'नहीं भारती, झूठ-मूठ नहीं, सचमुच तुमको डराने की कोशिश कर रहा हूँ, जिससे मेरे चले जाने के बाद, तुम फिर कुली-मजदूरों की भलाई के फेर में न रहो। इस तरीके से इनकी भलाई नहीं की जा सकती; इनकी भलाई की जा सकती है, केवल विप्लव के विचार से और उसी मार्ग से चलने के लिए ही पथ के दावेदार की मैंने सृष्टि की है। विप्लव शांति नहीं है। उसे सदा हिंसा के बीच से ही कदम रखकर चलना पड़ता है, यही उसका वर है, यही उसका अभिशाप है! एक बार यूरोप की तरफ ध्यान

से देखो। हंगरी में ऐसा ही हुआ है, फ्रांसिसियों के इतिहास में आज भी अक्षय विप्लव बना हुआ है। कुली-मजदूरों के खून से, उस दिन नगर के सभी राजपथ लाल हो उठे थे। जापान में तो अभी उसी दिन की बात है, उस देश में भी मजदूरों के दु:ख का इतिहास बिंदु मात्र भी इससे भिन्न नहीं है। मनुष्य के चलने का रास्ता, मनुष्य उपद्रव किए बिना कभी नहीं छोड़ता भारती!'

भारती सिहर उठी, फिर बोली, 'वह मैं नहीं जानती; लेकिन उन सब भयानक उपद्रवों को तुम इस देश में भी खींच लाओगे? कारखानों के रास्ते में मजदूरों के रक्त की नदी बहाना चाहते हो?'

डॉक्टर सहज भाव से बोले, 'अवश्य चाहता हूँ! महामानव के मुक्तिसागर में मानव की रक्तधारा तरंगित होकर दौड़ती जाएगी, यही मेरा स्वप्न है! इतने दिनों का पर्वत-सदृश बड़ा पाप घुलेगा किस चीज से? और इस धुलाई के काम में यदि तुम्हारे भैया के दो बूँद रक्त की भी जरूरत पड़ेगी तो मैं हँसकर बहाऊँगा भारती!'

डॉक्टर बोले, 'नहीं भारती, झूठ-मूठ नहीं, सचमुच तुमको डराने की कोशिश कर रहा हूँ, जिससे मेरे चले जाने के बाद, तुम फिर कुली-मजदूरों की भलाई के फेर में न रहो। इस तरीके से इनकी भलाई नहीं की जा सकती; इनकी भलाई की जा सकती है, केवल विप्लव के विचार से और उसी मार्ग से चलने के लिए ही पथ के दावेदार की मैंने सृष्टि की है। विप्लव शांति नहीं है। उसे सदा हिंसा के बीच से ही कदम रखकर चलना पड़ता है, यही उसका वर है, यही उसका अभिशाप है!

भारती बोली, 'इतना तो मैं आपको पहचानती हूँ भैया! लेकिन देश में वह अशांति फैला देने के ही लिए क्या तुम जाल बिछाकर बैठे हो? इससे बड़ा आदर्श आपके पास नहीं है?'

डॉक्टर बोले, 'आज तक तो नहीं मिला बहन! बहुत घूम चुका, पढ़ चुका और विचार कर चुका; लेकिन भारती, अशांति पैदा करने का अर्थ अकल्याण उत्पन्न करना नहीं। शांति! शांति!—सुनते-सुनते कान बहरे हो गए। इस असत्य का किन लोगों ने प्रचार किया, जानती हो? दूसरों की शांति का हरण करके, जो प्रासादों में बैठे हैं, वे ही इसके प्रर्वतक हैं। वंचित, पीड़ित नर-नारियों को लगातार यह मंत्र सुनाकर, उन लोगों को ऐसा बना दिया है कि वे अशांति के नाम से ही चौंक उठते हैं और सोचते हैं कि शायद यह पाप है, अमंगल है! बँधी हुई गाय खड़ी-खड़ी ही मर जाती है; लेकिन उस पुरानी रस्सी को तोड़कर, मालिक की शांति नष्ट नहीं करती। इसी से तो आज दरिद्रों के

चलने का रास्ता एकदम बंद हो गया है! फिर भी उन्हीं लोगों की अट्टालिकाओं और प्रासादों को तोड़ने के काम में, हम लोग भी उन्हीं लोगों के साथ स्वर मिलाकर आज अशांति कहकर रोने लगें तो रास्ता कहाँ मिलेगा? भारती यह नहीं हो सकता। यह संस्था कितनी प्राचीन, कितनी पवित्र, कितनी ही सनातन हो, मनुष्य से बड़ी नहीं है, आज उन सबको हमें तोड़ डालना होगा।'

भारती साँस रोककर बोली, 'उसके पश्चात्?'

> ***डॉक्टर बोले, 'आज तक तो नहीं मिला बहन! बहुत घूम चुका, पढ़ चुका और विचार कर चुका; लेकिन भारती, अशांति पैदा करने का अर्थ अकल्याण उत्पन्न करना नहीं। शांति! शांति!—सुनते-सुनते कान बहरे हो गए। इस असत्य का किन लोगों ने प्रचार किया, जानती हो? दूसरों की शांति का हरण करके, जो प्रासादों में बैठे हैं, वे ही इसके प्रर्वतक हैं। वंचित, पीड़ित नर-नारियों को लगातार यह मंत्र सुनाकर, उन लोगों को ऐसा बना दिया है कि वे अशांति के नाम से ही चौंक उठते हैं और सोचते हैं कि शायद यह पाप है, अमंगल है!***

डॉक्टर बोले, 'उसके पश्चात्, फिर वह श्रमिकों के दल में जाकर उन्हीं हत्यारों के द्वार पर हाथ फैलाते हैं। उन्हें उनकी दया भी मिलती है।'

भारती बोली, 'उसके पश्चात्?'

डॉक्टर बोले, 'उसके पश्चात् फिर एक दिन वे लोग दलबद्ध होकर पहले के अत्याचारों के प्रतिकार की आशा से हड़ताल कर बैठते हैं, तब फिर उसी पुरानी कहानी का पुनः अभिनय होता है।'

भारती का मन क्षणभर के लिए एकदम निराशा से भर गया; वह धीरे-धीरे बोली, 'तब ऐसी हड़ताल से क्या लाभ है भैया?'

डॉक्टर की आँखों की दृष्टि अँधेरे में चमक उठी; बोले, 'लाभ? वही तो परम लाभ है भारती! यही तो तुम्हारे विप्लव का राजपथ है! वस्त्रहीन, अन्नहीन, ज्ञानहीन दरिद्रों की पराजय ही सत्य हुई और उनके समूचे हृदय में जो विष भरकर उफना उठता है, जगत् में वह शक्ति क्या सत्य नहीं है? वही तो मेरा मूलधन है! कहीं भी, किसी देश में, केवल विप्लव के लिए ही विप्लव नहीं मचाया जा सकता भारती! उसके लिए कोई-न-कोई अवलंब अवश्य चाहिए। वही तो मेरा अवलंब है। जो मूर्ख इस बात को नहीं जानता; केवल मजदूरी की कमीबेशी के लिए हड़ताल कराना चाहता है, वह उन लोगों का भी सर्वनाश करता है और देश का भी।'

भारती बोली, 'नाव शायद पीछे चली आई भैया!'

डॉक्टर बोले, 'मेरी दृष्टि में है बहन! कहाँ जाना है, भूला नहीं हूँ।'

भारती बोली, 'किसलिए इसमें से मुझको तुम विदा कर देना चाहते हो, इतनी देर के बाद, यह बात मेरी समझ में आ गई। मैं बहुत दुर्बल हूँ। शायद उनकी तरह दुर्बल! आज भी तुम्हारा सारा भरोसा सुमित्रा जीजी पर ही है; पर यह बात मैं किसी तरह भी न मानूँगी कि इसके अतिरिक्त और कोई रास्ता नहीं, मनुष्य की सारी खोज ही खत्म हो चुकी है। एक के मंगल के लिए दूसरे का अमंगल करना ही होगा, इसे मैं किसी तरह नहीं मान सकती, तुम्हारे कहने पर भी नहीं।'

'यह मैं जानता हूँ बहन!'

भारती बोली, 'तुम्हारा काम छोड़कर, मैं क्या लेकर रहूँगी? यदि लौटकर न आए, तो मैं जिऊँगी कैसे?'

'यह भी मैं जानता हूँ।'

भारती बोली, 'जानते तो तुम सबकुछ हो, तब?'

कुछ देर सन्नाटा रहा। भारती फिर बोली, 'विप्लव क्या है, क्यों इसकी इतनी जरूरत है? तुम्हारे मुँह से जब सुनती हूँ तो मेरा अंत:करण रोने लगता है। मनुष्य के दु:ख का इतिहास, तुमने अपनी आँखों से न जाने कितना देखा है। नहीं तो इस तरह तुमको किसने पागल बनाया है? अच्छा, जाते समय क्या तुम मुझे साथ नहीं ले जा सकते भैया?'

डॉक्टर बोले, 'तुम क्या पागल हो गई हो भारती!'

'पागल? ऐसा ही होगा! मालूम होता है, मैं तुम्हारे काम में बाधक हूँ, इसीलिए देश के किसी भी अच्छे काम में नहीं आ सकती।'

भारती बोली, 'किसलिए इसमें से मुझको तुम विदा कर देना चाहते हो, इतनी देर के बाद, यह बात मेरी समझ में आ गई। मैं बहुत दुर्बल हूँ। शायद उनकी तरह दुर्बल! आज भी तुम्हारा सारा भरोसा सुमित्रा जीजी पर ही है; पर यह बात मैं किसी तरह भी न मानूँगी कि इसके अतिरिक्त और कोई रास्ता नहीं, मनुष्य की सारी खोज ही खत्म हो चुकी है। एक के मंगल के लिए दूसरे का अमंगल करना ही होगा, इसे मैं किसी तरह नहीं मान सकती, तुम्हारे कहने पर भी नहीं।'

डॉक्टर बोले, 'देश में अच्छे काम करने के लिए असंख्य मार्ग हैं, भारती—पर अवसर स्वयं ही पाना पड़ता है।'

भारती बोली, 'मैं यह नहीं कर सकती; तुम तैयार कर दे जाओ।'

डॉक्टर क्षणभर मौन रहकर बोले, उनका हँसता मुख सहसा गंभीर हो उठा, जिसे अंधकार में भारती न देख सकी, 'देश में छोटी-बड़ी ऐसी अनेक संस्थाएँ हैं, जो देश के लिए बहुत से अच्छे काम करती हैं—पीड़ितों की सेवा, रोगियों के लिए दवा जुटाना,

बाढ़-पीड़ितों को सहायता और सांत्वना देना, वे ही तुमको मार्ग दिखा देंगी भारती; पर मैं तो क्रांतिकारी हूँ। मुझमें मोह नहीं, दया नहीं, स्नेह नहीं, पाप-पुण्य मेरे लिए मिथ्या परिहास हैं। ये सब अच्छे काम, मेरे सामने लड़कों के खेल हैं। भारत की स्वाधीनता ही मेरा एकमात्र लक्ष्य, मेरा एकमात्र साधन है। मेरे लिए यही अच्छा है और यही बुरा है। इसके सिवा इस जीवन में और मेरे लिए कहीं भी कुछ नहीं है। भारती अब मुझे तुम मत खींचो।'

पच्चीस

आज शशि और नवतारा का विवाह है। शशि की सविनय प्रार्थना थी कि रात को डॉक्टर भारती को साथ लेकर आ जाएँ और उन लोगों को आशीर्वाद दे जाएँ। भारती एक काले रेपर से अपने सारे शरीर को ढककर, निःशब्द कदम बढ़ाती हुई, घाट के किनारे आकर खड़ी हो गई। डॉक्टर नाव में उसकी प्रतीक्षा कर रहे थे। भारती नाव में चढ़कर बोली, 'क्या-क्या बातें सोचती हुई मैं आ रही थी, इसका ठिकाना नहीं है! मैं जानती हूँ कि मुझसे बिना बताए तुम कदापि नहीं जाओगे; फिर भी भय दूर नहीं होता। अभी कितने दिन बीते हैं; लेकिन मालूम होने लगा था, मानो कितने ही युगों से तुमको नहीं देखा है, भैया! मैं अवश्य ही तुम्हारे साथ चीनियों के देश में चलूँगी, यह मैं बतला देती हूँ।'

डॉक्टर ने हँसते हुए कहा, 'मैं भी बतला रखता हूँ कि तुम इस तरह का कोई काम करने की चेष्टा कभी मत करना।' यह कहकर उन्होंने भाटे के स्रोत में नाव छोड़ दी; बोल, 'इतनी दूर तक आराम से चले जाएँगे; लेकिन नदी में पहुँचकर, उलटे बहाव को ठेलकर पहुँचने में आज हम लोगों को बहुत देर हो जाएगी।'

डॉक्टर ने हँसते हुए कहा, 'मैं भी बतला रखता हूँ कि तुम इस तरह का कोई काम करने की चेष्टा कभी मत करना।' यह कहकर उन्होंने भाटे के स्रोत में नाव छोड़ दी; बोल, 'इतनी दूर तक आराम से चले जाएँगे; लेकिन नदी में पहुँचकर, उलटे बहाव को ठेलकर पहुँचने में आज हम लोगों को बहुत देर हो जाएगी।'

भारती बोली, 'हो जाए, तो क्या? कौन बड़े शुभ कार्य में भाग लेने जा रहे हो कि समय बीत जाने से हानि हो जाएगी? मेरी तो जाने की इच्छा ही नहीं थी, केवल तुम जा रहे हो, इसीलिए चल रही हूँ। कैसा गंदा काम हो रहा है, बताओ तो!'

डॉक्टर ने क्षणभर मौन रहकर कहा, 'शशि का नवतारा के साथ विवाह बहुतों के संस्कार में खटक रहा है, शायद सब देश के

कानून के भी विरुद्ध है, लेकिन यह दोष तो शशि का नहीं है, कानून या उसे बनाने के लिए जो लोग उत्तरदायी हैं, उनका अपराध है। मुझे केवल इतना ही लोभ है कि शशि ने किसी अन्य स्त्री को प्यार नहीं किया।'

भारती हँसकर बोली, 'मान लेती हूँ कि शशि बाबू किसी दूसरी स्त्री को प्यार करते, मगर वह क्यों उनको प्यार करती? उसकी तरह मनुष्य को जान-बूझकर कोई औरत प्यार कर सकती है, इस बात की तो मैं कल्पना नहीं कर सकती! अच्छा, तुम्हीं बताओ, क्या कोई कर सकती है?'

डॉक्टर बोले, 'उसे प्यार करना कठिन तो है ही, इसीलिए तो उसे आशीर्वाद देने के लिए मैं रह गया। मन में विचार आया कि सच्ची शुभकामना में यदि कोई शक्ति हो तो शशि को उसका फल अवश्य मिल जाए।' उनके कंठ-स्वर में आकस्मिक गंभीरता आ जाने के कारण भारती ने बहुत देर चुप रहने के बाद पूछा, 'शशिबाबू को प्यार करते हो भैया?'

डॉक्टर बोले, 'उसे प्यार करना कठिन तो है ही, इसीलिए तो उसे आशीर्वाद देने के लिए मैं रह गया। मन में विचार आया कि सच्ची शुभकामना में यदि कोई शक्ति हो तो शशि को उसका फल अवश्य मिल जाए।' उनके कंठ-स्वर में आकस्मिक गंभीरता आ जाने के कारण भारती ने बहुत देर चुप रहने के बाद पूछा, 'शशिबाबू को प्यार करते हो भैया?'

डॉक्टर बोले, 'हाँ!'

'क्यों?'

'तुमको ही मैं क्यों इतना प्यार करता हूँ, इसका भी क्या कारण बता सकता हूँ? शायद इसी तरह हो सकता है।'

भारती ने आदर के साथ पूछा, 'अच्छा भैया, तुम्हारे लिए क्या हम दोनों एक ही समान हैं?' पर दूसरे ही क्षण वह हँसती हुई बोली, 'फिर भी इतने दिनों में, अपना मूल्य तो बहुत पा गई। चलो, मैं भी तुम्हारे साथ चलकर, अब खुश होकर, उन्हें आशीर्वाद, नहीं-नहीं, प्रणाम कर आऊँ।'

डॉक्टर भी हँस पड़े; बोले, 'चलो।'

भारती बोली, 'भैया, जैसे समुद्र की थाह नहीं है, तुम्हारी भी इसी तरह कोई थाह नहीं है! स्नेह करो, प्यार करो, कुछ भी तुम्हारे ऊपर निर्भर हो करके मजबूती से खड़ा नहीं रह सकता। सभी मानो न जाने कहाँ समा जाते हैं!'

डॉक्टर बोले, 'पहले तो समुद्र की थाह है, इस कारण इस संबंध में तुम्हारी यह उपमा गलत है।'

भारती बोली, 'इस विषय में शायद मैं तुमको सौ बार कह चुकी हूँ कि तुम्हारे अतिरिक्त, इस संसार में मेरा और कोई नहीं है, तुम्हारे चले जाने पर मैं कहाँ खड़ी

रहूँगी? पर यह बात तुम्हारे कानों तक पहुँची ही नहीं और पहुँचेगी भी किस तरह भैया, तुम्हारे पास हृदय तो है ही नहीं! मैं ठीक जानती हूँ, एक बार आँखों से ओझल होते ही तुम अवश्य मुझे भूल जाओगे।'

डॉक्टर बोले, 'नहीं! तुम्हारी याद मुझे हमेशा बनी रहेगी।'

भारती बोली, 'क्या भरोसा लेकर मैं रहूँगी भैया?'

डॉक्टर बोले, 'सौभाग्यवती स्त्रियाँ जिस भरोसे को लेकर रहती हैं। पति, बाल-बच्चे, घर-द्वार…।'

> ***डॉक्टर बोले, 'पहले तो समुद्र की थाह है, इस कारण इस संबंध में तुम्हारी यह उपमा गलत है।'***
> ***भारती बोली, 'इस विषय में शायद मैं तुमको सौ बार कह चुकी हूँ कि तुम्हारे अतिरिक्त, इस संसार में मेरा और कोई नहीं है, तुम्हारे चले जाने पर मैं कहाँ खड़ी रहूँगी? पर यह बात तुम्हारे कानों तक पहुँची ही नहीं और पहुँचेगी भी किस तरह भैया, तुम्हारे पास हृदय तो है ही नहीं! मैं ठीक जानती हूँ, एक बार आँखों से ओझल होते ही तुम अवश्य मुझे भूल जाओगे।'***

भारती क्रोध से बोली, 'मैंने अपूर्व बाबू को हृदय खोलकर प्यार किया, इस सत्य को तुमसे छिपाया नहीं, उनको पा जाती तो एक दिन सारा जीवन धन्य हो जाता, पर इसी कारण तुम मेरा अपमान क्यों करते रहते हो?'

डॉक्टर बोले, 'अपमान! यह तो मैंने नहीं किया भारती!'

आँसू भर जाने की वजह से, भारती गला भरकर बोली, 'कैसे नहीं किया? तुम जानते हो, इस काम में कितनी बाधाएँ हैं; तुम जानते हो कि वे मुझे कदापि ग्रहण नहीं कर सकते, फिर भी, तुम ये सब बातें कहते हो।'

डॉक्टर मुसकराते हुए बोले, 'यही तो स्त्रियों में दोष है। वे खुद ही एक दिन जो कह देती हैं, दूसरे दिन दूसरा कोई यदि वही बात कह दे तो वे झटपट मारने दौड़ती हैं। उस दिन सुमित्रा की बात पर तुमने कहा था कि वह किसी दिन, किसी को खींचकर पैरों के नीचे ला-गिरा देगी! और आज भी उसी बात को मैंने दुहरा ही दिया तो रुलाई के कारण तुम्हारा गला रुँध रहा है!'

भारती बोली, 'नहीं, तुम यह बातें मुझसे मत कहो।'

डॉक्टर बोले, 'अच्छा, नहीं कहूँगा; पर इस बार की यात्रा से यदि बचकर लौट आऊँ बहन, तो यह बात मेरे ही पैरों के पास गले में आँचल बाँधकर तुम्हें स्वीकार करनी पड़ेगी, भैया, मुझसे करोड़ों अपराध हुए हैं, अवश्य ही तुम हाथ देखना जानते हो; नहीं तो मेरे सौभाग्य के विषय में इतनी सच्ची बात कैसे कह डाली!'

भारती ने इसका उत्तर नहीं दिया। कुछ देर तक चुप रहकर डॉक्टर फिर कहने

लगे। इस बार न मालूम कहाँ से, उनके कंठ-स्वर में एक अद्‌भुत स्वर आ मिला; वे बोले, 'उस रात को जब तुम सुमित्रा की बात कह रही थीं भारती, तब मैं उसका उत्तर न दे सका था। इस पथ का पथिक मैं नहीं हूँ, फिर भी तुम्हारे मुँह से सुमित्रा की कहानी सुनकर मेरे रोंगटे खड़े हो गए थे। दुनिया में घूमकर मैंने बहुत सी चीजों का हाल मालूम कर लिया है; पर केवल नर-नारी के प्रेम तत्त्व का हाल मैं न जान सका। बहन, असंभव नामक शब्द, शायद इस संसार में इन्हीं लोगों के कोष में नहीं लिखा है!'

भारती बोली, 'तुम्हारी बात सच हो भैया, वह शब्द तुम लोगों के कोष से भी मिट जाए। सुमित्रा जीजी का भाग्य एक दिन प्रसन्न हो!' थोड़ी देर तक ठहरकर उसने फिर कहा, 'मैंने बहुत सोच-विचार कर लिया है; पर उसमें अब मेरा अपना आनंद नहीं है, मैं अब उसकी आशा भी नहीं करती।' यह कहकर वह क्षणभर चुप रहकर पुनः बोली, 'अपूर्व बाबू को मैं सचमुच ही प्यार करती हूँ। अच्छे हों या बुरे हों, मैं अब उनको भूल न सकूँगी; पर इसका यह मतलब नहीं है कि उनकी स्त्री होकर, उनकी घर-गृहस्थी न कर पाने से, मेरा जीवन व्यर्थ हो जाएगा। मेरे लिए यह शोक की बात नहीं है भैया! कपट नहीं, मैं तुमसे सचमुच ही कह रही हूँ कि तुम मुझे शांत मन से आशीर्वाद देकर रास्ता दिखाते जाओ, तुम्हारी तरह मैं भी दूसरों के काम में ही अपने इस जन्म को सार्थक कर डालूँगी। ले लो भैया, अपनी निराश्रित छोटी बहन को अपना साथी बना लो।'

भारती ने इसका उत्तर नहीं दिया। कुछ देर तक चुप रहकर डॉक्टर फिर कहने लगे। इस बार न मालूम कहाँ से, उनके कंठ-स्वर में एक अद्‌भुत स्वर आ मिला; वे बोले, 'उस रात को जब तुम सुमित्रा की बात कह रही थीं भारती, तब मैं उसका उत्तर न दे सका था। इस पथ का पथिक मैं नहीं हूँ, फिर भी तुम्हारे मुँह से सुमित्रा की कहानी सुनकर मेरे रोंगटे खड़े हो गए थे। दुनिया में घूमकर मैंने बहुत सी चीजों का हाल मालूम कर लिया है; पर केवल नर-नारी के प्रेम तत्त्व का हाल मैं न जान सका। बहन, असंभव नामक शब्द, शायद इस संसार में इन्हीं लोगों के कोष में नहीं लिखा है!'

डॉक्टर चुपचाप नाव चलाने लगे; इतने विनयपूर्ण अनुरोध का उत्तर उन्होंने नहीं दिया। अँधेरे में भारती उनका चेहरा न देख सकी; वह इस नीरवता से आशान्वित हो उठी। इस बार उसके कंठ-स्वर में स्नेहपूर्ण अनुनय की निविड़ वेदना, मानो भरसक ऊपर तक चली आई; बोली, 'ले चलोगे भैया अपने साथ? तुम्हारे अतिरिक्त इस अंधकार में एक बूँद भी प्रकाश मुझे कहीं नहीं दिखाई पड़ता।'

डॉक्टर बोले, 'असंभव है भारती! तुम्हारी बातों से आज मुझे जोआ की बात याद

आ रही है; तुम्हारी ही तरह उसका अमूल्य जीवन भी अकारण नष्ट हो गया है। भारत की स्वाधीनता के अतिरिक्त मेरा अपना कोई भी लक्ष्य नहीं है; पर मानव-जीवन में इससे बढ़कर और काई कामना है ही नहीं, ऐसी भूल भी मुझसे कभी नहीं हुई है। स्वाधीनता का अंत नहीं है। धर्म, शांति, काव्य, आनंद, ये सब और भी हैं। इनके चरम विकास के लिए ही तो स्वाधीनता चाहिए, नहीं तो इसका मूल्य ही कहाँ है? इसके लिए मैं तुम्हारी हत्या नहीं कर सकता, बहन! तुम्हारे अंदर जो हृदय, स्नेह, प्रेम, करुणा और माधुर्य से ऐसा परिपूर्ण हो उठा है, यह मेरे प्रयोजन को पार करके, बहुत ऊँचाई तक चला गया है, हाथ बढ़ाने पर भी मैं वहाँ तक पहुँच भी नहीं सकता।'

भारती का सर्वांग पुलकित होकर कंटकित हो उठा। सव्यसाची के गंभीर हृदय की एक अनुरूप मूर्ति, उसने मानो सहसा देख ली। भक्ति और आनंद से विगलित होकर उसने कहा, 'मैं भी तो यही सोचती रहती हूँ, भैया! तुम्हारे लिए संसार में कौन सा विषय अज्ञात है और यदि ऐसी बात है तो किसलिए तुम इस षड्यंत्र में लुप्त होकर पड़े हो? किसलिए तुम देश-विदेश में गुप्त समितियाँ कायम करते घूमते रहते हो? मानव का चरम कल्याण तो किसी दिन इसके द्वारा हो नहीं सकता।'

भारती का सर्वांग पुलकित होकर कंटकित हो उठा। सव्यसाची के गंभीर हृदय की एक अनुरूप मूर्ति, उसने मानो सहसा देख ली। भक्ति और आनंद से विगलित होकर उसने कहा, 'मैं भी तो यही सोचती रहती हूँ, भैया! तुम्हारे लिए संसार में कौन सा विषय अज्ञात है और यदि ऐसी बात है तो किसलिए तुम इस षड्यंत्र में लुप्त होकर पड़े हो? किसलिए तुम देश-विदेश में गुप्त समितियाँ कायम करते घूमते रहते हो? मानव का चरम कल्याण तो किसी दिन इसके द्वारा हो नहीं सकता।'

डॉक्टर बोले, 'ठीक यही बात है; लेकिन चरम कल्याण का भार हम लोग विधाता के ही हाथ छोड़कर, क्षुद्र मानव के लिए जो सामान्य कल्याण है, उसी को करने की चेष्टा करते हैं। अपने देश में स्वाधीन-भाव से बात करने, स्वाधीन-भाव से चलने-फिरने-घूमने के अधिकार का ही हमारा दावा है, इससे अधिक हम कुछ नहीं चाहते भारती!'

भारती बोली, 'यह तो सभी चाहते हैं, भैया! लेकिन इसके लिए नर-हत्या का षड्यंत्र क्यों? इसकी जरूरत ही क्या है?' लेकिन यह बात कहकर भारती लज्जित हो उठी।

उसी क्षण वह बोली, 'मुझे माफ करो भैया, मैंने केवल क्रोधावेश में यह झूठी बात कह डाली, मुझको छोड़कर तुम चले जाओगे, यह मैं सोच भी नहीं सकती।'

डॉक्टर बोले, 'यह मैं जानता हूँ।'

इसके बाद बहुत देर तक, फिर कोई बातचीत नहीं हुई। उस समय कुछ दिनों से स्वदेशी आंदोलन भारतव्यापी हो उठा था। देश भर के नेता लोग, देशोद्धार के उद्देश्य से, कानून बचाकर, जो सब ज्वालामुखी वक्तृताएँ देते हुए घूम रहे थे, उन्हीं का सारांश समाचार-पत्रों में कभी-कभी पढ़कर, भारती श्रद्धा और विस्मय से भर जाती थी। पिछली रात को ऐसी ही एक रोमांचकारी घटना समाचार-पत्र में पढ़ने के बाद से उत्तेजना की तप्त हवा उसके मन में आज दिनभर बहती रही थी। उसी का स्मरण करके वह बोली, 'मैं जानती हूँ कि अंग्रेजों के राज्य में तुम्हारे लिए स्थान नहीं; लेकिन सारी दुनिया ही तो उनकी नहीं है! वहाँ जाकर तो तुम लोग सरल और प्रकट रूप से ही अपने उद्देश्यों की सिद्धि के लिए चेष्टा कर सकते हो?'

यह प्रश्न करके भारती ने आगे कहा, 'अच्छा भैया, कल के बँगला अखबार में'''।'

डॉक्टर बीच में ही हँस पड़े और बोले, 'बचाओ भारती, हमसे तुलना करके, उन पूजनीयों का अपमान मत करो।'

भारती बोली, 'तुम्हीं उन पर व्यंगपूर्ण छींटाकशी कर रहे हो!'

डॉक्टर बोले, 'बिल्कुल नहीं! उन लोगों की मैं भक्ति करता हूँ, और उनके देशोद्धार के लिए किए भाषण का, हम लोगों से अधिक उपयोग भी कोई नहीं करता।'

भारती बोली, 'तुम लोगों का रास्ता भले ही एक न हो; पर उद्देश्य तो एक ही है।'

डॉक्टर बोले, 'अभी तक मैं सचमुच हँस रहा था; पर अब मैं क्रोध करूँगा, भारती! रास्ता एक नहीं है, यह जानी हुई बात है; लेकिन लक्ष्य उससे भी अधिक स्वतंत्र है, यह क्या तुम्हारी समझ में नहीं आया? संसार की बहुत सी जातियाँ स्वाधीन हैं, उससे बढ़कर दूसरा कोई गौरव मानव-जन्म के लिए नहीं है! उस स्वाधीनता का दावा करना, उसके लिए चेष्टा करना तो बहुत दूर की बात हुई, उसकी कामना करना, कल्पना करना भी अंग्रेजों के कानून में राजद्रोह माना गया है। मैं उसी अपराध का अपराधी हूँ। चिरकाल तक पराधीन रहना ही इस देश का कानून है। इसलिए ये सब प्रवीण, पूज्य व्यक्ति, कानून से बाहर, किसी दिन कुछ भी दावा नहीं करते। चीन देश के मंचू राजाओं की

यह प्रश्न करके भारती ने आगे कहा, 'अच्छा भैया, कल के बँगला अखबार में''।' डॉक्टर बीच में ही हँस पड़े और बोले, 'बचाओ भारती, हमसे तुलना करके, उन पूजनीयों का अपमान मत करो।' भारती बोली, 'तुम्हीं उन पर व्यंगपूर्ण छींटाकशी कर रहे हो!' डॉक्टर बोले, 'बिल्कुल नहीं! उन लोगों की मैं भक्ति करता हूँ, और उनके देशोद्धार के लिए किए भाषण का, हम लोगों से अधिक उपयोग भी कोई नहीं करता।'

तरह इस देश में भी यदि अंग्रेज यह कानून बना देते कि सबको अढाई हाथ लंबी चोटी रखनी पड़ेगी, तब उस चोटी के विरुद्ध भी ये लोग किसी तरह की गैरकानूनी प्रार्थना नहीं करते। ये लोग यह कहकर आंदोलन करते कि अढाई हाथ की चोटी रखने का कानून बनाकर, देश के प्रति बड़ा अन्याय किया गया है। इससे देश का सर्वनाश हो जाएगा, अतएव इसे घटाकर सवा दो हाथ कर दिया जाए।' इतना कहकर वे अपनी रसिकता से उत्फुल्ल होकर, अकस्मात् इस तरह ठठाकर हँस पड़े कि उससे नदी की अंधकारमय नीरवता भी विक्षुब्ध हो उठी।

हँसी रुकने पर भारती बोली, 'तुम जो कुछ भी क्यों न कहो; लेकिन यह बात मैं किसी तरह नहीं मान सकती कि वे भी देशवासियों के लिए नमस्य नहीं हैं। मैं सभी की बात नहीं कह रही हूँ, लेकिन सचमुच ही जो लोग राजनीतिज्ञ हैं, सचमुच ही जो लोग देश के शुभाकांक्षी हैं, उनका सारा परिश्रम ही व्यर्थ है, यह बात निस्संकोच स्वीकार कर लेना कठिन है। मत और मार्ग विभिन्न होने पर भी, किसी को उपेक्षित करना शोभा नहीं देता।'

> ***तुम जो कुछ भी क्यों न कहो; लेकिन यह बात मैं किसी तरह नहीं मान सकती कि वे भी देशवासियों के लिए नमस्य नहीं हैं। मैं सभी की बात नहीं कह रही हूँ, लेकिन सचमुच ही जो लोग राजनीतिज्ञ हैं, सचमुच ही जो लोग देश के शुभाकांक्षी हैं, उनका सारा परिश्रम ही व्यर्थ है, यह बात निस्संकोच स्वीकार कर लेना कठिन है।***

उसके कंठ-स्वर में गांभीर्य का अनुभव करके डॉक्टर चुप हो गए। सव्यसाची ने धीरे से कहा, 'भारती, तुमको व्यथा पहुँचाना मेरा अभिप्राय नहीं; तुम्हारे नमस्य लोगों का उपहास करना भी मेरा उद्‌देश्य नहीं। उनकी राजनीति-विद्या के पांडित्य पर भी मेरी भक्ति कम नहीं, लेकिन बात क्या है, तुम्हें उसकी जानकारी करा देता हूँ, बहन! जब गृहस्थ छोटी रस्सी से गाय को बाँध रखता है, तब उस छोटी रस्सी में केवल एक ही नीति रहती है, मैं केवल इतना ही जानता हूँ। बिल्कुल पहुँच के बाहर रखे गए खाद्य पदार्थ की तरफ जी-जान से मुँह बढ़ाकर, उसको चाटने या खाने की गाय को चेष्टा में अवैधता कुछ भी नहीं है, यहाँ तक कि यह बिल्कुल कानून-संगत भी है। उत्साह होने लायक हृदय हो तो दे सकती हो, राजा की तरफ से कोई मनाही नहीं है, लेकिन गाय या बैल के इस उद्यम को, जो लोग केवल बाहर से देखते हैं, उनके लिए तो अपनी हँसी रोकना भी कठिन हो जाता है।'

भारती हँस पड़ी; फिर बोली, 'भैया, तुम तो बड़े दुष्ट हो!' यह कहकर फिर तुरंत ही अपने को संयत करके कहने लगी, 'लेकिन यह बात समझ में नहीं आती कि जिसका प्राण दिन-रात पतले धागे में लटक रहा हो, वह दूसरों की बात पर हँसी-मजाक कैसे करता है?'

डॉक्टर स्वाभाविक स्वर में बोले, 'इसका कारण यह है कि इस समस्या की मीमांसा पहले ही हो चुकी है, भारती, जिस दिन से मैंने इस विप्लव के काम में भाग लिया है। अब मुझे कुछ सोचना भी नहीं है, शिकायत भी नहीं करनी है। मैं जानता हूँ कि मुझे हाथ में पाकर भी जो राजशक्ति मुझे छोड़ देती है, वह या तो असमर्थ पागल है, या फिर उसके पास फाँसी देने के लिए रस्सी भी नहीं है।'

भारती बोली, 'इसीलिए तो मैं तुम्हारे साथ रहना चाहती हूँ भैया! मेरे उपस्थित रहने पर तुम्हारा प्राण ले, ऐसी शक्ति तो संसार में कोई भी नहीं है। यह मैं किसी तरह भी नहीं होने दूँगी!' यह कहते-कहते उसका गला निमिष-मात्र में भारी हो उठा।

डॉक्टर को इसका पता चल गया। चुपचाप लंबी साँस लेकर वे बोले, 'नाव पर अब ज्वार लग रहा है भारती, अब हमें पहुँचने में देर न होगी।'

भारती बोली, 'हटाओ, जाने दो। मुझे कुछ भी अच्छा नहीं लग रहा है।' दो मिनट के बाद उसने पूछा, 'इतनी बड़ी राजशक्ति को, तुम लोग शारीरिक बल से हिलाकर गिरा सकते हो, इस बात में क्या तुम सचमुच ही विश्वास करते हो, भैया?'

डॉक्टर बोले, 'करता हूँ और पूरे हृदय से करता हूँ! इतना बड़ा विश्वास न रहता तो मेरा इतना बड़ा व्रत, बहुत दिन पहले ही भंग हो गया होता।'

डॉक्टर स्वाभाविक स्वर में बोले, 'इसका कारण यह है कि इस समस्या की मीमांसा पहले ही हो चुकी है, भारती, जिस दिन से मैंने इस विप्लव के काम में भाग लिया है। अब मुझे कुछ सोचना भी नहीं है, शिकायत भी नहीं करनी है। मैं जानता हूँ कि मुझे हाथ में पाकर भी जो राजशक्ति मुझे छोड़ देती है, वह या तो असमर्थ पागल है, या फिर उसके पास फाँसी देने के लिए रस्सी भी नहीं है।'

भारती बोली, 'इसीलिए शायद धीरे-धीरे, तुम अपने कामों में से मुझे निकालते जा रहे हो। ठीक है न, भैया?'

डॉक्टर मुसकराते हुए बोले, 'नहीं, ऐसी बात नहीं है, भारती! लेकिन विश्वास ही तो शक्ति है। विश्वास न रहने से तो संदेह के कारण तुम्हारा कर्तव्य कदम-कदम पर बोझ सा हो उठेगा। संसार में तुम्हारे लिए दूसरे काम हैं, बहन, कल्याणकारी, शांतिमय मार्ग है, जिस पर तुम अपने पूरे हृदय से विश्वास करती हो, उसी काम को तुम करो।'

असीम स्नेह के कारण ही यह मनुष्य, अपने अत्यंत विपत्तिपूर्ण विप्लव मार्ग से उसे दूर हटा देना चाहता है, इसका निस्संदेह अनुभव करके भारती की सजल आँखें आँसुओं से उमड़ उठीं। छिपे तौर से, अँधेरे में धीरे-धीरे आँसू पोंछकर वह बोली, 'भैया, मेरी बात सुनकर तुम क्रोध मत करना। इतनी बड़ी राजशक्ति, कितना सैन्यबल, कितना उपकरण,

युद्ध का कितना विचित्र-भयानक आयोजन—इनके सामने तुम्हारा क्रांतिकारी दल कितना है ? समुद्र के सामने गोबरैले से भी तो तुम लोग छोटे हो! उसके साथ तुम अपनी शक्ति की परीक्षा किस युक्ति से करना चाहते हो ? प्राण देना चाहते हो तो जाकर दे दो, पर इतना बड़ा पागलपन तो मैं इस संसार में दूसरा नहीं देख पाती! तुम कहोगे, तब क्या देश का उद्धार न होगा ? प्राण के डर से, क्या अलग हटकर खड़ा हो जाऊँ ? पर मैं यह नहीं कह रही हूँ। तुम्हारे पास रहकर, तुम्हारे चरित्र से मैं यह जान गई हूँ कि जननी-जन्मभूमि क्या चीज है ? उनके चरणों पर सर्वस्व अर्पण कर सकने से बढ़कर सार्थकता मनुष्य के लिए और नहीं हो सकती, यह बात भी यदि तुमको देखकर मैं न सीख सकी होऊँ तो मुझसे बढ़कर किसी अधम नारी का जनम ही नहीं हुआ, यह मानना पड़ेगा! पर केवल आत्महत्या करके ही, कब-कौन देश स्वतंत्र हुआ है ? तुम्हारी भारती, किसी तरह केवल जीवित रहना चाहती है, इतनी बड़ी गलत धारणा तुम मेरे संबंध में मत रखना भैया!'

तुम्हारे पास रहकर, तुम्हारे चरित्र से मैं यह जान गई हूँ कि जननी-जन्मभूमि क्या चीज है ? उनके चरणों पर सर्वस्व अर्पण कर सकने से बढ़कर सार्थकता मनुष्य के लिए और नहीं हो सकती, यह बात भी यदि तुमको देखकर मैं न सीख सकी होऊँ तो मुझसे बढ़कर किसी अधम नारी का जनम ही नहीं हुआ, यह मानना पड़ेगा! पर केवल आत्महत्या करके ही, कब-कौन देश स्वतंत्र हुआ है ? तुम्हारी भारती, किसी तरह केवल जीवित रहना चाहती है, इतनी बड़ी गलत धारणा तुम मेरे संबंध में मत रखना भैया!

डॉक्टर बोले, 'ऐसी ही बात है।'

'ऐसी ही बात क्या ?'

'तुम्हारे संबंध में गलती तो हुई ही है।' यह कहकर डॉक्टर कुछ देर तक मौन रहकर बोले, 'भारती, विप्लव का अर्थ मारकाट और खून-खराबा ही नहीं है। विप्लव का अर्थ है—अत्यंत शीघ्र, आमूल परिवर्तन। सैन्यबल, विराट युद्धोपकरण, यह सब मैं जानता हूँ; पर शक्ति-परीक्षा तो हम लोगों का लक्ष्य नहीं है। आज जो लोग हमारे शत्रु हैं, कल वे ही लोग मित्र भी हो सकते हैं। नीलकांत शक्ति-परीक्षा करने के लिए नहीं गया था, मित्र बनाने के लिए उसने प्राण दे दिए। हाय रे नीलकांत! आज कौन उसका नाम भी जानता है ?'

अंधकार में भी भारती स्पष्ट समझ गई कि देश के बाहर, देश के काम में, जिस लड़के ने लोगों की दृष्टि से बचकर चुपचाप प्राण दे दिया है, उसका स्मरण करके इस निर्विकार, परम संयत मनुष्य का गंभीर हृदय, क्षण भर के लिए आलोकित हो उठा है। अकस्मात् वे सीधे होकर बैठ गए; बोले, 'क्या कह रही थी भारती, गोबरैला ? ऐसा ही हो शायद; पर जो आग की चिनगारी गाँव-नगर जलाकर भस्म कर देती है, वह आकार

में कितनी बड़ी होती है? जानती हो, शहर जब जलता है, तब वह अपना ईंधन आने ही एकत्र करके भस्म होता रहता है। उसके राख होने की सामग्री, उसी के अंदर संचित रहती है। विश्व-विधान के इस नियम का कोई भी राजशक्ति, किसी भी दिन व्यतिक्रम नहीं कर सकती।'

भारती बोली, 'भैया, तुम्हारी बात सुनने से शरीर काँपने लगता है। जिस राजशक्ति को तुम जला देना चाहते हो, उसका ईंधन भी तो हमारे ही देश के लोग हैं! इतने बड़े लंका-कांड की कल्पना करते हुए, क्या तुम्हारे मन में करुणा नहीं जागती?'

डॉक्टर ने स्पष्टता से कहा, 'नहीं! प्रायश्चित्त शब्द, क्या केवल मुँह से कहने के लिए ही है? हमारे पूर्वज-पितामहों के युगों से संचित किए गए पापों का अपरिमेय स्तूप कैसे खत्म होगा, बता सकती हो? करुणा की अपेक्षा न्यायधर्म बहुत बड़ी चीज है भारती!'

भारती बोली, 'यह तुम्हारी पुरानी बात है भैया! भारत की स्वतंत्रता के संबंध में, रक्तपात के अतिरिक्त और कुछ मानो तुम्हारे मन में आ ही नहीं सकता। रक्तपात का उत्तर क्या रक्तपात ही हो सकता है? और उसके उत्तर में भी तो इस रक्तपात के सिवा और कुछ भी नहीं मिलता। यह प्रश्नोत्तर तो आदिम काल से ही होता चला आ रहा है। तब क्या मानव-सभ्यता, इससे बड़ा उत्तर किसी दिन न दे सकेगी? देश चला गया; पर उससे भी बड़ा जो मनुष्य है, वह तो आज मौजूद है! मनुष्य मनुष्य के पास आपस में लड़ाई-झगड़ा न करके क्या किसी तरह रह नहीं सकते?'

यह तुम्हारी पुरानी बात है भैया! भारत की स्वतंत्रता के संबंध में, रक्तपात के अतिरिक्त और कुछ मानो तुम्हारे मन में आ ही नहीं सकता। रक्तपात का उत्तर क्या रक्तपात ही हो सकता है? और उसके उत्तर में भी तो इस रक्तपात के सिवा और कुछ भी नहीं मिलता। यह प्रश्नोत्तर तो आदिम काल से ही होता चला आ रहा है।

डॉक्टर बोले, 'एक अंग्रेज कवि ने कहा है कि पश्चिम और पूर्व, किसी दिन भी मिल नहीं सकते।'

भारती बोली, 'मूर्ख है वह कवि। कहने दो उसे। तुम ज्ञानी हो; तुमसे मैंने अनेक बार पूछा है, आज भी मैं पूछ रही हूँ—होने दो उन्हें पश्चिम का, होने दो उन्हें यूरोप का मनुष्य; पर वे भी तो मनुष्य ही हैं? मनुष्य के साथ मनुष्य, क्या किसी तरह भी मित्रता नहीं कर सकता? भैया, मैं क्रिस्तान हूँ, अंग्रेजों की मैं ऋणी हूँ। उनके अनेक सद्‌गुण मैंने देखे हैं, उन लोगों को इतना बुरा सोचने से मेरी छाती में शूल सा बिंध जाता है। लेकिन मुझे गलत मत समझना भैया, मैं बंगाली लड़की हूँ, तुम्हारी बहन हूँ! बंगाल की मिट्टी और बंगाल के मनुष्यों को मैं अपने प्राणों से अधिक प्यार करती हूँ। कौन जानता

है, जिस जीवन को तुमने चुन लिया है, उसे देखते हुए शायद आज ही हम लोगों की अंतिम मुलाकात हो! आज तुम शांत मन से यह उत्तर देते जाओ, जिससे इसी तरफ दृष्टि रखकर, सारा जीवन फिर नजर उठाकर सीधी चल सकूँ।' कहते-कहते अपनी बातों के अंतिम हिस्से में उसका कंठ-स्वर रुलाई के भार से एकदम ही टूट गया।

डॉक्टर चुपचाप नाव खेते रहे। विलंब देखकर भारती के मन में यह खयाल आया कि शायद वे इसका उत्तर देना नहीं चाहते। उसने हाथ से बढ़ाकर, नदी के पानी से आँख-मुँह धो डाला; अपने आँचल से बार-बार अच्छी तरह पोंछकर, फिर न मालूम वह क्या प्रश्न करने जा रही थीं; तभी डॉक्टर बोल उठे, 'एक तरह के ऐसे साँप होते हैं भारती, जो साँप खाकर ही जीते हैं! तुमने देखा है?'

भारती ने कहा, 'नहीं, देखा नहीं, सुना है।'

डॉक्टर बोले, 'पशुशाला में हैं। इस बार कलकत्ते जाकर अपूर्व को हुक्म देना, वह दिखा देगा।'

'मजाक मत करो भैया, अच्छा नहीं होगा।'

'अच्छा नहीं होगा, मैं भी यही कह रहा हूँ। उनका पास-पास रहना ठीक नहीं होता, लेकिन विश्वास न हो तो चिड़ियाघर के अध्यक्ष से पूछ लेना।'

भारती चुप ही रही।

डॉक्टर बोले, 'तुम उन लोगों की समधर्मावलंबिनी हो, उनके प्रति ऋणी हो, उनके अनेक सद्गुण तुमने अपनी आँखों से देखे हैं, मगर देखा है उनकी विश्वग्रासी विराट् भूल का परिणाम? वे लोग इस देश के मालिक हैं। मालिकाने की तारीख याद है न? आज ब्रिटिश संपत्ति की तुलना नहीं हो सकती! कितने जहाज, कितने कल-कारखाने, कितनी हजारों-लाखों इमारतें। मनुष्यों को मारने के उपकरणों और आयोजनों का अंत नहीं है! अपने समस्त अभावों और सब तरह की आवश्यकताओं को मिटाकर भी, अंग्रेजों ने 1910 ई. से लेकर सत्तर वर्षों तक, केवल बाहरी देशों को ऋण दिया था—तीन हजार करोड़ रुपए! जानती हो, इस विराट् ऐश्वर्य का उद्गम कहाँ है? अपने को तुम बंग देश की लड़की बता रही थी न? बंगाल की मिट्टी, बंगाल की जलवायु, बंगाल के मनुष्य, तुम्हारे लिए प्राण से भी अधिक प्यारे हैं

तुम उन लोगों की समधर्मावलंबिनी हो, उनके प्रति ऋणी हो, उनके अनेक सद्गुण तुमने अपनी आँखों से देखे हैं, मगर देखा है उनकी विश्वग्रासी विराट् भूल का परिणाम? वे लोग इस देश के मालिक हैं। मालिकाने की तारीख याद है न? आज ब्रिटिश संपत्ति की तुलना नहीं हो सकती! कितने जहाज, कितने कल-कारखाने, कितनी हजारों-लाखों इमारतें। मनुष्यों को मारने के उपकरणों और आयोजनों का अंत नहीं है!

न ? इस बंगाल के दस लाख नर-नारी, प्रतिवर्ष मलेरिया से मर जाते हैं। एक-एक जंगी जहाज का दाम कितना होता है, जानती हो ? उनमें से केवल एक के ही खर्च से कम से कम दस लाख माताओं के आँसू सदा के लिए पोंछे जा सकते हैं, कभी इस बात पर भी तुमने विचार किया ? शिल्प गया, वाणिज्य गया, धर्म गया, ज्ञान गया, नदियों की छाती सूखकर मरुभूमि बनती जा रही है, किसान भर-पेट अन्न खाने को नहीं पाता, शिल्पकार विदेशियों के द्वार पर मजदूरी करता है, देश में जल नहीं, अन्न नहीं, गृहस्थ की सर्वोत्तम संपदा गोधन भी नहीं! दूध के अभाव में उनके बच्चों को मरते देखा है भारती ?'

भारती ने चिल्लाकर उन्हें रोकना चाहा; लेकिन उसके गले से केवल एक अस्फुट शब्द मानो बाहर निकला।

सव्यसाची का वह धीर, संयत कंठ-स्वर, पहले ही किसी समय अंतर्हित हो चुका था। बोला, 'तुम क्रिस्तान हो, तुम्हें याद है, एक दिन कौतूहलवश तुमने यूरोप की क्रिस्तानी सभ्यता का स्वरूप जानना चाहा था। उस दिन व्यथा पहुँचाने के डर से मैंने नहीं बताया; लेकिन आज उसका उत्तर दूँगा। तुम लोगों की पुस्तक में क्या है, मैं नहीं जानता; सुना है, अच्छी बातें बहुत हैं; पर बहुत दिनों तक एक साथ रहने से, उनका सच्चा स्वरूप मुझसे छिपा नहीं है। लज्जाहीन नग्न स्वार्थ और पशुशक्ति का एकांत प्राधान्य ही उसका मूलमंत्र है। सभ्यता के नाम से दुर्बलों और असमर्थों के विरुद्ध मनुष्य की बुद्धि ने इसके पहले इतने बड़े घातक मूसल का आविष्कार नहीं किया था। पृथ्वी के नक्शे की तरफ आँखें उठकार देखो, यूरोप की विश्वग्रासी भूख से कोई भी दुर्बल जाति आज अपनी रक्षा नहीं कर पाती। देश की मिट्टी, देश की ही संपदा से, देश की संतान किस अपराध से वंचित हुई, तुम जानती हो, भारती! एकमात्र शक्तिहीनता के अपराध से! फिर भी न्याय-धर्म ही सबसे बड़ा धर्म है और विजित जाति के अशेष कल्याण के लिए ही यह अधीनता की जंजीर उसके पैरों को पहनाकर, उस पंगु का सब तरह का उत्तरदायित्व ढोते रहना ही यूरोपीय सभ्यता का परम कर्तव्य है, इस परम असत्य का लेखों, वक्तृताओं, मिशनरियों के धर्म-प्रचार में, लड़कों की पाठ्य-पुस्तकों के जरिए प्रचार करना ही तुम लोगों की अपनी सभ्यता की राजनीति है।'

सव्यसाची का वह धीर, संयत कंठ-स्वर, पहले ही किसी समय अंतर्हित हो चुका था। बोला, 'तुम क्रिस्तान हो, तुम्हें याद है, एक दिन कौतूहलवश तुमने यूरोप की क्रिस्तानी सभ्यता का स्वरूप जानना चाहा था। उस दिन व्यथा पहुँचाने के डर से मैंने नहीं बताया; लेकिन आज उसका उत्तर दूँगा। तुम लोगों की पुस्तक में क्या है, मैं नहीं जानता; सुना है, अच्छी बातें बहुत हैं; पर बहुत दिनों तक एक साथ रहने से, उनका सच्चा स्वरूप मुझसे छिपा नहीं है।

भारती मिश्नरियों के हाथ से नारी बनी है, अनेक महान् चरित्र उसने वास्तव में अपनी आँखों से देखे हैं। विशेषतः अपने धर्म-विश्वास पर इस प्रकार से अकारण आक्रमण से वह व्यथित होकर बोली, 'भैया, जिस धर्म का प्रचार करने के लिए, जो लोग इस देश में आए हैं, उन लोगों के संबंध में मैं तुमसे बहुत अधिक जानती हूँ। उन लोगों के प्रति, आज तुम निरपेक्ष भाव से विचार करने में समर्थ नहीं हो रहे हो। यूरोपीय-सभ्यता ने क्या तुम लोगों की कोई भलाई नहीं की? सती-दाह की प्रथा, गंगासागर में संतान-विसर्जन···।'

भारती मिश्नरियों के हाथ से नारी बनी है, अनेक महान् चरित्र उसने वास्तव में अपनी आँखों से देखे हैं। विशेषतः अपने धर्म-विश्वास पर इस प्रकार से अकारण आक्रमण से वह व्यथित होकर बोली, 'भैया, जिस धर्म का प्रचार करने के लिए, जो लोग इस देश में आए हैं, उन लोगों के संबंध में मैं तुमसे बहुत अधिक जानती हूँ। उन लोगों के प्रति, आज तुम निरपेक्ष भाव से विचार करने में समर्थ नहीं हो रहे हो। यूरोपीय-सभ्यता ने क्या तुम लोगों की कोई भलाई नहीं की? सती-दाह की प्रथा, गंगासागर में संतान-विसर्जन···।'

डॉक्टर बीच में ही रोककर बोल उठे, 'चड़क-पूजा के समय पीठ छेदना, संन्यासियों का तलवार पर उछल-कूद मचाना, डकैती, ठगी, बागियों का उपद्रव, गोंडों और खस्सियों की आषाढ़ में नर-बलि और भी बहुत से काम हैं, जिनकी याद नहीं आ रही है भारती···।'

भारती ने एक शब्द भी नहीं कहा।

डॉक्टर बोले, 'ठहरो और भी दो बातें याद पड़ गईं। बादशाहों के जमाने में, गृहस्थ लोग बहू-बेटियों और दासियों को अपने घरों में नहीं रख सकते थे, नवाब लोग स्त्रियों के पेट चीरकर बच्चों को देखा करते थे, हाय रे हाय, इसी तरह विदेशियों के लिखे इतिहास ने, साधारण और तुच्छ बातों को विपुल और विराट् बनाकर, देश के प्रति देशवासियों के चित्त को विमुख कर दिया है। मुझे याद है, अपने लड़कपन में, स्कूल की पाठ्य-पुस्तक में मैंने एक बार पढ़ा था कि विलायत में बैठकर केवल हम लोगों के कल्याण की चिंता में ही लगे रहकर राजमंत्री की आँखों की नींद और मुँह का अन्न नीरस हो गया है! यह असत्य लड़कों को कंठस्थ करना पड़ता है और पेट के अन्न के लिए शिक्षकों को कंठस्थ कराना पड़ता है, सभ्य राजतंत्र की यही राजनीति है भारती! आज अपूर्व को दोष देना व्यर्थ है।'

अपूर्व की लांछना से भारती मन ही मन लज्जित ही न हुई, रुष्ट भी हो गई। उसने कहा, 'तुमने जो कुछ कहा है, वह सत्य हो सकता है। संभवतः कहीं पर, किसी अति राजभक्त कर्मचारी ने ऐसा ही किया हो; पर इतने बड़े साम्राज्य की मूलनीति असत्य

ही कभी नहीं हो सकती। इसके ऊपर नींव डालकर, इतनी बड़ी विशाल संख्या एक दिन के लिए भी स्थिर नहीं रह सकती। तुम कहोगे कि अनंत काल की तुलना में ये दिन कितने होते हैं? ऐसे ही साम्राज्य तो इसके पहले भी थे, वे क्या चिरस्थायी हुए हैं? तुम्हारा कथन यदि सत्य भी हो तो यह भी चिरस्थायी न होगा, पर यह श्रृंखलाबद्ध, सुनियंत्रित राज्य है, तुम चाहे जितनी भी निंदा क्यों न करो, इसकी एकता, इसकी शांति से क्या कोई शुभ-लाभ हुआ ही नहीं? पश्चिम की सभ्यता के प्रति कृतज्ञ होने का, क्या कोई कारण ही तुमको नहीं मिला? अपनी स्वाधीनता तो तुम लोग बहुत दिनों से खो चुके हो और इस बीच में राजशक्ति का परिवर्तन तो अवश्य हुआ है; पर तुम लोगों के भाग्य का परिवर्तन तो नहीं हुआ। क्रिस्तान होने के कारण तुम मुझे गलत मत समझ लेना भैया! पर अपने सभी अपराध विदेशियों के सिर पर रखकर, ग्लानि में डूबे रहना ही यदि तुम्हारे प्रेम का आदर्श हो तो उस आदर्श को मैं भी तुम्हारे हाथ से न ले सकूँगी। इतना विद्वेष हृदय में भरकर, तुम शायद अंग्रेजों की कुछ हानि भी कर सको; पर उससे भारतवासियों का कुछ भी कल्याण न होगा, इस सत्य को निश्चित रूप से जान लेना।'

तुम्हारा कथन यदि सत्य भी हो तो यह भी चिरस्थायी न होगा, पर यह श्रृंखलाबद्ध, सुनियंत्रित राज्य है, तुम चाहे जितनी भी निंदा क्यों न करो, इसकी एकता, इसकी शांति से क्या कोई शुभ-लाभ हुआ ही नहीं? पश्चिम की सभ्यता के प्रति कृतज्ञ होने का, क्या कोई कारण ही तुमको नहीं मिला? अपनी स्वाधीनता तो तुम लोग बहुत दिनों से खो चुके हो और इस बीच में राजशक्ति का परिवर्तन तो अवश्य हुआ है; पर तुम लोगों के भाग्य का परिवर्तन तो नहीं हुआ।

भारती का यह स्वर सव्यसाची के कानों में पहुँच गया और उसने उनको चौंका दिया! भारती का यह रूप अपरिचित था, यह मनोभाव अप्रत्याशित था। तथापि जिस धर्म-विश्वास और सभ्यता के घनिष्ठ प्रभाव के बीच से यह बाल्यावस्था से बड़ी हो उठी है, उसी के ऊपर आघात होने से चंचल और असहिष्णु होकर जो यह निर्भीक प्रतिवाद कर बैठी, वह चाहे जितना कठोर और प्रतिकूल क्यों न हो, सव्यसाची की दृष्टि में उसने मानो उसको नई मर्यादा दे डाली।

उनको निरुत्तर देखकर भारती बोली, 'क्यों, उत्तर तो तुमने कुछ भी नहीं दिया भैया? इतनी बड़ी हिंसा की आग अपने हृदय में जलाकर तुम और चाहे जो कुछ भी करो, देश की भलाई न कर सकोगे।'

डॉक्टर बोले, 'तुमसे तो मैंने अनेक बार कह दिया है कि जो लोग देश की भलाई करनेवाले हैं, वे चंदा-संग्रह करके अनाथाश्रम, ब्रह्मचर्याश्रम, वेदांत-आश्रम, दरिद्र-भंडार

आदि तरह-तरह के लोक-हितकर कार्य कर रहे हैं। महान् पुरुष हैं वे, मैं उनकी भक्ति करता हूँ, लेकिन मैंने देश की भलाई करने का भार नहीं लिया है मैंने उसे स्वतंत्र कराने का भार लिया है।' थोड़ी देर तक ठहरकर बोले, 'मेरे हृदय की आग केवल दो बातों से बुझ सकती है। एक तो अपनी चिता-भस्म से या फिर जिस दिन सुन लूँगा कि यूरोप का धर्म, उसकी सभ्यता, नीति, समुद्र के अतल गर्भ में डूब गई है।'

भारती स्तब्ध रह गई! वे कहने लगे, 'इस विषकुंड का परिपूर्ण सौदा लेकर समुद्र पार करके यूरोप जब पहले रोजगार करने आया था, तब उसे पहचान सका था केवल जापान। इसी से आज उसका इतना सौभाग्य है, इसी से आज वह यूरोप के समकक्ष, संभ्रांत मित्र बना हुआ है, लेकिन पहचान नहीं सका तो भारत और न चीन! उन दिनों स्पेन का राज्य सारी पृथ्वी पर फैला हुआ था। एक छोटे से जापानी ने स्पेन के एक नाविक से पूछा, 'तुम लोगों को इतना अधिक राज्य कैसे मिला?' नाविक ने कहा, 'बड़ी सरलता से! जिस देश को हम हड़पना चाहते हैं, वहाँ हम पहले ले जाते हैं बेचने के लिए माल; हाथ-पैर जोड़कर उस देश के राजा से माँग लेते हैं थोड़ी सी जमीन। उसके बाद ले आते हैं मिशनरी। वे लोग जितना क्रिस्तान नहीं बना सकते, उससे कहीं अधिक उस देश के प्रचलित धर्म को गाली-गलौज देते हैं। तब लोग बिगड़कर पागल से हो जाते हैं और हठात् दो-एक को मार डालते हैं। तब हमें मँगा लेते हैं अपनी तोपें-बंदूकें और सैन्य-सामंत और शीघ्र ही यह प्रमाणित कर देते हैं कि हमारे सभ्य देश के मानव-संहारकारी यंत्र, असभ्य देश की अपेक्षा कितने श्रेष्ठ हैं।' यह सुनकर जापानी ने कहा, 'हे प्रभु तब तो आप लोग यहाँ से अपना डेरा-डंडा उठा लीजिए; आपके रोजगार से हमारा कुछ भी मतलब नहीं।' यह कहकर उन्हें विदा करके जापान ने अपने देश में कानून जारी कर दिया, जितने दिनों तक चंद्रमा-सूर्य उदित होते रहेंगे, उतने दिन क्रिस्तान लोग हमारे देश में कदम न रखने पाएँगे, रखने से प्राण-दंड पाएँगे।'

एक छोटे से जापानी ने स्पेन के एक नाविक से पूछा, 'तुम लोगों को इतना अधिक राज्य कैसे मिला?' नाविक ने कहा, 'बड़ी सरलता से! जिस देश को हम हड़पना चाहते हैं, वहाँ हम पहले ले जाते हैं बेचने के लिए माल; हाथ-पैर जोड़कर उस देश के राजा से माँग लेते हैं थोड़ी सी जमीन। उसके बाद ले आते हैं मिशनरी। वे लोग जितना क्रिस्तान नहीं बना सकते, उससे कहीं अधिक उस देश के प्रचलित धर्म को गाली-गलौज देते हैं। तब लोग बिगड़कर पागल से हो जाते हैं और हठात् दो-एक को मार डालते हैं।

अपने धर्म और धर्म-याजकों के प्रति किए गए इस तीखे आक्षेप से दुःखित होकर

भारती बोली, 'यह बात मैं पहले भी सुन चुकी हूँ; लेकिन जिन जापानियों के प्रति तुम भक्ति रखते हो, वे खुद कैसे हैं?'

डॉक्टर बोले, 'भक्ति रखता हूँ? यह झूठ बात है। उनको घृणा करता हूँ। कोरियनों को बार-बार वचन और अभय देकर भी, बिना दोष के झूठे बहाने से उनके राज्यों को कैद करके जब जापान ने कोरिया राज्य हड़प लिया, तब मैं शंघाई में था। उस दिन के वे सब अमानुषिक अत्याचार भूल जाने योग्य नहीं हैं, भारती! अभय क्या केवल जापान ने ही दिया था? यूरोप ने भी दिया था, मगर शक्तिशाली के विरुद्ध अंग्रेजों ने एक बात भी नहीं कही; उसने कहा, 'हम लोग एंग्लो-जापानी संधि-सूत्र में बँधे हुए हैं और यही बात संयुक्त राष्ट्र अमेरिका के राष्ट्रपति ने भी अत्यंत सुस्पष्ट भाषा में कह दी कि वचन देने से क्या हो गया? जो असमर्थ और शक्तिहीन जाति आत्मरक्षा भी नहीं कर सकती; उसका राज्य नहीं जाएगा तो किनका जाएगा? ठीक ही हुआ। अब हम लोग जाएँगे, उसका उद्धार करने? असंभव है! पागलपन है!' यह कहकर सव्यसाची ने एक पल चुप रहकर कहा, 'मैं भी कहता हूँ भारती कि यह असंभव है, असंगत है, पागलपन है! दुर्बल का धन प्रबल क्यों नहीं छीन लेगा, इस बात को सभ्य यूरोप की नैतिक बुद्धि सोच भी नहीं सकती!'

डॉक्टर बोले, 'भक्ति रखता हूँ? यह झूठ बात है। उनको घृणा करता हूँ। कोरियनों को बार-बार वचन और अभय देकर भी, बिना दोष के झूठे बहाने से उनके राज्यों को कैद करके जब जापान ने कोरिया राज्य हड़प लिया, तब मैं शंघाई में था। उस दिन के वे सब अमानुषिक अत्याचार भूल जाने योग्य नहीं हैं, भारती! अभय क्या केवल जापान ने ही दिया था?

भारती अवाक् हो रही। वे कहने लगे, 'अठारहवीं शताब्दी के अंतिम भाग में ब्रिटिश दून लार्ड मैकार्टनी गए चीनी राजदरबार में, रोजगार की थोड़ी सी सुविधा प्राप्त करने के लिए। मंचू-नरेश शिनलुंग उन दिनों समस्त चीन के सम्राट थे। वे अत्यंत दयालु थे। दूत के विनीत आवेदन से खुश होकर, उन्होंने आशीर्वाद देते हुए कहा, 'देखो भैया, हमारे स्वर्गिक साम्राज्य में किसी भी वस्तु का अभाव नहीं है; लेकिन तुम आए हो बहुत दूर से, अनेक कष्ट सहकर। अच्छा, कैंटन शहर में जाकर रोजगार करो, स्थान देता हूँ; तुम सब लोगों का भला होगा।' राजा का यह आशीर्वाद निष्फल नहीं हुआ, भला ही हुआ। पचास वर्ष भी नहीं बीत सके और चीन के साथ अंग्रेजों का प्रथम युद्ध छिड़ गया।

भारती ने आश्चर्य में पड़कर कहा, 'क्यों भैया?'

डॉक्टर बोले, 'यह चीन का अन्याय था। वह बेअदब हठात् बोल उठा, 'अफीम खाते-खाते हमारी आँखें बंद होती जा रही हैं। शुद्धि-बुद्धि अब नहीं रही। कृपा करके

इस चीज का आयात रोक दो।'

'उसके बाद?'

'उसके बाद का इतिहास बहुत छोटा है। दो ही साल के अंदर अफीम खाने को राजी होकर और भी पाँच बंदरगाहों में केवल पाँच रुपए प्रतिशत शुल्क पर वाणिज्य करने को मंजूरी देकर और अंत में हांगकांग बंदरगाह को दक्षिणा में देकर, बयालीस में यज्ञ समाप्त हुआ। ठीक ही हुआ। इतनी सस्ती अफीम पाकर भी, जो मूर्ख खाने में आपत्ति करता है, उसका ऐसा प्रायश्चित उचित ही तो था!'

भारती बोली, 'यह तुम्हारी मनगढ़ंत कहानी है।'

डॉक्टर बोले, 'होने दो, यह कहानी सुनने में तो अच्छी है।' और यही देखकर फ्रांसीसी सभ्यता ने कहा, 'मेरे पास अफीम तो नहीं; लेकिन मनुष्य हत्या करने के लिए अच्छे यंत्र मौजूद हैं। अतएव युद्ध हुआ। फ्रांसिसियों ने चीनी-साम्राज्य का अनाम प्रांत छीन लिया और युद्ध का खर्च, अधिकाधिक वाणिज्य की सुविधाएँ, ट्रीटी-पोर्ट आदि'''ये सब तुच्छ कहानियाँ हैं, रहने दो।'

भारती बोली, 'लेकिन भैया, ताली क्या एक ही हाथ से बजती है? चीन का क्या कुछ भी अन्याय नहीं?'

डॉक्टर बोले, 'हो सकता है; लेकिन तमाशा तो यह है कि यूरोपीय सभ्यता का अन्याय-बोध, दूसरों के घरों पर चढ़ाई करने ही के लिए होता है; उनके अपने देश में ऐसी घटना नहीं दिखाई पड़ती।'

> ***भारती ने आश्चर्य में पड़कर कहा, 'क्यों भैया?'***
> ***डॉक्टर बोले, 'यह चीन का अन्याय था। वह बेअदब हठात् बोल उठा, 'अफीम खाते-खाते हमारी आँखें बंद होती जा रही हैं। शुद्धि-बुद्धि अब नहीं रही। कृपा करके इस चीज का आयात रोक दो।'***
> ***'उसके बाद?'***

'उसके बाद?'

'बता रहा हूँ। जर्मन सभ्यता ने देखा—वाह रे वाह, यह तो बड़ा मजा है! हम तो फाँके में ही रहे जाते हैं। उसने एक जहाज में मिशनरियों को भरकर, उनके पीछे लगा दिया। सन् 1697 में, जब वे लोग तुम्हारे प्रभु ईसा की महिमा, शांति और न्याय-धर्म का प्रचार कर रहे थे, तब चीनियों का एक दल उन्मत्त हो उठा और दो परम धार्मिक प्रचारकों के सिर काट बैठा।' अन्याय! चीन का ही अन्याय था। अतएव शनटुंग प्रांत जर्मनी के पेट में चला गया। उसके बाद बक्सर का विद्रोह आ गया। यूरोप की सभी सभ्यताओं ने एक होकर उसका जो बदला लिया, शायद कहीं भी उसकी तुलना नहीं मिल सकती। उसकी क्षति-पूर्ति का अपरिमित ऋण चीनी लोग कितने दिनों तक चुकाते रहेंगे, यह बात ईसा प्रभु ही जानते हैं। इस बीच ब्रिटिश सिंह, जार के भालू, जापान के सूर्यदेव,

पर अब नहीं बहन, मेरा गला सूखता जा रहा है। दुःख की तुलना में, अकेले हम लोगों के सिवा शायद उन लोगों का और कोई साथी नहीं है। सम्राट् शिनलुंग निर्वाण को प्राप्त हों, उनके आशीर्वाद की बड़ी महिमा है!'

भारती एक बहुत लंबी साँस खींचकर चुप हो रही।

> ***सन् 1697 में, जब वे लोग तुम्हारे प्रभु ईसा की महिमा, शांति और न्याय-धर्म का प्रचार कर रहे थे, तब चीनियों का एक दल उन्मत्त हो उठा और दो परम धार्मिक प्रचारकों के सिर काट बैठा।' अन्याय! चीन का ही अन्याय था। अतएव शनटुंग प्रांत जर्मनी के पेट में चला गया। उसके बाद बक्सर का विद्रोह आ गया। यूरोप की सभी सभ्यताओं ने एक होकर उसका जो बदला लिया, शायद कहीं भी उसकी तुलना नहीं मिल सकती।***

'भारती!'

'क्या भैया?'

'चुप क्यों हो?'

'तुम्हारी कहानी की ही बात सोच रही हूँ। अच्छा भैया, इसीलिए क्या चीन में तुमने अपना कार्यक्षेत्र चुना है? जो लोग सैकड़ों अत्याचारों से जर्जरित हो रहे हैं, उनको उत्तेजित कर देना कठिन नहीं है; लेकिन एक बात और है, उस पर क्या तुमने विचार किया है? उन सब निरीह अज्ञानी किसानों-मजदूरों का दुःख तो यों ही यथेष्ट है, उस पर फिर मार-काट, खून-खराबा शुरू करा देने से तो उनके दुःखों की सीमा न रहेगी।'

डॉक्टर बोले, 'निरीह किसान-मजदूरों के लिए दुश्चिंता में पड़ने की तुम्हें जरूरत नहीं है भारती! किसी भी देश में वे स्वाधीनता के काम में भाग नहीं लेते; बल्कि बाधा ही डालते हैं। उन लोगों को उत्तेजित करने के लिए, व्यर्थ परिश्रम करने का समय मेरे पास नहीं। मेरा कारबार शिक्षित, मध्यवित्त और भद्र-संतानों को लेकर ही चलता है। यदि किसी दिन मेरे काम में शामिल होना चाहो भारती, तो इस बात को मत भूलना। आइडियल या आदर्श के लिए प्राण दे सकने लायक मनोबल की आशा शांतिप्रिय, निर्विरोध, निरीह किसानों से करना व्यर्थ है! वे स्वतंत्रता नहीं चाहते, शांति चाहते हैं। जो शांति असमर्थ, अशक्त लोगों की है।'...

भारती व्याकुल होकर बोली, 'मैं भी यह चाहती हूँ भैया, बल्कि तुम मुझे इसी जड़ता के काम में नियुक्त कर दो, तुम्हारे पथ के दावेदार के सिद्धांत से मेरी साँस रुकती चली जा रही है।'

सव्यसाची ने हँसकर कहा, 'अच्छा!'

भारती रुक न सकी, उसी तरह व्यग्र उच्छ्वास से बोली, 'अच्छा शब्द का उच्चारण कर देने के अतिरिक्त, क्या कुछ भी कहने को शब्द तुम्हारे पास नहीं हैं भैया?'

'हम लोग आ पहुँचे हैं भारती! सावधानी से बैठ जाओ, चोट न लग जाए।' यह कहकर डॉक्टर ने तेजी से धक्का लगाकर, अपनी छोटी नाव को अँधेरे में नदी के किनारे लगा दिया। भारती को उतारते हुए उन्होंने कहा, 'पानी या कीचड़ नहीं है बहन, तख्ता बिछा है, उसी पर चली जाओ।'

अँधेरे में नीचे पैर रखकर तृप्ति की साँस लेते हुए भारती बोली, 'भैया, तुम्हारे हाथों में आत्मसमर्पण करने के समान निर्विघ्न शांति और कहीं नहीं है।'

लेकिन दूसरे पक्ष से इस मंतव्य का कोई उत्तर नहीं आया। अँधेरे में दोनों के कुछ दूर और अग्रसर हो जाने पर डॉक्टर ने आश्चर्यभरे कंठ से कहा, 'लेकिन बात क्या है, बताओ तो? यह क्या विवाहोत्सव का मकान है? न तो बत्ती का प्रकाश है, न तो कोई हल्ला-गुल्ला ही है, बेहले का सुर नहीं है। कहीं चले गए हैं क्या वे लोग?'

दोनों सीढ़ी से चढ़कर चुपचाप ज्योंही ऊपर पहुँचे, त्योंही खुले दरवाजे से दिखाई पड़ा शशि, जो ध्यानपूर्वक कोई अखबार पढ़ रहा था। भारती आनंदित कंठ से पुकार उठी, 'शशिबाबू, देखिए हम लोग आ गए, खिलाने-पिलाने का इंतजाम कीजिए। नवतारा कहाँ है? नवतारा! नवतारा!'

अँधेरे में नीचे पैर रखकर तृप्ति की साँस लेते हुए भारती बोली, 'भैया, तुम्हारे हाथों में आत्मसमर्पण करने के समान निर्विघ्न शांति और कहीं नहीं है।'
लेकिन दूसरे पक्ष से इस मंतव्य का कोई उत्तर नहीं आया। अँधेरे में दोनों के कुछ दूर और अग्रसर हो जाने पर डॉक्टर ने आश्चर्यभरे कंठ से कहा, 'लेकिन बात क्या है, बताओ तो? यह क्या विवाहोत्सव का मकान है? न तो बत्ती का प्रकाश है, न तो कोई हल्ला-गुल्ला ही है, बेहले का सुर नहीं है। कहीं चले गए हैं क्या वे लोग?'

शशि बोले, 'आइए! नवतारा यहाँ नहीं है।'

डॉक्टर ने मुसकराते हुए कहा, 'गृहिणी-शून्य गृह क्यों है कवि? उसको बुलाओ, हम लोगों का स्वागत करके ले जाए; नहीं तो हम खड़े रहेंगे। शायद भोजन भी न करेंगे।'

शशि बोले, 'नवतारा नहीं है डॉक्टर! वे सब घूमने गए हैं।'

उसकी मुखाकृति देखकर भारती डर गई, उसने पूछा, 'वह घूमने चली गई? आज के दिन? कैसी अद्भुत सूझ है!'

शशि बोले, 'विवाह होने के बाद, वे लोग रंगून-भ्रमण के लिए गए हैं। नहीं, नहीं, मेरे साथ विवाह नहीं हुआ, वह जो अहमद नाम का आदमी है, गोरा-गोरा सा, देखने में सुंदर, कूट साहब की मिल का टाइम-कीपर, आपने उसे देखा नहीं है। आज

दोपहर को, उसी के साथ नवतारा का विवाह हो गया है। उनका सबकुछ पहले से ही ठीक था, मुझे बताया नहीं।'

दोनों आगंतुक विस्मय से आँखें फाड़कर देखते रह गए।

शशि उठकर, कमरे के एकांत स्थान से एक कपड़े का थैला लाकर डॉक्टर के पैरों के पास रखता हुआ बोला, 'रुपए तो मुझे मिल गए, डॉक्टर! नवतारा को पाँच हजार देने के लिए कहा था, सो मैंने वे रुपए उसे दे दिए! बाकी बचे हैं साढ़े चार हजार, मैंने ले लिए, पर...।'

डॉक्टर ने कहा, 'ये रुपए क्या मुझे दे रहे हो?'

शशि बोले, 'हाँ! मैं क्या करूँगा? आपके काम आ जाएँगे।'

भारती ने पूछा, 'पर उसे कब रुपए दे दिए?'

शशि ने कहा, 'कल रुपए पाते ही उसे दे आया?'

'उसने ले लिए?'

शशि ने कहा, 'हाँ। अहमद तो सिर्फ तीस रुपए मासिक वेतन पाता है। वह एक मकान खरीदेगी।'

'जरूर खरीदेगी।' यह कहकर, डॉक्टर ने हँसते हुए मुड़कर देखा, आँखों पर आँचल रखकर, भारती बरामदे की एक ओर हटती जा रही है।

शशि ने कहा, 'प्रेसीडेंट ने आपसे एक बार भेंट करने को कहा है। वे सुरावाया जा रही हैं।'

शशि ने कहा, 'प्रेसीडेंट ने आपसे एक बार भेंट करने को कहा है। वे सुरावाया जा रही हैं।' डॉक्टर ने पूछा, 'कब जाएँगी?' शशि ने कहा, 'जल्दी ही। लिवा जाने को एक आदमी आया है।' भारती ने लौटकर पूछा, 'सुमित्रा जीजी क्या सचमुच ही चली जाने को कहती थीं, शशि बाबू?'

डॉक्टर ने पूछा, 'कब जाएँगी?'

शशि ने कहा, 'जल्दी ही। लिवा जाने को एक आदमी आया है।'

भारती ने लौटकर पूछा, 'सुमित्रा जीजी क्या सचमुच ही चली जाने को कहती थीं, शशि बाबू?'

शशि बोले, 'हाँ, सचमुच ही! उनकी माँ के चाचा के पास अगाध संपत्ति थी। हाल ही में उनकी मृत्यु हुई है। इनके अलावा और कोई भी उत्तराधिकारी नहीं है। उनके गए बिना काम न चलेगा?'

डॉक्टर बोले, 'काम न चलेगा? तब तो जरूर जाएँगी।'

भारती के मुँह की तरफ देखकर शशि बोला, 'खाने का सामान बहुत पड़ा है,

कुछ खाइएगा?'

भारती से पहले ही डॉक्टर बोल उठे, 'जरूर, जरूर, चलो, क्या है देखूँ।' यह कहकर वे उसे कमरे के अंदर ले गए। जाते हुए शशि ने कहा, 'और एक सूचना है डॉक्टर, अपूर्व बाबू लौट आए हैं।'

डॉक्टर आश्चर्य से बोले, 'यह क्या कहते हो शशि, किससे सुना?' शशि बोले, 'कल बंगाल बैंक में अचानक भेंट हो गई; उनकी माँ बीमार हैं।'

छब्बीस

शशि ने अतिशयोक्ति नहीं की थी। कमरे में प्रवेश करते ही देखा कि खाद्य वस्तु की अत्यंत अधिकता से कमरे का दक्षिणी भाग एकदम ठसाठस भरा हुआ है।

डॉक्टर का उल्लास, अकस्मात् अट्टहास में फट पड़ा, 'हः हः हः हः? गृहस्थ का जयजयकार हो? शशि! कवि! हः हः हः हः।'

भारती और सह न सकी, मुँह फेरकर सजल नेत्रों से, रुष्ट भाव से देखती हुई बोली, 'तुम्हारे मन में क्या जरा भी दया-माया नहीं है भैया? क्या कर रहे हो, बताओ तो?'

'वाह! जिनकी कृपा से आज अच्छी-अच्छी चीजें पेट भर के खाऊँगा, उनको थोड़ा सा आशीर्वाद, वाह! हः हः हः!'

भारती कुपित होकर बरामदे में चली गई। दो-तीन मिनट बीतने पर, शशि जाकर उसे लौटा लाया तो उसने प्लेट में मांस, फल-फूल, पुलाव, मिठाई आदि यत्नपूर्वक सजाकर, डॉक्टर के सामने लाकर रख दिया और कृत्रिम कुपित स्वर से कहा, 'लो, अब दाँत निकालकर राक्षस की तरह खाओ! हँसी तो बंद हो जाए; नहीं तो मुहल्ले के लोगों की नींद टूट जाएगी।'

भारती कुपित होकर बरामदे में चली गई। दो-तीन मिनट बीतने पर, शशि जाकर उसे लौटा लाया तो उसने प्लेट में मांस, फल-फूल, पुलाव, मिठाई आदि यत्नपूर्वक सजाकर, डॉक्टर के सामने लाकर रख दिया और कृत्रिम कुपित स्वर से कहा, 'लो, अब दाँत निकालकर राक्षस की तरह खाओ! हँसी तो बंद हो जाए; नहीं तो मुहल्ले के लोगों की नींद टूट जाएगी।'

डॉक्टर ने एक साँस खींचकर कहा, 'अहा! कैसा बढ़िया भोजन है! इसका तो स्वाद-गंध तक मैं भूल गया हूँ।'

यह बात भारती के हृदय में जाकर बिंध गई। उसे उस रात के सूखे भात और जली मछली की याद आ गई।

डॉक्टर भोजन में तत्पर होकर बोले, 'कवि को नहीं दिया भारती?'

'लाकर दे रही हूँ।' कहकर उसने प्लेट में भोजन सजाकर, शशि के सामने रखकर और डॉक्टर के सामने बैठकर कहा, 'लेकिन सब खा लेना पड़ेगा भैया, फेंक नहीं सकते।'

'नहीं, लेकिन तुम नहीं खाओगी?'

'मैं? कोई भी स्त्री ये सब खा सकती है तुम्हीं बताओ?'

'भोज़न तो ऐसा पकाया गया है, मानो अमृत!'

'इससे अच्छा अमृत तैयार करके, मैं नित्य खिला सकती हूँ भैया!'

डॉक्टर ने अपना बायाँ हाथ अपने माथे से लगाकर कहा, 'क्या करोगी बहिन, भाग्य की बात है! जिसको खिलाना चाहिए, वह यह सब खाता ही नहीं; जो खाएगा, उसको एक दिन से अधिक दो दिन खिलाने की चेष्टा करने से ही, तुम्हारे सुयश से देश भर जाएगा। हः हः हः हः!'

इस बार भारती हँस पड़ी; लेकिन तुरंत अपने को सँभालकर, लज्जित होकर बोली, 'तुम्हारी दुष्टता की ज्वाला से, हँसी रोकी नहीं जा सकती; लेकिन यह तो तुम्हारा भारी अन्याय है! इसके बाद पेट भर खा-पी चुकने पर रुपयों की थैली भी लेकर चले जाओगे क्या?'

डॉक्टर मुँह का कौर निगलते हुए बोले, 'जरूर, जरूर! आधे रुपए तो चले गए नवतारा के मकान बनाने के खाते में; शेष क्या अहमद अब्दुल्ला साहब की गाड़ी खरीदने के लिए छोड़ जाऊँगा? तमाशे को सर्वांग सुंदर बनाने के लिए बुरी राय तुमने नहीं दी भारती। हः हः हः!'

डॉक्टर मुँह का कौर निगलते हुए बोले, 'जरूर, जरूर! आधे रुपए तो चले गए नवतारा के मकान बनाने के खाते में; शेष क्या अहमद अब्दुल्ला साहब की गाड़ी खरीदने के लिए छोड़ जाऊँगा? तमाशे को सर्वांग सुंदर बनाने के लिए बुरी राय तुमने नहीं दी भारती। हः हः हः!'

भारती बोली, 'भैया, तुमको हँसी-मजाक करते मैंने पहले भी देखा है; लेकिन इस तरह पागलों की तरह हँसते तो मैंने कभी नहीं देखा!'

डॉक्टर उत्तर देने जा रहे थे; लेकिन भारती के मुँह की ओर देखकर सहसा कुछ भी न बोल सके। भारती ने फिर कहा, 'नर-नारियों का प्रेम, क्या तुम्हारी ही तरह सभी के लिए उपहास की वस्तु है भैया कि ताश के छक्के-पंजे की हार की तरह, इसको भी हार-जीत में अट्टहास करने के अलावा और कुछ भी करने के लिए शेष नहीं रह गया है? स्वतंत्रता-परतंत्रता के अतिरिक्त, मनुष्य को व्यथित करनेवाली और भी कोई चीज इस संसार में मौजूद है, इस बात को क्या तुम कभी सोचोगे भी नहीं? शशि बाबू के चेहरे को देखो तो! एक ही पहर में इनकी कैसी हालत हो गई! अपूर्व बाबू जिस दिन चले गए, उस दिन मुझे उपलक्ष्य बनाकर, शायद तुम इसी प्रकार हँस पड़े थे।'

'नहीं-नहीं, वह तो हुआ···।'

भारती बीच में ही रोककर बोली, 'नहीं-नहीं! किस कारण यह कहते हो भैया? शशि बाबू तुम्हारे स्नेह के पात्र हैं; तुम यह सोचकर खुश हो उठे हो कि उनको भोला-भाला पाकर नवतारा बहुत दु:ख देती। भविष्य में उस दु:ख में पड़ने से वे बच गए; लेकिन भविष्य ही क्या मनुष्य के लिए सबकुछ है? आज का यह एक ही दिन, जो व्यथा के भार से उनके सारे भविष्य को लाँघ गया, यह बात तुम किस तरह जानोगे? तुमने तो कभी किसी को प्यार ही नहीं किया!'

शशि ने किसी प्रकार कहना चाहा कि यह मेरा ही दोष है, मेरी ही भूल है, साधारण सांसारिक बुद्धि न रहने से ही··· ।

भारती व्यग्र कंठ से बोल उठी, 'लज्जा करने की कौन सी बात है शशि बाबू? यह भूल, क्या दुनिया में अकेले आपने ही की है? आपसे सौ-गुनी भूल क्या मैंने नहीं की? और उससे भी हजार-गुनी भूल करके, जो अभागिनी चुपचाप, चिरकाल के लिए इस देश को छोड़ने को तैयार हुई है, उसको क्या डॉक्टर नहीं पहचानते? धोखो देने दो न।'

भारती व्यग्र कंठ से बोल उठी, 'लज्जा करने की कौन सी बात है शशि बाबू? यह भूल, क्या दुनिया में अकेले आपने ही की है? आपसे सौ-गुनी भूल क्या मैंने नहीं की? और उससे भी हजार-गुनी भूल करके, जो अभागिनी चुपचाप, चिरकाल के लिए इस देश को छोड़ने को तैयार हुई है, उसको क्या डॉक्टर नहीं पहचानते? धोखो देने दो न।'

डॉक्टर ने आश्चर्य से उनकी ओर देखा; लेकिन भारती ने उसकी परवाह नहीं की। वह कहने लगी, 'सांसारिक बुद्धि आप में कम है! मुझमें तो कम नहीं थीं? सुमित्रा जीजी की बुद्धि की तो तुलना ही नहीं की जा सकती। फिर भी, वह कुछ भी, किसी के काम में न लग सकीं। वह केवल पराजित हो गई भैया, केवल तुम्हारी ही बुद्धि के सामने! जो चिरकाल से अजेय है, जिसके मार्ग को कभी बाधा नहीं मिली, वह भी तुम्हारे पाषाण-द्वार पर केवल पछाड़ खाकर चूर-चूर हो गया, प्रवेश करने का जरा सा मार्ग उसे नहीं मिला!'

डॉक्टर ने इस अभियोग का उत्तर नहीं दिया; केवल उसके मुँह की ओर देखकर जरा हँस पड़े। भारती ने कहा, 'शशिबाबू, मैंने आपके प्रति बड़ा अपराध किया है, आज उसके लिए क्षमा चाहती हूँ··· ।'

शशि समझ न सका; लेकिन कुंठित हो उठा।

भारती क्षणभर चुप रहकर कहने लगी, 'एक दिन भैया से मैंने आपके विषय में कहा था—कोई भी स्त्री, आपको कभी प्यार नहीं कर सकती। उस दिन मैंने आपको पहचाना नहीं था। आज ऐसा मालूम हो रहा है कि जिसने अपूर्व बाबू को प्यार किया

था, वह यदि आपको पा जाती तो वह धन्य हो जाती! सभी आपकी उपेक्षा करते आए हैं, केवल एक मनुष्य ने नहीं की, वे हैं यही डॉक्टर। मनुष्य को पहचान लेने में इनसे गलती नहीं होती; इसलिए उस दिन दु:खित होकर इन्होंने मुझसे कहा था, काश, शशि किसी दूसरी स्त्री को प्यार करता! लेकिन एक दिन भी कभी तुम मुझे सावधान करते हुए, यह नहीं कह सकते थे कि भारती इतनी बड़ी गलती तुम मत करो! पुरुष के दो आदर्श, तुम दोनों ही मेरे सामने बैठे हो, आज मेरी अरुचि की कोई सीमा ही नहीं है!'

डॉक्टर ने पूछा, 'अपूर्व ने क्या कहा शशि?'

भारती ने उत्तर दिया, 'माँ बीमार हैं। चिकित्सा आवश्यक है, रुपए पास नहीं हैं। लौटकर छिपे तौर से गुलामी करने पर कोई जान न सकेगा। डर है तलवलकर का, डर है ब्रजेंद्र का! लेकिन उसके काका हैं पुलिस कर्मचारी, इसलिए इसकी कोई व्यवस्था अवश्य ही हो गई है भैया! मुझे और तुम्हें भी शायद छुटकारा न मिलेगा! क्षुद्र! लोभी! संकीर्णचित्त! डरपोक! छिह!'

डॉक्टर मुसकराकर बोले, 'सच्चा प्यार करने पर इस तरह यश-गान नहीं किया जा सकता। कवि, अब तुम्हारी बात है! सरस्वती का स्मरण करके, अब तुम भी नवतारा का गुण-कीर्तन करना शुरू कर दो।'

'भैया, तुमने मेरा तिरस्कार किया?'

'शायद ऐसी ही बात है।'

अभिमान, व्यथा और क्रोध से भारती का चेहरा लाल हो उठा। बोली, 'तुम कभी मुझे ऐसी कटूक्ति न सुना सकोगे! तुमने क्या यह सोचा है कि सभी शशि बाबू की तरह मुँह बंद करके सह सकते हैं? तुम क्या जानते हो कि मनुष्य की क्या दशा हो जाती है! उच्छ्वासित-वेदना से उसके गले का स्वर अवरुद्ध हो चला; बोली, 'वे लौट आए हैं, अब तुम मुझे यहाँ से किसी दूसरी जगह ले चलो भैया—मैं भी किस अभागे के चरणों में अपना सबकुछ विसर्जन करके बैठी हुई हूँ!' कहते-कहते वह फर्श पर माथा रखकर बच्चे की तरह रोने लगी!

> ***एक दिन भैया से मैंने आपके विषय में कहा था—कोई भी स्त्री, आपको कभी प्यार नहीं कर सकती। उस दिन मैंने आपको पहचाना नहीं था। आज ऐसा मालूम हो रहा है कि जिसने अपूर्व बाबू को प्यार किया था, वह यदि आपको पा जाती तो वह धन्य हो जाती! सभी आपकी उपेक्षा करते आए हैं, केवल एक मनुष्य ने नहीं की, वे हैं यही डॉक्टर।***

डॉक्टर मुसकराते हुए चुपचाप भोजन करने लगे। उनका निर्विकार भाव देखकर यह मालूम न हो सका कि इन सब प्रणय-उच्छ्वासों ने इनको लेशमात्र भी विचलित किया। पाँच-सात मिनट के बाद, भारती उठकर पासवाले कमरे में जाकर, आँख-मुँह

अच्छी तरह धो-पोंछकर, यथास्थान आकर बैठ गई। उसने पूछा, 'भैया, तुम लोगों को और कुछ दूँ?'

डॉक्टर ने जेब से रूमाल निकालकर कहा, 'ब्राह्मण का लड़का हूँ, कुछ छन्ना बाँध दो, जिससे दो दिन निश्चित रह सकूँ।'

मैला रूमाल लौटाकर, भारती ने एक धुला हुआ तौलिया निकाला और तरह-तरह की खाद्य वस्तुओं की एक पोटली बाँधकर डॉक्टर के सामने रखते हुए कहा, 'यह है ब्राह्मण के लड़के का छन्ना और यह रुपयों की थैली!'

डॉक्टर ने जेब से रूमाल निकालकर कहा, 'ब्राह्मण का लड़का हूँ, कुछ छन्ना बाँध दो, जिससे दो दिन निश्चित रह सकूँ।'
मैला रूमाल लौटाकर, भारती ने एक धुला हुआ तौलिया निकाला और तरह-तरह की खाद्य वस्तुओं की एक पोटली बाँधकर डॉक्टर के सामने रखते हुए कहा, 'यह है ब्राह्मण के लड़के का छन्ना और यह रुपयों की थैली!'
डॉक्टर ने हँसते हुए कहा, 'यह हुई ब्राह्मण की भोजन-दक्षिणा!'

डॉक्टर ने हँसते हुए कहा, 'यह हुई ब्राह्मण की भोजन-दक्षिणा!'

भारती बोली, 'अर्थात् तुच्छ विवाहोत्सव के सिवा, असल जरूरी काम सभी निर्विघ्न संपन्न हो गया।'

हँसी रोककर डॉक्टर बोले, 'यह मेरे लिए भगवान् का कैसा अभिशाप है भारती कि ज्योंही हँसी आने लगती है, त्योंही मेरे मुँह से अट्टहास के सिवा और कुछ नहीं निकलता। अट्ट-रोना रोने के लिए तुम्हें साथ न लाया होता तो आज मुँह दिखाना ही भार हो जाता।'

'भैया, फिर मुझे परेशान करने लगे?'

'परेशान कर रहा हूँ या कृतज्ञता प्रकट कर रहा हूँ।'

भारती ने कुपित होकर मुँह दूसरी तरफ फेर लिया।

शशि चुप था। अकस्मात् अत्यंत गंभीरता के साथ बोला, 'अब यदि नाराज न हो तो एक बात कह सकता हूँ। कुछ लोग संदेह करते हैं कि आपके साथ ही एक दिन भारती का विवाह होगा।'

डॉक्टर क्षणभर के लिए चौंक उठे, 'यह क्या कहते हो शशि—तुम्हारे मुँह पर फूल-चंदन पड़े, ऐसा सुदिन, क्या कभी इतने बड़े अभागे के भाग्य में आएगा? यह तो स्वप्नातीत बात है कवि!'

शशि बोला, 'लेकिन बहुत से लोग यही सोचते हैं।'

डॉक्टर ने कहा—'हाय! हाय! बहुत से न सोचते, यदि एक ही व्यक्ति क्षणभर के लिए यह सोचता!'

भारती हँसकर बोली, 'अभागे का भाग्य तो एक ही क्षण में बदल सकता है, भैया! तुम हुक्म देकर यदि कह दो—भारती, कल ही मुझसे तुम्हें ब्याह करना होगा, तो मैं तुम्हारी शपथ लेकर कहती हूँ कि एक दिन भी ठहरने को न कहूँगी।'

डॉक्टर बोले, 'लेकिन बेचारा अपूर्व, जो प्राणों का मोह छोड़कर लौट आया है, उसका क्या उपाय होगा?'

भारती बोली, उनकी भावी पत्नी के रूप में, किसी की कन्या देश में मौजूद है, उनके लिए चिंता न करो! वे छाती फाड़कर मर न जाएँगे।'

भारती बोली, उनकी भावी पत्नी के रूप में, किसी की कन्या देश में मौजूद है, उनके लिए चिंता न करो! वे छाती फाड़कर मर न जाएँगे।'

डॉक्टर गंभीर होकर बोले, 'लेकिन मुझसे विवाह करने के लिए राजी हो रही हो? तुम्हारा भरोसा तो कम नहीं है भारती!'

भारती ने कहा, 'तुम्हारे हाथ पड़ूँगी, इसमें फिर डर कैसा?'

डॉक्टर ने शशि की ओर देखते हुए कहा, 'सुन लो कवि! भविष्य में यदि अस्वीकार करे तो तुम्हें गवाही देनी पड़ेगी।'

डॉक्टर गंभीर होकर बोले, 'लेकिन मुझसे विवाह करने के लिए राजी हो रही हो? तुम्हारा भरोसा तो कम नहीं है भारती!'

भारती ने कहा, 'तुम्हारे हाथ पड़ूँगी, इसमें फिर डर कैसा?'

डॉक्टर ने शशि की ओर देखते हुए कहा, 'सुन लो कवि! भविष्य में यदि अस्वीकार करे तो तुम्हें गवाही देनी पड़ेगी।'

भारती बोली, 'किसी की गवाही देनी न पड़ेगी भैया, मैं शपथ लेकर फिर अस्वीकार न करूँगी। सिर्फ तुम्हारी स्वीकृति से काम बन जाएगा।'

डॉक्टर ने कहा, 'अच्छा, देख लूँगा तब।

'देख लेना।' फिर हँसकर बोली, 'भैया, क्या मैं और क्या सुमित्रा, स्वर्ग के इंद्रदेव भी यदि उर्वशी, मेनका, रंभा को बुलाकर कहते कि उस प्राचीन युग के ऋषि-मुनियों के बदले, तुम्हें इस युग के सव्यसाची की तपस्या भंग करनी होगी, तो मैं निश्चित रूप से कहती हूँ भैया कि उन्हें मुँह पर स्याही पोतकर वापस चले जाना पड़ता! रक्त-माँस का हृदय जीता जा सकता है; लेकिन पत्थर के साथ क्या लड़ाई चल सकती है? पराधीनता की आग में जलकर तुम्हारा हृदय पत्थर बन गया है।'

डॉक्टर मुसकराने लगे। भारती की दोनों आँखें श्रद्धा और स्नेह से भर गईं। बोली, 'इतना विश्वास न रहने पर, भैया, मैं क्या इस तरह तुम्हें आत्मसमर्पण कर सकती थी? मैं तो नवतारा नहीं हूँ; मैं जानती हूँ कि मुझसे बड़ी भारी गलती हो गई है, लेकिन इस जीवन में उसके सुधार का कोई दूसरा मार्ग भी नहीं है। एक दिन के लिए भी जिसे मन ही मन···।'

भारती की आँखों से फिर आँसू लुढ़क पड़े। झटपट हाथ से उन्हें पोंछकर हँसने की चेष्टा करके वह बोली, 'भैया क्या लौट चलने का समय अभी नहीं हुआ? भाटा आने में अभी कितनी देर है?'

डॉक्टर ने दीवार-घड़ी की ओर देखकर कहा, 'अभी देर है बहन!' इसके बाद धीरे-धीरे दायाँ हाथ बढ़ाकर, भारती के माथे पर रखते हुए कहा, 'आश्चर्य है, इतनी दुर्दशा में भी, बंगाल का यह अमूल्य रत्न अब तक नष्ट नहीं हुआ। जाने दो नवतारा को; फिर भी भारती तो हम लोगों की है। शशि, सारी पृथ्वी में इसकी जोड़ी नहीं मिलेगी! यहाँ हजारों सव्यसाचियों की भी शक्ति नहीं है कि तुच्छ अपूर्व को ओट करके खड़े हो जाएँ! अच्छी बात है शशि, तुम्हारी शराब की बोतल कहाँ है?'

सोच-विचार करके ही कह रहा हूँ भारती! इन रुपयों पर शशि को कितनी आशा-आकांक्षाएँ थीं। यह बात मुझसे अधिक कोई नहीं जानता। उसके परिचितों में ऐसा भी कोई नहीं है, जिसने यह विवरण न सुना हो। उसके बाद आई नवतारा। छह-सात महीने तक वह थी, उसका ज्ञान-ध्यान था और मदिरा, वह तो शशि के सुख-दुःख की एकमात्र संगिनी है। कल सबकुछ था; पर आज उसके जी का जो कुछ आनंद था, जो कुछ सांत्वना थी, वह सब एक दिन में, एकाएक, मानो षड्यंत्र करके उसे छोड़कर चली गई।

शशि लज्जित होकर बोला, 'खरीदी नहीं। मैं अब नहीं पीऊँगा।'

भारती बोली, 'तुम्हें याद नहीं कि नवतारा ने इनसे प्रतिज्ञा कराई थी?'

शशि ने उसकी बात का समर्थन करके कहा, 'सचमुच ही नवतारा के सामने प्रतिज्ञा कर ली थी कि मैं अब शराब नहीं पीऊँगा। उस प्रतिज्ञा को अब नहीं तोड़ूँगा, डॉक्टर!'

डॉक्टर हँसकर बोले, 'शराब गई, नवतारा गई; सर्वस्व बेचकर जो रुपए मिले थे, वे चले गए, एक साथ इतना कैसे सहा जाएगा?'

शशि का चेहरा देखकर भारती को दुःख हुआ; बोली, 'मजाक करना सहज है भैया, लेकिन सचमुच विचार करके तो देखो।'

डॉक्टर बोला, 'सोच-विचार करके ही कह रहा हूँ भारती! इन रुपयों पर शशि को कितनी आशा-आकांक्षाएँ थीं। यह बात मुझसे अधिक कोई नहीं जानता। उसके परिचितों में ऐसा भी कोई नहीं है, जिसने यह विवरण न सुना हो। उसके बाद आई नवतारा। छह-सात महीने तक वह थी, उसका ज्ञान-ध्यान था और मदिरा, वह तो शशि के सुख-दुःख की एकमात्र संगिनी है। कल सबकुछ था; पर आज उसके जी का जो कुछ आनंद था, जो कुछ सांत्वना थी, वह सब एक दिन में, एकाएक, मानो षड्यंत्र करके उसे छोड़कर

चली गई। फिर भी किसी के विरुद्ध उसके मन में विद्वेष नहीं, शिकायत नहीं, यहाँ तक कि आकाश की तरफ देखकर, एक बार सजल आँखों से यह भी वह न कह सका कि हे भगवान्! मैंने किसी का अनिष्ट चिंतन नहीं किया; लेकिन तुम सचमुच ही यदि हो तो इसका विचार करना।'

भारती लंबी साँस लेकर बोली, 'इसी से इन पर तुम्हारा इतना स्नेह है?'

डॉक्टर बोले, 'केवल स्नेह ही नहीं, श्रद्धा भी है। शशि साधु पुरुष है, इसका सारा हृदय गंगाजल की तरह शुद्ध और निर्मल है। भारती, मेरे चले जाने पर इसकी जरा देखभाल करना। यह स्वयं दुःख भोगेगा; लेकिन किसी दूसरे को दुःख न देगा।'

शशि का चेहरा लज्जा और संकोच से लाल हो उठा। इसके बाद कुछ देर तक, शायद बात के अभाव से ही तीनों चुप हो रहे।

फिर डॉक्टर ने पूछा, 'अब तुम क्या करोगे कवि? तुम्हारे पास तो केवल बेहला ही बचा है। पहले की तरह फिर देश-देश में बजाते हुए फिरोगे?'

इस बार शशि ने हँसते हुए कहा, 'अपने काम में आप मुझे भर्ती कर लीजिए, वास्तव में मैं अब शराब नहीं पीऊँगा।'

उसकी बात और कहने का तरीका देखकर भारती हँस पड़ी।

डॉक्टर बोले, 'केवल स्नेह ही नहीं, श्रद्धा भी है। शशि साधु पुरुष है, इसका सारा हृदय गंगाजल की तरह शुद्ध और निर्मल है। भारती, मेरे चले जाने पर इसकी जरा देखभाल करना। यह स्वयं दुःख भोगेगा; लेकिन किसी दूसरे को दुःख न देगा।'

डॉक्टर खुद भी हँसने लगे और स्नेह से भीगे स्वर में बोले, 'नहीं कवि, इसमें तुम्हें भर्ती होने की आवश्यकता नहीं है। तुम मेरी इस बहन के पास रहो, इसी से मेरा बहुत काम हो जाएगा।'

शशि ने क्षणभर मौन रहकर संकोच के साथ कहा, 'पहले मैं कविता लिख सकता था डॉक्टर, शायद अब भी लिख सकता हूँ।'

डॉक्टर ने खुश होकर कहा, 'इससे मेरा बड़ा काम बन जाएगा।'

'मैं फिर शुरू करूँगा। अब केवल किसान-मजदूरों के लिए लिखूँगा।'

'लेकिन वे लोग तो पढ़ना नहीं जानते कवि?'

शशि बोले, 'भले ही न जानें, फिर भी उन्हीं के लिए लिखूँगा।'

डॉक्टर बोले, 'यह काम अस्वाभाविक होगा और कोई भी अस्वाभाविक वस्तु टिक नहीं सकती। अशिक्षितों के लिए अन्न-क्षेत्र खोला जा सकता है; क्योंकि उन्हें क्षुधा-बोध है; लेकिन उनके लिए साहित्य नहीं परोसा जा सकता। उनके सुख-दुःखों का वर्णन करने को साहित्य नहीं कहते। किसी दिन यदि संभव हुआ तो अपना साहित्य वे खुद ही

तैयार कर लेंगे; नहीं तो तुम्हारे गले से निकले सरल गीत, हलधरों के लिए गीत-काव्य नहीं हो सकते। यह असंभव प्रयास तुम मत करना कवि!'

शशि ठीक से समझ न सका; उसने पूछा, 'तो मैं क्या करूँगा?'

'तुम मेरे विप्लव के गीत गाना! जहाँ तुमने जन्म लिया है, जहाँ आदमी बने हो, केवल उन्हीं का, केवल शिक्षित, भद्र जाति के लिए ही।'

भारती विस्मित हुई, व्यथित हुई; बोली, 'भैया, तुम भी जाति मानते हो? तुम्हारा ध्यान भी केवल भद्र जाति की ओर है?'

डॉक्टर बोले, 'मैंने तो वर्णाश्रम की बात नहीं कही भारती, उस बलपूर्वक बने जाति-भेद की चर्चा मैंने नहीं की। वह वैषम्य मुझमें नहीं है, पर शिक्षित का जाति-भेद, उसे माने बिना तो मैं नहीं रह सकता! यही तो सच्ची जाति है, यही तो भगवान् की बनी सृष्टि है! क्रिस्तान होने के कारण मैं तुमको ठेलकर क्या अलग रख सका हूँ बहन? तुम्हारी बराबरी का, मुझे अपना कहने के लिए और कौन है?'

> ***डॉक्टर बोले, 'यह काम अस्वाभाविक होगा और कोई भी अस्वाभाविक वस्तु टिक नहीं सकती। अशिक्षितों के लिए अन्न-क्षेत्र खोला जा सकता है; क्योंकि उन्हें क्षुधा-बोध है; लेकिन उनके लिए साहित्य नहीं परोसा जा सकता। उनके सुख-दुःखों का वर्णन करने को साहित्य नहीं कहते। किसी दिन यदि संभव हुआ तो अपना साहित्य वे खुद ही तैयार कर लेंगे; नहीं तो तुम्हारे गले से निकले सरल गीत, हलधरों के लिए गीत-काव्य नहीं हो सकते। यह असंभव प्रयास तुम मत करना कवि!'***

भारती ने श्रद्धाविगलित नेत्रों से उनकी ओर देखते हुए कहा, 'लेकिन तुम्हारा विप्लव-गान तो शशि बाबू के मुँह से शोभा नहीं देता भैया! तुम्हारे विद्रोह का गीत, तुम्हारी गुप्त समिति का···।'

डॉक्टर ने उसे बीच में ही रोककर कहा, 'नहीं, मेरी गुप्त समिति का भार मेरे ही ऊपर रहने दो, बहन, उस बोझ को ढोने योग्य शक्ति, नहीं-नहीं, उसे रहने दो, वह केवल मेरे ही लिए है।' फिर बोले, 'तुमसे तो मैं कह चुका हूँ भारती कि विप्लव का अर्थ केवल खून-खराबा का कांड नहीं है, विप्लव का अर्थ है—अत्यंत शीघ्र आमूल परिवर्तन! राजनीतिक विप्लव नहीं, वह तो मेरा ही है। कवि, तुम दिल खोलकर, केवल सामाजिक विप्लव का गीत गाना शुरू कर दो। जो कुछ सनातन है, जो कुछ प्राचीन, जीर्ण और पुराना है, धर्म, समाज, संस्कार, सब टूट-फूटकर ध्वंस हो जाए और कुछ न कर सको शशि, तो केवल इस महासत्य का ही मुक्त कंठ से प्रचार कर दो कि इससे बढ़कर बड़ा शत्रु भारत का और कोई नहीं है—उसके बाद देश की स्वाधीनता का भार मुझ पर रहने दो।'

'कौन है?' शशि ने पूछा। सीढ़ी पर किसी की आहट सी मिली।

डॉक्टर पलक झपकते ही तेज चाल से बरामदे में चले गए; फिर तुरंत ही वापस आकर बोले, 'भारती, सुमित्रा आ रही है!'

सत्ताईस

इस गहन रात्रि में सुमित्रा के आने का समाचार जैसा अप्रत्याशित था, वैसा ही अप्रीतिकर भी। भारती व्यथित और त्रस्त हो उठी। पलभर बाद उसके प्रवेश करने पर डॉक्टर ने स्वाभाविक स्वर में अभ्यर्थना करके कहा, 'बैठो, तुम क्या अकेली ही आई हो?'

सुमित्रा ने कहा, 'हाँ।' फिर भारती से उसने पूछा, 'अच्छी तरह हो न?'

इस एक ही मिनट के भीतर, भारती न जाने क्या-क्या सोचती रही, इसका ठिकाना नहीं है। उस दिन की तरह आज भी सुमित्रा उसकी कोई परवाह नहीं करेगी, यही वह निश्चित रूप से जानती थी; लेकिन इस कुशल-प्रश्न से नहीं, वरन् कंठ-स्वर में स्निग्ध-कोमलता देखकर, भारती मानो सहसा अपने हाथ में चंद्रमा को पा गई। वह बोली, 'अच्छी तरह हूँ जीजी, आप अच्छी तरह हैं न?'

'हाँ, अच्छी तरह हूँ।' कहकर सुमित्रा एक ओर बैठ गई।

डॉक्टर बोले, 'शशि के मुँह से मैंने सुना है कि तुम बहुत संपत्ति की उत्तराधिकारी होकर जावा जा रही हो?'

सुमित्रा बोली, 'हाँ, मुझे ले जाने के लिए आदमी आया है।'

'कब जाओगी?'

'पहले स्टीमर से, शनिवार के दिन।'

'अब तो तुम बड़ी धनशालिनी हो!'

सुमित्रा बोली, 'हाँ, सब मिल गया तो बन जाऊँगी।'

डॉक्टर बोले, 'मिल ही जाएगा। अटार्नी की राय के बिना कोई भी काम न करना। सावधान होकर रहना! जो तुम्हें ले जाने के लिए आए हैं, वे परिचित तो हैं?'

सुमित्रा बोली, 'हाँ, वे विश्वस्त हैं, मैं पहचानती हूँ।'

'तब कोई बात नहीं!'

इसी बीच अचानक शशि बोल उठा, 'यह तो बुरी बात हुई डॉक्टर! जिन तीन बंगाली महिलाओं को आपने लिया था, नवतारा गई, स्वयं प्रेसीडेंट जाने को तैयार हैं, सिर्फ भारती···।'

डॉक्टर हँसते हुए बोले, 'चिंता न करो, भारती भी महाजनों के पंथ का अनुसरण

करेंगी, यह एक प्रकार से निश्चित हो चुका है।'

भारती ने केवल क्रुद्ध कटाक्ष किया।

डॉक्टर के परिहास में व्यथा भरी है, इसका अनुमान करके शशि ने कहा, 'आपको शीघ्र ही चला जाना पड़ेगा। अब तो आप देखिए कि आपके पथ के दावेदारों की एक्टिविटी, कम से कम बर्मा में तो समाप्त हो गई। इसे अब कौन चलाएगा?' यह कहकर शशि ने एक गहरी साँस ली।

वे उसी तरह हँसते हुए बोले, 'यह कैसी बात कह रहे हो कवि! इतने समय से इतना देख-सुनकर भी, अंत में तुम्हारे ही मुँह से सव्यसाची के लिए यह सर्टिफिकेट? तीन महिलाएँ चली जाएँगी, इसीलिए क्या पथ का दावा ही समाप्त हो जाएगा? शराब छोड़ देने का यही फल हुआ है? इससे तो बेहतर है कि फिर पीना शुरू कर दो।'

वे उसी तरह हँसते हुए बोले, 'यह कैसी बात कह रहे हो कवि! इतने समय से इतना देख-सुनकर भी, अंत में तुम्हारे ही मुँह से सव्यसाची के लिए यह सर्टिफिकेट? तीन महिलाएँ चली जाएँगी, इसीलिए क्या पथ का दावा ही समाप्त हो जाएगा? शराब छोड़ देने का यही फल हुआ है? इससे तो बेहतर है कि फिर पीना शुरू कर दो।'

बात मजाक सी सुनाई पड़ने पर भी मजाक नहीं है, यह समझ लेने पर भी भारती ठीक तौर से न समझ सकी। कनखियों से, गौर से उसने देखा कि सुमित्रा आँखें नीचे करके चुपचाप बैठी है। तब उसने मुँह उठाकर, डॉक्टर के मुख पर स्थिर दृष्टि रखकर कहा, 'भैया, मुझे तो समझने के लिए शराब शुरू करने की जरूरत नहीं है; लेकिन फिर भी मैं तो कुछ न समझ सकी। नवतारा कुछ भी नहीं है और मैं तो उससे भी तुच्छ हूँ; लेकिन सुमित्रा जीजी, जिनको तुमने स्वयं प्रेसीडेंट का आसन दिया है, उनके चले जाने पर भी क्या तुम्हारे पथ के दावे को चोट नहीं पहुँचेगी? सच बताओ भैया, केवल किसी को लांछित करने के लिए ही नाराज होकर मत कहना।' सुमित्रा जिस तरह मुँह झुकाकर बैठी थी, ठीक उसी तरह चुपचाप मुँह नीचे झुकाए मूर्ति की तरह बैठी रही।

डॉक्टर क्षण भर मौन रहे, उसके बाद धीरे-धीरे बोले, 'मैंने क्रोध में यह बात नहीं कही है भारती! सुमित्रा, अवहेलना की चीज नहीं है। तुम शायद नहीं जानतीं; लेकिन स्वयं सुमित्रा अच्छी तरह जानती है कि इन सब मामलों में हमें अपनी क्षति के परिणाम की गणना ही नहीं करनी चाहिए। इसके सिवा जिसके प्राण ऐसे अनिश्चित हैं, उनका मूल्य किस चीज से स्थिर किया जा सकता है, बताओ तो? मनुष्य तो जाएगा ही। वह चाहे जितना भी बड़ा क्यों न हो, किसी के अभाव को ही हमें सर्वनाश न समझ लेना चाहिए। जल के स्रोत के समान, एक का स्थान दूसरा, स्वच्छंदता से और अत्यंत अनायास

ही पूरा कर सकता है, यह शिक्षा हमारी प्रथम और प्रधान शिक्षा है भारती!'

भारती बोली, 'लेकिन यह तो संसार में नहीं होता। उदाहरणस्वरूप तुम्हीं को मान लिया जाए। तुम्हारा अभाव कोई, किसी दिन पूरा कर सकता है, यह बात मैं सोच भी नहीं सकती भैया!'

डॉक्टर बोले, 'तुम्हारी विचारधारा अलग ही है भारती, और जिस दिन से मुझे इसका पता लग गया, उसी दिन से मैं फिर तुमको इस दल में खींच लाने में असमर्थ हो गया। बार-बार मेरे मन में यही खयाल आया है कि संसार में तुम्हारे लिए दूसरा काम है।'

भारती बोली, 'और बराबर ही मुझे ऐसा खयाल आता रहा है कि अयोग्य समझकर मुझे तुम दूर हटा देना चाहते हो। यदि मेरे लिए दूसरा काम हो तो मैं उसी के लिए अभी से संसार में निकल पड़ूँगी; लेकिन मेरे प्रश्न का तो यह उत्तर नहीं है भैया! असल बात ही तुच्छ हो गई। तुम्हारा अभाव, जल के स्रोत के समान पूरा हो सकता है या नहीं? तुम कह रहे हो कि हो सकता है, मैं कह रही हूँ कि नहीं हो सकता। मैं जानती हूँ कि नहीं हो सकता, मैं जानती हूँ कि मनुष्य केवल जल-स्रोत नहीं है, तुम तो अवश्य नहीं हो!'

भारती बोली, 'और बराबर ही मुझे ऐसा खयाल आता रहा है कि अयोग्य समझकर मुझे तुम दूर हटा देना चाहते हो। यदि मेरे लिए दूसरा काम हो तो मैं उसी के लिए अभी से संसार में निकल पड़ूँगी; लेकिन मेरे प्रश्न का तो यह उत्तर नहीं है भैया! असल बात ही तुच्छ हो गई। तुम्हारा अभाव, जल के स्रोत के समान पूरा हो सकता है या नहीं? तुम कह रहे हो कि हो सकता है, मैं कह रही हूँ कि नहीं हो सकता। मैं जानती हूँ कि नहीं हो सकता, मैं जानती हूँ कि मनुष्य केवल जल-स्रोत नहीं है, तुम तो अवश्य नहीं हो!'

क्षणभर मौन रहकर उसने फिर कहा, 'केवल इसी बात को जानने के लिए मैं तुम्हें परेशान नहीं करती, लेकिन जो नहीं है, जिसको तुम खुद जानते हो कि सत्य नहीं है, उसी से मुझे क्यों फुसलाना चाहते हो?'

डॉक्टर उत्तर न दे सके। भारती ही फिर बोली, 'इस देश में अब तुम्हारा ठहरना नहीं हो सकता, तुम जाने को बैठे हो। फिर तुम्हें वापस पाना कितना अनिश्चित है, यह सोचते ही हृदय में ज्वाला उठती है। इसी से उसका सोच नहीं करती, फिर भी सत्य को प्रतिक्षण अनुभव किए बिना नहीं रह सकती। इस व्यथा की सीमा नहीं है; लेकिन इससे भी बढ़कर मेरी व्यथा यह है कि तुमको इस प्रकार पाकर भी मैं न पा सकी। आज मुझे कितने दिनों के कितने ही प्रश्न याद पड़ रहे हैं भैया, लेकिन जब भी मैंने उन प्रश्नों को पूछा है, तुमने सत्य ही कहा है और झूठ भी कहा है, सच-झूठ एक में मिलाकर

कहा है, लेकिन किसी तरह भी सत्य मुझे जानने नहीं दिया। तुम्हारे पथ के दावे की मैं सेक्रेटरी हूँ; फिर भी तुम्हारी कार्य-पद्धति में मेरी कुछ भी श्रद्धा नहीं, यह बात तो मैंने एक दिन भी नहीं छिपाई। तुम नाराज नहीं हुए, अविश्वास नहीं किया, हास्यपूर्ण मुँह से केवल मुझे अलग कर देना चाहा है। अपूर्व बाबू के जीवन-दान की बात मैं भूली नहीं हूँ। मालूम होता है कि मेरे छोटे जीवन का कल्याण, केवल तुम्हीं निर्देश कर सकते हो! दुहाई भैया, जाते समय अब अपने को छिपाकर मत जाओ, तुम्हारा, मेरा, सभी का जो परम सत्य है, उसे ही आज कपट छोड़कर प्रकट कर दो।'

इस अद्‌भुत अनुनय का अर्थ न समझ सकने के कारण शशि और सुमित्रा दोनों ही आश्चर्य में पड़कर ताकते रह गए और उनकी आँखों पर दृष्टिपात करके, भारती अपनी व्याकुलता से स्वयं ही लज्जित हो उठी। यह लज्जा डॉक्टर की दृष्टि में छिपी नहीं रही। उन्होंने हँसते हुए कहा, 'सच, झूठ और सफेद झूठ एक में मिलाकर तो सभी बोलते हैं भारती! इसमें मेरा विशेष दोष क्या है? इसके सिवा यदि किसी के लिए लज्जा करने की बात हो, तो वह मेरे ही लिए है; लेकिन लज्जित तो तुम्हीं हो गई!'

इस अद्‌भुत अनुनय का अर्थ न समझ सकने के कारण शशि और सुमित्रा दोनों ही आश्चर्य में पड़कर ताकते रह गए और उनकी आँखों पर दृष्टिपात करके, भारती अपनी व्याकुलता से स्वयं ही लज्जित हो उठी। यह लज्जा डॉक्टर की दृष्टि में छिपी नहीं रही। उन्होंने हँसते हुए कहा, 'सच, झूठ और सफेद झूठ एक में मिलाकर तो सभी बोलते हैं भारती! इसमें मेरा विशेष दोष क्या है? इसके सिवा यदि किसी के लिए लज्जा करने की बात हो, तो वह मेरे ही लिए है; लेकिन लज्जित तो तुम्हीं हो गई!'

भारती मुँह झुकाए नीरव हो रही। सुमित्रा ने इसका उत्तर देकर कहा, 'लेकिन यदि लज्जा तुम्हारे पास हो ही नहीं डॉक्टर, तब? लेकिन स्त्रियाँ तो सच बात भी मुँह पर स्पष्ट रूप से कहने में लज्जा अनुभव करती हैं। कोई-कोई तो कह ही नहीं सकतीं।'

यह मंतव्य किसको लक्ष्य करके, किसलिए प्रकट किया गया, यह किसी से छिपा नहीं रहा; लेकिन जो श्रद्धा और सम्मान उनके लिए सहज-प्राप्य मालूम होते हैं, उन्होंने ही सबको निरुत्तर कर रखा। दो-तीन मिनट इसी तरह चुपचाप बीत जाने पर, डॉक्टर ने भारती को लक्ष्य करके कहा, 'भारती, सुमित्रा ने कहा है कि मुझमें लज्जा नहीं है। तुमने यह दोष लगाया कि मैं सुविधानुसार सच-झूठ दोनों ही कहा करता हूँ। आज भी उसी तरह कुछ कहकर इस प्रसंग को मैं समाप्त कर सकता था, यदि इसके साथ मेरे पथ के दावे का कोई संबंध न रहता। इसकी भलाई-बुराई से ही मेरा सच-झूठ निर्धारित होता

है। यही मेरा नीति-शास्त्र है, यही मेरी अकपट मूर्ति है!'

भारती अवाक् होकर बोली, 'यह क्या कहते हो भैया, यही तुम्हारी नीति है? यही तुम्हारी अकपट मूर्ति है?'

सुमित्रा बोल उठी, 'हाँ, ठीक यही है। यही उनका यथार्थ स्वरूप है। दया नहीं, ममता नहीं, धर्म नहीं, इस पाषाण मूर्ति को मैं पहचानती हूँ।'

उनकी बात पर भारती ने विश्वास किया हो, ऐसी बात नहीं है; लेकिन सुनकर वह स्तब्ध हो गई।

भारती अवाक् होकर बोली, 'यह क्या कहते हो भैया, यही तुम्हारी नीति है? यही तुम्हारी अकपट मूर्ति है?' सुमित्रा बोल उठी, 'हाँ, ठीक यही है। यही उनका यथार्थ स्वरूप है। दया नहीं, ममता नहीं, धर्म नहीं, इस पाषाण मूर्ति को मैं पहचानती हूँ।' उनकी बात पर भारती ने विश्वास किया हो, ऐसी बात नहीं है; लेकिन सुनकर वह स्तब्ध हो गई।

डॉक्टर बोले, 'तुम लोग कहा करती हो चरम सत्य, परम सत्य और ये अर्थहीन, निष्फल शब्द, तुम लोगों के लिए महा मूल्यवान हैं। मूर्खों को भुलावे में डालने के लिए इतना बड़ा जादू-मंत्र और कोई नहीं है। तुम लोग सोचती हो कि झूठ को ही बनाना पड़ता है। सत्य शाश्वत, सनातन और अपौरुषेय है। यही झूठी बात है। मिथ्या की ही तरह, सत्य को भी मानव-जाति दिन-रात बनाती है। यह भी शाश्वत नहीं, इसका जन्म है, इसकी मृत्यु है! मैं झूठ नहीं बोलता, सत्य की सृष्टि करता हूँ।'

यह परिहास नहीं, सव्यसाची के हृदय की उक्ति है। भारती मानो सुनकर पीली पड़ गई। अस्फुट स्वर में उसने पूछा, 'भैया, क्या यही तुम्हारे पथ के दावे की नीति है?'

डॉक्टर ने उत्तर दिया, 'भारती, पथ का दावेदार मेरी तर्कशास्त्र की पाठशाला नहीं है, यह मेरी पथ पर चलने के अधिकार की शक्ति है। कौन-कब-किस अज्ञान आवश्यकता के लिए नीति-वाक्य की रचना कर गया, वही हो जाएगा पथ के दावेदारों के लिए सत्य? और इसके लिए जिसकी गरदन फाँसी की रस्सी से बँधी है, उसके हृदय का वाक्य हो जाएगा झूठ? तुम्हारा परम सत्य क्या है, मैं नहीं जानता; लेकिन परम मिथ्या यदि कहीं हो तो वह यही है।'

उत्तेजना से सुमित्रा की आँखों की दृष्टि प्रखर हो उठी; लेकिन यह भयानक बात सुनकर, भारती आशंका से एकदम अभिभूत हो उठी।

'कवि!'

'जी हाँ।'

'शशि की कैसी भक्ति है, देख ली?' यह कहकर डॉक्टर हँस पड़े; लेकिन उस

हँसी में कोई शामिल नहीं हुआ। डॉक्टर ने दीवार-घड़ी की ओर देखकर कहा, 'ज्वार खत्म होने में अब देर नहीं है, मेरे जाने का समय हो गया। तुम्हारे ताराविहीन 'शशि-तारा लॉज' में आने का समय अब मुझे न मिलेगा।'

शशि ने कहा, 'कल ही मैं यह मकान छोड़ दूँगा।'

'कहाँ जाओगे?'

शशि ने कहा, 'आपके आदेशानुसार भारती के घर।'

डॉक्टर हँसते हुए बोले, 'देख रही हो भारती, शशि मेरा आदेश अमान्य नहीं करता। उस मकान का क्या नाम रखोगे शशि! शशि-भारती लॉज? तीन बार तुम्हें धोखा खाते तो मैंने ही देखा है; इस बार शायद सफलता मिल जाए। भारती बहुत अच्छी लड़की है।'

शशि ने कहा, 'कल ही मैं यह मकान छोड़ दूँगा।'
'कहाँ जाओगे?'
शशि ने कहा, 'आपके आदेशानुसार भारती के घर।'
डॉक्टर हँसते हुए बोले, 'देख रही हो भारती, शशि मेरा आदेश अमान्य नहीं करता। उस मकान का क्या नाम रखोगे शशि! शशि-भारती लॉज? तीन बार तुम्हें धोखा खाते तो मैंने ही देखा है; इस बार शायद सफलता मिल जाए। भारती बहुत अच्छी लड़की है।'
इतने कष्ट में भी भारती हँस पड़ी। सुमित्रा ने भी हँसते हुए सिर झुका लिया।

इतने कष्ट में भी भारती हँस पड़ी। सुमित्रा ने भी हँसते हुए सिर झुका लिया।

डॉक्टर बोले, 'तुम्हारे रुपयों की थैली, जो मैं साथ लेकर जा रहा था, भारती के पास छोड़ा जाऊँगा, यह भी एक मकान खरीदेगी।'

भारती बोली, 'घाव पर नमक छिड़कना क्या बंद न होगा भैया?'

शशि ने कहा, 'रुपए आप ले लीजिए डॉक्टर, मैंने आपको दे दिए। मेरे देश के घर-द्वार सर्वस्व बेचकर मिले रुपए, देश के काम में ही लगने दीजिए।'

डॉक्टर हँस पड़े; पर उनकी आँखें डबडबा गईं। बोले, 'रुपए मेरे पास हैं शशि, अब उनकी जरूरत नहीं है। इसके अतिरिक्त, अब शायद रुपयों की कमी न होगी।' कहकर वे हँसते हुए सुमित्रा की ओर देखने लगे।

सुमित्रा की दोनों आँखों में कृतज्ञता भर उठी। उसने मुँह से कुछ नहीं कहा; पर उसके सर्वांग से यही बात फूटकर बाहर निकल पड़ी, सबकुछ तो तुम्हारा ही है; पर उसे तुम क्या छुओगे?'

डॉक्टर अपनी दृष्टि दूसरी ओर हटाकर, कुछ देर तक स्तब्ध रहने के बाद बोले, 'कवि!'

'कहिए?'

'ब्राह्मण-भोजन कुछ पहले ही पूरा कर डाला, इसलिए तुम दुःख अनुभव मत करना, क्योंकि शुभ मुहूर्त जब सचमुच ही आ पहुँचेगा, तब दूसरी बार फिर मुझे अवकाश न मिलेगा; पर वह दिन आएगा। तरह-तरह के उत्तम भोजन से तृप्त होकर आज मैं तुमको वर दे रहा हूँ, तुम सुखी होओ! पर दो काम तुम कभी मत करना। शराब मत पीना और राजनीतिक विप्लव में मत भाग लेना! तुम कवि हो, तुम देश के बड़े कलाकार हो, तुम राजनीति से बड़े हो, इस बात को मत भूल जाना।'

शशि ने दुःखित होकर कहा, 'आप जिसमें हैं, उसमें मेरे रहने से दोष होगा, 'मैं क्या आपसे भी बड़ा हूँ?'

डॉक्टर ने कहा, 'बड़े तो हो ही। तुम्हारा परिचय ही तो जाति का सच्चा परिचय है। तुम लोगों को छोड़ देने पर, इसका वजन किस चीज से किया जाएगा? किसी दिन इस स्वाधीनता की समस्या का समाधान होगा ही, तब इसके सुख-दुःख की कहानी को जनश्रुति से अधिक मूल्य न मिलेगा; पर तुम्हारे कामों का मूल्य-निर्धारण कौन करेगा? तुम्हीं तो देश की समस्त विच्छिन्न, विक्षिप्त धाराओं को माला की तरह गूँथ जाओगे।'

शशि ने दुःखित होकर कहा, 'आप जिसमें हैं, उसमें मेरे रहने से दोष होगा, 'मैं क्या आपसे भी बड़ा हूँ?'
डॉक्टर ने कहा, 'बड़े तो हो ही। तुम्हारा परिचय ही तो जाति का सच्चा परिचय है। तुम लोगों को छोड़ देने पर, इसका वजन किस चीज से किया जाएगा? किसी दिन इस स्वाधीनता की समस्या का समाधान होगा ही, तब इसके सुख-दुःख की कहानी को जनश्रुति से अधिक मूल्य न मिलेगा; पर तुम्हारे कामों का मूल्य-निर्धारण कौन करेगा? तुम्हीं तो देश की समस्त विच्छिन्न, विक्षिप्त धाराओं को माला की तरह गूँथ जाओगे।'

सुमित्रा बोली, 'कब गूँथेंगे, यह बात वे ही जानते हैं; पर तुमने बातें गूँथकर जो उनका मूल्य इसी समय बढ़ा दिया, उसे भारती कैसे सँभालेगी?'

सुनकर सभी हँसने लगे, डॉक्टर बोले, 'शशि होगा हम लोगों का राष्ट्रीय कवि! हिंदुओं का नहीं, मुसलमानों का नहीं, क्रिस्तानों का नहीं, केवल मेरे देश का कवि! सहस्र नद-नदी प्रवाहित हमारा बंग देश, हमारी सुजला-सुफला शस्य-श्यामला, खेतों से भरी बंग-भूमि! मिथ्या रोग का दुःखी नहीं, मिथ्या दुर्भिक्ष की क्षुधा नहीं, विदेशी शासन के दुःसह अपमान की ज्वाला नहीं, मनुष्यत्व-हीनता की लांछना नहीं, शशि, तुम होंगे उसी के चारण कवि! क्या तुम न हो सकोगे भाई?'

भारती का सारा शरीर रोमांचित हो उठा, शशि 'भाई' संबोधन की मधुरता से

विगलित होकर बोला, 'डॉक्टर, चेष्टा करने पर मैं अंग्रेजी में भी कविता लिख सकता हूँ! यहाँ तक कि··· ।'

डॉक्टर बीच में ही रोककर बोल उठे, 'नहीं-नहीं, अंग्रेजी में नहीं, केवल बँगला में, केवल सात करोड़ अधिवासियों की मातृ-भाषा में। शशि, संसार की प्राय: सभी भाषाएँ मैं जानता हूँ; पर सहस्र दलों में विकसित, ऐसी मधु से भरी भाषा और नहीं है। मैं बहुत समय सोचता रहता हूँ भारती, ऐसा अमृत इस देश में कब-कौन लाया था?'

भारती की आँखों के कोने में आँसू भर आए, उसने कहा, 'मैं सोचा करती हूँ भैया—देश को इतना प्यार करना तुम्हें किसने सिखाया था?'

मुसलमान बादशाह के पैरों के नीचे अंजलि देने के लिए हिंदू मानसिंह, हिंदू प्रतापादित्य को जानवर की तरह बाँधकर ले गया था और उसको रसद जुटाकर, रास्ता दिखाकर आए थे बंगाली! जब बर्मी लोग हमारा देश लूटने के लिए आते थे, तब बंगाली लड़ते नहीं थे, सिर पर हाँडी रखकर पानी में बैठे रहते थे। मुसलमान दस्यु लोग, मंदिर-ध्वंस करके जब हमारे देश लूटने के लिए आते थे, तब बंगाली सिर पर पाँव रखकर भाग जाते थे, धर्म-रक्षा के लिए गरदन नहीं देते थे। वे बंगाली हमारे कुछ भी नहीं लगते कवि, गौरव करने लायक उनमें कुछ भी नहीं था।

शशि बोल उठा, 'इस विगत-गौरव का गान ही मेरा गान होगा, यह प्रेम का सुर ही मेरा सुर होगा। अपने देश को हम लोग, जिससे फिर उसी तरह प्यार करने लगें, यही शिक्षा देना ही मेरी शिक्षा होगी।'

डॉक्टर ने आश्चर्यपूर्ण नेत्रों से शशि की तरफ देखा और सुमित्रा के मुँह पर भी दृष्टिपात किया, फिर अंत में दोनों ही हँस पड़े; लेकिन इस हँसी का मर्म अन्य दोनों की समझ में नहीं आया, इसलिए वे दोनों ही अप्रतिभ हो गए। डॉक्टर बोले, 'फिर क्या उसी प्रकार प्यार करने लगेंगे? तुमने जिस तरह से प्रेम का इशारा किया है शशि, उस तरह का प्रेम बंगालियों ने कभी अपने बंगदेश से नहीं किया! उसका तिलार्ध प्रेम ही रहता, तो क्या बंगाली ही विदेशियों के साथ षड्यंत्र करके अपने सात करोड़ भाई-बहनों को दूसरों के हाथ में सौंप सकते थे? जननी जन्मभूमि, केवल कहने भर की बात थी! मुसलमान बादशाह के पैरों के नीचे अंजलि देने के लिए हिंदू मानसिंह, हिंदू प्रतापादित्य को जानवर की तरह बाँधकर ले गया था और उसको रसद जुटाकर, रास्ता दिखाकर आए थे बंगाली! जब बर्मी लोग हमारा देश लूटने के लिए आते थे, तब बंगाली लड़ते नहीं थे, सिर पर हाँडी रखकर पानी में बैठे रहते थे। मुसलमान दस्यु लोग, मंदिर-ध्वंस करके जब हमारे देश लूटने के लिए आते थे, तब बंगाली सिर पर पाँव रखकर भाग जाते थे, धर्म-रक्षा के लिए

गरदन नहीं देते थे। वे बंगाली हमारे कुछ भी नहीं लगते कवि, गौरव करने लायक उनमें कुछ भी नहीं था। हम लोग उनको बिल्कुल अस्वीकार करके चलेंगे, उनका धर्म, उनका अनुशासन, उनकी भीरुता, उनकी देशद्रोहिता, उनकी सामाजिक रीति-नीति, उनका जो कुछ भी है, वही तो होगा तुम्हारा विप्लव गान! वही तो होगा तुम्हारा सच्चा देश-प्रेम!'

शशि विमूढ़ की भाँति देखता रह गया।

डॉक्टर बोले, 'उनकी कापुरुषता से हम लोग विश्व के सामने हेय हो रहे हैं; उनकी स्वार्थपरता के भार से संकटग्रस्त और पंगु हो गए हैं। यह केवल क्या देश की बात है? जिस धर्म को वे स्वयं नहीं मानते थे, जिस देवता पर उनके मन में श्रद्धा ही नहीं थी, उनकी ही दुहाई देकर, वे समूची जाति को आपादमस्तक युक्तिहीन विधि-निषेधों के हजारों बंधनों में क्या नहीं बाँध गए हैं? यह अधीनता ही तो हमारे अनेक दु:खों की जड़ है।'

शशि ने धीरे-धीरे कहा, 'यह सब आप क्या कह रहे हैं!'

भारती बोली, 'भैया, मैं आज क्रिस्तान हूँ; लेकिन वे लोग मेरे भी तो पूर्व-पितामह हैं! उनके और दोष जो रहे हों; लेकिन उनके धर्म-विश्वास में भी प्रवंचना थी, ऐसी अन्यायपूर्ण कटूक्ति तुम मत करो।'

भारती बोली, 'भैया, मैं आज क्रिस्तान हूँ; लेकिन वे लोग मेरे भी तो पूर्व-पितामह हैं! उनके और दोष जो रहे हों; लेकिन उनके धर्म-विश्वास में भी प्रवंचना थी, ऐसी अन्यायपूर्ण कटूक्ति तुम मत करो।'

सुमित्रा चुप बैठी सुन रही थी, अब बोल उठी। भारती की तरफ देखकर वह बोली, 'किसी के संबंध में कटूक्ति करना अन्याय है तो अश्रद्धेय पर श्रद्धा करना भी अन्याय है, यहाँ तक कि चाहे वे अपने पूर्व-पितामह ही क्यों न हों! इसमें धृष्टता हो सकती है; लेकिन तुम्हारी बात में कोई तर्क नहीं है भारती! कुसंस्कार हैं, उनको छोड़ना सीखो।'

भारती चुप हो रही। डॉक्टर ने शशि से कहा, 'कोई भी वस्तु, केवल प्राचीनता के जोर से सत्य नहीं हो सकती, कवि! पुराने का गुणगान कर सकना ही कोई बड़ा गुण नहीं है। इसके अतिरिक्त हम लोग क्रांतिकारी हैं। पुराने का मोह हम लोगों के लिए नहीं है। हमारी दृष्टि, हमारी गति, हमारे लक्ष्य केवल सामने की तरफ हैं। पुराने का ध्वंस करके ही तो हमें अपना रास्ता बनाना पड़ता है। इसमें माया-ममता के लिए स्थान कहाँ है? जीर्ण और मृत ही रास्ता रोके रहेंगे तो हम लोग पथ के दावेदारों का पथ कहाँ पाएँगे?'

भारती ने कहा, 'मैं केवल तर्क के लिए ही तर्क नहीं कर रही हूँ, मैं सचमुच ही तुम्हारे पास रहकर, अपने जीवन का पथ ढूँढ़ती हुई घूम रही हूँ। तुम पुराने के शत्रु हो; लेकिन कोई एक संस्कार या रीति-नीति केवल प्राचीन होने के कारण ही क्या निष्फल,

व्यर्थ और त्याज्य हो जाएगी ? तब मनुष्य किसी संशय के बिना, किसके ऊपर निर्भर होकर खड़ा रहेगा ?'

डॉक्टर बोले, 'इतना भार सहनेवाली वस्तु संसार में कौन सी है, यह मैं नहीं जानता; लेकिन यह बात जानता हूँ भारती कि समय के साथ एक दिन सभी चीजें प्राचीन, जीर्ण और निकम्मी हो जाने पर त्याज्य हो उठेंगी। प्रतिदिन मनुष्य आगे ही बढ़ते जाएँगे और उनके पितामहों द्वारा प्रतिष्ठित, हजारों वर्ष की पुरानी रीति-नीतियाँ एक ही स्थान पर अचल हो रहेंगी, ऐसा हो तो शायद अच्छा ही हो; पर ऐसा होता नहीं है। इसमें आफत तो यही है कि केवल वर्षों की संख्या से ही किसी एक संस्कार की प्राचीनता निरूपित नहीं की जा सकती। वरना तुम भी आज हमारे साथ स्वर मिलाकर कहतीं, 'भैया, जो कुछ पुराना है, जो कुछ जीर्ण है, सबको कुछ विचार किए बिना ही, ममता छोड़कर ध्वस्त कर डालो; नए जगत् की प्रतिष्ठा हो जाए ?'

भारती ने कहा, 'मैं केवल तर्क के लिए ही तर्क नहीं कर रही हूँ, मैं सचमुच ही तुम्हारे पास रहकर, अपने जीवन का पथ ढूँढ़ती हुई घूम रही हूँ। तुम पुराने के शत्रु हो; लेकिन कोई एक संस्कार या रीति-नीति केवल प्राचीन होने के कारण ही क्या निष्फल, व्यर्थ और त्याज्य हो जाएगी ? तब मनुष्य किसी संशय के बिना, किसके ऊपर निर्भर होकर खड़ा रहेगा ?'

भारती ने पूछा, 'तुम क्या यह स्वयं कर सकते हो ?'

'क्या कर सकता हूँ बहन ?'

'जो कुछ प्राचीन है, जो कुछ पवित्र है, सभी को निर्मम चित्त से ध्वस्त कर सकते हो ?'

डॉक्टर बोले, 'कर सकता हूँ। यही तो हम लोगों का व्रत है। पुराने का अर्थ ही पवित्र नहीं है, भारती! कोई मनुष्य सत्तर वर्ष का पुराना हो जाने से ही, दस वर्ष के बच्चे से अधिक पवित्र नहीं हो जाता। तुम अपनी ही ओर निगाह करके देखो, मनुष्य की अविश्राम यात्रा के रास्ते में, भारत का वर्णाश्रम-धर्म तो सब तरह से असत्य हो गया है! ब्राह्मण, क्षत्रिय, वैश्य, शूद्र, कोई भी तो अब उस आश्रम के आधार पर नहीं रहता! यदि कोई ऐसा करे तो उसे मरना होगा। उस युग का बंधन आज छिन्न-भिन्न हो गया है। फिर भी उसी को पवित्र मान रहा है कौन ? जानती हो भारती ? ब्राह्मण चिरस्थायी बंदोबस्त को ही अतिशय पवित्र समझकर, कौन उसके साथ चिपके रहना चाहता है, जानती हो ? जमींदार, इसका स्वरूप समझना तो कठिन नहीं है, बहन! जिस संस्कार के मोह से, अपूर्व आज तुम्हारे सदृश नारी को भी छोड़कर जा सकता है, उससे बढ़कर असत्य और क्या है और क्या केवल अपूर्व के वर्णाश्रम धर्म की ही ऐसी दशा है ? तुम्हारा क्रिस्तान धर्म भी वैसा ही असत्य हो गया है भारती, इसकी भी प्राचीनता का मोह तुम्हें त्याग देना पड़ेगा।'

भारती ने डरकर कहा, 'जिस धर्म को मैं प्यार करती हूँ, विश्वास करती हूँ, उसको ही तुम छोड़ देने को कह रहे हो, भैया ?'

डॉक्टर बोले, 'हाँ, कहता हूँ; क्योंकि सभी धर्म असत्य हैं, आदिम दिनों के कुसंस्कार हैं। विश्व-मानवता के इतने बड़े शत्रु और कोई भी नहीं हैं।'

भारती उदास और स्तब्ध होकर बैठी रही। बहुत देर के बाद वह धीरे-धीरे बोली, 'भैया, तुम जहाँ भी रहो, तुमको मैं प्यार करती रहूँगी; लेकिन अगर यही तुम्हारा यथार्थ मत हो तो आज से तुम्हारा और मेरा मन बिल्कुल अलग है। एक दिन भी मैंने यह नहीं सोचा था कि तुम्हारे पथ के दावे का मार्ग इतना बड़ा पाप का मार्ग है!'

डॉक्टर बोले, 'हाँ, कहता हूँ; क्योंकि सभी धर्म असत्य हैं, आदिम दिनों के कुसंस्कार हैं। विश्व-मानवता के इतने बड़े शत्रु और कोई भी नहीं हैं।' भारती उदास और स्तब्ध होकर बैठी रही। बहुत देर के बाद वह धीरे-धीरे बोली, 'भैया, तुम जहाँ भी रहो, तुमको मैं प्यार करती रहूँगी; लेकिन अगर यही तुम्हारा यथार्थ मत हो तो आज से तुम्हारा और मेरा मन बिल्कुल अलग है। एक दिन भी मैंने यह नहीं सोचा था कि तुम्हारे पथ के दावे का मार्ग इतना बड़ा पाप का मार्ग है!'

डॉक्टर ने जरा मुसकरा दिया।

भारती ने कहा, 'मैं निश्चय जानती हूँ कि तुम्हारे इस दयाहीन, निष्ठुर ध्वंस के पथ में कदापि कल्याण नहीं है! मेरा स्नेह का पथ, करुणा का मार्ग, धर्म-विश्वास का पथ, वह ही मेरा श्रेय है, वही पथ सत्य है।'

'इसीलिए तो तुमको खींचना नहीं चाहा भारती! तुम्हारे संबंध में गलती की थी सुमित्रा ने; लेकिन मेरी गलती एक दिन भी नहीं हुई। अपने मार्ग से ही तुम चलो। स्नेह के आयोजन, करुणा की संस्थाएँ संसार में खोजने पर अनेक मिल जाएँगी; मिलेगा नहीं, तो केवल पथ का दावा, मिलेगा नहीं···।' कहते-कहते उनकी आँखों की दृष्टि, क्षणमात्र के लिए जलकर ही फिर बुझ गई; मगर उनका कंठ-स्वर स्थिर और गंभीर था। भारती और सुमित्रा दोनों ही समझ गईं कि सव्यसाची की यह शांत मुखश्री, यह संयत-अचंचल भाषा ही सबसे अधिक भीषण है। उन्होंने मुँह उठाकर कहा, 'तुमको तो मैंने कई बार कह दिया है भारती कि कल्याण की कामना मुझे नहीं है; मुझे तो स्वाधीनता ही काम्य है। राणा प्रताप ने चित्तौड़ को जब जनहीन अरण्य में परिणत कर दिया था, तब सारे राजपूताने में उनसे बढ़कर अकल्याण की मूर्ति और कहीं भी नहीं थी। यह घटना जब हुई, तब से कितनी शताब्दियाँ बीत गईं। फिर भी वह अकल्याण ही, आज हजार कल्याणों से बड़ा हो गया है! लेकिन जाने दो, इन व्यर्थ के तर्कों को। जो मेरा व्रत है, उसके सामने कुछ भी मेरे लिए असत्य नहीं है, कुछ अकल्याण नहीं है।'

भारती चुपचाप बैठी रही। तर्क और मतभेद तो पहले भी अनेक बार हो चुके हैं; लेकिन इस तरह के नहीं।

डॉक्टर ने घड़ी की तरफ देखा, उसके बाद हँसते हुए कहा, 'लेकिन इधर तो नदी में फिर ज्वार आने का समय हो गया, भारती, उठो।'

भारती उठकर बोली, 'चलिए।'

डॉक्टर खाने की पोटली लेकर बोले, 'सुमित्रा, ब्रजेंद्र कहाँ है?'

सुमित्रा ने उत्तर नहीं दिया, चुपचाप बैठी रही।

'तुमको क्या मैं पहुँचा आऊँ?'

सुमित्रा ने गरदन हिलाकर कहा, 'नहीं।'

डॉक्टर बोले, 'अच्छा!' फिर भारती से उन्होंने कहा, 'अब देर मत करो बहन, चलो!' यह कहकर वे बाहर चले गए।

सुमित्रा उसी तरह मुँह झुकाए बैठी रही। भारती ने उसको नमस्कार करके, डॉक्टर का अनुसरण किया।

अट्ठाईस

स्वप्नाविष्ट की भाँति भारती नाव पर आकर बैठ गई और नदी के सारे मार्ग में, बराबर निस्तब्ध ही बैठी रही। रात्रि का शायद तीसरा पहर हो चुका था। आकाश के असंख्य नक्षत्रों के प्रकाश से, पृथ्वी का अंधकार स्वच्छ होता चला आ रहा था। नाव जाकर उस पार के घाट पर लग गई। हाथ पकड़कर भारती को उतार चुकने पर, सव्यसाची खुद भी उतरने को तैयार हो रहे थे कि उसी समय भारती ने उन्हें रोकते हुए कहा, 'मुझे पहुँचाने की आवश्यकता नहीं है भैया, मैं खुद चली जाऊँगी।'

'अकेली जाते समय डर नहीं लगेगा?'

'लगेगा; लेकिन इसके लिए तुमको चलने की आवश्यकता नहीं।'

सव्यसाची ने कहा, 'थोड़ी ही दूर तो चलना है। चलो न, तुमको झटपट पहुँचा आऊँ बहन!' इतना कहकर उन्होंने ज्योंही नीचे सीढ़ी पर पैर बढ़ाए त्योंही भारती ने हाथ जोड़कर कहा, 'मुझे बचाओ भैया, तुम मेरे साथ चलकर, मेरे भय को हजार गुना मत बढ़ा दो। तुम घर चले जाओ।'

वास्तव में साथ जाना अत्यंत विपत्तिजनक काम था, इसमें संदेह नहीं। इसीलिए डॉक्टर ने भी फिर जिद नहीं की; लेकिन भारती के चले जाने पर भी उस नदी के तट पर वे स्थिर भाव से खड़े रहे।

घर जाकर भारती ने ताला खोलकर भीतर प्रवेश किया, दीप जलाकर चारों तरफ

सावधानी से निरीक्षण किया, उसके बाद किसी तरह बिछौना बिछाकर सो रही। शरीर थक गया था, अवसन्न था, तद्रांतुर दोनों नेत्र थकावट से मुँदे जा रहे थे; पर उसे किसी तरह से भी नींद नहीं आई। घूम-फिरकर सव्यसाची की यही बात उसे बार-बार याद आने लगी कि इस परिवर्तनशील संसार में सत्योपलब्धि नाम की कोई नित्य वस्तु नहीं है! उसका जन्म है, मरण है; युग-युग में, समय-समय पर उसको नया रूप धारण करके आना पड़ता है। अतीत के सत्य को वर्तमान में भी सत्य स्वीकार करना चाहिए, यह विश्वास भ्रांत है। यह धारणा कुसंस्कार है।

भारती मन ही मन बोली, मानव की आवश्यकता के लिए, अर्थात् भारत की स्वाधीनता की आवश्यकता के लिए, नए सत्य की सृष्टि करना ही भारतवासियों के लिए सबसे बड़ा सत्य है, अर्थात् इसके सामने कोई भी पथ असत्य नहीं है, कोई भी उपाय या कोई भी अभिसंधि हेय नहीं है! यह जो कारखानों के गंदे कुली-मजदूरों को सत्य मार्ग पर लाने का उद्यम है, यह जो उनकी संतान को विद्या-शिक्षा देने का आयोजन है, यह जो उनके लिए रात्रि-पाठशालाएँ हैं, इन सबका लक्ष्य कुछ और ही है, इस बात को निस्संकोच स्वीकार कर लेने में सव्यसाची को कोई दुविधा नहीं हुई, लज्जा नहीं मालूम हुई! पराधीन देश की मुक्ति यात्रा में, फिर पथ चुनने की छानबीन कैसी? एक दिन सव्यसाची ने कहा था—पराधीन देश के शासकों और शासितों की नैतिक-बुद्धि जब एक हो जाती है, तब देश के लिए उससे बढ़कर दुर्भाग्य की और कोई भी बात नहीं हो सकती भारती! उस दिन इस बात का मतलब वह नहीं समझ सकी थी, आज वह मतलब उसके सामने साफतौर से प्रकट हो गया।

भारती मन ही मन बोली, मानव की आवश्यकता के लिए, अर्थात् भारत की स्वाधीनता की आवश्यकता के लिए, नए सत्य की सृष्टि करना ही भारतवासियों के लिए सबसे बड़ा सत्य है, अर्थात् इसके सामने कोई भी पथ असत्य नहीं है, कोई भी उपाय या कोई भी अभिसंधि हेय नहीं है! यह जो कारखानों के गंदे कुली-मजदूरों को सत्य मार्ग पर लाने का उद्यम है, यह जो उनकी संतान को विद्या-शिक्षा देने का आयोजन है, यह जो उनके लिए रात्रि-पाठशालाएँ हैं"

घड़ी में तीन बज गए। इसके बाद कब वह सो गई, इसका पता नहीं, लेकिन यह बात याद पड़ी कि नींद के आवेश में उसने बार-बार यह दोहराया था कि भैया, तुम अतिमानव हो, तुम्हारे ऊपर मेरी भक्ति, श्रद्धा और स्नेह हमेशा अचल बना रहेगा; पर तुम्हारी इस विचार-बुद्धि को मैं किसी तरह भी ग्रहण न कर सकूँगी। भगवान् करे, तुम्हारे हाथों से ही देश को मुक्ति मिले, लेकिन अन्याय को कभी न्याय की

मूर्ति बनाकर खड़ा मत करना। तुम परम पंडित हो, तुम्हारी बुद्धि की सीमा नहीं है, तर्क में तुमको जीता नहीं जा सकता, तुम सबकुछ कर सकते हो! विदेशियों के हाथ से, पराधीनों के हाथ से, पराधीनों को कितनी लांछना मिलती है; दुःख के इस समुद्र में हमारा प्रयोजन कितना है, देश की लड़की होकर, क्या मैं यह नहीं जानती भैया? इसलिए यदि आवश्यकता को ही ऊँचा स्थान देकर, दुर्बल-चित्त मनुष्यों के सामने अधर्म को ही धर्म बना डालोगे तो फिर इस दुःख का तुम्हें कभी अंत ही नहीं मिलेगा।

भारती रूठकर बोली, 'माँ बीमार है तो मैं क्या करूँ?' ब्राह्मण आश्चर्य में पड़ गया। अपूर्व बाबू को वह अच्छी तरह ही पहचानता था। वे संभ्रांत व्यक्ति हैं; पहले के दिनों में इसी घर में, उनके लिए सत्कार की भी कोई कमी नहीं थी; मगर आज इस असंतोषपूर्ण भाव का कारण वह न समझ सका। बोला, 'मैं जाकर उनको भेज देता हूँ।' यह कहकर वह जाने को था कि भारती बोली, 'इस समय लड़के-लड़कियाँ आ गए हैं, उनको पढ़ाना है। कह दो कि इस समय भेंट नहीं होगी।'

दूसरे दिन जब भारती की नींद टूटी, तब दिन चढ़ चुका था। लड़के दरवाजे के बाहर खड़े होकर पुकार रहे थे। झटपट हाथ-मुँह धोकर वह नीचे जा पहुँची। दरवाजा खोलते ही कुछ छात्र-छात्राओं ने पुस्तकें-स्लेटें लिये हुए अंदर प्रवेश किया। उन्हें बैठने को कहकर, भारती कपड़े बदलने ऊपर जा रही थी कि उसी समय होटल के मालिक सरकार महाराज आ पहुँचे; बोल, 'अपूर्व तुमको कल रात से ही''' ।'

भारती ने बात काटकर पूछा, 'रात को आए थे?'

महाराज बोला, 'आज भी सवेरे से बैठे हैं, भेज दूँ?'

भारती का मुँह उतर गया; बोली, 'मुझसे उन्हें क्या काम है?'

ब्राह्मण ने कहा—'यह तो मैं नहीं जानता बहिनजी! शायद उनकी माँ बीमार है, उसी संबंध में कुछ कहना चाहते हैं।'

भारती रूठकर बोली, 'माँ बीमार है तो मैं क्या करूँ?'

ब्राह्मण आश्चर्य में पड़ गया। अपूर्व बाबू को वह अच्छी तरह ही पहचानता था। वे संभ्रांत व्यक्ति हैं; पहले के दिनों में इसी घर में, उनके लिए सत्कार की भी कोई कमी नहीं थी; मगर आज इस असंतोषपूर्ण भाव का कारण वह न समझ सका। बोला, 'मैं जाकर उनको भेज देता हूँ।' यह कहकर वह जाने को था कि भारती बोली, 'इस समय लड़के-लड़कियाँ आ गए हैं, उनको पढ़ाना है। कह दो कि इस समय भेंट नहीं होगी।'

ब्राह्मण बोला, 'फिर दोपहर या शाम को मिलने के लिए कह दूँ?'

भारती बोली, 'नहीं, मेरे पास समय नहीं है।' यह कहकर, इस प्रस्ताव को वहीं खत्म करके वह ऊपर चली गई।

स्नानोपरांत तैयार होकर, घंटे भर बाद जब वह नीचे उतरी, तब तक लड़के-लड़कियों से कमरा भर गया था और विद्योपार्जन के उनके एकांत उद्यम में समूचा मुहल्ला चंचल हो उठा था। भारती पढ़ाने के लिए बैठी; पर मन न लगा। पाठ देने में और सुनने में उसे आज केवल असफलता ही नहीं, वरन् आत्मवंचना सी मालूम होने लगी और सभी भावनाओं के बीच-बीच में आकर लगातार बाधा पहुँचाने लगी अपूर्व की चिंता। उसको इस प्रकार लौटा देना अशोभनीय ही क्यों न हो, उसको प्रश्रय देना बहुत बुरा है, इस विषय में भारती के मन में कुछ भी बहाने से मुलाकात करके, वह पहले के अस्वाभाविक संबंध को और भी विकृत कर देना चाहता है; नहीं तो यदि माँ बीमार हैं तो वह वहाँ बैठकर क्या कर रहा है? माँ तो उसकी हैं, भारती की तो नहीं हैं।

उनकी खतरनाक बीमारी का समाचार पाकर, उनकी शैया के पास जा पहुँचना पुत्र का प्रथम और प्रधान कर्तव्य है, यह विषय क्या दूसरे से परामर्श करके समझना होगा? उसे यह बात याद पड़ गई कि रोग के मामले में अपूर्व बहुत डरता है। उनका कोमल चित्त व्यथा के कारण व्याकुल होकर बाहर से जितना ही क्यों न छटपटाता रहे, मगर रोगी की सेवा करने की न तो उसमें शक्ति है और न साहस ही! यह भार उस पर सौंप देने के समान सर्वनाश और नहीं है। यह सब भारती जानती थी। वह यह भी जानती थी कि अपनी माँ को अपूर्व कितना प्यार करता है! माँ के लिए जो वह न कर सके, ऐसा कोई भी काम उसके लिए संसार में नहीं है।

उनकी खतरनाक बीमारी का समाचार पाकर, उनकी शैया के पास जा पहुँचना पुत्र का प्रथम और प्रधान कर्तव्य है, यह विषय क्या दूसरे से परामर्श करके समझना होगा? उसे यह बात याद पड़ गई कि रोग के मामले में अपूर्व बहुत डरता है। उनका कोमल चित्त व्यथा के कारण व्याकुल होकर बाहर से जितना ही क्यों न छटपटाता रहे, मगर रोगी की सेवा करने की न तो उसमें शक्ति है और न साहस ही!

उनके ही पास न जा सकने का दु:ख अपूर्व को कितना है, इसकी ही कल्पना करके, एक ओर जिस प्रकार उसके मन में करुणा का उदय हुआ; दूसरी ओर इस असहनीय भीरुता से, क्रोध के मारे उसका सारा शरीर जलने लगा। भारती ने मन ही मन कहा, सेवा नहीं कर सकता तो इसी कारण क्या बीमार माँ के पास जाने में भी

कोई लाभ नहीं है ? इसी उपदेश की क्या अपूर्व मुझसे प्रत्याशा करता है ?

भूख न होने के कारण, आज भारती ने रसोई बनाने की चेष्टा नहीं की। दिन का तीसरा पहर जब बीत चला, तब एक घोड़ागाड़ी आकर उसके दरवाजे पर खड़ी हो गई। भारती ने ऊपर की खिड़की से देखा तो आश्चर्य और शंका से उसका हृदय परिपूर्ण हो गया। मोटरी-गठरी आदि अपना सारा सामान गाड़ी के छत पर लादकर, शशि आ धमका है। पिछली रात के हँसी-मजाक को, संसार में कोई भी मनुष्य ऐसी वास्तविकता में परिणत कर सकता है, शायद भारती इस बात की कल्पना भी नहीं कर सकती थी।

भूख न होने के कारण, आज भारती ने रसोई बनाने की चेष्टा नहीं की। दिन का तीसरा पहर जब बीत चला, तब एक घोड़ागाड़ी आकर उसके दरवाजे पर खड़ी हो गई। भारती ने ऊपर की खिड़की से देखा तो आश्चर्य और शंका से उसका हृदय परिपूर्ण हो गया। मोटरी-गठरी आदि अपना सारा सामान गाड़ी के छत पर लादकर, शशि आ धमका है। पिछली रात के हँसी-मजाक को, संसार में कोई भी मनुष्य ऐसी वास्तविकता में परिणत कर सकता है, शायद भारती इस बात की कल्पना भी नहीं कर सकती थी।

भारती नीचे उतरकर बोली, 'यह क्या शशि बाबू ?'

शशि बोला, 'मकान छोड़कर आ रहा हूँ।' और गाड़ीवान को हुक्म दिया, 'सामान ऊपर ले जाओ।'

भारती बोली, 'ऊपर जगह कहाँ है, शशि बाबू ?'

शशि बोला, 'बहुत अच्छा, तो नीचे के कमरे में रख दो।'

भारती बोली, 'नीचे के कमरे से तो पाठशाला है।'

शशि चिंतित हो उठा। भारती ने उसे भरोसा देकर कहा, 'एक काम किया जाए, शशि बाबू! होटल में डॉक्टर का कमरा खाली है, आप वहीं अच्छी तरह रहेंगे। खाने-पीने का कष्ट भी न होगा, चलिए।'

'लेकिन कमरे का किराया तो देना होगा ?'

भारती हँसकर बोली, 'नहीं, भैया छह महीने का किराया दे गए हैं।'

शशि खुश न होकर भी, इस व्यवस्था से सहमत हो गया। सारे सामान के साथ, महाराज के होटल में कवि को प्रतिष्ठित करके भारती ऊपर अपने सोने के कमरे में चली गई।

दूसरे दिन सवेरे जब उसकी नींद टूटी, तब अनाहार की दुर्बलता के कारण उसका शरीर थका हुआ था।

जिस आदमी से भारती की माँ ने विवाह किया था, वह बड़ा दुराचारी था। उसके साथ एकत्र बैठकर ही भारती को भोजन करना पड़ता था, फिर भी किसी बासी अखाद्य वस्तु को उसने कभी अपना खाद्य पदार्थ नहीं बनाया। छुआछूत की विडंबना उसमें नहीं थी, लेकिन जहाँ-तहाँ, जिसके-तिसके हाथों का खाने में उसे घृणा होती थी। माँ की मृत्यु के बाद से, वह अपने ही हाथ से रसोई बनाकर खाती थी; लेकिन आज रसोई बनाने के लिए उसके शरीर में शक्ति नहीं थी, इसलिए होटल में रोटी और कुछ तरकारी तैयार कर देने के लिए, उसने महराज के पास खबर भेज दी।

दासी भोजन की थाली लेकर आई तो भारती ने अपनी थाली और कटोरी लाकर मेज पर रख दी। दासी ने दूर ही, उसकी थाली में रोटी और तरकारी डालकर कहा, 'लो, खा-पी लो।'

भारती मृदु कंठ से बोली, 'तुम जाओ, मैं बैठ जाती हूँ।'

दासी बोली, 'जाती हूँ। नौकर तो साथ गया, अकेले सब धोना-माँजना, जो हो, लौटकर बीस रुपए मेरे हाथ में देकर, बाबू रोकर बोले, 'दाई, अंत समय में तुमने जो किया, उतना माँ की लड़की पास रहने पर भी न कर सकती। वे जितना रो रहे थे, मैं भी उतना ही रोने लगी, बहनजी! आह! कितना कष्ट उठाया। परदेश की भूमि, कोई अपना आदमी भी पास नहीं, समुंदर का रास्ता, तार भेज देने से ही बहू-बेटे उड़कर आ नहीं सकते। उन लोगों का भी दोष क्या है?'

भारती के हृदय का भीतरी भाग उद्वेग और अज्ञात आशंका से बर्फ-सा हो गया; लेकिन मुँह खोलकर वह कुछ भी पूछ न सकी।

भारती मृदु कंठ से बोली, 'तुम जाओ, मैं बैठ जाती हूँ।' दासी बोली, 'जाती हूँ। नौकर तो साथ गया, अकेले सब धोना-माँजना, जो हो, लौटकर बीस रुपए मेरे हाथ में देकर, बाबू रोकर बोले, 'दाई, अंत समय में तुमने जो किया, उतना माँ की लड़की पास रहने पर भी न कर सकती। वे जितना रो रहे थे, मैं भी उतना ही रोने लगी, बहनजी! आह! कितना कष्ट उठाया। परदेश की भूमि, कोई अपना आदमी भी पास नहीं, समुंदर का रास्ता, तार भेज देने से ही बहू-बेटे उड़कर आ नहीं सकते। उन लोगों का भी दोष क्या है?'

दासी कहने लगी, 'महाराजजी ने बुलाकर कहा, बाबू की माँ बहुत बीमार हैं, तुमको वहाँ जाना पड़ेगा, ज्ञाना! मैं तब 'नहीं' न कह सकी। एक तो निमोनिया की बीमारी, उस पर धर्मशाला की भीड़, जंगले-किवाड़ सब टूटे हुए, एक भी बंद नहीं होता, कैसी आफत! पाँच बजने पर प्राण निकल गया; लेकिन मेस के बाबुओं को खबर देते-बुलाते-पुकारते शव उठा रात को दो-ढाई बजे। उनके लौटकर आने पर दिन चढ़

गया था, अकेली मुझे ही सब धोना-पोंछना·· ।'

भारती ने पूछा, 'क्या अपूर्व बाबू की माँ मर गईं?'

दासी ने गरदन हिलाकर कहा, 'हाँ बहनजी, मानो उनके लिए बर्मा में जमीन खरीद ली गई थी! वही जो एक कहावत है न, 'ताहि जहाँ ले जाय' यह ठीक वही बात हुई। इधर से अपूर्व बाबू ने प्रस्थान किया; उधर वे भी लड़के से झगड़कर जहाज पर बैठ गईं। सिर्फ एक नौकर साथ था। जहाज ही में बुखार आ गया, धर्मशाला में उतरने पर एकदम बेहोशी की दशा। घर पहुँचते ही, बाबू वापसी जहाज से लौट आए। यहाँ आकर उन्होंने देखा कि माँ अब जा रही हैं! वास्तव में चली ही गईं, लेकिन खड़ी रहकर एक क्षण बातें करने का भी समय नहीं है, बहनजी, इसी समय सभी बाहर निकल पड़ेंगे। फिर शाम को आऊँगी।' कहकर वह चली गई।

भोजन की थाली उसी तरह पड़ी रही। उसकी आँखों से आँसू की बड़ी-बड़ी बूँदें, गालों पर से झर-झर नीचे गिरने लगीं। अपूर्व की माँ को उसने कभी देखा नहीं था और पति-पुत्र को लेकर इस जीवन में उन्होंने कष्ट उठाया है, इसके सिवा उनके संबंध में, वह विशेष कुछ जानती भी नहीं थी; लेकिन कितनी ही बार, अपने एकांत कमरे में, रात के समय जागती हुए, उसने उस बूढ़ी विधवा स्त्री के बारे में कितनी ही कल्पनाएँ की हैं। सुख के समय नहीं, दुःख के समय में भी यदि उनसे भेंट हो, जब उसके सिवा और कोई उनके पास न रहे, तब ईसाई होने के कारण, वे कैसे दूर हटा सकती हैं, यह बात जान लेने की उसे बड़ी साध थी। बड़ी साध थी कि दुर्दिन की उस अग्नि-परीक्षा में, अपने-पराए की समस्या का वह अंतिम समाधान कर लेगी। धर्म-मतभेद ही इस जगत् में मनुष्य का चरम विच्छेद है या नहीं, इस सत्य की परीक्षा लेने के लिए ही, वह चरम दुःसमय उसके भाग्य में आया; लेकिन उसे वह ग्रहण न कर सकी, यह रहस्य जीवन में अमीमांसित ही रह गया।

सुख के समय नहीं, दुःख के समय में भी यदि उनसे भेंट हो, जब उसके सिवा और कोई उनके पास न रहे, तब ईसाई होने के कारण, वे कैसे दूर हटा सकती हैं, यह बात जान लेने की उसे बड़ी साध थी। बड़ी साध थी कि दुर्दिन की उस अग्नि-परीक्षा में, अपने-पराए की समस्या का वह अंतिम समाधान कर लेगी।

और अपूर्व! वह आज कितना असहाय है, कितना अकेला है, भारती से अधिक इस बात को कौन जानता है? हो सकता है कि माता के एकाग्र मन का आशीर्वाद ही, अब तक कवच की भाँति उनकी रक्षा करता आ रहा था, मगर आज वह भी अंतर्हित हो गया। भारती ने मन में कहा, यह सब मेरे आकाश-कुसुम हैं, मेरे अवचेतन मन की स्वप्न-रचना के अलावा और कुछ भी नहीं है; फिर भी वह स्वप्न, मेरे निर्देशहीन भविष्य

को कितना स्निग्ध–श्याम शोभा से अपरूप कर रखता है, इस बात को मेरे सिवा और जानता ही कौन है ? मुझसे अधिक कौन जानता है कि घर पर और बाहर भी अपूर्व आज कितना निरुपाय है, कितना संगविहीन है !'

इस प्रभाव भूमि में शायद अपूर्व को कोई काम न हो, शायद आत्मीय–सज्जनों ने उसे त्याग दिया है ! भीरु, लोभी नीचाशय होने के कारण, वह बंधगण के बीच निंदित है, और सब दुःखों से बड़ा दुःख यह है कि उसकी माँ आज इस लोक में नहीं हैं ! भारती को यह बात मालूम हुई कि लज्जा के कारण, किसी परिचित के पास अपूर्व न जा सका था और इसलिए सारी लज्जा को विसर्जित करके वह बारंबार उसी के पास दौड़ा आया था। उद्यम की पटुता, व्यवस्था की शृंखला, कार्य की तत्परता कुछ भी उसमें नहीं है, फिर जब धर्मशाला में असह्य निर्जनता और कोलाहल, सब तरह के अभावों और असुविधाओं के बीच, उसकी माँ की मृत्यु आसन्न हो चुकी थी, तब अकेले किस तरह उसके वे क्षण बीते होंगे, इस बात की कल्पना करके, उसकी आँखों के आँसू रोकने पर भी न रुक सके। आँखें पोंछते–पोंछते जो बात उसे अनेक बार याद आई है, वही बात उसे फिर याद आ गई, मानो सभी दुःखों का सूत्रपात, अपूर्व की उसके साथ जान–पहचान होने के साथ ही हुआ हो! नहीं तो, पिता और बड़े भाई की उच्छृंखलता के विरुद्ध, जब अपनी माता का पक्ष लेकर सैकड़ों दुःख सहे थे, तब स्वार्थ–बुद्धि ने उसे सत्य–भ्रष्ट क्यों नहीं किया ? तब दुर्बलता कहाँ थी ? स्वधर्माचरण में आस्था और प्रगाढ़ निष्ठा, वह क्या सचमुच ही ऐसा नीचाशय है कि यह सबकुछ माँ का मुँह देखकर ही करता था ? उसका गंगास्नान, उसका शिखा रखना, उसका सब काम, सब अनुष्ठान भले ही भ्रांत क्यों न हों, मिथ्या ही क्यों न हों; फिर भी तो वह अपने प्रति किए सब मजाकों और आक्रमणों को सहकर, उनको व्यर्थ करके अटल ही बना रहा, यह क्या अपूर्व के अस्थिर–चित्त का निर्देशन माना जा सकता है ? तो आज फिर वही मनुष्य, बर्मा में आकर कैसे हो गया और इतने दिनों तक उसकी इतनी दुर्बलता कहाँ छिपी थी ? सव्यसाची से इसका उत्तर पूछने को तत्पर होने पर भी, कितनी ही बार उसका यह प्रश्न रुक गया है। केवल कौतूहल ही

इस प्रभाव भूमि में शायद अपूर्व को कोई काम न हो, शायद आत्मीय–सज्जनों ने उसे त्याग दिया है! भीरु, लोभी नीचाशय होने के कारण, वह बंधगण के बीच निंदित है, और सब दुःखों से बड़ा दुःख यह है कि उसकी माँ आज इस लोक में नहीं हैं! भारती को यह बात मालूम हुई कि लज्जा के कारण, किसी परिचित के पास अपूर्व न जा सका था और इसलिए सारी लज्जा को विसर्जित करके वह बारंबार उसी के पास दौड़ा आया था।

नहीं, वरन् हृदय की व्यथा के बीच से ही उसने कई बार सोचा है कि इस संसार में जो कुछ भी जाना जा सकता है, वह सब ही भैया जानते हैं, इसीलिए इस समस्या का समाधान वे ही कर देंगे। केवल संकोच और लज्जा के कारण ही वह अपूर्व के संबंध में उनसे कुछ पूछ नहीं सकी है।'

सोचते-सोचते सहसा एक नया प्रश्न उसके मन में आ गया। कर्मदोष से जबकि सभी अपूर्व के विरुद्ध हैं, तब भी जिस मनुष्य की सहानुभूति से वह वंचित नहीं हुआ है, वह है सव्यसाची! लेकिन किसलिए? क्या केवल बहन के प्रति संवेदना रहने के कारण? उनका स्नेह पाने योग्य गुण, क्या स्वयं अपूर्व में कुछ भी नहीं है? सचमुच ही क्या भारती ने इतने क्षुद्र व्यक्ति पर, इतना अधिक प्रेम समर्पण कर दिया है? उस दुर्दिन में सावधान कर देने लायक पूँजी क्या उसके पास कुछ भी नहीं थी? उनका हृदय क्या इतना कंगाल, ऐसा दिवालिया हो गया था?

सोचते-सोचते सहसा एक नया प्रश्न उसके मन में आ गया। कर्मदोष से जबकि सभी अपूर्व के विरुद्ध हैं, तब भी जिस मनुष्य की सहानुभूति से वह वंचित नहीं हुआ है, वह है सव्यसाची! लेकिन किसलिए? क्या केवल बहन के प्रति संवेदना रहने के कारण? उनका स्नेह पाने योग्य गुण, क्या स्वयं अपूर्व में कुछ भी नहीं है?

इसी तरह एक ही अवस्था में बैठी रहने पर जब दो घंटे बीत गए, तब दासी फिर आ पहुँची। उस समय होटल के जरूरी कामों के कारण, सभी आलोचनाएँ समाप्त करके जाने का अवसर उसे नहीं मिला था। इस समय उसे कुछ छुट्टी मिल गई है। अपूर्व और भारती के बीच एक रहस्यमय मधुर संबंध है, यह बात आभास और चाल-ढाल से सभी जान गए थे, दासी से भी यह विषय छिपा नहीं था, तो फिर अचानक ऐसी कौन सी घटना हो गई, जिससे अपूर्व की इतनी बड़ी विपत्ति के दिनों में भी भारती ने उसकी परछाईं का भी स्पर्श नहीं किया? एक स्त्री होते हुए भी इतनी बड़ी बात न मालूम कर लेने तक ज्ञाना को अन्न-जल ग्रहण करना भी रुचिकर नहीं मालूम हो रहा था। इसी कारण वह किसी बहाने से उपस्थित हुई। पहले तो अवाक् हो गई, बाद को बोली, 'कुछ भी तो तुमने नहीं छुआ, देख रही हूँ!'

भारती लज्जित होकर झटपट उठ खड़ी हुई और बोली, 'नहीं।'

दासी ने अपना सिर हिलाकर, कंठ-स्वर करुण करके कहा, 'खाया नहीं जाता, बहनजी! मैं तो अपनी आँखों से सब कांड देख आई हूँ। विश्वास न हो तो चलकर देख लो, मुँह में मैंने एक कौर भी रखा है या नहीं! भात की थाली ज्यों की त्यों पड़ी हुई है।'

उसकी अवांछित संवेदना से भारती के संकोच की कोई सीमा नहीं रही। जोर लगाकर जरा हँसने की चेष्टा करके बोली, 'किसी से एक गाड़ी मँगवा दो न दाई!'

'शायद जाओगी ?'

'हाँ, जरा जाकर देखूँ तो क्या हुआ ?'

ज्ञाना ने कहा, 'आज सवेरे आकर, महाराजजी से कैसी विनती करने लगे। मैंने सुनकर कहा, 'यह कौन सी बात है! मनुष्य की आफत-विपत में न करूँगी तो कब करूँगी ?' हाथ का काम पड़ा रह गया। जैसी थी, वैसी ही घर से निकल पड़ी। भाग्य तो फिर भी···'

उन्हीं सब बातों के दुहराए जाने की आशंका से भारती घबरा उठी। बीच ही में रोककर बोल उठी, 'तुमने आफत के दिनों में जो कुछ किया, उसकी तुलना नहीं हो सकती; लेकिन अब देर मत करो दाई, एक गाड़ी मँगवा दो। मुझे जाना है, तब तक घर का कामकाज कर लेती हूँ।'

दाई गाड़ी लेने चली गई और दुःसमय में सहायता पहुँचाने का आग्रह करके ऐसी बात भी कहती गई कि घर का काम-काज आज मैं ही कर जाऊँगी, जबकि खाने-पीने की कोई भी चीज छुई तक नहीं गई है, तब तक उनकी भी सफाई कर देने में मुझे कोई आपत्ति नहीं है।'

गाड़ी आ पहुँची तो भारती साथ में कुछ रुपए लेकर, घर-द्वार में ताला लगाकर बाहर निकल पड़ी। जब धर्मशाला में पहुँची, तब दिन था। दोमंजिले के उत्तर में, एक कमरा दिखाकर दरबान ने कहा, 'बंगाली बाबू भीतर ही हैं और बंगाली महिला से बँगला भाषा में ही समझाकर उसने बताया कि धर्मशाला में तीन दिन से अधिक ठहरने का नियम नहीं है। वह मियाद पूरी हो गई है। यदि कहीं मैनेजर साहब को मालूम हो जाए तो उसकी नौकरी में भी गड़बड़ी मच जाएगी।'

गाड़ी आ पहुँची तो भारती साथ में कुछ रुपए लेकर, घर-द्वार में ताला लगाकर बाहर निकल पड़ी। जब धर्मशाला में पहुँची, तब दिन था। दोमंजिले के उत्तर में, एक कमरा दिखाकर दरबान ने कहा, 'बंगाली बाबू भीतर ही हैं और बंगाली महिला से बँगला भाषा में ही समझाकर उसने बताया कि धर्मशाला में तीन दिन से अधिक ठहरने का नियम नहीं है। वह मियाद पूरी हो गई है। यदि कहीं मैनेजर साहब को मालूम हो जाए तो उसकी नौकरी में भी गड़बड़ी मच जाएगी।'

इस इशारे का मतलब समझकर भारती ऊपर के कमरे में चली गई। वहाँ जाकर देखा कि चीजें और सामान, चारों तरफ बिखरे पड़े हैं और अपूर्व कम्बल पर औंधा पड़ा है। नई चादर से उसका मुँह ढँका है, वह जाग रहा है या सो रहा है, यह समझ न सकी। सुना था, साथ में एक नौकर आया है; लेकिन कहीं भी वह नहीं था। भारती बोली, 'अपूर्व बाबू!'

अपूर्व उठकर बैठ गया और उसके मुँह की तरफ एक बार देखकर, फिर अपने दोनों घुटनों में मुँह छिपा लिया। कुछ देर बाद, आँखें ऊपर उठाकर सीधा हो गया।

मातृ-वियोग की असीम वेदना उसके मुँह पर जम गई है; लेकिन आवेग की चंचलता नहीं है—शोकाच्छन्न, गंभीर दृष्टि के सामने इस संसार का सबकुछ, मानो उसके लिए एकदम झूठा हो गया है! माता के आँचल की छाया के नीचे रहनेवाले, जिस अपूर्व को उसने एक दिन पहचाना था, यह तो वह अपूर्व नहीं है! भारती आश्चर्य में पड़कर अवाक् हो गई। अपूर्व स्वयं बोला, 'यहाँ बैठने के लिए कुछ नहीं है भारती, सब जगह भीग गई। तुम बक्स पर बैठ जाओ।'

भारती किवाड़ की चौखट पकड़कर, आँखें झुकाकर, जिस तरह खड़ी थी—उसी तरह स्थिर रह गई। इसके बाद बहुत देर तक दोनों के मुँह से एक शब्द भी न निकला।

फिर अपूर्व बोला, 'भारती, बैठ जाओ।'

भारती बोली, 'बैठने से शाम हो जाएगी।'

अपूर्व स्तब्ध हो रहा। भारती ने आँचल से आँसू पोंछते हुए कहा, 'समय हो गया, माँ चली गईं! पहले मैंने सोचा था, इस जन्म में कभी तुमको अपना मुँह न दिखाऊँगी; लेकिन तुमको इस तरह अलग फेंककर भी कैसे रह सकती हूँ? मेरे साथ गाड़ी आई है। उठो, मेरे घर चलो।' फिर उसकी आँखों से आँसू की धारा बहने लगी।

'क्या इसी समय चली जाओगी? बैठ न सकोगी?'

भारती बक्स पर बैठ गई, फिर बोली, 'माँ यहाँ आई थीं, यह बात मुझे मालूम नहीं थी। मैंने उनको देखा नहीं; लेकिन मेरी छाती के भीतर आग-सी जल रही है। इस विषय को लेकर तुम मुझे और दु:ख मत देना।' यह कहते-कहते उसकी आँखों से आँसू लुढ़क पड़े।

अपूर्व स्तब्ध हो रहा। भारती ने आँचल से आँसू पोंछते हुए कहा, 'समय हो गया, माँ चली गईं! पहले मैंने सोचा था, इस जन्म में कभी तुमको अपना मुँह न दिखाऊँगी; लेकिन तुमको इस तरह अलग फेंककर भी कैसे रह सकती हूँ? मेरे साथ गाड़ी आई है। उठो, मेरे घर चलो।' फिर उसकी आँखों से आँसू की धारा बहने लगी।

वह शांत स्वर में बोला, 'अशौच का झमेला बहुत है! भारती, वहाँ सुविधा न होगी। इसके अतिरिक्त इसी शनिवार के स्टीमर से मैं घर वापस चला जाऊँगा।'

भारती बोली, 'शनिवार में अभी चार दिन हैं। माता की मृत्यु के बाद कुछ झमेला रहता है, यह मैं जानती हूँ; लेकिन उसे मैं सह न सकूँगी, तो क्या धर्मशाला के ये लोग सहेंगे? चलो।'

अपूर्व बोला, 'नहीं।'

भारती बोली, 'नहीं कह देने से ही यदि तुमको इस अवस्था में छोड़कर चली जा सकती तो यहाँ आती ही नहीं, अपूर्व बाबू!' यह कहकर, एक क्षण चुप रहकर वह बोली,

'इतने दिनों के बाद, तुमसे छिपकर कहने या लज्जित होकर कहने के लिए कोई भी बात नहीं रही। माता का अंतिम कार्य बाकी है, शनिवार को जहाज से तुमको घर वापस जाना ही पड़ेगा और उसके बाद क्या होगा, यह भी मैं जानती हूँ। तुम्हारी किसी व्यवस्था में मैं बाधा न दूँगी; लेकिन इस अवसर पर, इन कुछ दिनों में भी यदि तुमको अपनी आँखों के सामने न रख सकूँ, तो तुम्हारी ही शपथ लेकर कह रही हूँ, घर लौटकर, मैं आज विष खाकर प्राण-त्याग करूँगी! माता का शोक इससे बढ़ेगा ही, घटेगा नहीं, अपूर्व बाबू!'

अपूर्व खड़ा होकर बोला, 'नौकर को बुलाओ, सब चीजें और सामान बाँध डालें।'

सामान थोड़ा ही था, गाड़ी पर रखने में आधा घंटा भी न लगा। रास्ते में भारती ने पूछा, 'भैया नहीं आए?'

अपूर्व बोला, 'नहीं, छुट्टी नहीं मिली।'

'यहाँ की नौकरी तुमने छोड़ दी?'

'हाँ, यही समझो।'

'माँ का अंतिम-संस्कार पूरा करके, क्या घर पर ही रहोगे?'

अपूर्व बोला, 'नहीं! माँ अब नहीं हैं। आवश्यकता से अधिक एक दिन भी, मैं उस घर में नहीं रह सकता।' यह सुनकर भारती के मुँह से एक लंबी साँस निकल पड़ी।

उनतीस

परित्यक्त, पतनोन्मुख, घने जंगलों से घिरे हुए जिस जीर्ण मठ में, एक दिन अपूर्व के अपराध का न्याय हुआ था, आज फिर उसी कमरे में 'पथ के दावेदारों' की बैठक बुलाई गई है। उस दिन के बंदीगृह में, जो दुर्जय क्रोध और निर्मम प्रतिहिंसा की आग लपटें फेंकती हुई जली थी, आज उसकी एक चिनगारी तक नहीं है। आज वह वादी नहीं है, प्रतिवादी नहीं है। किसी के विरुद्ध किसी की शिकायत नहीं है। आज आशंका और निराशा की दुस्सह वेदना से, सारी सभा निष्प्रभ, उदास और मृतप्राय सी हो रही है। भारती की आँखों के कोने में अश्रु-बिंदु हैं, सुमित्रा मुँह नीचे झुकाकर स्थिर बैठी है। तलवलकर गिरफ्तार हुआ है; खून से लथपथ शरीर लिए, वह जेल के अस्पताल में पड़ा है। आज भी उसे अच्छी तरह होश नहीं हुआ है। उसकी स्त्री अपनी बच्ची के साथ इधर-उधर रास्ते में भटकती रही और अनेक दुःख भोगने के बाद, कल शाम को एक महाराष्ट्रीय ब्राह्मण के गृह में उसे शरण मिली। सुमित्रा ने पता पूछकर, उसके नैहर आज तार भेज दिया है; पर अब तक कोई उत्तर नहीं आया।

भारती ने धीरे-धीरे पूछा, 'तलवलकर बाबू का क्या होगा भैया?'

डॉक्टर बोले, 'अस्पताल में बच गया तो जेल की सजा भोगेगा!'

भारती मन ही मन सिहरकर बोली, 'नहीं, बचें, यह भी संभव है ?'

डॉक्टर बोले, 'कम से कम असंभव तो नहीं है। अन्यथा लंबी कैद…'

भारती बोली, 'उनकी स्त्री और बच्चों का क्या होगा ?'

सुमित्रा बोली, 'शायद उनके पिताजी आकर ले जाएँ।'

भारती बोली, 'यदि कोई नहीं आया ?'

डॉक्टर बोले, 'उस दशा में, अकस्मात् किसी के मर जाने पर उसकी विधवा की जो दशा होती है, वही होगी।'

थोड़ी देर बाद बोले, 'हम लोग गृहस्थ नहीं हैं, हमारे पास धन नहीं है। विदेशियों के कानून के अनुसार, अपनी जन्मभूमि में भी सिर ढँकने की जगह नहीं है। पशुओं की तरह हम लोग जंगलों में छिपे-छिपे घूमते हैं। गृहस्थों का दुःख दूर करने की शक्ति हम लोगों में नहीं है भारती!'

भारती बोली, 'तुम लोगों में नहीं है, जिन लोगों में यह सब है, वे ही हमारे देश के लोग, क्या इनका दुःख दूर नहीं कर सकते, भैया ?'

थोड़ी देर बाद बोले, 'हम लोग गृहस्थ नहीं हैं, हमारे पास धन नहीं है। विदेशियों के कानून के अनुसार, अपनी जन्मभूमि में भी सिर ढँकने की जगह नहीं है। पशुओं की तरह हम लोग जंगलों में छिपे-छिपे घूमते हैं। गृहस्थों का दुःख दूर करने की शक्ति हम लोगों में नहीं है भारती!'

डॉक्टर जरा मुसकराकर बोले, 'पर वे करेंगे क्यों बहन ? वे लोग तो हम लोगों को ऐसा काम करने को नहीं कहते ? हम लोग उनकी शांति में बाधक हैं, उनके आराम में विघ्न हैं! अंग्रेज जब दंभ के साथ प्रचार करते हैं कि भारतवासी स्वाधीनता नहीं चाहते, पराधीनता की ही कामना करते हैं, तब वे बिल्कुल झूठ नहीं कहते! और युग-युगांतर के अंधकार में रहते-रहते जिनकी दोनों आँखों की दृष्टि बंद हो चुकी है, उनके विरुद्ध हताश होने में भी क्या रखा है भारती!'

वे फिर कहने लगे, 'विदेशी राजा की जेल में यदि आज तलवलकर को मर जाना पड़े; तो परलोक में खड़े रहकर, यहाँ अपनी स्त्री-कन्या को दर-दर भीख माँगते देखकर, उसकी आँखों से आँसू गिरेंगे ही, पर जान लो कि देशवासियों के विरुद्ध, वह भगवान् से भी कोई शिकायत न करेगा! मैं उसे पहचानता हूँ, लज्जा से उसके मुँह से ऐसी बात भी न निकलेगी।'

भारती ने अस्फुट स्वर में कहा, 'ऊँह!'

कृष्ण अय्यर बँगला नहीं बोल सकता था, लेकिन बीच-बीच में समझ लेता था। उसने गरदन हिलाकर कहा, 'येस, टू।'

डॉक्टर ने कहा, 'हाँ, यही तो सच है! यही तो क्रांतिकारियों की चरम शिक्षा है! रोना किसके लिए? शिकायत किससे करें? अगर कभी तुम यह सुनो कि भैया को फाँसी हो गई तो समझ लेना कि विदेशियों के हुक्म से वह फाँसी उसके देश के ही किसी आदमी ने उसके गले में लगा दी है। कसाईखाने में कटे बैल का मांस, बैल ही ढोकर लाते हैं। इसके लिए फिर शिकायत कैसी बहन?'

भारती बोली, 'भैया, यही तो तुम लोगों के कर्मों का परिणाम है।'

डॉक्टर बोले, 'यह क्या तुच्छ परिणाम है भारती? मैं जानता हूँ कि देश के लोग इसका मूल्य न समझेंगे, शायद उपहास भी करेंगे, लेकिन जिसे यह ऋण दमड़ी-छदाम तक का हिसाब करके चुकाना पड़ेगा, उसके मुँह पर हँसी सहज ही न आवेगी!' फिर बोले, 'भारती, खुद क्रिस्तान होकर, तुम अपने धर्म की मूल बात ही भूल गई! ईसा मसीह का खून बहाना, क्या संसार में व्यर्थ ही हो गया, यही तुम्हारा खयाल है?'

डॉक्टर ने कहा, 'हाँ, यही तो सच है! यही तो क्रांतिकारियों की चरम शिक्षा है! रोना किसके लिए? शिकायत किससे करें? अगर कभी तुम यह सुनो कि भैया को फाँसी हो गई तो समझ लेना कि विदेशियों के हुक्म से वह फाँसी उसके देश के ही किसी आदमी ने उसके गले में लगा दी है। कसाईखाने में कटे बैल का मांस, बैल ही ढोकर लाते हैं। इसके लिए फिर शिकायत कैसी बहन?'

सभी चुप बैठे रहे। डॉक्टर ने फिर कहा, 'तुम लोग तो जानते हो, बेकार नर-हत्या का पक्षपाती, मैं किसी दिन भी नहीं रहा, उसे मैं सर्वांत:करण से घृणा करता हूँ। अपने हाथ से मैं एक चींटी तक नहीं मार सकता; लेकिन आवश्यकता पड़ने पर··· क्या कहती हो, सुमित्रा!'

सुमित्रा ने समर्थन करते हुए कहा, 'यह तो मैं जानती हूँ।'

डॉक्टर बोले, 'इतनी दूर से आकर, जिन लोगों ने हमारी जन्मभूमि पर अधिकार कर लिया है, हमारा मनुष्यत्व, हमारी मान-मर्यादा, हमारी भूख का अन्न, प्यास का जल, सबकुछ ही जिन लोगों ने छीन लिया है, उनको ही है हमारी हत्या करने का अधिकार और हमको नहीं है?'

लेकिन आज भारती अभिभूत नहीं हुई; उसने कहा, 'आज तुम मुझको किसी प्रकार भी लज्जित नहीं कर सकते। ये सब पुरानी बातें हैं, 'हिंसा करना ही जिनकी आदत बन जाती है, वे ही ऐसी बातें करते हैं। यही अंतिम बात नहीं है, संसार में इससे भी बड़ी बात मौजूद है।'

डॉक्टर ने कहा, 'क्या है, बताओ तो?'

भारती उच्छ्वसित स्वर में बोल उठी, 'मैं नहीं जानती, लेकिन तुम जानते हो।

जिस बुद्धि ने तुम्हारी सत्य-बुद्धि को इस तरह एकदम आच्छन्न कर रखा है, एक बार उसे छोड़कर शांति के मार्ग पर चले आओ। तुम्हारे ज्ञान और प्रतिभा से पराजय न मान ले, ऐसी समस्या संसार में कोई नहीं है! जोर के बदले जोर, हिंसा के बदले हिंसा, अत्याचार के बदले अत्याचार, यह तो बर्बरता के दिन से ही चला आ रहा है। इससे बड़ी बात क्या बताऊँ?'

'कौन बताएगा?'

'तुम!'

'इसके लिए मुझे क्षमा करो बहिन! अंग्रेजों के बूटों के नीचे दबकर शांति की वाणी मेरे मुँह से निकल सकेगी, रुक जाएगी। यह भार शशि पर रख दो, तुम्हारी खातिर वह ऐसा कर सकेगा।' डॉक्टर ने कहा!

भारती बोली, 'तुम मजाक कर रहे हो; लेकिन जिन लोगों के प्रति तुम्हारा इतना विद्वेष है, उन्हीं अंग्रेज मिशनरियों में से ही बहुतों से मैंने यह विषय विचार कर देख लिया है कि वे सचमुच ही आनंद-लाभ करते हैं!'

डॉक्टर बोले, 'यह अत्यंत स्वाभाविक है भारती! सुंदर वन में निरस्त्र खड़े होकर, शांति की वाणी प्रचार करने से, बाघ-भालुओं के खुश होने जैसी ही बात है। वे लोग साधु मनुष्य हैं!'

भारती बोली, 'आज भारत का चाहे जितना दुर्भाग्य क्यों न हो, सुदूर अतीत में यह अवस्था नहीं थी। एक दिन भारत सभ्यता के ऊँचे शिखर पर चढ़ा हुआ था, उस दिन हिंसा-विद्वेष नहीं, धर्म और शांति का मंत्र ही भारतवर्ष से चारों तरफ प्रचारित हुआ था। मुझे विश्वास है कि वह दिन फिर हम लोगों के सामने लौट आएगा।'

भारती उच्छ्वसित स्वर में बोल उठी, 'मैं नहीं जानती, लेकिन तुम जानते हो। जिस बुद्धि ने तुम्हारी सत्य-बुद्धि को इस तरह एकदम आच्छन्न कर रखा है, एक बार उसे छोड़कर शांति के मार्ग पर चले आओ। तुम्हारे ज्ञान और प्रतिभा से पराजय न मान ले, ऐसी समस्या संसार में कोई नहीं है! जोर के बदले जोर, हिंसा के बदले हिंसा, अत्याचार के बदले अत्याचार, यह तो बर्बरता के दिन से ही चला आ रहा है। इससे बड़ी बात क्या बताऊँ?'

भारती की बातें सुनकर, शशि का हृदय श्रद्धा और अनुराग से विगलित हो रहा था। वह गद्‌गद कंठ से बोल उठा, 'भारती के कथन का मैं पूरा अनुमोदन करता हूँ, डॉक्टर! मेरा यही विश्वास है कि भारत की वह सभ्यता फिर वापस आ जाएगी। अवश्य आ जाएगी!'

डॉक्टर ने दोनों की तरफ देखते हुए कहा, 'तुम लोग भारत के किस युग की सभ्यता की चर्चा कर रहे हो, मैं नहीं जानता; पर सभ्यता की भी एक सीमा है। धर्म, अहिंसा,

शांति के नशे में उसको पार कर जाने से मृत्यु आती है। कोई देवता भी उसकी रक्षा नहीं कर सकता। भारत ने हूणों के सम्मुख कब अपनी हार स्वीकार की थी, जानते हो? जब उन लोगों ने भारतीय बच्चों को मशाल की तरह जलाना शुरू किया था, नारियों की पीठ के चमड़े से लड़ाई के बाजे बजाना शुरू किया था, उस कल्पनातीत नृशंसता का उत्तर देना भारतीयों ने नहीं सीखा था। उसका फल क्या हुआ? देश गया, राज्य गया, देव मंदिर ध्वस्त-विध्वस्त हो गए। हम लोगों की उस असमर्थता की सजा, आज तक भी खत्म नहीं हुई है!'

भारती को लक्ष्य करके वे फिर बोले, 'तुम कवि की कविता प्राय: सुना करती हो, देश गया तो दु:ख क्या है, तुम लोग फिर मनुष्य बनो! पर देश को वापस पाने लायक मनुष्य बन जाना, किसे कहते हैं? तुमने सोचा है, मनुष्य बनने का तुम्हारा पथ, बिल्कुल अकंटक है? सोचा है, देश के दरिद्र-नारायण की सेवा करने और मलेरिया में कुनैन बाँटते फिरने को ही मनुष्य बन जाना कहते हैं? ऐसी बात नहीं है। मनुष्य होकर जन्म लेने के मर्यादा-मोह को ही मनुष्य बनाना कहते हैं। मृत्यु के भय से मुक्ति पा लेने को ही मनुष्य होना कहते हैं।'

तुम कवि की कविता प्राय: सुना करती हो, देश गया तो दु:ख क्या है, तुम लोग फिर मनुष्य बनो! पर देश को वापस पाने लायक मनुष्य बन जाना, किसे कहते हैं? तुमने सोचा है, मनुष्य बनने का तुम्हारा पथ, बिल्कुल अकंटक है? सोचा है, देश के दरिद्र-नारायण की सेवा करने और मलेरिया में कुनैन बाँटते फिरने को ही मनुष्य बन जाना कहते हैं?

क्षण भर बाद फिर बोले, 'तुम्हारा अपराध नहीं है भारती! उन लोगों की आबाहवा के बीच ही तुम प्रतिपालित हुई हो, इसी कारण तुम्हारे मन में यह विचार जम गया है कि यूरोप की ईसाई-सभ्यता से बड़ी और कोई सभ्यता नहीं है; लेकिन इतनी बड़ी झूठ बात भी और कोई नहीं है। सभ्यता का अर्थ, क्या केवल मनुष्य मारने के यंत्र तैयार कर लेना ही है? दुरात्माओं के पास छलों का अभाव नहीं होता; अतएव आत्मरक्षा के छल से, उनकी नित्य नई सृष्टि का भी अंत नहीं है, पर सभ्यता का यदि कुछ भी अर्थ हो तो यही है कि असमर्थों और दुर्बल के न्यायोचित अधिकार, प्रबल के शारीरिक बल से परास्त न हों। कहीं भी देखी है, इनकी ऐसी नीति? इस न्याय को गौरव देते, क्या इन्हें कहीं भी देखा है? एक दिन मैंने तुमसे कहा था, पृथ्वी के मानचित्र की तरफ गौर से देखो! याद है वह बात? याद है—मेरे मुँह से सुनी हुई चीन देश के बक्सर-विद्रोह की कहानी? सुसभ्य यूरोपीय महाशक्तियों के दल ने उनके घरों पर धावा करके उनसे जो बदला लिया, उसके सामने चंगेजखाँ और नादिरशाह की वीभत्सता की कहानी कहाँ टिकती हैं? सूर्य के सामने दीपक की तरह, वह तो इसके सामने तुच्छ ही

है ! हेतु कितना ही तुच्छ और अन्यायपूर्ण क्यों न हो, लड़ाई का बहाना मिलने पर, इन लोगों को फिर कोई हिचक नहीं रहती। बूढ़ा, बच्चा, नारी, संकोच नहीं है, दुविधा नहीं है, जिस पाप की कोई सीमा नहीं है, भारती, उस जहरीली गैस से नर-हत्या करने में भी इनकी नैतिक-बुद्धि बाधा नहीं देती। उद्देश्य-सिद्धि के लिए ये लोग किसी भी उपाय को और किसी भी रास्ते को सुपवित्र मानते हैं। नीति की बाधाएँ और धर्म के निषेध, क्या केवल निर्वासितों और पददलितों के ही लिए हैं।'

भारती कुछ भी उत्तर न देकर बैठी रही। इन सब अभियोगों का प्रतिवाद करना, वह क्या जाने? जो निर्भय है, अत्यंत दृढ-चित्त, शंकाहीन, क्षमाहीन विप्लवी है, जिसके ज्ञान, बुद्धि और पांडित्य का अंत नहीं है, पराधीनता की अनबुझ आग से, जिसका समस्त शरीर और मन दिन-रात शिखा की तरह जल रहा है, उसे युक्तियों से परास्त करने का साधन, कहाँ खोजने पर मिलेगा? उसके पास कोई उत्तर नहीं। उसकी भाषा मूक हो रही; पर उसका कलुषहीन नारी-हृदय अंधी करुणा से, चुपचाप सिर धुन-धुनकर रोने लगा। बहुत दिनों से सुमित्रा ने इस तरह के वाद-विवाद में भाग लेना बंद कर दिया था। आज भी वह मुँह नीचे झुका स्तब्ध हो रही, केवल कृष्ण अय्यर असहिष्णु हो उठा। आलोचना के बहुत से अंश उसकी समझ में ही नहीं आ रहे थे। इस नीरवता के बीच में उसने पूछा, 'हमारी सभा का कार्यारंभ होने में कितनी देर है?'

भारती कुछ भी उत्तर न देकर बैठी रही। इन सब अभियोगों का प्रतिवाद करना, वह क्या जाने? जो निर्भय है, अत्यंत दृढ-चित्त, शंकाहीन, क्षमाहीन विप्लवी है, जिसके ज्ञान, बुद्धि और पांडित्य का अंत नहीं है, पराधीनता की अनबुझ आग से, जिसका समस्त शरीर और मन दिन-रात शिखा की तरह जल रहा है, उसे युक्तियों से परास्त करने का साधन, कहाँ खोजने पर मिलेगा?

डॉक्टर बोले, 'कुछ देर नहीं। सुमित्रा, तुम्हारा जावा जाना क्या निश्चित है?'

'हाँ!'

'कब?'

'शायद इसी बुधवार को।'

'पथ के दावेदारों का साथ तुमने छोड़ दिया?'

सुमित्रा बोली, 'हाँ!'

डॉक्टर जरा हँस पड़े। इसके बाद जेब से तार के कई कागज निकालकर, सुमित्रा के हाथ में देकर बोले, 'इन्हें पढ़कर देख लो! हीरासिंह कल रात को दे गया है।'

अय्यर झुक पड़ा, भारती ने मोमबत्ती उठा ली। तार बहुत लंबा था, उसकी भाषा

अंग्रेजी थी; अर्थ भी साफ था; लेकिन सुमित्रा का मुख गंभीर हो उठा। दो-तीन मिनट के बाद उसने मुँह ऊपर उठाकर कहा, 'कोड की सभी बातें मुझे याद नहीं हैं। हम लोगों के शंघाई के 'जैमेका-क्लब' और क्रूगर ने तार भेजा है, इसके सिवा और कुछ भी मैं समझ न सकी।'

डॉक्टर बोले, 'क्रूगर ने तार भेजा है, कैंटन से। पुलिसवालों ने खूब भोर में, शंघाई के जैमेका-क्लब को घेर लिया था। पुलिस के तीन आदमी और अपना विनोद मारे गए हैं। दोनों भाई—मेहताब और सूर्यसिंह गिरफ्तार हो गए हैं। अयोध्या हांगकांग में हैं, दुर्गा और सुरेश पेनांग में हैं; सिंगापुर के जैमेका-क्लब के लिए पुलिस सारे शहर में तूफान मचाती हुई घूम रही है, कुल समाचार यही है।'

खबर सुनकर कृष्ण अय्यर का चेहरा पीला पड़ गया।

डॉक्टर बोल, 'वे दोनों भाई रेजिमेंट छोड़कर, कब-क्यों शंघाई चले गए, मैं नहीं जानता। सुमित्रा, वास्तव में ब्रजेंद्र कहाँ है, जानती हो?'

प्रश्न सुनकर सुमित्रा अवाक् हो गई।

'जानती हो?'

पहले तो उसके कंठ से किसी तरह भी आवाज नहीं निकली, इसके बाद गरदन हिलाकर बोली, 'नहीं।' कृष्ण अय्यर ने कहा, 'वह यह काम कर सकता है, मुझे विश्वास नहीं होता।'

डॉक्टर ने 'हाँ' या 'नहीं' कुछ भी नहीं कहा, चुपचाप बैठे रहे।

मुँह से कोई शब्द नहीं, वाक्य नहीं, सभी मूर्ति की तरह चुपचाप बैठे रहे। सामने तार के वे सब कागज पड़े थे। बत्ती जलकर खत्म हो रही थी। शशि ने दूसरी बत्ती जलाकर फर्श पर रख दी। दस मिनट इसी तरह बीत जाने पर, पहले अय्यर के शरीर में चैतन्य का लक्षण दिखाई पड़ा। उसने अपनी जेब से सिगरेट निकालकर, बत्ती की आग से उसे सुलगाकर, धुएँ के साथ लंबी साँस छोड़ते हुए कहा, 'नाउ फिनिश्ड!'

डॉक्टर ने 'हाँ' या 'नहीं' कुछ भी नहीं कहा, चुपचाप बैठे रहे। मुँह से कोई शब्द नहीं, वाक्य नहीं, सभी मूर्ति की तरह चुपचाप बैठे रहे। सामने तार के वे सब कागज पड़े थे। बत्ती जलकर खत्म हो रही थी। शशि ने दूसरी बत्ती जलाकर फर्श पर रख दी।

फिर बोला, 'वर्स्ट लक। वी मस्ट स्टॉप!'

शशि बोले, 'मैं जानता था, कुछ न होगा, केवल…।'

डॉक्टर सुमित्रा की ओर देखकर बोले, 'तुम बुध को जा रही हो?'

सुमित्रा बोली, 'हाँ!'

शशि बोले, 'इतनी बड़ी पृथ्वीव्यापी शक्ति के विरुद्ध विप्लव की चेष्टा करना

निष्फल ही नहीं, पागलपन है। मैं तो सदा से यह कहता आ रहा हूँ डॉक्टर!'

अय्यर सिर हिलाकर बोला, 'ट्रू!'

डॉक्टर सहसा सचेत होकर बोले, 'आज की हमारी सभा अब समाप्त होती है।' सभी उठ खड़े हुए। सभी ने अपना-अपना अभिमत व्यक्त किया, केवल भारती ने कुछ नहीं कहा। वह चुपचाप डॉक्टर के पास आकर खड़ी हो गई। उनका दायाँ हाथ खींचकर वह धीरे-धीरे बोली, 'भैया, मुझे बिना बताए, कहीं चले तो न जाओगे?'

डॉक्टर चुप रहे, केवल अपनी वज्र-कठोर मुट्ठी में जिस छोटे कोमल हाथ को पकड़ रहा था, उसी को थोड़ा सा दबाकर बाहर निकल पड़े।

तीस

दूसरे दिन प्रात:काल से ही आकाश में धीरे-धीरे बादल एकत्र हो रहे थे। रात को कुछ बूँदाबूँदी भी हुई थी; लेकिन आज दोपहर से वर्षा और हवा प्रबल वेग से आ गई। भारती के कमरे में बैठक हो रही थी। सुमित्रा आरामकुरसी पर चादर ओढ़कर लेटी हुई है। शशि खटिया पर झुककर बैठा है। अपूर्व नीचे कंबल बिछाकर पड़ा है और उसी के जलपान की तैयारी में, फर्श पर हँसिया रखकर भारती फल बना रही है।

अपूर्व बोला, 'संसार में उसकी रुचि नहीं है, अब उसके लिए एकमात्र संन्यास ही श्रेय है। शशि इस प्रस्ताव का अनुमोदन नहीं कर सका। वह युक्तियों से खंडन करता हुआ समझा रहा था कि ऐसी बात सोचना ठीक नहीं है, क्योंकि संन्यास में अब कोई मजा नहीं रहा वरन् बारीसाल कॉलेज में प्रोफेसरी के लिए जो दरख्वास्त दी है, वह मंजूर हो जाए तो उसे स्वीकार कर लेना ही कर्तव्य है।'

अपूर्व दु:खी हुआ; लेकिन कुछ बोला नहीं। भारती सबकुछ जानती थी, इसलिए उसी ने इसका उत्तर देकर कहा, 'जीवन में मौज करते हुए घूमते रहने के सिवा, क्या मनुष्य के लिए और कोई बड़ा उद्देश्य नहीं रह सकता शशि बाबू? संसार में सबके नेत्रों की दृष्टि एक नहीं है।' उसके बातचीत करने के ढंग से शशि उदास हो गया। भारती ने फिर कहा, 'उसके मन की अवस्था इस समय अच्छी नहीं है, इस समय उनके भविष्य के कर्तव्य पर आलोचना करना, केवल निष्फल ही नहीं, अनुचित भी है; बल्कि इससे तो यही अच्छा होगा कि हम लोग अपनी…।'

'मुझे इसकी याद न थी भारती!'

शशि को याद न रहना कोई आश्चर्य की बात नहीं है। इस बीच अपूर्व के साथ एक और घटना हुई है, जिसे भारती के अलावा और कोई नहीं जानता था। सांसारिक दृष्टि से उसका फल और परिणाम, मातृ-वियोग से विशेष कम नहीं है। जननी की मृत्यु

का समाचार पाकर, अपूर्व के बड़े भाई विनोद बाबू ने दु:ख प्रकट करके तार भेजा है। इसके अलावा उस तार में और कोई भी बात नहीं है। माँ ने नाराज होकर संभवत: अत्यंत अपमानित होकर ही, अंत में गंगाविहीन म्लेच्छ देश बर्मा में अपने को निर्वासित किया था। इस बात को समझकर, अपूर्व दु:ख और क्षोभ से पागल सा हो गया था। उसने जो दो दिन कलकत्ता में बिताए थे, उनमें अपने घर पर भोजन नहीं किया था, सोया नहीं था और वापस होते समय, अच्छी तरह झगड़ा करके ही आया था। फिर भी इतनी बड़ी भयंकर दुर्घटना में सबसे छोटा भाई होने के कारण उसे असंदिग्ध भरोसा था कि उसे ले जाने के लिए घर से कोई-न-कोई अवश्य आएगा। तिवारी घर पर रहता तो क्या होता, कहा नहीं जा सकता; लेकिन वह भी नहीं। छुट्टी लेकर वह अपने देश चला गया है।

'बंगाली पुरोहित यहाँ भी है।' प्रात: ही अपूर्व ने भारती से कहा, 'मैं कलकत्ता नहीं जाऊँगा, जैसे भी होगा, माँ का श्राद्ध यहीं करूँगा!'

माता के अकस्मात् घर छोड़कर चले जाने का कारण, लड़कों के प्रति उनका दुर्जय मान-अभिमान था, यह खबर अपूर्व मालूम करके आया था। केवल क्रिस्तान-कन्या भारती की कहानी का उसमें कितना अंश शामिल था, यही वह न जान सका। सांघातिक पीड़ित, प्राय: अचेत जननी को कुछ कहने का अवकाश नहीं मिला और विनोद बाबू ने नाराज होकर कुछ नहीं कहा।

अपूर्व दु:खी हुआ; लेकिन कुछ बोला नहीं। भारती सबकुछ जानती थी, इसलिए उसी ने इसका उत्तर देकर कहा, 'जीवन में मौज करते हुए घूमते रहने के सिवा, क्या मनुष्य के लिए और कोई बड़ा उद्देश्य नहीं रह सकता शशि बाबू? संसार में सबके नेत्रों की दृष्टि एक नहीं है।' उसके बातचीत करने के ढंग से शशि उदास हो गया।

हड़बड़ाकर सुमित्रा बोली, 'किसी ने नीचे का दरवाजा खोला है।'

हवा और वर्षा के अविश्रांत झरझर शब्दों के बीच और कुछ सुनाई पड़ना कठिन था। आशंका से सभी चौंक पड़े। भारती ने क्षण-भर कान खड़े करके मृदु स्वर में कहा, 'नहीं, कोई नहीं है।' लेकिन दूसरे ही क्षण, नीचे की सीढ़ी पर परिचित पैरों के शब्द सुनकर, आनंदपूर्वक कलरव से वह चिल्ला उठी, 'अरे, यह तो भैया हैं! एक हजार, दस हजार, बीस हजार, एक लाख वेलकम! हाथ से फल और पहंसुल छोड़कर, दौड़ती हुई सीढ़ी के पास जाकर, वह बोली, 'एक करोड़, दस करोड़, बीस करोड़, हजार-हजार करोड़ गुड इवनिंग, भैया शीघ्र आओ।'

सव्यसाची ने कमरे में प्रवेश करके, पीठ का भारी बक्सा उतारते हुए हँसकर कहा, 'गुड इवनिंग! गुड इवनिंग! गुड इवनिंग!'

सव्यसाची के बक्से पर भारती की दृष्टि पड़ी। उद्विग्न शंका से त्रस्त होकर वह बोल उठी, 'अच्छा, इस आँधी-पानी में, अपने इस सहचर को साथ क्यों लाए हो, बताओ तो? कहीं चले तो नहीं जा रहे हो? झूठ बोलकर मुझे धोखा न दे सकोगे, यह मैं बता देती हूँ भैया!'

डॉक्टर ने हँसने की चेष्टा की; लेकिन उसके अपने चेहरे पर हँसी नहीं आई, फिर भी मजाक के ढंग से अपनी बात को कुछ हलकी करके कहा, 'जाऊँगा नहीं तो क्या रामदास की तरह गिरफ्तार हो जाऊँगा?'

शशि बोला, 'ठीक बात तो यही है।'

भारती ने क्रोधित होकर कहा, 'ठीक यही है! आप क्या जानते हैं, शशि बाबू, जो अपना मतामत प्रकट कर रहे हैं?'

'वाह! मैं क्या नहीं जानता?'

'कुछ भी नहीं।'

सव्यसाची के बक्से पर भारती की दृष्टि पड़ी। उद्विग्न शंका से त्रस्त होकर वह बोल उठी, 'अच्छा, इस आँधी-पानी में, अपने इस सहचर को साथ क्यों लाए हो, बताओ तो? कहीं चले तो नहीं जा रहे हो? झूठ बोलकर मुझे धोखा न दे सकोगे, यह मैं बता देती हूँ भैया!'

डॉक्टर ने हँसकर कहा, 'झगड़ा करने से खिचड़ी बिगड़ जाएगी। कल के जहाज से न जाने से तो आप ठीक समय पर पहुँच न सकेंगे अपूर्व बाबू!'

अपूर्व बोला, 'माँ का श्राद्ध मैं यहीं करूँगा डॉक्टर!'

'यहाँ, इसका कारण?'

अपूर्व मौन रहा, भारती ने उत्तर नहीं दिया।

डॉक्टर मन-ही-मन समझ गए कि कोई घटना ऐसी हो गई है, जो खोलकर कही नहीं जा सकती। बोले, 'तो इस हालत में वहाँ लौट जाने की क्या जरूरत है? नौकरी आपकी है न?'

अपूर्व चुप था। शशि बोला, 'अपूर्व बाबू संन्यास लेंगे।'

डॉक्टर जरा हँसकर बोले, 'संन्यास! यह कैसी बात है?'

उनकी हँसी से अपूर्व क्षुब्ध हो गया। बोला, 'संसार में जिसकी रुचि नहीं है, जिसका जीवन निस्स्वाद हो गया, इसके अतिरिक्त उसके लिए और कौन रास्ता है, डॉक्टर?'

डॉक्टर ने कहा, 'ये सब बड़े गूढ़ आध्यात्मिक विषय हैं, अपूर्व बाबू, इनमें अनधिकार चर्चा करने के लिए, मुझे अब प्रलोभित मत कीजिए। इससे तो अच्छा है कि शशि की राय लीजिए, यह सब जानता-सुनता है। स्कूल में फेल होकर वह एक साल तक एक साधु बाबा का चेला रह चुका है।'

शशि इसमें संशोधन करके बोला, 'प्राय: दो वर्ष।'

सुमित्रा और भारती हँसने लगीं। अपूर्व का गांभीर्य इससे विचलित नहीं हुआ, उसने कहा, 'माँ की मृत्यु के लिए मैं अपने को दोषी समझ रहा हूँ डॉक्टर! गृहस्थाश्रम में रहने की मुझे आवश्यकता नहीं है, यह मेरे लिए कड़वा फल हो गया है।'

डॉक्टर ने क्षणकाल उसके मुँह की ओर देखकर शायद उसके हृदय की सच्ची व्यथा का अनुभव कर लिया; स्नेहपूर्ण कोमल स्वर में कहा, 'मनुष्य की इस दशा के बारे में, मुझे सोच-विचार करने की कभी आवश्यकता ही नहीं पड़ी अपूर्व बाबू, लेकिन सहज बुद्धि से मालूम होता है कि शायद यह भूल होगी। कड़वाहट के बीच संसार छोड़ देने से, केवल भाग्यहीन, श्रीभ्रष्ट जीवन ही बिताया जा सकता है; लेकिन वैराग्य साधन नहीं होता। करुणा और आनंदपूर्वक नहीं जीने पर क्या होता है, मैं तो नहीं जानता?'

भारती बोल उठी, 'तुम ठीक जानते हो भैया! तुम्हारे मुँह से कभी गलत बात नहीं निकलती। यही सत्य है।'

डॉक्टर बोले, 'मालूम तो यही होता है। माँ मर गईं। वे क्यों आई थीं, किस कारण आप जाना नहीं चाहते, यह कुछ भी मैं नहीं जानता; लेकिन किसी के आचरण से यदि आपको कड़वाहट मिली हो तो क्या भविष्य-जीवन में केवल वही एक सत्य हो गया और अमृत यदि कहीं से मिला हो तो जीवन में क्या उसका मूल्य ही नहीं देंगे?'

अपूर्व कहने लगा, 'यदि भैया संसार में···।'

डॉक्टर बोले, 'मालूम तो यही होता है। माँ मर गईं। वे क्यों आई थीं, किस कारण आप जाना नहीं चाहते, यह कुछ भी मैं नहीं जानता; लेकिन किसी के आचरण से यदि आपको कड़वाहट मिली हो तो क्या भविष्य-जीवन में केवल वही एक सत्य हो गया और अमृत यदि कहीं से मिला हो तो जीवन में क्या उसका मूल्य ही नहीं देंगे?'

डॉक्टर बोले, 'संसार में क्या अपूर्व के भैया विनोद बाबू ही हैं? भारती के भैया क्या सव्यसाची नहीं हैं? उस गृह में यदि आपके लिए स्थान न भी हो तो कलकत्ते का वह छोटा सा मकान ही क्या वामन के विश्वव्यापी पैर के नीचे की पृथ्वी है, संसार में और कहीं क्या आपके लिए स्थान नहीं है? अपूर्व बाबू, हृदय का आवेग अमूल्य वस्तु है; पर उससे यदि चैतन्य को ढँका रखा जाए तो उससे बड़ा शत्रु, मनुष्य के लिए दूसरा कुछ भी नहीं है।'

अपूर्व बोला, 'धर्म-साधना या आत्मा' की मुक्ति-कामना से तो मैं संसार छोड़ना नहीं चाहता, डॉक्टर! यदि छोड़ूँगा, तो दूसरों के लिए ही छोड़ूँगा। मुझ पर विश्वास करना आप लोगों के लिए कठिन है; न कभी करें तो दोष देने की कोई बात नहीं है;

लेकिन एक दिन जिस अपूर्व को आप लोग जानते थे, माँ की मृत्यु के बाद, अब वह अपूर्व नहीं रहा।'

डॉक्टर ने उसका शरीर छूकर कहा, 'तुम्हारी बात सच हो।'

अपूर्व ने गाढ़े कंठ से कहा, 'अब से मैं देश के काम में, दस आदमियों के काम में, दीन-दुखियों के काम में आत्म-नियोग करूँगा।' कुछ देर चुप रहकर वह बोला, 'कलकत्ते में मेरा घर है, शहर में इतना बड़ा हुआ हूँ, लेकिन शहर के साथ अब मेरा कुछ नहीं रहा। अब से ग्राम-सेवा ही मेरा एकमात्र व्रत होगा। किसी दिन कृषि-प्रधान भारत के गाँव ही प्राण थे, आज वे ध्वंसोन्मुख हैं। भद्र जाति के लोग उनको छोड़कर शहरों में चले गए हैं। वहीं से वे उन पर दिन-रात शासन करते हैं और शोषण करते हैं। इसके सिवा गाँवों के उन लोगों ने कोई संबंध नहीं रखा है। न रखें; लेकिन चिरकाल से, जो लोग इस देश के मुख का अन्न और शरीर के लिए पहनने के वस्त्र जुटाते आ रहे हैं, वे कृषक ही आज निरन्न, निरक्षर और निरुपाय होकर, मृत्यु-पथ में तेजी से बढ़ते जा रहे हैं। अब से मैं उनकी ही सेवा में अपना जीवन लगा दूँगा और भारती ने भी जी-जान से हमें सहायता पहुँचाने का वचन दिया है। गाँव-गाँव में पाठशालाएँ खोलकर, उनके बच्चे-बच्चियों को शिक्षित बनाने का भार वे अपने ऊपर लेंगी। मेरा संन्यास देश के लिए है, अपने लिए नहीं, डॉक्टर!'

उनके मुँह से केवल इन्हीं दो शब्दों के निकलने की आशा किसी ने नहीं की थी। भारती ने उदास होकर कहा, 'और एक तरह से सोचा जाए तो यह काम तुम्हारा ही है भैया! इस कृषि-प्रधान देश में, जब तक किसान बड़े नहीं होते, तब तक कुछ भी नहीं हो सकता।'
डॉक्टर ने कहा, 'मैंने प्रतिवाद तो नहीं किया भारती!'

डॉक्टर ने कहा, 'अच्छा प्रस्ताव है।'

उनके मुँह से केवल इन्हीं दो शब्दों के निकलने की आशा किसी ने नहीं की थी। भारती ने उदास होकर कहा, 'और एक तरह से सोचा जाए तो यह काम तुम्हारा ही है भैया! इस कृषि-प्रधान देश में, जब तक किसान बड़े नहीं होते, तब तक कुछ भी नहीं हो सकता।'

डॉक्टर ने कहा, 'मैंने प्रतिवाद तो नहीं किया भारती!'

'तुममें उत्साह भी तो नहीं है भैया!'

डॉक्टर ने कहा, 'दरिद्र किसानों की भलाई करना चाहो तो करो, मैं तुम लोगों को आशीर्वाद देता हूँ; पर यह समझने का कोई प्रयोजन नहीं है कि तुम हमारे कामों में सहायता कर रहे हो। किसान लोग राजा हो जाएँ, धन-पुत्रादि से संपन्न और श्रीमान् हो जाएँ; लेकिन उनसे मैं सहायता की आशा नहीं करता।' अपूर्व की तरफ देखकर उन्होंने

कहा, 'किसी की भलाई करने के लिए, किसी दूसरे पर स्याही ढाल ही देनी पड़ेगी, इसका कोई अर्थ नहीं है! इनके दु:ख-दैन्य की जड़ में, शिक्षित भद्र जाति के लोग नहीं हैं; उसकी जड़ का पता लगाने के लिए तुम्हें किसी दूसरी तरफ खोजकर देखना होगा।'

अपूर्व बोला, 'आज क्या सभी लोग, यही बात नहीं कह रहे हैं?'

'कहने दो। जो गलत है, वह तैंतीस करोड़ आदमी मिलकर कहें तो भी गलत ही है वरन् इस शिक्षित-भद्र जाति से बढ़कर लांछित, अपमानित दुर्दशाग्रस्त समाज बंग-देश में दूसरा नहीं है। उस पर मिथ्या कलंक का और बोझ लादकर, उसे डुबो देना क्यों चाहते हो? क्यों सोचते हो कि विदेशों की सभी युक्तियाँ और सभी समस्याएँ, अपने देश में भी लागू हो सकती हैं? बाहर का अनाचार ही जब क्षण-क्षण में सर्वनाश लाता चला आ रहा है, तब फिर अंत-विद्रोह की सृष्टि किसलिए करना चाहते हो? असंतोष से देश भर गया है, स्नेह का बंधन, श्रद्धा का बंधन किस कारण से चूर्ण हो गया है, जानते हो, तुम्हीं दस आदमियों के दोष से शिक्षितों के विरुद्ध शिक्षितों के आक्रमण से! शशि, एक दिन तुमको भी मैंने यह काम करने का निषेध किया था, याद है? अपने विरुद्ध होने, अपना दुर्नाम घोषित करने में एक निरपेक्ष स्पष्टवादिता का दंभ है। एक तरह की सस्ती ख्याति भी एक मुँह से दूसरे मुँह तक फैलती जाती है; लेकिन यह केवल गलत बात नहीं, मिथ्या भी है। उन लोगों का हित करना चाहते हो तो जाकर करो; लेकिन एक के विरुद्ध दूसरे को उत्तेजित करके नहीं। दूसरों पर कलंक लगाकर नहीं, विश्व के सामने उनको हास्यास्पद करके नहीं। हो सकता है, वैसा दिन आ पहुँचे, लेकिन अभी तो उसमें देर है।'

कहने दो। जो गलत है, वह तैंतीस करोड़ आदमी मिलकर कहें तो भी गलत ही है वरन् इस शिक्षित-भद्र जाति से बढ़कर लांछित, अपमानित दुर्दशाग्रस्त समाज बंग-देश में दूसरा नहीं है। उस पर मिथ्या कलंक का और बोझ लादकर, उसे डुबो देना क्यों चाहते हो? क्यों सोचते हो कि विदेशों की सभी युक्तियाँ और सभी समस्याएँ, अपने देश में भी लागू हो सकती हैं?

सभी चुप हो रहे; केवल भारती ने धीरे-धीरे कहा, 'तुम खयाल मत करना, भैया! मैं सदा से देख रही हूँ; गाँव के प्रति तुम्हारी सहानुभूति कम है। तुम्हारी दृष्टि केवल शहरों पर ही लगी रहती है। किसान के प्रति तुम सहृदय नहीं हो, तुम्हारी आँखें केवल कारखानों के मजदूरों पर लगी रहती हैं, इसीलिए तुमने अपने पथ के दावेदार को इन लोगों के ही बीच खोला था। वे ही लोग तुम्हारी आशा हैं, ये ही तुम्हारे अपने हैं। झूठी बात तो नहीं है?'

डॉक्टर ने कहा, 'झूठ बात नहीं है बहन, बिल्कुल सत्य है। कई बार तो मैं तुमसे

कह चुका हूँ 'पथ का दावा' कृषक–हितकारिणी संस्था नहीं है; यह मेरी स्वाधीनता प्राप्त करने का अस्त्र है। मजदूर और किसान एक नहीं भारती! इसी कारण तुम मुझे मजदूरों के बीच, कारखाने के बैरेक में पाओगी; लेकिन मुझे गाँवों में, किसानों की झोंपड़ी में नहीं पाओगी।''''लेकिन बातों ही बातों में पड़ी रहकर अपना श्रेष्ठ कर्तव्य मत भूल जाना बहिन!' स्टोव के प्रति उसकी दृष्टि आकर्षित करते हुए बोले, 'देशोद्धार दो दिन बाद होने से सह लिया जाएगा; लेकिन तैयार खिचड़ी जल जाएगी तो यह दुःख सहन न होगा।'

भारती झटपट दौड़ती हुई गई और हाँडी का ढक्कन हटाकर देख लेने के बाद, हँसती हुई बोली, 'डरने की बात नहीं है भैया, आज रात का तुम्हारा खिचड़ी–भोग मारा नहीं जाएगा।'

'लेकिन देर कितनी है ?'

'पंद्रह–बीस मिनट; लेकिन इतनी जल्दी क्यों ?'

डॉक्टर ने हँसकर कहा, 'आज तुम लोगों से विदा लेने आया हूँ। बात चाहे जैसी ही क्यों न हो।' उनके हँसते हुए मुख की ओर देखकर, किसी को विश्वास नहीं हुआ। बाहर आँधी–पानी का ठिकाना नहीं था। भारती ने क्षण–भर के लिए खिड़की खोलकर निरीक्षण करके, लौट आने पर कहा, 'बाप रे बाप! पृथ्वी शायद उलट–पुलट जाएगी। विदा लेने का समय तो अच्छा है भैया!' तभी उसे दूसरी बात याद पड़ गई; बोली, 'लेकिन आज तुमको उसी छोटे कमरे में सोना पड़ेगा। अपने हाथ से, बहुत सुंदर तरीके से बिछौना बिछा दूँगी, क्या कहते हो ?' यह कहकर, वह हृदय के निगूढ़ आनंद में परिपूर्ण होकर रसोई के काम में लग गई।

भारती झटपट दौड़ती हुई गई और हाँडी का ढक्कन हटाकर देख लेने के बाद, हँसती हुई बोली, 'डरने की बात नहीं है भैया, आज रात का तुम्हारा खिचड़ी–भोग मारा नहीं जाएगा।'
'लेकिन देर कितनी है ?'
'पंद्रह–बीस मिनट; लेकिन इतनी जल्दी क्यों ?'

भोजन तैयार होने पर डॉक्टर ने कहा, 'भारती, आज हम लोग, सभी एक साथ भोजन करने बैठेंगे।'

भारती बोली, 'ऐसा ही होगा भैया! हम सब साथ खाने बैठेंगे।'

डॉक्टर ने कहा, 'लेकिन भूखे अपूर्व बाबू, नजर लगाकर कहीं हम लोगों के हाजमे में गड़बड़ी न पैदा कर दें। यह भी उनसे कह दो।'

अपूर्व हँस पड़ा; भारती भी हँसने लगी। बोली, 'इसका भय हम लोगों को हो सकता है; लेकिन तुम्हारे हाजमे में गड़बड़ी कौन कर सकता है भैया ? उस आग में पहाड़ भी पीसकर डाल दिए जाएँ, तो वे भस्म हो जाएँगे, जैसा खाना खाते मैंने देखा है!' यह

कहकर भारती उस एक दिन का, उनका भोजन करना याद करके मन ही मन सिहर उठी।

खाना शुरू हो गया। अन्न-व्यंजन की प्रशंसा और हँसी-मजाक से कमरे की आबोहवा मानो दमभर में बदल गई। खाना-पीना जब पूर्ण उद्यम के साथ चल रहा था, सहसा अपूर्व ने रस-भंग कर डाला। उसने कहा, 'दो दिन पहले समाचार-पत्र में एक शुभ समाचार पढ़ा था डॉक्टर! अगर वह सत्य हो तो आपका विप्लव का प्रयास बेकार हो जाएगा। भारत-सरकार ने अपने शासन तंत्र में अमूल्य सुधार करने का वचन दिया है।'

शशि ने तुरंत उत्तर दिया, 'झूठी बात है, छल है।'

भारती को इस बात पर ठीक विश्वास हो गया हो, ऐसी बात नहीं है; लेकिन उसने अकृत्रिम उद्वेग के साथ कहा, 'इसमें छलना नहीं हो सकती शशि बाबू! जो लोग नेता हैं, जो लोग लगभग आधी शताब्दी से, नहीं भैया! तुम हँस न सकोगे, यह मैं कहे देती हूँ! उनके प्राणपण से किए गए आंदोलन का, क्या फल न होगा, यही सोचते हो? विदेशी शासक होने पर भी तो वे लोग आदमी ही हैं। धर्म-ज्ञान और नैतिक-बुद्धि उनमें लौट आना तो असंभव नहीं है?'

इसमें छलना नहीं हो सकती शशि बाबू! जो लोग नेता हैं, जो लोग लगभग आधी शताब्दी से, नहीं भैया! तुम हँस न सकोगे, यह मैं कहे देती हूँ! उनके प्राणपण से किए गए आंदोलन का, क्या फल न होगा, यही सोचते हो? विदेशी शासक होने पर भी तो वे लोग आदमी ही हैं। धर्म-ज्ञान और नैतिक-बुद्धि उनमें लौट आना तो असंभव नहीं है?

शशि ने कहा, 'संभव है, झूठी बात नहीं है।'

अपूर्व बोला, 'बहुत से लोग यही संदेह करते हैं।'

भारती बोली, 'उनका संदेह झूठा है। भगवान् क्या नहीं हैं? और शासन-पद्धति का परिवर्तन और अत्याचार का सुधार, यह सब यदि सचमुच हो जाए तो क्रांति का आयोजन और विद्रोह की सृष्टि, ये सभी एक दिन अर्थहीन हो जाएँगे, भैया!'

शशि बोला, 'अवश्य।'

अपूर्व बोला, 'निस्संदेह!'

भारती ने डॉक्टर के चेहरे की तरफ देखकर कहा, 'भैया, तब तुम अपनी वह भयंकर मूर्ति छोड़कर, फिर शांत मूर्ति धारण करोगे न, बताओ?'

डॉक्टर दीवार-घड़ी की ओर देखकर, मन ही मन हिसाब करके, मानो आप ही आप बोले, 'अब अधिक विलंब नहीं है।' इसके बाद भारती को लक्ष्य करके, अत्यंत स्निग्ध भाव धारण करके बोले, 'भारती, यह मेरी भयंकर मूर्ति है, यह तो मैं स्वयं ही नहीं जानता। सिर्फ यही जानता हूँ कि इस जीवन में, मेरे इस रूप का अब परिवर्तन नहीं

होगा! और तुम्हारे नमस्य नेताओं को, भय नहीं है बहन! आज उनको लेकर मजाक करके आमोद करने का मेरे पास समय नहीं है और न मन की अवस्था ही इसके अनुकूल है। विदेशी शासन का सुधार क्या है, जी-जान से किए गए आंदोलनों का फल वे क्या देना चाहते हैं, उसमें कितना असली और कितना नकली है, कितना मिल जाने के बाद, शशि की समझ के अनुसार धोखेबाजी न होगी और नमस्य नेताओं का रोना बंद हो जाएगा, यह सबकुछ भी मैं नहीं जानता। विदेशी सरकार के विरुद्ध आँखें लाल करके, जब वे चरम स्वर से प्रचार करके कहते हैं—हम लोग अब सोए हुए नहीं हैं, जाग गए हैं! हमारे आत्म-सम्मान को भारी धक्का लगा है या तो हमारी बात सुनो, नहीं तो वंदेमातरम् की कसम खाकर कहते हैं कि तुम लोगों की अधीनता में हम लोग स्वाधीन होंगे, अवश्य होंगे! देखें, किसमें शक्ति है कि इसमें रुकावट डालेगा? यह कैसी प्रार्थना है और इसका स्वरूप क्या है, यह बात समझ लेना मेरी बुद्धि के बाहर की बात है। मैं सिर्फ इतना ही जानता हूँ कि उनके इस माँगने और पाने के साथ मेरा कोई संबंध नहीं है।'

कुछ देर रुककर बोले, 'सुधार का अर्थ है मरम्मत, परिवर्तन नहीं। भारी बोझ के कारण, जो अपराध आज मनुष्य के लिए असहनीय हो उठा है, उसे ही सुसहनीय कर देना। जो यंत्र बिगड़ रहा है, मरम्मत करके उसे सुप्रतिष्ठित कर देने का जो कौशल है, शायद उसी का नाम शासन-सुधार है। एक दिन के लिए भी मैंने इस धोखेबाजी की इच्छा नहीं की। एक दिन के लिए भी मैंने यह नहीं कहा कि कारागार की चौड़ाई कुछ और बड़ी करके हमें कृत-कृत्य करो! भारती, मेरी कामना में आत्मवंचना के लिए अवसर नहीं है। हमारी तपस्या की सिद्धि के लिए दो ही मार्ग खुले हैं—एक मृत्यु और दूसरा भारत की आजादी!'

उनकी बातों में नई बात कुछ भी नहीं थी, फिर भी मृत्यु और इस भयंकर संकल्प का पुनः उल्लेख होने से, भारती के हृदय में आँसू उमड़कर, दोनों आँखें जल से भर गईं। बोली, 'लेकिन अकेले क्या करोगे भैया? सभी तो तुम्हें छोड़कर दूर हटते जा रहे हैं।'

डॉक्टर बोले, 'जाने दो! मेरे देवता तो धोखा सह नहीं सकते।'

भारती के मुँह में यह बात आ गई थी कि संसार में सभी धोखेबाज नहीं होते, भैया! हृदय पत्थर न हो गया होता तो तुम इस बात को समझ जाते; लेकिन आज उसने इस बात उच्चारण नहीं किया।

भोजन कर चुकने पर, डॉक्टर हाथ-मुँह धोकर कुरसी पर आकर बैठ गए। किसी ने लक्ष्य नहीं किया कि उनकी आँखों की दृष्टि, किसी उत्कंठित प्रतीक्षा में धीरे-धीरे विक्षुब्ध होती जा रही है और उनका एक कान, बहुत देर से ही सदर दरवाजे पर सतर्क होकर लगा हुआ है, यह कोई भी नहीं जानता था। सड़क के किनारे किसी तरह की एक आवाज सुनाई पड़ी, उसकी किसी ने कोई परवाह नहीं की; लेकिन डॉक्टर चौंककर उठ

खड़े हुए और उन्होंने पूछा, 'नीचे अपूर्व का नौकर है न? वह जाग रहा है? ऐ हनुमंत, जरा दरवाजा खोल दे।'

कहाँ, किसके लिए, कैसा बिछौना बिछाया जाएगा, यही भारती सुमित्रा से पूछ रही थी। उसने आश्चर्य के साथ मुँह फेरकर पूछा, 'किसके लिए भैया? कौन आए हैं?'

डॉक्टर ने कहा, 'हीरासिंह है। तभी से उसी की बाट देख रहा हूँ। बताओ कवि, कुछ अंशों में काव्य-सा सुनाई पड़ा न?' यह कहकर वे हँस पड़े।

भारती बोली, 'इस दुर्दिन में, अकेले तुम्हारे काव्य की ज्वाला से ही हम लोग संत्रस्त हो रहे हैं! फिर यह भग्नदूत किसलिए?'

शशि ने कहा, 'भग्नदूत तुच्छ नहीं है भारती, वह न होता तो इतने बड़े मेघनाद-वध-काव्य की रचना ही नहीं होती।'

'देखूँ, ये किस काव्य की रचना करते हैं।' यह कहकर भारती ने झाँककर देखा कि अपूर्व के नौकर के द्वार खोल देने पर, जिस व्यक्ति ने प्रवेश किया, वह सचमुच ही हीरासिंह है। पलभर बाद आगंतुक ने ऊपर आकर सबको अभिवादन किया और हाथ जोड़कर सव्यसाची को प्रणाम किया। पहनावा उसका अति सुपरिचित सरकारी वर्दी का था—सरकारी चपरासी, सरकारी मुरेठ, कमर में टेलीग्राम-पिउनवाला चमड़े का बैग, ये सभी भीगकर भारी हो गए थे। उसकी भारी दाढ़ी-मूँछ से पानी झर रहा था। बाएँ हाथ से उसे निचोड़कर, अपने को कुछ हलका करके बोला, 'रेडी।'

'देखूँ, ये किस काव्य की रचना करते हैं।' यह कहकर भारती ने झाँककर देखा कि अपूर्व के नौकर के द्वार खोल देने पर, जिस व्यक्ति ने प्रवेश किया, वह सचमुच ही हीरासिंह है। पलभर बाद आगंतुक ने ऊपर आकर सबको अभिवादन किया और हाथ जोड़कर सव्यसाची को प्रणाम किया। पहनावा उसका अति सुपरिचित सरकारी वर्दी का था—सरकारी चपरासी, सरकारी मुरेठ, कमर में टेलीग्राम-पिउनवाला चमड़े का बैग, ये सभी भीगकर भारी हो गए थे।

डॉक्टर बोले, 'थैंक्यू सरदारजी! कब आए?'

'जस्ट नाउ!' कहकर वह सबको फिर अभिवादन करके, नीचे जा ही रहा था कि सभी एक साथ पूछ बैठे, 'क्या हुआ सरदारजी? नाउ क्या?' मगर अपना कर्तव्यपालन करके हीरासिंह चुपचाप बाहर चला गया। इन लोगों का कौतूहल मिटाने के लिए डॉक्टर ने जो कुछ कहा, वह संक्षेप में इस प्रकार है,

'क्षति और अनिष्ट कितना हुआ है, दूर से इसका निर्णय करना कठिन है! शायद काफी हुआ है; लेकिन कितना ही क्यों न हो, दो काम उनको करने ही पड़ेंगे। उनके जैमेका-क्लब का जो अंश सिंगापुर में है, उसे बचाना ही पड़ेगा और जहाँ भी हो, जिस

प्रकार भी हो, ब्रजेंद्र को ढूँढ़ निकालना पड़ेगा। नदी के दक्षिण में सीरियम के पास, एक चीनी जहाज माल लादकर अपने देश को जा रहा है; कल प्रातः ही वह रवाना होगा। उसमें ही किसी प्रकार एक जगह मिल गई है। यही समाचार हीरासिंह दे गया है।'

यह सुनकर सुमित्रा का चेहरा फीका पड़ गया। संभव है कि ब्रजेंद्र इस समय सिंगापुर में है और जो व्यक्ति उसका पता लगाने गया, उसको परित्राण नहीं मिल सकता! उस समय विश्वासघात के अंतिम विचार का समय आएगा। इसका दंड क्या होगा, यह बात दल के किसी भी व्यक्ति से अविदित नहीं है, सुमित्रा भी जानती है। ब्रजेंद्र उसका कोई भी नहीं है और यदि उसने अपराध कर ही डाला है तो उसे सजा मिलनी ही चाहिए; लेकिन जिस कारण से सुमित्रा ऐसी हो गई, वह ब्रजेंद्र के दंड की बात स्मरण करके नहीं, वरन् यह है कि ब्रजेंद्र पतंगा नहीं है। वह आत्मरक्षा करना जानता है। उसकी जेब में केवल पिस्तौल ही नहीं छिपी रहती; उसके समान धूर्त, युक्ति और उपाय से चलनेवाला, अत्यंत सावधान व्यक्ति जगत् में नहीं है। उससे भारी गलती यह हो गई है कि वह जाने के पहले इस बात पर निश्चित रूप से विश्वास करके गया है कि डॉक्टर पैदल के रास्ते बर्मा छोड़कर चले गए हैं। अब किसी प्रकार यदि उसे डॉक्टर का पता मालूम हो जाएगा तो उसके तूण में हत्या करने के जितने अस्त्र होंगे, उनका प्रयोग करने में वह क्षण भर के लिए भी न हिचकेगा!

यह सुनकर सुमित्रा का चेहरा फीका पड़ गया। संभव है कि ब्रजेंद्र इस समय सिंगापुर में है और जो व्यक्ति उसका पता लगाने गया, उसको परित्राण नहीं मिल सकता! उस समय विश्वासघात के अंतिम विचार का समय आएगा। इसका दंड क्या होगा, यह बात दल के किसी भी व्यक्ति से अविदित नहीं है, सुमित्रा भी जानती है।

हीरासिंह के शांत और मृदु दो शब्द—'नाउ' और 'रेडी' उन सबके कानों में हजार गुणे भीषण होकर, हजारों तरफ से आघात-प्रतिघात करने लगे। भारती को लगा—हीरासिंह मृत्युदूत की तरह आकर एक मुहूर्त में सब नष्ट-भ्रष्ट करके बाहर चला गया।

शशि बोला, 'सबकुछ खाली सा होता जा रहा है, डॉक्टर!'

बात सीधी थी; लेकिन सबकी छाती पर मानो उसने चोट की।

शशि बोला, 'हँसिए या चाहे जो भी कहिए, यह बात सच्ची है। आप पास नहीं हैं, इसका खयाल आते ही, मालूम होता है कि सब खाली हो गया; लेकिन मैं आपके आदेशानुसार चलूँगा।'

'जैसे?'

'जैसे शराब नहीं पिऊँगा, पॉलिटिक्स में नहीं पड़ूँगा, भारती के पास रहूँगा और कविता लिखूँगा।'

डॉक्टर ने भारती के मुँह की तरफ एक बार देखा; लेकिन देख न सके। मजाक में पूछा, 'किसानों के लिए कविता न लिखोगे कवि?'

शशि बोला, 'नहीं। अपनी कविता वे लोग खुद लिख सकें तो लिखें, मैं नहीं लिखता। आपकी इस बात पर मैंने बहुत विचार किया है और यह उपदेश भी कभी न भूलूँगा कि आदर्श के लिए सर्वस्व विसर्जन किया जा सकता है। केवल भद्र संतान, अशिक्षित कृषक यह नहीं कर सकते। मैं उन्हीं लोगों का कवि बनूँगा।'

डॉक्टर बोले, 'वही बन जाना; लेकिन यह अंतिम बात नहीं है कवि! मनुष्य की गति यहीं पर निश्चल नहीं रह जाएगी। किसानों के दिन भी एक दिन लौटेंगे; तब उन्हीं दोनों के हाथों में राष्ट्र के कल्याण-अकल्याण का भार सौंप देना पड़ेगा।'

शशि बोले, 'आ जाएँ वे दिन। तब स्वच्छंद, शांत चित्त से सारा उत्तरदायित्व उन्हीं के हाथों में रखकर, हम लोग छुट्टी लेंगे; लेकिन आज नहीं! आज आत्म-बलिदान का गुरु भार, वे लोग ढो न सकेंगे।'

डॉक्टर उठकर आए और उसके कंधे पर दायाँ हाथ रखकर चुप रहे।

इतनी देर तक अपूर्व चुप होकर सुन रहा था। इन लोगों की किसी भी आलोचना में, उसने एक बात भी नहीं कही थी; लेकिन शशि का अंतिम मंतव्य उसे बुरा लगा। जिन कृषकों के हित के लिए उसने अपना जीवन अर्पित कर देने का निश्चय किया था, उनके विरुद्ध ये सब बातें सुनकर, वह क्षुब्ध और असंतुष्ट हो उठा और कहने लगा, 'शराब पीना खराब है। बहुत अच्छा, उसे ये छोड़ दें। काव्य चर्चा अच्छी है, उसे ही करें; लेकिन कृषि-प्रधान भारतवर्ष का कृषक-कुल इतना तुच्छ और इतनी अवहेलना की वस्तु है और वे ही लोग बड़े न हो सके तो आपका विप्लव ही कौन करेगा और करेगा भी क्यों? और पॉलिटिक्स? मैं ठीक ही कह रहा हूँ, डॉक्टर—कृषकों के कल्याण के लिए मैं संन्यासव्रत नहीं धारण करता तो आज स्वदेश की राजनीति ही मेरे जीवन का एकमात्र कर्तव्य हो जाता।'

डॉक्टर थोड़ी देर तक उसके मुँह की ओर ताकते रहे। सहसा प्रसन्न हास्य से उनका चेहरा चमक उठा। बोले, 'शरीर और मन से प्रार्थना करता हूँ कि तुम्हारा सदुद्देश्य सफल हो। राजनीतिक क्षेत्र भी उपेक्षा की सामग्री नहीं है। देश और दस आदमियों के कल्याण के लिए ही यदि तुमने वैराग्य ग्रहण किया है तो तुम्हारा किसी से विरोध नहीं होगा; लेकिन सभी लोग सब कामों में योग्य नहीं होते।'

अपूर्व ने स्वीकार करके कहा, 'मुझसे अधिक यह शिक्षा और कैसे मिली डॉक्टर? आप दया न करते तो बहुत दिन पहले ही इस भ्रम का चरम दंड मुझे मिल गया होता।' यह कहकर पूर्व-स्मृति के आघात से उसके सारे शरीर के रोंगटे खड़े हो गए।

शशि यह घटना नहीं जानता था, उसे बताने की आवश्यकता भी किसी ने नहीं

समझी थी। अपूर्व की बात को उसने विगलित-विनय और श्रद्धा-भक्ति के निदर्शन के अतिरिक्त और कुछ भी न समझा। बोला, 'भ्रम तो बहुतेरे ही करते हैं; लेकिन उसका दंड भोगा करती है अपनी जन्मभूमि! मैं सोचता हूँ डॉक्टर कि आपसे अधिक योग्य व्यक्ति और कौन होगा? किसका इतना ज्ञान है? जाति और देश, कोई भी विषय हो, राजनीति की जानकारी किसमें इतनी है? किसको इतनी व्यथा है? फिर भी यह किसी काम में नहीं लगा। चीन का आयोजन नष्ट हो गया, पेनांग का चला ही गया, बर्मा का कुछ भी नहीं रहा, सिंगापुर का भी चला जाएगा, निश्चय ही है। सारांश यह है कि आपके इतने दिनों के सभी प्रयत्न ध्वस्त हो जानेवाले हैं। केवल प्राण ही शेष हैं, वह भी किसी दिन चले जाएँ, इसका भी ठिकाना नहीं।'

डॉक्टर मुसकराकर हँस पड़े। शशि ने कहा, 'हँसिए या चाहे जो भी कीजिए, यह मैं दिव्य-चक्षुओं से देख रहा हूँ।'

डॉक्टर ने पूछा, 'दिव्य-चक्षु से और कुछ तुम देख नहीं पाते कवि?'

शशि ने कहा, 'वह भी देख पाता हूँ। इसी से तो आपको देखते ही तुरंत मालूम हो जाता है कि निरुपद्रव-शांतिमय मार्ग में अगर हम लोगों के जीवन-पथ का दरवाजा सुई की नोकभर भी खुला रहता...।'

अपूर्व बोल उठा, 'वाह! एक ही साथ दो परस्पर विरोधी बातें?'

सुमित्रा ने हँसी छिपाने के लिए अपना मुँह फेर लिया। डॉक्टर ने भी हँसते हुए कहा, 'इसका कारण यह है कि इसमें दो सत्ताएँ मौजूद हैं, अपूर्व बाबू, एक शशि की और दूसरी कवि की। इसीलिए एक के मुँह की बात, दूसरे के मन की बात को धक्का लगाकर, ऐसा बेसुरा आलाप सृजन करती है।' जरा रुककर बोले, 'बहुत से मनुष्यों में ऐसी ही दूसरी सत्ता छिपी रहती है। उसे सहज में पकड़ा नहीं जा सकता। इसीलिए मनुष्य की बात और उसके काम में सामंजस्य का अभाव देखते ही उसका कठोर फैसला कर देने से उसमें अन्याय की संभावना अधिक रहती है। अपूर्व बाबू, मैंने तुमको पहचान लिया था; पर सुमित्रा नहीं पहचान सकी थी। भारती, जीवन-यात्रा के बीच यदि तुम ऐसी ही कोई चोट खाओ तो अपने परलोकगत इस भाई की यह बात भूल मत जाना, लेकिन अब मैं जा रहा हूँ। घाट पर मेरी नाव बँधी हुई है; भाटे के समय न चल देने से प्रातः जहाज न पकड़ पाऊँगा।'

भारती शंका से व्याकुल होकर बोली, 'इस भयंकर नदी में! इस भीषण तूफानी रात में!'

उसके व्याकुल कंठ-स्वर से सुमित्रा के आत्म-संयम का कठिन बाँध टूट गया। उसने फीके चेहरे से पूछा, 'सचमुच ही क्या तुम सिंगापुर जा रहे हो? यह काम तुम कभी मत करना डॉक्टर, वहाँ की पुलिस तुमको अच्छी तरह पहचानती है। इस बार उसके हाथ से तुम किसी प्रकार भी...।'

बात समाप्त नहीं हुई थी कि उसी समय उत्तर मिला, 'पुलिसवाले क्या मुझे यहाँ नहीं पहचानते सुमित्रा?'

सुमित्रा चुप हो रही। जिस बात के बाहर निकल पड़ने की व्याकुलता से, इतने दिनों से वह सिर धुनकर मर रही थी, वही बात उसके मुँह से अंध आवेग में निकल पड़ी, 'केवल एक ही बार, डॉक्टर, केवल इसी बार के लिए तुम मेरे ऊपर निर्भर होकर देखो कि तुमको मैं सुरवाया ले जा सकती हूँ या नहीं? इसके सिवा रुपए से क्या नहीं होता, बताओ?'

डॉक्टर जूते का फीता बाँध रहे थे, बाँध चुकने पर मुँह उठाकर बोले, 'रुपए से बहुत काम होते हैं सुमित्रा, उनका अपव्यय नहीं करना चाहिए।'

सभी जान गए कि यह बातचीत बेकार है। उपायहीन वेदना से अपना हृदय भरकर सुमित्रा अश्रु-प्लावित नेत्रों के साथ दूसरी ओर मुँह फेरकर रह गई। भारती बोली, 'मुझे अपार सागर में बहाकर तुम जा रहे हो भैया! फिर भी बार-बार तुम मुझसे कहते थे, 'केवल मुझ पर ही नहीं, मेरी अवस्था की जितनी ही लड़कियाँ यहाँ हैं, उन पर तुम्हारा बड़ा लोभ है, सभी को तुम अत्यंत प्यार करते हो। वह क्या यही प्यार है?'

सभी जान गए कि यह बातचीत बेकार है। उपायहीन वेदना से अपना हृदय भरकर सुमित्रा अश्रु-प्लावित नेत्रों के साथ दूसरी ओर मुँह फेरकर रह गई। भारती बोली, 'मुझे अपार सागर में बहाकर तुम जा रहे हो भैया! फिर भी बार-बार तुम मुझसे कहते थे, 'केवल मुझ पर ही नहीं, मेरी अवस्था की जितनी ही लड़कियाँ यहाँ हैं, उन पर तुम्हारा बड़ा लोभ है, सभी को तुम अत्यंत प्यार करते हो। वह क्या यही प्यार है?'

डॉक्टर ने समर्थन करते हुए कहा, 'सचमुच ही प्यार करता हूँ भारती! लड़कियों पर मेरा कितना लोभ है, कितना भरोसा है, यह तुम लोगों को बताने का खुद मुझको अवसर नहीं मिला; लेकिन यदि मुझसे वह न हो सका तो अपने इस भैया की तरफ से यह बात उनको बता देना बहिन!'

भारती एकाएक रोने लगी और बोली, 'यह बताऊँगी कि तुम केवल हम लोगों की बलि देना चाहते हो।'

डॉक्टर ने पलभर उसके मुख की ओर देखकर कहा, 'अच्छा, यही बात कह देना। बंगदेश की एक लड़की भी यदि इसका अर्थ समझ जाए तो मैं उसी से धन्य हो जाऊँगा।' यह कहकर उन्होंने अपना भारी बक्सा कंधे पर उठा लिया। उनके पीछे-पीछे सभी लोग नीचे उतर आए। भारती ने अंतिम चेष्टा करके कहा, 'जिसका देश का आयोजन विफल हो जाता है भैया, विदेश के आयोजन से उनका क्या होता है?

जो लोग अंतरंग सुहृद थे, वे एक-एक करके छोड़कर चले गए तो क्या तुम एकदम निःसंग, एकदम अकेले हो ?'

डॉक्टर ने स्वीकार करके कहा, 'ठीक वही बात है; लेकिन शुरू भी तो अकेले ही किया था, भारती! और विदेश में; लेकिन भगवान् ने इतनी दया की कि मनुष्य को, इच्छा के अनुसार छोटी-बड़ी दीवारें तैयार करके, अपनी पृथ्वी को हजारों कारागारों में परिवर्तित कर डालने का कोई उपाय नहीं रखा है। उत्तर से दक्षिण और पूरब से पश्चिम, जितनी दूर तक दृष्टि जाती है, विधाता का राजमार्ग एकदम खुला हुआ है; इसको अवरुद्ध कर रखने का षड्यंत्र मनुष्य की पहुँच के बाहर की बात हो गई है। अब तो एक छोर का अग्निकांड, दूसरे छोर तक चिनगारियाँ उड़ा ही ले आएगा, भारती, वह तांडव देश-विदेश की सीमा नहीं मानेगा।'

लेकिन इधर रुद्र के सच्चे तांडव ने कमरे के बाहर, उस समय कैसी उन्माद-मूर्ति की धारण कर ली थी, अंदर रहकर इसका किसी को खयाल नहीं था। बिजली की चमक, मूसलाधार वर्षा, तूफानी हवा और वज्रपात मानो एकदम प्रबल रूप में शुरू हो गया था! और डॉक्टर ने किवाड़ की सिटकनी ज्योंही खोली, एकाएक वर्षा की तीखी बौछार भीतर आ घुसी, जिससे सभी भीग गए, बत्ती बुझ गई, सभी चीजें उलट-पुलट गईं और निमेष मात्र में घर और बाहर सबकुछ अंधकार से एकाकार हो गया।

डॉक्टर ने पुकारा, 'सरदार जी!'

बाहर से आवाज आई, 'यस डॉक्टर, रेडी!'

सभी चौंक पड़े। इस दुस्सह वायु और मूसलाधार वर्षा को माथे पर रोककर कोई भी मनुष्य इस सूचीभेद्य, घोर अंधकार में बाहर खड़े रहकर, निश्चल निःशब्द भाव से पहरे पर तैनात रह सकता है, इस बात की अचानक कोई कल्पना न कर सका।

डॉक्टर ने पुकारा, 'सरदार जी!' बाहर से आवाज आई, 'यस डॉक्टर, रेडी!' सभी चौंक पड़े। इस दुस्सह वायु और मूसलाधार वर्षा को माथे पर रोककर कोई भी मनुष्य इस सूचीभेद्य, घोर अंधकार में बाहर खड़े रहकर, निश्चल निःशब्द भाव से पहरे पर तैनात रह सकता है, इस बात की अचानक कोई कल्पना न कर सका।

डॉक्टर रहस्यपूर्ण स्वर में बोले, 'तो अब मैं जाता हूँ।' यह कहकर डॉक्टर ने ज्योंही बाहर कदम बढ़ाया, त्योंही अपूर्व व्यग्र-व्याकुल कंठ से बोल उठा, 'एक दिन जो मुझे आपसे प्राणदान मिला था, यह बात मैं हमेशा याद रखूँगा डॉक्टर!'

अँधेरे में उत्तर आया, 'जीवन-दान मिल जाने को ही तुमने बड़ा बनाकर देखा अपूर्व बाबू? जिससे वह मिला था, उसे तो याद ही नहीं रखा।'

अपूर्व ने चिल्लाकर कहा, 'क्यों ? इस जीवन में मैं उसको भी न भूलूँगा ! इस ऋण को मैं मरते दम तक···।'

दूर अँधेरे में से उत्तर आया, 'ऐसा ही हो ! भगवान् से प्रार्थना करता हूँ कि एक दिन तुम अपने सच्चे प्राणदाता को पहचान सको अपूर्व बाबू ! उस दिन यह सव्यसाची का ऋण···।'

इस बात का अंतिम अंश सुनाई नहीं पड़ा; अस्फुट ध्वनि, हवा के झोंके से आकाश में उड़ गई। उसके बाद थोड़ी देर के लिए मानो किसी को कुछ भी होश नहीं रहा। अचेत, जड़ मूर्ति की तरह कुछ क्षण तक निश्चल रहकर, भारती सहसा चौंक उठी और द्रुतवेग से उसके ऊपर चढ़ने के साथ ही, उसके पीछे-पीछे और सब लोग भी दौड़ते हुए चले आए। वह झटके से खिड़की खोलकर, जितनी दूर तक निगाह जा सकती थी, अपने दोनों निष्पलक नेत्रों को अंधकार में एकाग्र करके देखती रही। इसी तरह बहुत देर बीत गई। सहसा भीषण कड़कड़ाहट के साथ पास ही शायद कहीं बिजली गिरी और उसकी ही चमचमाती हुई विद्युत्-शिखा ने, केवल निमेष मात्र के लिए आकाश और धरातल को उद्भासित करके, एक बार डॉक्टर का अंतिम दर्शन करा दिया।

इस भयानक समय में मकान से बाहर निकलकर, इन लोगों की गतिविधि पर लक्ष्य करने का पागलपन शायद किसी भी पुलिसकर्मी में नहीं था; फिर भी बड़ी सड़क को छोड़कर, मैदान के दक्षिणी छोर से घूमकर, दोनों धीरे-धीरे चलने लगे। बीच-बीच से झाड़-झंखाड़ और कँटीले पौधों का बना टेढ़ा मार्ग मिलता गया। इस सूची भेद्य-अंधकार में, कीच-भरे पथहीन-पथ से एक पथिक, भारी बोझ अपने ऊपर लाद लेने के कारण कुछ झुककर सावधानी से बढ़ता चला जा रहा है और दूसरा, अपनी पगड़ी पर प्रचंड वर्षा के वेग को सहता हुआ यथासंभव अपना सिर बचाकर उसका अनुसरण कर रहा है।

क्षणभर बाद सब लुप्त था, सिर्फ घोर अंधकार ही शेष रहा।

अचानक एक गहरी साँस लेकर शशि ने कहा, 'दुर्दिन के मित्र ! सरदारजी, तुम्हें नमस्कार है।'

उसी दम सहसा अपूर्व ने भी अपने दोनों हाथ उठाकर, सरदार को लक्ष्य करके नमस्कार किया। उसके हृदय का एक बोझ मानो उतर गया।

भारती उसी प्रकार पाषाण-मूर्ति की ही भाँति अँधेरे में ताकती हुई खड़ी रह गई। शशि की बात भी जैसे उसके कानों में नहीं पहुँची; वैसे ही वह यह भी न समझ सकी कि ठीक उसी की तरह और एक नारी के नेत्रों से भी जल की धारा प्रवाहित हो रही है !

□□□

भारतवर्ष की लोककथाएँ

'लोकप्रिय कहानियाँ' शृंखला के सम्मानित कथाकार

• अवध नारायण मुद्गल • अज्ञेय • आचार्य चतुरसेन • आनंद प्रकाश जैन • आर.के. नारायण • उर्मिला शिरीष • उषा किरण खान • ऋता शुक्ल • कमल कुमार • कमलेश्वर • कुसुम अंसल • कुसुम खेमानी • केशव • गंगाप्रसाद विमल • गिरिराज किशोर • गुरुदत्त • गोविंद मिश्र • चंद्रकांता • चित्रा मुद्गल • जयशंकर प्रसाद • जैनेंद्र कुमार • ज्योत्स्ना मिलन • दामोदर दत्त दीक्षित • देवेंद्र सत्यार्थी • धर्मवीर भारती • नरेंद्र कोहली • नासिरा शर्मा • निर्मल वर्मा • पद्मा सचदेव • पांडेय बेचन शर्मा 'उग्र' • प्रकाश मनु • प्रेमचंद • बलराम • बिमल मित्र • भगवान अटलानी • मनु शर्मा • मन्नू भंडारी • महीप सिंह • मालती जोशी • मीरा सीकरी • मृदुला गर्ग • मृदुला बिहारी • मृदुला सिन्हा • मेहरुन्निसा परवेज • रमेशचंद्र शाह • रमेश पोखरियाल 'निशंक' • रवींद्रनाथ टैगोर • रस्किन बॉण्ड • राजी सेठ • राजेंद्र मोहन भटनागर • राजेंद्र राव • रामदरश मिश्र • रामधारी सिंह दिवाकर • रूपसिंह चंदेल • विजयदान देथा • विद्या विंदु सिंह • विवेकी राय • विश्वंभरनाथ शर्मा कौशिक • विष्णु प्रभाकर • वृंदावनलाल वर्मा • शंकरदयाल सिंह • शरतचंद्र चटर्जी • शिवप्रसाद सिंह • शैलेश मटियानी • श्रीलाल शुक्ल • संतोष गोयल • सच्चिदानंद जोशी • सत्यजित रे • सिम्मी हर्षिता • सीतेश आलोक • सुधा मूर्ति • सुनीता जैन • सुभद्रा कुमारी चौहान • सुशील कुमार फुल्ल • सूर्यबाला • से.रा. यात्री • स्वयं प्रकाश • हिमांशु जोशी

विदेशी कथाकार

• आर्थर कॉनन डायल • ऑस्कर वाइल्ड • एच.जी. वेल्स • ओ. हेनरी • काफका • खलील जिब्रान • चार्ल्स डिकेंस • चेखव • जूल्स वर्न • जैन आस्टीन • डी.एच. लॉरेंस • थॉमस हार्डी • पर्ल बक • मार्क ट्वेन • मोपासाँ • रुडयार्ड किपलिंग • लियो टॉलस्टॉय • वाल्टर स्कॉट • शेक्सपीयर • शेरलॉक होम्स • साकी

भारतीय भाषाओं की कहानियाँ

• डोगरी-कश्मीरी • ओड़िया • कन्नड़ • गुजराती • तमिल • तेलुगु • पंजाबी • मराठी • मलयालम • असमीया • बांग्ला • सिंधी • कोंकणी • उर्दू

विदेशों की कहानियाँ

• अमेरिका • इंग्लैंड • जर्मनी • फ्रांस • यूरोप • रूस • स्पेन